서울大學校東洋史學科創立20周年紀念

講座 中國史 III

—士大夫社会와 蒙古帝國—

표지 그림 / 宋 "燕山五桂鏡"

집필자 소개

辛聖坤 : 한양대교수
河元洙 : 성균관대교수
李範鶴 : 국민대교수
金浩東 : 서울대교수

講座 中國史 Ⅲ- 士大夫社會와 蒙古帝國

초판 제 1쇄 발행 1989. 12. 5.
초판 제 21쇄 발행 2011. 4. 5.

지은이   서울大學校東洋史研究室
펴낸이   김 경 희
펴낸곳   (주)지식산업사
　　　　　본사 ◉ 413-832, 경기도 파주시 교하읍 문발리 520-12
　　　　　　　전화 (031) 955-4226~7 팩스 (031)955-4228
　　　　　서울사무소 ◉ 110-040, 서울시 종로구 통의동 35-18
　　　　　　　전화 (02)734-1978 팩스 (02)720-7200
　　　　　한글문패 지식산업사
　　　　　영문문패 www.jisik.co.kr
　　　　　전자우편 jsp@jisik.co.kr
　　　　　등록번호 1-363
　　　　　등록날짜 1969. 5. 8.

책값은 뒤표지에 있습니다.

이 책을 읽고 저자에게 문의하고자 하는 이는
지식산업사 전자우편으로 연락 바랍니다.

目　次　—— 士大夫社會와 蒙古帝國

講座 中國史 Ⅲ

總　目　次

唐宋變革期論

辛　聖　坤

머 리 말

당말(唐末)~오대(五代)~송초(宋初), 즉 8세기 후반에서 10세기에 이르는 시기가 중국사에서 하나의 큰 획기라는 점은, 1922년 일본의 내등호남(內藤湖南)이 당(唐)과 송(宋) 사이에 보여지는 정치·경제·사회·문화 전반에 걸친 변화상을 지적한 이래[1] 그 큰 틀은 아직까지도 대개 인정되고 있다. 다만 이 시기에 이루어진 변화의 제상(諸像)에 대해서는 대체적으로 받아들여지고 있지만, 이러한 변혁의 역사적 성격에 대해서는 아직 통일된 견해를 도출하지 못했다. 그 원인이야 여러 가지가 있을 수 있으나, 주된 이유는 내등(內藤)이 당송변혁(唐宋變革)의 구체상을 밝히는 데에 그치지 않고 한걸음 더 나아가 이를 근거로 송 이후의 시대를 근세라고 주장한 데 반해, 전전직전(前田直典)은 당송간의 변혁은 인정하되 당말까지가 고대이고 송 이후는 중세라는 견해를 제시하여[2] 대립된 두 견해가 거의 평행선을 이루어 온 데

---

1) 內藤湖南, 1922, pp. 1~18.
2) 前田直典, 1948.

에 있다고 보여진다. 물론 이후 양자의 설을 계승하여 지지하는 두 학파, 이른바 경도학파(京都學派)와 동경학파(東京學派) 사이에 중국사의 시대구분론(時代區分論)과 관련하여 이 변혁기를 어디에 위치시킬 것인가, 또 어떻게 이해해야 할 것인가를 둘러싸고 활발한 논쟁이 벌어졌으며, 이를 통해 자신들의 입론(立論)을 증거해줄 실증적 연구가 확대·심화되었고, 활기찬 토론과 비판 및 반비판이 반복되는 과정에서 일본학계는 이 방면에서 상당한 연구성과와 축적을 보여온 것은 부정할 수 없는 사실이다. 그럼에도 불구하고 당송변혁을 보는 기본적인 관점의 차이는 그다지 줄어든 것처럼 보이시 않으며, 오히려 이상과 같은 연유와 아울러 중국의 현실과 밀착된 중국관에서 비롯된 문제의식3) 등으로 인해 1960년대 이래 이 논쟁은 정체되었다고 할 정도의 평가까지 받고 있는 실정이다.4)

이처럼 일본학계에서 먼저 제기된 당송변혁에 대한 논쟁은 단순히 그 시기에 어떠한 변화가 일어났느냐 하는 측면에서가 아니라 시대구분론과 결부된 변화의 성격에 초점이 두어져 왔고, 또 그러한 차원에서 주로 당송간의 토지소유 형태의 변화라든가, 생산관계의 구조 변화에 집중하여 논의가 진행되어 온 데다 중국의 현실적 정치상황의 변동과 밀접한 관련을 가져왔다는 특성을 보여왔다. 반면 대륙학계(大陸學界)의 경우 당(唐)과 송(宋) 사이에 획기를 인정하기는 하지만 시대구분상 같은 봉건사회(封建社會)내에서의 전·후기 혹은 전·중·후기로 구분하는 경향이 일반적이기 때문에5) 일본학계에 비해 상대적으로 논의의 관심이 달랐을 뿐 아니라 이에 따른 연구의 비중 또한 차이가 있다. 타(他) 학계(學界)에서도 일본에서의 활발한 연구에 상당한 자극을 받아 연구를 진행시킨 결과 시야의 확대와 관심의 다양성 등의 측면에서 일정한 기여를 했다고 보여지지만, 현재까지는 이 방면에 대한 연구를 일본학계가 이끌어왔다고 해도 과언이 아닐 것이다. 따라서 기존의 당송변혁기를 주제로 한 몇몇 논문이, 여타 학계의 경우 이러한 논쟁의 현실적·구조적 배경에 대한 언급이 거의 없이 일본에서의 논쟁을 소개·정리

---

3) 閔斗基, 1984-1 참조.
4) 大澤正昭, 1980, p.67.
5) 堀敏一, 1982, pp.145~149 ; 好並隆司, 1962, pp.119~125 ; 船越泰次, 1982, p.179 참조.

한 것 위주인 반면,[6] 일본의 경우 당송변혁을 보는 기존의 시각에 대한 재검토 및 자신의 논점을 피력하는 데에[7] 주안점을 두었던 것은 어떻게 보면 당연한 현상이라 하지 않을 수 없다. 이 글에서는 당송변혁에 대한 지금까지의 논쟁의 소개나 평가에 그치기보다, 일본만이 아니라 각(各) 학계에서 지금까지 밝혀진 기존의 연구성과를 종합하면서 아울러 당송간의 정치·경제적 변화와 그 배경 및 사회 변모의 여러 양상을 개괄적으로 정리해 보고자 한다.

물론 당송시대를 전공하는 학자라면 누구나 나름대로의 시각에 따라 당송변혁이라는 문제의식을 염두에 두고 연구를 진행시켜 왔기 때문에 이 모두를 이 글에서 포괄한다는 것은 사실상 거의 불가능하다. 그러므로 여기서는 다음과 같은 몇 가지 접근방식을 통해 서술하는 형식을 취할 것이다. 첫째, 기존의 논의에서 전개된 주된 논점이 과연 어떤 것이었으며 그 결과 추출된 개략적인 합의점 혹은 대립점은 무엇인가를 살펴보는 것이다. 이는 실제로 이 글의 결론에 해당한다고 볼 수도 있지만 당송변혁에 대한 문제제기적인 성격과 함께 독자들에게 도론적인 지식을 제공해 줄 수 있으리라는 기대에서 설정하였다. 둘째, 이런 논의가 나오게 된 배경, 즉 당송간에 행해진 구체적인 역사적 사실들을 검토하는 것이다. 어떠한 시대, 어떠한 분야를 이해하는 데서나 구체적인 사실에 기반을 둔 다양한 논의가 필수적인 것을 굳이 감안하지 않더라도, 당에서 송에 이르기까지 여러 제도적인 변화와 추이를 고찰해 보는 것은 기초적인 작업일 뿐 아니라 이 글에서의 의의도 상당할 것이다. 다만 같이 수록되어 있는 여타 논문과 내용상 중복을 피하기 위하여 가급적 당 후반기를 중점적으로 서술하겠다. 셋째, 당과 송 사이의 사회적 변화상들을 살펴보고자 한다. 이는 결국 결과론적인 관점에서 거시적으로 당송변혁을 이해하려는 것이자, 변혁의 성격을 규정하는 데 근거를 도출하게 되는 기반에 대한 이해의 폭을 넓히는 데에도 일조(一助)를 할 수 있게 될 것이다. 다만 지배층의 변화에 대한 측면은 다음 논문인 〈송대 사대부론(宋代 士大夫論)〉에서 더 심도 있게 다루어질 것이므로 여기서는 제외할 것이지만, 이를 아울러 참고하는 것이 당송변혁을 보다 체계적으로 이해하는

---

6) 邱添生, 1979 및 高明士, 1976-1.
7) 大澤正昭, 1980 및 渡邊信一郎, 1984.

데 도움을 주리라는 것은 두말 할 필요가 없을 것이다. 또한 동아시아 전체
국제관계의 변화도 아울러 고려해야 하는데, 지면 관계도 있고 또 논의를
보다 집중화하기 위해 여기서 다루지 못하겠지만 이 역시 당송변혁의 하나
의 지표로서 이해되어야 함은 물론이다. 마지막으로 최근 일본학계에서 다
시 새롭게 제기되고 있는 당송변혁의 성격에 대한 이해도[8] 가급적이면 함께
서술함으로써 중국사 전체에서 당송변혁이 차지하는 의의를 다시 한번 음미
해 볼 기회를 가져보고자 한다.

Ⅰ. 唐宋變革期論의 발단과 전개

1. 唐宋變革과 時代區分論

중국사 전체의 시대구분과 결부지어 당송변혁이 가지는 시대적 성격에 대
해 정리하기란 쉬운 일이 아니다. 왜냐하면 당송변혁이 시대구분에서 중요
한 비중을 차지하기는 하나, 각기 시대를 구획하는 기준이라거나 전제 혹은
중국의 현실을 보는 입장이 다르기 때문에 연구자마다 시대를 구분하는 전
체적인 구도하에서 이해하는 것이 보다 바람직하기 때문이다. 그러나 여기
서는 지면관계상 서술 대상이 주제에 한정될 수 있도록 당송에 획기를 두는
견해만을 골라 그 쟁점만을 간략히 살펴보고자 한다.[9]

당송간의 사회변화를 최초로 지적한 내등은 그 특징으로 다음의 여덟 가
지를 들었다.[10] 1) 육조(六朝)에서 당 중기까지 지배적이었던 귀족정치(貴族
政治)가 몰락하고, 황제가 국가의 모든 기능을 관장하는 군주독재정치(君主
獨裁政治)로의 변화, 2) 귀족정치의 대표였던 군주의 지위가 송 이후 안정되

---

8) 1980년대 들어 日本의 中國史研究會 少壯研究者들에 의해 제기된, 중국사에서 과연
封建制를 인정할 수 있느냐 하는 문제의식으로서 中村哲, 1977의 國家的 奴隸制·農奴
制의 理論을 중국사에 적용하려는 경향을 말한다. 이들의 공동연구의 성과로서 中國史
研究會 編, 1983과 개인의 단행본으로 渡邊信一郎, 1986이 이미 出刊되었는데, 앞으로
이같은 경향에 따른 연구성과가 계속 선보일 것이 기대되며 이에 대한 概略的인 소개
는 閔斗基, 1984-1 참조.
9) 중국사 전체의 시대구분을 정리한 것은 일일이 열거할 수 없을 정도이나, 閔斗基,
1984-2 및 Chang, Chun-shu, 1973 참조.
10) 宮川尙志, 1955, pp. 31~33.

어 시역(弑逆)·폐립(廢立)의 경우를 거의 찾아볼 수 없을 정도로 굳건해진 점, 3) 이전에 귀족의 여론을 반영하던 문하성(門下省)에서 행하던 봉박(封駁)의 권한이 없어지는 등 모든 조칙(詔勅)이나 명령이 군주의 의사에 따라 수행되게 된 점, 4) 서민〔人民〕이 노예나 전객(佃客)과 같은 지위에서 해방되어 지위가 향상된 점, 5) 육조시대에 귀족제의 운용원리이던 구품중정제(九品中正制)나 귀족의 특권을 유지하던 기능의 과거제에서, 실무를 중시하고 수효도 늘었으며 관직도 서민에게 개방되는 등 관리등용법(官吏登用法)의 변화, 6) 귀족들의 권력투쟁이었던 이전의 당쟁(黨爭)과는 달리 정치상의 견해를 근거로 토론하고 서민을 대변하기도 하는 등 붕당(朋黨) 성질의 변화, 7) 비단과 면포(綿布)가 교환수단이었던 당대까지의 실물경제(實物經濟)에서, 동전(銅錢)이 광범하게 사용되고 은(銀)이 중요한 역할을 하며 지폐가 사용되는 등 경제면에서 화폐경제가 시작된 점, 8) 경학면(經學面)에서 춘추학(春秋學)이 발흥하고, 문학면에서는 변려문(騈儷文)이 쇠퇴하고 자유로운 산문체(散文體)가 그 자리를 대신하는 등 문학·음악·예술에서도 귀족풍(貴族風)이 서민풍(庶民風)으로 변했다는 점.

그는 이처럼 당송간에 단순한 왕조의 교체만이 아니라 사회의 성격을 달리하는 획기(劃期)가 존재한다고 지적함과 아울러, 서구세력의 침략 이전인 송대에 이미 근세로 진입했다고 주장했다.[11] 다시 말하면 송 이후 내등이 살던 당시까지의 중국 역사가 동질적·지속적이라는 것인데, 이러한 인식은 바로 그의 동시대관(同時代觀)과 결부되어 있었다. 그는 신해혁명(辛亥革命) 이후의 시국을 논한 《지나론(支那論)》에서, 송대 이후에 서유럽의 르네상스와 마찬가지로 민중이 대두하는 추세를 인정하고 그 역사적 흐름 위에 공화정이 실현되었다고 여겨, 혁명 후의 새로운 중국사회의 기초를 송 이후 사회를 지도해 온 부로(父老)의 향촌자치에 둘 것을 기대했다.[12] 따라서 송 이후의 근세는 그대로 새롭게 탄생한 중국의 과거 및 미래와 연결되는 것이라고 여겼는데, 바로 원세개(袁世凱)가 제위에 오를 준비를 하고 있던 때에 근세를 인민(서민)의 시대로 정의하고 중국이 공화제를 선택할 것이며 귀족

11) 內藤湖南, 1944, p. 5~7.
12) 堀敏一, 1982, p. 148.

적인 정부로 돌아가지 않을 것이라고 예견하기는 했지만[13] 이것을 근거로 그가 현실정치에 대한 깊은 관심을 반영했다고 보기는 어렵다.[14] 그는 '동양사'를 중국문화의 발전의 역사로 파악하고, 중국문화와 주변 민족과의 상호 파동을 기준으로 중국사를 네 시기로 나누었다. 개벽(開闢)부터 후한(後漢) 중엽(기원후 100년경)까지가 제 1 기(上古)로서, 중국문화가 전반적으로 형성되어 외부로 확산되었고 후반에는 전 동아시아세계를 압도하는 시기이다. 이후 서진(西晋)까지(기원후 307년 무렵) 중국문화가 외부로의 발전이 정지된 제 1 과도기이고, 오호십육국(五胡十六國)시대에서 당 중엽까지(756년경) 제 2 기(中世)로서 주변 민족의 힘이 중국의 내부에 영향을 미친 시기이다. 이때부터 오대(五代)까지(959년) 외부 세력의 영향이 절정에 이른 제 2 과도기이고, 송 이후는 근세인데, 전·후기로 나누어 각각 제 3 기와 제 4 기로 구분했다.[15]

그의 시대구분은 사회구성의 기본구조의 변화를 기준으로 한 것은 아니었고, 문화사적(文化史的)이고 제도사적(制度史的)인 입장에서 나온 것이었으므로 아편전쟁 이후 서양세력의 침입, 자본주의적 경제질서, 서구문화의 충격 그리고 서양세력에 대한 민중적 저항이라는 민족주의적 움직임은 그의 시야에 들어가 있지 않았다.[16] 또 상고와 중세의 차이를 분명히 밝히지 못한 점도 지적할 수 있다.[17] 그러나 동북아시아 전체를 포함하는 배경을 깔고 중국사를 분석했다거나, 남북사관(南北史觀)과 같은 틀에 박힌 설명방식을 탈피한 것, 왕조 중심의 정치의 현실적 함축이나 그것의 설명에만 집착하고 있던 중국학 연구자의 접근방법이나 흥미를 뛰어넘은 점과[18] 성격부여의 타당성 여부를 차치하고 획기를 지적했다는 데에 일차적 의의가 있다고 보여진다.

내등의 가설을 심도 있게 발전시킨 사람이 궁기시정(宮崎市定)이다. 그는 내등의 '송 이후 근세설'을 계승·발전시켰는데, 내등이 사회구성의 성격

---

13) 宮川尙志, 1955, p. 28.
14) 宮川尙志는 內藤의 시대구분론이 정치현실과 긴밀한 관계를 가졌다고 하나(1955, p. 28) 이에 대한 반론도 있다(閔斗基, 1984-2, p. 15).
15) 內藤湖南, 1944, pp. 1~7.
16) 閔斗基, 1984-2, p. 14.
17) 前田直典, 1948, p. 54.
18) 宮川尙志, 1955, p. 36.

면에서 논증하지 못해 '문화사적' 시대구분론이라고 평가받던 면, 즉 사회·경제적인 측면의 분석에 주력해 송대 전호의 성격과 토지소유 형태를 둘러싸고 주등길지(周藤吉之)와 논쟁을 벌임으로써 내등의 가설을 크게 뒷받침했다. 다만 시대구분에 대해서는 내등과 달리 후한까지를 고대, 삼국(三國;기원후 3세기) 이후를 중세, 송(宋; 10세기) 이후를 근세, 중화민국(中華民國; 1912년) 이후를 최근세로 하는 4분법을 주장했다. 19) 이중 고대는 도시국가(都市國家)의 시대이고, 중세는 서양과 같이 귀족의 등장과 발전, 이들에 의한 장원(莊園)의 소유, 정치적 분열, 이민족의 침입으로 특징지워지는 시대인데, 이 시대의 대토지소유에서는 부곡(部曲)이라고 불리는 농노(農奴)가 경작자였다. 근세는 말하자면 서양의 르네상스와 같은 성격의 시대로서, 귀족이 몰락하고 과거관료(科擧官僚) 즉 사대부(士大夫)가 등장했으며, 국가의 성격도 무력국가(武力國家)에서 재정국가(財政國家)로 변화했다. 이에 따라 상업의 발달과 기술상의 혁신이 이루어지고, 철학·문학·자연과학·미술·공예 등 여러 부문에 걸쳐 현저한 진보를 보인 시대이다. 또 세계 근세사와 공통적 특색으로서 민족주의(民族主義)의 발흥도 이 시대의 특징 중 하나이다. 한편 다음 절에서 자세히 다루겠지만, 이전 시대와 같은 장원이라 하더라도 부곡이 해방되어 전호제가 성립되는데, 이것은 자유농민(自由農民)과 지주(地主) 사이의 자유로운 계약관계로 파악해야 하며, 그 경영도 자본주의적인 농업경영이었음을 강조한다. 이것은 모두 송 이후 사회의 변화를 내등으로부터 비판적으로 계승한 자신의 근세론과 결부지어 이해하고, 이것을 다시 세계사적 시야에서 파악하려는 시도라고 할 수 있겠다.

궁기시정의 설은 비(非)마르크스적인 시대구분론이자 내등의 가설을 또 다른 의미에서 세계사에 적용하려는 시도인데, 송원시대의 경제적 상황에 대한 연구를 통하여 당시 사회에서 상품생산의 발달, 노동의 분화, 생산의 지역적 전문화, 직업선택의 자유 등 근세적 특질들을 추출함으로써 페어뱅크나 라이샤워 같은 구미학자들에게 상당한 영향을 주었다. 20) 그러나 송 이후에 군주전제(君主專制)와 집권적 관료기구가 필요했던 이유, 이와 관련해

---

19) 宮崎市定, 1977, pp. 10~53.
20) 劉仁善, 1979, p. 104. 한편 프랑스의 쟈끄 제르네(Jacque Gernet) 같은 경우 자신은 궁정하고 있지 않으나, 安史의 난 이후를 近世 과도기로 잡고 宋代를 중국의 '르네상스'로 보고 있다(閔斗基, 1984-2, p. 15).

14

분열을 특징으로 하는 중세에 수당과 같은 대통일제국이 생기게 된 이유, 근세의 여러 반란을 도시유민층(都市流民層)을 주체로 이해함으로써 농민운동이나 항조(抗租)·항량(抗糧)운동에 대해 소극적 평가를 내리는 등 많은 해명되어야 할 문제점이 있음도 부정하기 어렵다.[21] 어쨌거나 '송 이후 근세설'은 당 중기이전 사회와의 현격한 차를 밝힌 점과 송 이후의 근대적 지향을 추출한 점은 공헌이라고 할 수 있을 것이다.

이후 1948년 전전직전은 〈동아시아에서의 고대의 종말〉을 발표하였는데, 전후 일본의 앞길을 아시아로의 귀속으로 찾아야 한다는 발상에서 중국만이 아니라 동아시아 전체를 같은 차원에서 논해야 한다고 주장했다.[22] 즉 내등이 한말(漢末)을 경계로 중세가 시작된다고 한 데 반해 그는 당말·오대에 고대사회가 종결된다는 것이다. 그의 가설은 첫째, 동아시아 역사의 발전은 일체적·상관적이어서 각 민족이 개별적으로 발전하지 않았으며 각각 그 '시대격'을 가지지도 않았다. 동아시아 역사의 발전은 중국이 가장 이르고 그 후 주변 민족의 역사가 계속적으로 전개된 것인데, 고대 통일국가의 형성이라는 점에서 말하자면 일본·한국과 중국은 서로 7~8세기 이상의 차이가 있었지만(중국은 B.C. 3세기), 고대의 종결과 중세의 개시는 중국과 3~4세기(중국은 10세기 전후)의 차이로 줄어들었고, 더욱이 근대의 개시는 바야흐로 거의 평행하게 진행되었다고 보아야 한다는 것이었다. 둘째, 중국 고대사회의 하한은 당말·오대 즉 10세기 전후의 단계이고 이 앞의 사회가 실은 고대사회이다. 셋째, 전국시대(戰國時代)에서부터 당말까지의 역사를 추진한 동력은 호족(豪族)이며 그 대토지경작은 주로 노예에 의해 이루어졌는데, 이것이 바로 고대의 특징이라는 것이었다.

전전(前田)의 견해는 주로 전전(戰前) 가등번(加藤繁)의 학설을 계승한 것이다. 가등번은 수당 이전의 중국사회에서 노예가 주로 대관료·호족의 대토지경작자였다고 보고, 균전제(均田制)의 붕괴를 전후하여 노예농경(奴隷農耕)이 쇠퇴하고 전호농경(佃戶農耕)으로 바뀌었다고 지적했다. 전전은 이에 의거해 이러한 현상이 특히 송대에 이르러 현저해졌으며 이것이 바로 고대

---

21) 柳田節子, 1976, p. 221. 이외에도 土地所有 문제, 資本主義 문제가 제기되고 있으나 이는 다음 절에서 다룰 것이며, 最近世에 대해서도 內藤과 유사한 의미에서 많은 반론이 있을 수 있지만 唐宋變革期論과 직접 관련이 없는 것으로 여겨져 제외하였다.
22) 前田直典, 1948.

와 중세사회를 구별하는 가장 중요한 점이라고 본 것이다.[23] 그러나 그의 '당말 이전 고대설'은 아시아적 정체론의 극복에 중점을 두고 이른바 '세계사적 기본법칙'을 내세우기는 했지만, 그것이 어떠한 성격의 고대인가를 구체적으로 설명하고 있지 않다.[24] 불충분한 여러 가지를 고려한다고 하더라도 전전의 문제제기는 많은 반향을 불러일으켰고, 이후 연구의 디딤돌이 된 것은 분명한 사실이다. 그가 남긴 과제들, 예를 들면 왜 동아시아는 상호 연관적인 성격을 가지는가? 당 이전의 중국사회가 고대노예제라면 그것은 어떠한 성격의 노예제사회인가? 당말·오대를 고대에서 중세로의 이행기라고 한다면, 송대 이후 전호제의 일반화에도 불구하고 그리고 중국사회가 이러한 특수한 상황하에서 왜 봉건적 영주의 지방분권적 지배가 행해지지 않고 여전히 독재적 군주에 의한 중앙집권적 관료지배가 행하여졌는가? 등은 이후 그의 견해를 따르는 소위 동경학파(東京學派)에 의해 계승되어 많은 연구가 진행되었는데, 그의 설에 입각해 한편으로 진한(秦漢)을 포함한 당 이전의 시기를 고대로 논증하는 데 주력하게 되었고, 인정전승(仁井田陞)·주등길지 등은 송 이후의 사회가 봉건사회임을 밝히는 데에 전력을 쏟았다. 이 과정에서 궁기시정과의 사이에 논쟁이 치열하게 전개되었고, 그 주요한 쟁점이 된 것은 이하 서술할 대토지소유와 지주·전호관계였다.

2. 莊園制와 地主·佃戶관계

중국에서 토지제도상 당송을 경계로 변화가 일어났다는 점은 내등보다 앞서 이미 지적되고 있었다.[25] 다만 시대구분론과 관련해 토지소유의 형태와 기본적 생산관계로서의 지주·전호관계가 다루어진 것은 주지하듯 주등길

---

23) 高明士, 1976-1, pp. 80~84.
24) 谷川道雄, 1975, p. 163. 아마 그가 젊은 나이에 요절했기 때문에 문제제기에 그치고만 것이라고 생각된다.
25) 中田薰은 1909년에 이미 宋 이후의 莊園이란 均田制가 붕괴하고 그 대신 나타난 새로운 私的 大土地所有라고 했다(中田薰, 1909). 加藤繁은 이것을 비판해 莊園이란 均田制 대신 등장한 것이 아니라 그 기원은 漢代까지 거슬러 올라가며 均田制 붕괴 후 급속히 발달했다고 한다. 경작형태에서 보아도 唐 이전 귀족의 莊園은 小作制도 있었지만 노예경작이 중심이었던 데에 반해, 均田制 붕괴 후 小作人이 증가하고 宋代에 들어 일반화했다고 주장하여 唐宋間의 변화를 莊園의 급속한 확대와 노동력의 質의 변화라고 이해하고 있었다.

지와 궁기시정의 논쟁에서 비롯된다.[26] 이것은 당송간 사회변혁의 가장 핵심적이고 기본적인 과제이자 그 해명이 바로 변혁의 성격을 결정하는 중요 관건이라고 여겨졌기 때문이다.

중국의 장원(莊園)은[27] 장(莊), 원(園), 서(墅), 별업(別業), 별서(別墅), 장원(莊園) 등으로 불렸고, 그 기원은 멀리 한대까지도 거슬러 올라갈 수 있을 것 같다. 이것은 주로 왕공(王公)·귀족의 별장(別莊)을 의미하는 것으로서 그에 딸린 전원(田園, 莊田)이 경제적으로 중요한 의미를 띠게 된 것은 당 이후였다.[28] 그러나 이 때는 영업전(永業田) 등의 형태로 국가에서 인정한 광대한 토지를 기반으로 한 것이고 또 그 매매가 허락됨으로써 일단 합법적으로 확대시킬 수 있는 것이었다.[29] 또 어디까지나 균전제(均田制)적인 원리를 부정하는 것이 결코 아니었지만,[30] 당 중기부터 경영이 확대되기 시작한 새로운 형태의 장원은[31] 이전 귀족의 장원과는 성격상 차이가 있다. 이른바 신흥지주층에 의한 향촌적 차원에서의 대토지소유가 그것으로서 후술할 도호(逃戶)의 발생 및 우문융(宇文融)의 괄호정책(括戶政策)과도 밀접한 관련을 갖고 있어서 균전제를 파괴시킬 가능성을 내포하고 있었다.[32] 이러한 정세는 천보(天寶) 11재(載; 752) 11월의 유명한 조(詔)에 잘 나타나 있다.

왕공(王公)·백관(百官) 및 부호(富豪)의 가(家)는 요즈음 장전(莊田)을 두고 멋대로 탄병(呑倂)을 행하고 있다. 황무지를 빌린다고 하나〔借荒〕 실은 모두 숙전(熟田)을 침탈한 것이며, 목장을 둔다고 하나 산곡(山谷)을 무한히 점탈하고 있다. 또 구분전(口分田)·영업전(永業田)까지 위법으로 매매하고, 혹은 호적(戶籍)을 고치고, 혹은 저당을 수단으로 백성들을 안치(安置)할 곳이 없이 내쫓고 따로 객호(客戶)를 머무르게 하여 소작시키고 있다. 이처럼 거인(居人; 主戶)의 생

---

26) 이 논쟁의 경과와 평가에 대해서는 梅原郁, 1960 및 高明士, 1976-2 참조.
27) '莊'이란 원래 別莊 즉 건물을 지칭하는 용어이고, '園'은 화분·과수·채소 등을 재배하는 토지를 가리키는 용어였는데, '莊'은 그것을 경제적으로 지탱해줄 수 있는 '園田'을 가지고 있기 때문에 莊園·莊田 등의 용어가 나타났으며, '莊'의 기능의 중점이 휴식과 오락의 장으로부터 '園田'의 경영으로 옮아갔기 때문에 莊園·莊田도 대토지의 소유경영체를 가리키는 용어로 바뀌었다(日野開三郎, 1986, p. 3).
28) 柳田節子, 1961, p. 353. 唐代의 장원을 다각도로 분석한 것으로 日野開三郎, 1986이 있다.
29) 堀敏一, 1975, p. 151~227.
30) 谷川道雄, 1967, pp. 81~94.
31) 郭士浩, 1958.
32) 唐長孺, 1956 및 徐德麟, 1957.

업을 빼앗아 부타(浮惰)의 극단을 낳는 상태가 이르는 곳마다 오랫동안 행해져 고
쳐지지 않고 있다. 왕공(王公)·백관(百官)·훈음(勳蔭) 등의 장전(莊田)은 식령
(式令)을 넘는 것이 없도록 하라.[33]

여기서 엿볼 수 있는 것은 군현(郡縣)의 관인(官人)이 임지에서 장원을 매
입해 일반민이 피해를 입는 사례가 보인다는 것인데, 퇴관 후 토착(土着)으
로서 지방의 유력자가 된 자를 기장호(寄莊戶), 기주호(寄住戶)라고 불렀
다.[34] 또 여기서 말한 부가(富家)의 호(戶)란 다름 아닌 신흥지주층을 이르
는 것이고 괄호정책을 통해 검괄(檢括)된 전토(田土)도 이들의 것이었을 가
능성이 크다. 결국 안사(安史)의 난 이후 780년 채택한 양세법(兩稅法)은 이
러한 현실적 정황에 대응하여 이를 용인한 위에서 이루어진 새로운 조세체
제라 할 수 있으며, 이후 토지 매매에 대한 일체의 규제가 없어지고 토지소
유의 집중화가 진행되기에 이르렀다. 특히 황소(黃巢)의 난 이후 귀족의 세
력이 거의 자취를 감추게 되자 향촌에 기반을 둔 이들 신흥지주층들은 각지
의 번진과 결합해 더욱 자신들의 위치를 공고히 하였으며,[35] 송대에 이르러
토지소유를 경제적 발판으로 과거를 통해 관료가 됨으로써 송 이후 집권적
관료기구를 구성했으며 점점 대토지소유를 확대시켜 갔다.[36]

송 이후 확립·발전된 대토지소유의 존재양태에 대해서는 크게 두 가지
견해로 대별할 수 있다. 하나는 이 시대의 대토지소유를 장원으로 파악하
고, 그 소유형태는 일원적·집중적 소유가 중심이며 직접생산자인 전호는
토지에 긴박(緊縛)되어 이전의 자유도 없고 신분적으로도 지주에게 강하게
예속되어 있는 존재라고 보는 관점이다.[37] 이것은 농노제설(農奴制說)에 근
거한 것인데, 심지어 이것을 콜로나투스제라고 보는 견해도 있다.[38] 이에
대하여 일원적·집중적 소유와 전호의 예속적 성격은 당대까지의 중세적 잔
재에 지나지 않으며, 송에서의 토지소유는 영세·분산화되었고 이름은 장

33) 《册府元龜》 卷 495, 計邦部, 田制(中華書局 影印本), p. 5928.
34) 堀敏一, 1982, p. 157.
35) 栗原益男, 1971, pp. 184~189.
36) 당시 관료를 배출한 집안 즉 官戶(唐代에는 官賤民의 일종이었지만 宋代에는 의미가
    바뀌었다)의 경우, 租稅 免除까진 아니라 하더라도 職役을 면제받고 여러 가지 附加稅
    나 納稅物 수송을 면제받는 등 특권을 누릴 수 있었다.
37) 周藤吉之, 1948 및 1952.
38) 石母田正, 1949.

원이라고 해도 실은 소경지편(小耕地片)을 집적한 것에 불과하다. 또 토지는 이미 지주의 투자대상이었으며, 지주와 이러한 영세한 경지를 분산·소작 하는 전호와의 관계는 토지의 대차(貸借)에 의하여 맺어진 대등한 경제적 계 약관계이다. [39] 이것은 바로 자본주의적 관계이며 전호는 신분적 예속으로부 터 해방된 자유민으로 보는 관점이 있다. [40] 그러나 계약이라고는 해도 지주 가 자의적으로 고율지대(高率地代)를 강제하고 더욱이 그것을 지키려는 의 식은 희박했음이 분명하다. [41] 결국 문제의 귀결은 당시의 기본적 생산관계 라고 공인된 지주·전호제하에서의 전호의 성격과 지주와의 관계로 집약된 다고 볼 수 있다.

우선 전호제의 성립과정을 볼 경우 당말까지의 기본적 토지소유관계를 귀 족의 장원에 둘 것인가, 균전제하에서의 국가 대 소농민에 둘 것인가에 대 해서부터 현격한 차를 보이고 있다. 이는 물론 시대구분과 관련된 것이지만 당말까지를 장원제사회라고 보고 그 직접생산자였던 부곡(部曲)을 농노라고 본다면, 이 부곡이 근세적 자유민으로 상승하여 송 이후의 전호제가 성립되 었다고 보는 견해가 있다. [42] 그러나 부곡이 당대 귀족장원의 직접생산자라 고 보기는 어려우며, 특히 부곡은 신분적으로 사천민(私賤民)에 속해 주가 (主家)에 예속된 존재였으므로 주가에 대해 지대를 납부하고 어느 정도 독립 된 경영을 하던 농노라고 보기는 어렵다. [43] 또 전호가 자유민이라는 설을 더욱 발전시켜 송대 대토지경영을 합종형(合種型)과 조전형(租佃型)으로 집 약하고[44] 전호의 예속성을 전면적으로 부정하는 견해도 있으며, [45] 근년 한 (漢)·육조기(六朝期) 이래 호족의 대토지경영을 가부장적 노예제경영으로

---

39) 宮崎市定, 1952.
40) 宮崎市定, 1971.
41) 仁井田陞, 1962의 제 6 장 2절.
42) 宮崎市定, 1971.
43) 堀敏一, 1975의 제 7 장.
44) 租佃이란 佃戶가 耕種의 비용 일체를 스스로 부담하고 定額의 租課를 바쳐 지주의 田土를 경작하는 것으로 비교적 수확이 안정된 비옥한 토지에는 租佃이 행해졌고, 合種이란 지주·전호의 부담에 맞도록 수확을 分取하는 것으로서 수확이 불안정한 지역 에서는 合種이 행해졌다(草野靖, 1970).
45) 이것은 草野靖의 견해인데, 여러 논문에 발표했던 기존의 견해가 1985에 집약되어 있다. 그는 여기서 이미 宋代에 耕作權이 확립되고 質地小作, 雇傭勞動(근대적 賃勞動 과 관련지어)이 보급되고 寄生地主制도 성립되어 있었다고 주장한다. 이에 대한 비판 으로 柳田節子, 1973 및 丹喬二, 1976 등이 있다.

하고, 그것이 해체되고 송대의 전호제가 형성되었다고 보는 견해도 제기되고 있다.[46] 이것 역시 호족이나 귀족의 장원을 전제로 하는 것이다. 한편 이와는 달리 균전제 시행의 초기 이래 전인제(佃人制)의 광범한 보급에 주목해 이 전인제를 송대 전호제의 기원으로 보는 견해가 있다.[47] 전인(佃人)이란 투루판(吐魯番) 지역에서 발달하고 있던 관인과 사관(寺觀) 등의 대토지소유의 소작인인데, 이 지역의 전인제는 관전(官田)·사전(私田)만이 아니라 균전농민(均田農民) 상호간에도 광범하게 보급되어 있어 균전농민의 재생산에 불가결한 조건이었다고 본다면, 전인제는 균전제를 유지시키는 기능은 있을지언정 붕괴의 요인이라고 보기는 어려우며 따라서 여기서 전호제의 성립을 구하기란 어렵다고 보여진다.[48] 이것은 균전제에 대한 이해의 상위와도 관련된 것으로, 균전제가 완전히 허구라면 별도의 문제이지만 실시상황과 지역차를 고려한다고 하더라도 균전제가 자립소농민을 기반으로 한 체제라는 점을 용인할 수가 있다면, 결국 균전농민의 계층분화로 보는 것이 자연스럽다고 하겠다. 물론 이 과정을 사료에 입각해 명확히 추적하기란 아직 어렵다. 그러나 후술한 도호(逃戶)의 발생과 아울러 고려할 때 균전농민이 한편으로는 자립하여 그대로 송 이후의 양세(兩稅) 부담자 즉 주호(主戶)로 성장했고, 한편은 당말 이래 성장한 신흥지주층의 장원으로 흡수되어 전호로 되었다고 보는 것이 자연스럽다. 송대에 발전한 장원제는 이러한 의미에서도 이전의 장원과는 성격이 달랐다고 할 수 있겠다.[49]

그렇다고 이 점만을 일방적으로 강조할 생각은 없다. 이 점은 전호 존재양태의 지역차를 고려할 때 더욱 분명해진다. 사천(四川)과 호남(湖南)·호북(湖北) 즉 형호로(荊湖路) 등 후진지역에서는 지주가 삼백가(三百家), 오백가(五百家) 혹은 수천가(數千家)에도 달하는 객호(客戶)를 옹유(擁有)하고 수세대에 걸쳐 예속시키며 인신적으로 지배하여 하나의 소세계(小世界)를 형성할 정도였다.[50] 반면 강절(江浙)지역을 중심으로 하는 선진지역에서는 영

---

46) 渡邊信一郎, 1974.
47) 周藤吉之, 1959 및 1965. 宮崎市定도 이 佃人을 宋代의 佃戶와 같다고 본다(1971).
48) 堀敏一, 1975의 제 6 장.
49) 宋代의 莊園制는 Joseph P. McDermott도 밝힌 것처럼 그 類型, 所有關係, 직접생산자의 처우 등에서 엄청난 편차를 보이고 있어 —— 이 때문에 또 논쟁의 여지가 있지만 —— 일률적으로 단정하기는 불가능하다(1984, p. 33).
50) 四川에서는 豪民의 집에 몇 세대에 걸쳐 사역되는 '房戶'가 있어 매년 租와 庸을 豪

20

세한 분산 소작이 많았는데, 영세하기 때문에 생활은 불안정했고 지주에게 채무로 인해 예속화된 전호도 많았다. 51) 이렇게 본다면 같은 대토지소유 혹은 지주·전호관계라 하더라도 선진과 변경 내지 후진지역에서 상당한 차이를 보이고 있다. 요컨대 송 이후 장원의 생산자는 전호가 중심이지만 고용인(雇用人)과 노비(奴婢)도 있었고, 같은 전호라 하더라도 스스로 토지를 소유하고 동시에 지주의 토지도 소작하는 자작 겸 소작의 전호, 가옥(家屋)·경우(耕牛)·농구·종자·식량 등 토지 이외의 생산수단을 소유하고 어느 정도 자립재생산이 가능한 전호, 생산수단을 거의 소유하지 못하고 전면적으로 지주에게 의존하는 전호, 또는 그 중간적 존재에 이르기까지 매우 다양했다. 52) 이런 연유로 전호, 전객(佃客), 장객(莊客), 종호(種戶), 부객(浮客), 화객(火客), 지객(地客) 등 혹은 전복(佃僕), 전노(田奴), 노복(奴僕), 동복(僮僕), 동노(僮奴) 등 여러 호칭이 있었으며, 53) 이것은 당시 전호의 다양한 실태에 대응하는 용어였다. 또 이 점은 바로 전술한 균전농민의 분화와 이전 장원 경작자의 전호로의 신분상승 등 다양한 경로로 전호제가 성립되었음을 보여주는 실례라고 볼 수 있겠다. 물론 재생산을 지주에게 의존하는 전호가 많았다고 생각되므로 이러한 경제적 관계에서 이른바 '주복(主僕)의 분(分)'이 생겨났다. 54)

전호는 일단 법률상 양민으로 취급되고 독립된 경영주체였지만, 주인과의 사이에서만은 신분적 상하관계로 인식되고 있고 구체적으로는 법적 신분규정으로까지 나타났다. 즉 지주와 전호간의 범죄에 대한 형벌규정에서 11세기까지는(嘉祐 年間) 아무런 차별이 없었다. 11세기말(1090년)에 이르러 전객의 주인에 대한 범죄는 일반민보다 한 등급 가중되고, 역으로 지주의 전호에 대한 범죄는 장죄(杖罪) 이하는 면죄하고 도죄(徒罪) 이상은 한 등급 경감되었다. 더욱이 남송 초기가 되면(1134년) 그 격차는 더욱 벌어졌다. 지주측에서 보면 전호의 동거자에 대한 범죄도 전호와 마찬가지로 취급되고, 전호측에서 보자면 지주에 대한 범죄는 지주만이 아니라 가족 모두가 포함된

民에게 납부하고 있었다(柳田節子, 1961, p. 360).
51) 柳田節子, 1963.
52) 柳田節子, 1987, p. 217.
53) 위의 논문, p. 219.
54) 高橋芳郎, 1978 및 丹喬二, 1971 참조.

것이었다. 이렇게 지주는 전호에 대해 법적으로 우위에 있었고, 전호는 지
주에 대해 신분적으로 예속되어 있었다. 물론 이것이 곧바로 전호의 신분이
하락되었음을 보여주는 것이라고는 할 수 없다. 역으로 전호의 지위강화 추
세에 대응해 국가측에서 공권력을 개입해 지주를 법적으로라도 보호해주지
않을 수 없게 된 정황을 반영한다고도 볼 수 있다. 어쨌건 주가(主家)에의
의존도는 전호의 다양한 존재양태만큼이나 다양했으므로 이것을 일률적으
로 치부해 버리기는 어렵다. 다만 대토지소유가 발전하는 과정중에서 전호
의 지위강화라는 방향은 인정해야 할 것이라고 생각되는데, 이 점에 대해
살펴보자.

우선 업주론(業主論)이 있다. 업주(業主)란 지주와 전호의 중간에 존재한
경영자로서, 업주의 출현에 의하여 지주의 소유권 아래 업주의 용역권(用役
權)이 성립되고 지주의 전호지배는 간접화했고, 송대와 같이 전호가 봉건적
예속신분에서 완전히 해방된 시대에는 전호가 신분이 상승하여 업주가 되었
다는 것이다.[55] 그러나 사료상 업주가 반드시 중간적 존재라고 보기는 어려
우며, 설사 그렇다고 하더라도 그 발생의 계보는 전호의 상승이 아니라 지
주층의 업주화(業主化)의 경우가 많아 의문의 여지가 많다.[56] 다음으로 전호
의 경작권의 문제가 있다. 명청시대 강절·복건(福建)지역을 중심으로 일전
양주관행(一田兩主慣行)이 성립되는 것과 서로 연관을 지어보려는 것인데,
송대에 전호의 경작권의 성립을 확증하기는 어렵다. 다만 이러한 전호의 새
로운 움직임만은 나타나고 있다. 여기에는 균산사상(均産思想)의 출현이 개
재되어 있고 한편으로는 완전항조운동(頑田抗租運動)이 나타난다는 점에서
주목을 받고 있다.[57] 완전항조란 전호의 소작료지불 거부운동인데, 북송 단
계에서는 아직 개별적인 단계에 머물러 있었지만 남송대에는 집단화하게 되
었고, 경제적 선진지역으로서 전호제가 광범하게 보급되어 있던 양자강 하
류지역을 중심으로 일어나고 있다.[58]

---

55) 宮崎市定, 1952.
56) 柳田節子, 1976, pp. 213~220 및 周藤吉之, 1954, p. 622~645.
57) 草野靖, 1969.
58) 柳田節子, 1987, p. 223. 이 점은 후술할 농업 생산력의 발전, 經濟 重心의 南移라는
　　것과 아울러 고려해야 할 문제이고, 이후 시대와의 관련 속에서 이해하지 않으면 그
　　전모를 밝히기 어려우므로 자세한 내용은 본 講座 中國史Ⅲ의 여타 논문을 참조.

전호제와 관련하여 아직까지 정설이 없이 논란이 분분한 것으로 주호·객호의 문제가 있다.[59] 무조건적인 '전호(佃戶)=객호(客戶)'설은 부정되었지만, 국가가 주호와 객호를 구분하여 인구의 통계 등을 내고 있는 것으로 보아 국가는 호등(戶等)에 근거한 지배를 이를 근거로 관철시켜 나아갔을 것이라는 점은 인정해도 좋을 것 같다. 주호는 토지소유자이고 따라서 국가의 세역을 부담하는 호로서 '세호(稅戶)'라고도 불렸는데, 자산에 따라 5등급으로 나뉘어 있었다. 1·2등호는 자신의 토지를 전호에게 경작시키는 대토지소유자이고, 3등호는 중산호(中產戶)라고 볼 수 있지만 이들은 주호 중 소수에 불과했고 압도적 다수는 영세한 토지소유자인 4·5등호였다.[60] 객호는 본적지를 떠나 타향에 흘러와 살며 토지가 없이, 따라서 신정전(身丁錢) 이외에는 국가에 대한 세역부담이 없는 호를 가리키는 것이라 여겨지며, 선진지역에서는 주호에 대한 객호의 수가 적었고 변경 혹은 후진지역에서는 객호의 수가 많았다.[61] 이상 살펴본 것처럼 송대 대토지소유와 지주·전호관계는 아직 그 성격에 관해 명확한 결론을 낼 수 없으며, 아직 해명되지 않은 많은 문제가 있다. 결국 이러한 문제는 이전·이후시대와의 연관성하에서 지엽적이기보다는 거시적인 안목이 요구된다고 하겠다.[62]

II. 安史의 난 이후의 정치·경제적 변화

1. 唐朝 지배구조의 變貌

당송을 경계로 사회의 성격을 달리할 변화를 보이게 되는 변혁의 시작이 언제부터냐에 대해서는, 그 성격을 달리 보는 견해차에도 불구하고 대개 안

---

59) 加藤繁은 佃戶=客戶說을 주장했으나(1933), 그 후 制度的·戶籍上의 客戶와 생활의 실태로서의 佃戶를 구분하게 되었다(柳田節子, 1959 및 中川學, 1963-1). 한편 客戶도 토지소유자로서 兩稅의 부담자라는 견해도 있지만(草野靖, 1963 및 岡本雅博, 1964), 많은 비판을 받았으며, 현재는 主·客을 나타는 기준을 토지소유의 有無, 양세 부담의 有無로 보는 듯하다(島居一康, 1972).
60) 경제적 先進지역이자 米作 중심지였던 蘇州에서는 4·5등호가 主戶 총수의 9할을 넘고, 지역에 따라 차이는 있지만 대개 3분의 2에서 10분의 9에 이르고 있다(柳田節子, 1959). 南宋代 江南의 戶等制와 토지소유에 대해서는 趙東元, 1987 참조.
61) 柳田節子, 1961, pp. 361~363.
62) 坂野良吉의 경우 客戶制度를 逃戶의 발생에 의한 율령적 체제의 붕괴에서 佃戶制로 이어지는 과도기의 형태로 이해한다(1976, pp. 25~54).

사의 난에서 비롯되었다는 데에 합의를 이루고 있다. 그러나 보다 중요한 점은 안사의 난을 계기로 당 전반기까지의 사회모순이 본격적으로 부각되고 이에 대처하기 위한 여러 사회적·제도적 조치가 취해짐에 따라 이러한 변혁의 움직임이 확실한 하나의 추세로 등장했다는 의미일 뿐, 결코 안사의 난으로 인해서 전반적인 사회의 성격이 급작스런 변화의 단계로 접어들었다는 것은 아니다. 다시 말하면 안사의 난 자체는 조용조(租庸調)를 근간으로 한 이전까지의 국가구조가 한계에 이르렀으며 이전까지와는 다른 사회체제를 강구하지 않는 한, 당이라는 왕조의 유지는 이제 불가능하다는 하나의 상징에 불과하다는 것이다. 따라서 안사의 난을 경계로 한 사회의 변화를 이해하기 위해서는 그 배경이 충분히 고찰되어야 할 것이다. 이것은 결코 지배체제의 파탄이나 몰락의 과정은 아니며 붕괴과정도 아니다. 다만 사회의 성격이 변모하고 있었던 것 뿐이다.[63]

당 전반기의 지배구조는 대내적으로 율령(律令)에 기반을 두고 정남(丁男)을 대상으로 하여 균전제, 조용조제, 부병제(府兵制)를 중심적이고도 구체적인 정책으로 채택한 대민지배(對民支配)의 형태를 띠고 있었고, 대외적으로는 '세계제국'이라는 호칭에 걸맞게 주변 이민족과 책봉관계(册封關係) 혹은 기미정책(羈縻政策)을 통해 관계를 유지하고 있었다. 그런데 7세기 후반부터 이러한 지배체제가 동요하는 조짐이 나타나기 시작했고 그 단적인 표현이 바로 '도호(逃戶)'이다. '도호'란 일반민이 국가의 지배로부터 일탈한 것을 의미하므로 당시 사회모순의 집중적 반영이라고 할 수 있다.[64] 이미 무후(武后)의 통치시기에 위사립(韋嗣立)이 "지금 천하의 호구(戶口), 도망한 것이 반(半)"이라고 한 지적은[65] 과장도 있겠지만 당시의 정황은 충분히 반영하고 있다고 보여진다. 더욱이 현종(玄宗) 때가 되면 이러한 현상은 보다

---

63) 概說書 등에서도 흔히 安史의 난 이후의 唐 사회를 唐 帝國의 沒落이나 衰亡, 崩壞 혹은 破綻이라는 용어로 묘사하는 경우가 많은데, 이는 唐 前半期를 全盛期이자 律令 體制가 완비된 형태로 이해하기 때문에 이후의 과정을 忽視하는 경향에서 나온 것이라고 보여진다. 그러나 唐 자체는 이후 150여 년 동안 지속되었으니 결코 前半期에 비해 짧은 것이 아니며 崩壞過程은 더더욱 아니다. 국가의 民에 대한 또 중앙정부의 지방에 대한 전반적인 통제력이 이전에 비해 약화 내지 이완되기는 했지만, 이것은 지배체제의 형태가 변함으로써——국가의 恣意건 어쩔 수 없이 취했건——야기된 현상으로 이해하는 것이 바람직할 것이다.

64) 楊際平, 1986.

65) 《舊唐書》(下) 卷 88, p. 59.

24

심각해져 "(開元) 8년, 천하의 호구(戶口)가 도망하고 색역위람(色役僞濫)하여 조정이 심히 근심하는"[66] 등 상황은 계속 악화되고 있었다. 도호가 발생하게 되는 원인으로 수해, 한해 등의 자연재해로 인한 기근이나 관리의 폭정(暴政) 등을 들 수 있지만, 보다 근본적인 요인으로는 토지의 겸병에 의한 소농민의 몰락과 유망(流亡), 즉 농민층의 분해와 절충부(折衝府)의 편중배치(偏重配置)에 따른 부병역(府兵役)의 압박을 들 수 있겠다.[67] 이에 대해 국가가 취한 정책이 괄호정책이다. 괄호(括戶)란 호적에 기재된 본관(本貫)으로부터 도망한 도호와 적외(籍外)의 전(田)을 찾아내 국가가 다시 이를 장악하려는 정책을 말한다.

그렇다면 도호화의 문제와 그에 대한 국가의 대응 즉 괄호정책을 중심으로 당시 사회의 제반 상황을 살펴보자. 자신의 본적지를 떠나 기우지(寄寓地)에서 생활의 근거를 찾는 객호(客戶)는[68] 단순한 유민 차원의 문제가 아니었다. 괄호정책에서 객호와 함께 검괄(檢括)의 대상이 되었던 적외의 전은 객호가 소유하고 있는 경우도 있었지만, 각 지역에서 대토지소유를 전개하던 신흥지주층의 것도 많았다는 점을 감안하면[69] 당시의 정치구조와 깊은 관련을 맺고 있었다고 볼 수 있다. 40여 년에 걸친 무후정권(武后政權) 때에 등장한 신흥계층은[70] 향촌(鄕村)에서 주도적인 위치를 확보하면서 합법·비합법적으로 토지를 축적해 나아갔으며, 또 획득한 토지를 은닉했으므로 자연 그 부담은 일반 소농민에게 전가되었다. 특히 무후 이래의 남관정책(濫官政策)이나 관리와의 결탁, 혹은 승도적(僧道籍)의 획득 등 다양한 방법으로 과역(課役)을 회피하였다. 이 점은 현종기(玄宗期)의 호적을 보면 보다 분명히 드러난다. 호구통계를 살펴보면 현종 때가 당대를 통해 가장 호구수가 많은데[71] 이는 후술할 우문융(宇文融)의 괄호를 필두로 계속된 괄호정책에 의한 것이었겠지만, 통계의 내용을 보면 허구성이 있음을 알 수 있다. 즉 755년 안사의 난 직전의 통계에 의하면 구수(口數)의 84%가 불과구(不課口)

---

66) 《通典》卷 7 '歷代盛衰戶口'(中華書局 影印本), p. 41.
67) 中川學, 1963-2, p. 339.
68) 張澤咸, 1964.
69) 栗原益男, 1982-1, p. 26.
70) 胡如雷, 1955 및 橫田滋, 1956.
71) 梁方仲, 1980, pp. 69~72.

이고 호수(戶數)는 39%가 불과호(不課戶)이다. 구수의 경우 불과구(不課口)
인 여성이 적어도 반수를 점하므로 호수보다 불과의 비율이 높은 것은 당연
하나, 어쨌건 호·구 모두 불과의 비율이 매우 높은 것은 분명하다. 이에 따
라 일반민의 부담이 늘어갔고 도호화현상이 더욱 심각해졌던 것이다. 더욱
이 무주기(武周期)까지는 도호의 발생은 주변지역이 대부분이었던 반면,[72]
개원(開元) 이후가 되면 경조부(京兆府) 장안(長安)과 하남부(河南府) 낙양(洛
陽) 등 정치·경제적으로 중심부에서 급증함으로써 그 심각성이 더했다고
할 수 있다.[73] 이에 대해 정부는 전국적 혹은 지방적 차원에서 여러 차례 괄
호정책을 시행했는데, 그중 가장 유명하고 또 성공적이었다고 평가받는 것
이 개원 11년(723) 우문융에 의한 것이었다.

우문융은 개원 9년(721) 괄호정책을 건의했는데, 그 내용은 크게 나누어
1) 적외잉전(籍外剩田)의 검괄, 2) 색역위람의 검찰(檢察), 3) 도호의 수괄
(搜括)로 성격지울 수 있다.[74] 그런데 이것은 695년에 이미 제안된 이교(李
嶠)의 상언(上言)을 거의 계승한 것이다. 이교의 제안 원칙[75] 중 중요한 것은
권형원칙(權衡原則)으로서, 타향(他鄕)으로 도망한 자가 기우지(寄寓地)에 안
주하기를 바라는 경우, 부자는 본적지로 귀환시키고 빈자는 정주(定住)를
허용하여 기우지의 호적에 등재시켜 호구수의 증가를 꾀하려는 것이었다.
이것을 우문융이 이어, 이전까지의 본적지송환주의에서 거주지부적주의(付
籍主義)로 전환하게 되었다. 그 결과 724년에는 객호 합계 80만호와 그에 상
당하는 전토(田土)를 검괄했다고 하는데, 이 숫자는 중종(中宗) 신룡(神龍)
원년(705)부터 현종 개원 14년(726)까지의 호구증가 약 91만호의 대략 88%에

---

72) 中川學, 1963-2, p. 340.
73) 栗原益男, 1982-2, p. 152.
74) 中川學, 1962, p. 9.
75) 李嶠의 제안은 크게 넷으로 나눌 수 있다. 첫째, 禁令原則인데, 이것은 백성을 保라
는 隣組로 조직해 상호 감시하고 賞罰로써 고발을 장려하는 것이었으나, 기존정책의
재확인에 불과할 뿐 큰 의미는 없다. 둘째는 恩德原則으로서 逃戶의 前科를 묻지 않고
貧者에게는 歸鄕의 여비와 식량을 제공해 주는 등 恩典을 베풀어 귀환을 촉진한다는
것인데, 兩稅法 제정 이전까지 宣言의 의의는 있었다. 셋째, 制限原則으로, 일정한 自
首 유예기간에 한하여 逃戶의 自首를 인정하고 그 기간내에 自首하지 않으면 邊州로의
강제이주 등의 형벌에 처한다는 것이다. 이 기간은 李嶠와 宇文融의 경우 100일간이었
다. 넷째가 바로 權衡原則이다. 이 제안의 시행여부에 대해서는 사료상의 난점으로 분
명치는 않으나, 전면적으로 시행되었다고 보기 어려우며 특히 權衡原則은 더욱 그러했
을 것으로 짐작된다.

이른다. 물론 여기에는 관리들이 공을 세우기 위해 "그 수를 과장하고 실호(實戶)도 객(客)으로 하는"[76] 등 과장이 있으며 호부(戶部)의 통계에 포함되었다는 기록이 없으므로 추측에 불과할 뿐이다. 그러나 도호가 빈발하고 있었던 정황은 충분히 반영하고 있으며, 우문융의 수족으로 각지에서 검괄을 담당한 권농판관(勸農判官)의 과반이 경조부와 하남부의 현관(縣官)으로부터 임명되고 있는 것을 보면 이 지역이 중점적으로 검괄의 대상이 되었을 가능성이 짙다. 한편 이 정책에 반대한 황보경(皇甫璟) 등 3인의 견해를 보아도 지주의 이해를 반영하는 신흥관료의 반대를 받고 있었던 것은 분명하며,[77] 이것은 도호에 대한 정책이 당시 정치세력의 동향과 관련을 가지고 있었음을 잘 보여준다. 어쨌건 우문융의 정책에서 보듯 국가는 이제 객호를 제도화시키지 않을 수 없게 되었는데, 이러한 정책의 전환은 바로 이전까지의 본적지송환주의에 기초한 수취체제인 조용조에 의지해서는 더 이상 국가의 재정을 운용할 수 없게 되었기 때문에 취해진 부득이한 조치이기는 했지만 민(民)에 대한 통치가 변화했다는 의미에서 확실히 하나의 전기라고 보아도 큰 무리는 없을 것이다.

여기서 잠시 당시의 농민에게 눈을 돌려보자. 왜냐하면 도호의 발생은 당시 농민의 실상과 깊은 관련이 있기 때문이다. 8세기초 농민의 생활은 국가에서 수전(受田)한 토지만으로는 자체적으로 생계를 유지할 수 없는 상태였으며 상당히 많은 토지가 농민 이외의 계층의 소유였고,[78] 현종의 천보(天寶)시기의 농민생활도 이러한 상태를 크게 벗어나지 못하고 있었다.[79] 물론 훈관(勳官)의 남발로 인해 농민의 상층부가 요역(徭役)면제의 특전을 받아 토지를 집적하는 경우도 있었지만, 몰락하여 조전관계(租佃關係)에 편입되거나 도호화의 길을 택하는 경우가 많았다. 반면 객호 중 일부는 황무지를 개간하거나 비교적 넉넉한 도망자는 다른 고장에서 토지를 획득하는 경우도 있었고 다른 객호의 도기전(逃棄田)을 승전(承田)하여 다시 신분이 상승하는 경우도 있었다. 이 점은 객호에 대한 세 부담에서 보다 잘 드러난다. 도호를 검괄한 이후 국가에서는 토호(土戶)보다 가벼운 세금(輕稅)만을 부과하였으

76) 《舊唐書》(下) 卷 105, 宇文融傳, p. 146.
77) 岡崎文夫, 1922, p. 353 및 堀敏一, 1964, p. 251.
78) 金鐸民, 1981, p. 102.
79) 韓國磐, 1963, pp. 214~233.

며, 이후 762년에 토호의 차과(差科)의 반액을 거두는 등의 조치가 취해졌
다. 안사의 난 이후인 769년에는 동일 호등(戶等)내에서 토호와 객호의 담세
비율(擔稅比率)의 차별이 철폐되고 단지 객호의 호등은 토호 8,9등호에 준해
세전(稅錢)을 징수하게 되었다가, 780년 양세법의 제정으로 토호와 객호의
구별이 완전히 철폐되었다.[80] 다시 말하면 토호는 정액(定額)·균등(均等)인
조용조 이외에 후술할 호등에 의한 지세·호세 등을 부담해야 했지만, 검괄
된 객호는 호등에 의한 부담만을 졌기 때문에 토호는 몰락하고 도호화의 경
향이 심화되었다고 보여진다. 그 이유로는 객호의 부담이 클 경우 다시 도
호화할 것을 두려워했던 것도 있고, 형해화한 조용조제를 유지해 보려는 의
도도 있었던 것 같다.[81] 어쨌거나 기존의 수취체제로 이러한 추세를 막는다
는 것은 거의 불가능한 상황이었고, 보다 근본적인 개혁이 없이는 파탄상태
에 이른 국가재정을 돌이킬 수 없게 되었다. 여기서 부언할 것은 괄호정책
이 거주지부적주의(居住地付籍主義)를 채택할 수밖에 없는 이유에 후술할 경
제 중심의 남이(南移)가 관련이 있다는 점이다. 현종시기가 되면 강회지역
(江淮地域)이 개발되어 국가재정의 의존도가 높아지는데, 그에 필요한 노동
력이 요구되었고 따라서 부병역의 부담이 컸던 화북에서 강남으로 인구가
유입되는 것은 당연하다 할 것이다. 다만 문제는 경조부가 있던 화북이 의
연히 정치의 중심지였으므로, 이를 주변의 이민족으로부터 방비하기 위해
서는 부병제가 아닌 다른 방식으로 이전 도호의 역할을 맡을 방안을 강구하
지 않으면 안된다는 점이었다.

　위와 같이 대내적으로 체제 전반에 걸쳐 변화의 조짐이 강도를 더하고 있
을 무렵, 대외관계의 변화와 도호의 빈발로 인해 부병제도 변모의 양상을
띠어 갔다.[82] 부병은 부(府)에 배속되어 지방의 치안, 경사(京師;수도)의 경
비, 변경의 방위와 출정(出征)이라는 세 기능을 수행하고 있었고 징병제(徵
兵制)가 원칙이었다. 그런데 이 기능을 수행하는 절충부(折衝府)가 경조부와
그 주변의 요지(要地)에 집중적으로 편재되어 있었고,[83] 그 지역은 협향(狹

80) 礪波護, 1972, p. 72.
81) 中川學, 1966, pp. 51~89.
82) 府兵制의 붕괴과정에 대해서는 濱口重國, 1930 및 栗原益男, 1964 참조.
83) 折衝府는 가장 많았을 때 650個所 정도였다. 그런데 전국 10道 가운데 京兆府가 속한

28

鄕)이었으므로 이 지역에서 도호화가 가장 심각했던 것이다. 더구나 본적지 송환주의를 포기한 이상 그 충원문제가 한층 심각해졌음은 자명한 사실일 것이다. 여기에 이른바 '기미정책(羈縻政策)의 파탄', 혹은 '세계제국적 성격 의 후퇴'라고 일컬어지듯 주변 민족의 성장으로 인해[84] 변경방위체제의 불 가피한 수정도 겹쳐 부병제 자체의 운용원리가 허물어져 갔다. 원래 당의 변 경방위체제는 부병의 변경근무로서의 방인(防人)이[85] 소병력으로 편성된 진 (鎭)·수(戍)가 변경을 따라 점재(點在)하고, 상위에서 도호부(都護府)가 통 괄하는 방식이었다. 이것은 기미정책을 전제로 한 것이었지만 주변 민족의 성장으로 7세기 후반이 되면 제대로 기능을 발휘하지 못하게 되었고, 당조 는 진수제와는 별 계통으로 수천 명 혹은 그 이상으로 구성되는 군진(軍鎭)을 변경에 배치하기에 이르렀다.[86] 현종 중기가 되면 진수는 태종 때의 반으로 줄어 10만 남짓이었으나, 군진병력은 50만 정도로 확대되어 변경방위의 중 추적 역할을 담당하게 되었다. 그 구성은 부병인 방인과 건아(健兒)라 불리 는 병모(兵募)로[87] 구성되어 있었지만, 근무조건이 가혹한 데다 부가(富家) 의 병역회피로 인해 근무 연한도 늘게 되자 '배군(背軍)', '도병(逃兵)'현상 이 잇달았고, 정부는 방위체제를 정비하기 위해 710년부터 10여 년에 걸쳐 일정지역마다 군진을 통합하는 이른바 번진(藩鎭)을 설치하였다. 이것은 변 경방위체제가 도호부제에서 변경번진제로 이행하였음을 말한다. 번진의 설 치위치는 도호부보다 후퇴해 있었고,[88] 최고 지휘자로 두어진 것이 절도사 (節度使)로서 천보 원년(742)에는 변경에 10절도사가 설치되었다. 한편 개원 25년(737)에는 장정건아(長征健兒)라 불리는 직업적인 용병제도(傭兵制度)가

關內道가 전체의 약 44%였고, 그중 京兆府만 약 20%였다. 또 太原을 중심으로 하는 河東道에 25%, 河南府가 속한 河南道가 11%를 차지해 이것만으로도 전체의 80%를 점하고 있었다. 이에 반해 江南 二道는 1.7%도 채 되지 않았다(谷霽光, 1962, p.154의 표에 의거). 결국 折衝府는 華北, 그중에서도 西北方에 偏在되어 있었다. 이에 대한 분석으로 菊池英夫, 1968 참조.

84) 堀敏一, 1964, pp.252~253 및 栗原益男, 1982-1, pp.20~24.
85) 玉井是博, 1938.
86) 菊池英夫, 1961.
87) 唐耕耦, 1981-2; 楊鴻年, 1985; 方積六, 1988.
88) 邊境의 10藩鎭은 長城 밖에 安西·北庭·河西·平盧·隴右, 長城내에 朔方·河東· 范陽·劍南·嶺南인데, 安西와 北庭만이 都護府와 常駐地가 일치할 뿐이어서 唐이 주 변 민족과의 관계에서 열세에 있었음을 보여주고 있다.

실시되어[89] 재진(在鎭)을 원하는 병사와 객호·번인(蕃人)이 이에 응모하게 되었다.[90] 결국 병농일치의 징병제인 부병제는 이에 이르러 붕괴되고 모병제(募兵制)가 성립되어 이후 안사의 난으로 이어지게 된다.

변경방위체제에서만 부병제적인 병종(兵種)이 아닌 영외(令外)의 병종이 출현한 것은 아니었다. 무주기(武周期)인 696년 산동(山東)에서, 이어 3년 뒤에 하남(河南)·하북(河北)에 두어진 무기단(武騎團)은, 이후 지방의 치안을 임무로 급속히 전면적으로 설치된 단결병(團結兵; 團練兵)의 선구를 이루는 것이었다.[91] 대상은 부병역이 없는 부호의 정남이었으나 점차 빈농에게 전가되었고, 대상을 한정하였다는 점에서 부병제가 기능을 거의 상실했다고 보아도 무리는 없을 것이다. 한편 부병의 기능 중 당조(唐朝)가 가장 중시한 것은 위사(衛士)로서 경사에 윤번으로 근무하는 것이었다. 위사제는 현종 초년에 거의 붕괴했는데 그 이유는 전술한 도호의 발생에 의한 것이었으며, 당은 725년에 위사의 기능을 이은 것으로서 확기제(彍騎制)를 성립시켰다. 확기제는 연 2회, 1회에 1개월씩의 경사(京師) 복무를 의무로 했고 12만으로 편성되었다. 이 확기제를 모병제라고 보기도 하지만,[92] 대상이 빈호를 우선으로 하고 있다는 점에서 볼 때 절충적인 성격으로 보는 편이 나을 것이다. 또 이 제도가 거의 20년 만에 파기된다는 것을 고려하면 더욱 그러한 심증을 가지게 한다. 이후 수도의 경비는 황실의 친위군적 성격의 북아금군(北衙禁軍)이 맡게 되는데,[93] 변천과정을 차치하고라도 전반적인 병제의 추세가 부병제에서 모병제로 이행하고 있고 이것이 율령적 성격을 벗어난 것임은 분명하다.

이렇듯 이미 현종 말년에 이르면 당시의 전반적인 모순이 거의 드러났고, 이것이 안사의 난을 계기로 일거에 사회의 전면에 부각되었다. 그러나 이것

---

89) 長征健兒制의 성격에 대해 대부분의 연구자들은 募兵制(傭兵制)라고 보고 있지만, 栗原益男만은 屯田兵的인 성격이라고 주장하는 한편, 모병제는 安史의 난 이후(767년 경) 內地藩鎭에서 비로소 이루어졌다고 보고 있다(栗原益男, 1982-1, p.25).
90) 10藩鎭의 병력은 50만에서 60만 사이로, 많을 경우 20만이었고 軍鎭制 실시 이후 10만 정도로 줄어든 鎭戍制에 비해 수배에 달했으며, 10만 정도의 수도 경비병력을 훨씬 상회했다.
91) 日野開三郞, 1954；方積六, 1985.
92) 礪波護, 1970.
93) 曾我部靜雄, 1981, pp.37~58.

은 변화의 추세를 가속화하였고 이를 해결하기 위한 제도적 장치로서 양세법이 실시되고 전역에 걸쳐 번진체제가 확립되었다. 이런 의미에서 보면, 오히려 역설적으로 실시의 효과 여부를 떠나 당이 이후 150년 이상을 지속하는 데 이들 제도적 변화가 상당한 역할을 했다고도 볼 수 있을 것 같다.

2. 藩鎭體制의 성립과 구조

세계제국적 성격의 후퇴와 도호의 빈발로 인한 부병제의 용병제로의 변화는 변경방위체제의 당면한 위기를 넘길 수 있었지만, 당이라는 왕조 자체에 위협을 주는 보다 근본적인 문제를 내포하고 있었다. 현종기에 이르면 여러 가지 사회적 모순이 표출되는데,[94] 우선 재정의 압박을 들 수 있다. 현종 말기가 되면 국가의 재정이 거의 파탄상태라는 것은 거의 자명한 사실로 드러나게 되는데,[95] 현종의 사치는 차치하더라도 병농일치제인 부병제의 붕괴로 인해 변경에 주둔한 병사의 의료(衣料)와 곡물까지 지급해야 했으므로, 이전에 비해 군사비 부담이 막대하게 되었다.[96] 또 절도사의 권력이 점차 강대해졌다. 이것은 수십만에 이르는 용병을 절도사라는 개인이 거느리며 오랜동안 변경에 주둔하면서 생길 수밖에 없는 현상이지만, 여기에는 당 조정의 정치적 부패도 한몫을 했다. 즉 현종기에 설치된 10개의 번진 중 대개 장성(長城) 밖에는 무인(武人)을, 장성내에는 문관을 겸임토록 하는 것이 일반적이었으나,[97] 이림보(李林甫)가 재상직을 맡고 있던 19년간(734~752)에 이 상황은 바뀌었다. 즉 과거출신의 관료가 대군(大軍)을 거느리는 절도사가 되는 것을 꺼려 대신 중앙관계에 영향력이 없는 무관이나 이민족을 삭방(朔方), 하동(河東), 범양(范陽) 등 장성내의 번진에 임명했고 이것이 바로 안록산(安祿山)이 등장할 수 있게 되는 직접적 계기가 되었다.[98]

---

94) 李必忠, 1987, pp. 137~162.
95) Denis Twitchett, 1963, 제 2 장 및 Edwin G. Pulleyblank, 1955, pp. 24~40.
96) Denis Twitchett, 1965. 이와 아울러 당시의 전반적인 재정상황에 대해서는 吉田虎雄, 1973 참조.
97) 李林甫 이전 宰相과 節度使의 관계를 살펴보면, 총 25명의 宰相 중 14명이 節度使에서 宰相이 되었고, 11명이 宰相에서 節度使가 되었으며, 兼任이 4명이었다. 이러한 宰相과 節度使의 관계에서 눈에 띄는 것은 대부분이 科擧출신의 中央高官이라는 점, 주로 長成내의 藩鎭 특히 朔方·河東·范陽에 집중되고 있다는 점을 들 수 있다.
98) 玄宗期의 정세에 대해서는 Denis Twitchett, 1979, pp. 333~363 참조. 또한 安史의 난의 배경에 대해서는 E. G. Pulleyblank, 1955 참조.

안록산은 소구드인 계통의 혼혈로 평로(平盧)의 영주(營州)에서 태어나 평로절도사(平盧節度使)였던 장수규(張守珪)의 가자(假子)였다가 그의 사후 이림보에 의해 평로절도사로 임명되었다. 742년에는 범양절도사를, 751년에는 하동절도사까지 겸임하여 세 번진을 장악하였는데, 그 휘하의 병사는 18만으로 변경 방위병력의 약 37%에 달했다. 게다가 절도사의 재임기간은 대개 2년 정도였지만, 그는 각각 14년, 12년, 5년간 절도사를 유지하고 있을 정도로 처세도 뛰어났다. 755년 양국충(楊國忠)과의 권력다툼 끝에 반란을 일으켜 한 달 만에 낙양(洛陽)을, 반년 만에 장안(長安)을 점령하고, 국호를 대연(大燕), 연호를 성무(聖武)라 했다. 그러나 지방적 차원에서의 저항, 위구르의 당군(唐軍) 원조, 반란군 내부의 내홍(內訌)으로 인해[99] 결국 9년 만에 전화북(華北)을 전란으로 몰아넣었던 반란은 종말을 고했으나,[100] 이 반란이 가져온 영향은 매우 컸다.[101] 국가가 파악하는 호수(戶數)가 755년의 890만에서 반란 직후인 764년 290만으로 격감한 데서도 알 수 있듯이, 국가재정의 궁핍이 한층 더해진 것은 말할 것도 없고 이를 타개하기 위한 새로운 경제정책이 절실히 요구되었으며, 변경에 설치되었던 번진이 경조부와 하남부를 제외한 전역에 설치되어 내지의 전 영역에 걸쳐 번진체제가 확립되기에 이르렀다.[102] 물론 이것은 안사의 난을 진압하기 위해 각 지방의 방비와 병력의 충원을 위한 것이었는데, 내지에만 약 40개의 번진이 두어져 변경과 합쳐 총 50개 정도의 번진이 설치되어 이전 변경번진에서 '내지번진(內地藩鎭)'의 단계로 진입하게 되었다.

군정권(軍政權)만을 장악했던 이전의 절도사와는 달리 내지의 절도사는 보통 관찰사(觀察使)와 주(州) 자사(刺史)를 겸임하였으므로 민정권(民政權)과 재정권(財政權)까지 장악하게 되어 강력한 세력이 되었다. 이것은 당의 지방통치구조에도 변화를 가져왔다. 중앙정부와 주(州) 사이에 번진이 두어

---

99) 757년 安祿山이 아들 安慶緒에게 살해되고, 이후 史思明이 등장해 장수들에게 외면당한 安慶緒를 죽이고 반란군을 이끌었으나, 그도 아들인 史朝義에게 살해되었다. 이후 장군들 사이에 분열이 일어나 李懷仙이 史朝義를 죽임으로써 반란은 끝이 났다.
100) 安史의 난을 異民族의 관점에서 해석하는 견해도 있다. 즉 Normad의 本俗(舊俗)사상으로의 回歸를 安史의 난의 배경 내지 원인으로 이해하기도 하는데(卞麟錫, 1984), 이에 대한 평가에 대해서는 李成珪, 1982, pp. 209~210 참조.
101) 李樹桐, 1973.
102) Edwin G. Pulleyblank, 1976, pp. 32~60 ; 黃永年, 1981-1.

져 한 번진이 2,3개의 주 혹은 10여 개의 주를 관장하게 되었으며, 절도사
아래에는 주원(州院)과 사원(使院)이라는 별 계통의 지배기구가 존재하게 되
었다. 주원(州院)이란 회부(會府; 使府 즉 藩鎭의 중추기관이 있는 주)의 자사로
서의 지배기관을 말하며, 사원은 번진 영역 전체에 대한 절도사, 관찰사로
서의 지배기관으로 절도사가 마음대로 임명하는 막직관(幕職官)을 두고 있
었다. 권력이 강화된 번진은 중앙의 통제에서 벗어나 분권적인 혹은 반독립
적인 성향까지 가지게 되었는데, 특히 화북과 화중지역에서는 반란군에서
투항한 유력한 장군들을 절도사에 임명하여 병력과 지배영역을 그대로 인정
해 주었기 때문에 이러한 경향이 심했으며, 그 대표적인 예가 바로 하북의
삼진(三鎭)이다. [103) 반란군에서 투항한 전승사(田承嗣)를 위박절도사(魏博節
度使)로, 이회선(李懷仙)을 노용절도사(盧龍節度使)로, 이보신(李寶信)을 성
덕절도사(成德節度使)로 각각 임명했는데, 위박(魏博)의 경우 안록산부자(安
祿山父子)와 사사명부자(史思明父子)를 사성(四聖)으로, 노용의 경우 안록산
과 사사명을 이성(二聖)으로 제사를 지내고, 멋대로 세습까지 하여 위박은
전승사 이후 5대가 전씨(田氏) 일족에 의해 계속 지배될 정도로 중앙정부의
통제에서 벗어나 있었다. 780년 양세법이 실시된 이후 거두어들인 물자는
크게 주(州)의 비용에 충당하는 유주(留州), 절도사에게 보내는 유사(留使)
및 중앙에 보내는 나머지 상공(上供)으로 나누어지는데, 분권적인 경향이란
바로 상공을 하지 않고 거둔 물자를 독점하는 것과 영역내에서 관리의 임
명·파면을 자의적으로 하는 것 등을 말한다. 하북 삼진(河北 三鎭)의 경우
특히 심해 '하북의 구사(舊事)'(河朔의 舊事라고도 한다)라고 불렸을 정도였으
며 상호 혼인관계로 결합하기까지 하였다. 하북 삼진을 포함해 소의(昭義),
평로(平盧), 선무(宣武), 회서(淮西), 산동동도(山東東道) 등은 모두 정도의
차는 있지만 당조의 지배체제로부터 원심적 경향을 띤 번진들인데, 이들
을 '반측지지(反側之地)'라 불렸으며 지역적으로는 안사의 난이 일어났던 화
북의 동부에 밀집되어 있었고, 당조 전체병력 약 70~80만의 절반 가량을 보
유하고 있었다. 반대로 당의 지배체제에 편입된 번진은 '순지(順地)'라고 하
는데, 당에서는 환관이나 관료를 절도사에 임명하였고, 지역적으로는 안사
의 난 이후 경제적 중심지로 부상한 강회지역을 포함해 화중·강남지역이

---

103) 谷川道雄, 1978.

이에 해당했다.

번진체제는 당의 멸망까지 약 140여 년에 걸쳐 존속되는데, 그 존재형태
가 일관된 것은 아니었다. 당조와의 관계를 중심으로 시기를 구분해 본다
면, 710년 번진이 두어진 때로부터 안사의 난까지를 변경번진기(邊境藩鎭
期), 이후 9세기초 헌종(憲宗) 때의 이른바 '원화중흥(元和中興)'까지를 번진
체제가 확립되는 동시에 그 발호(跋扈)도 심했던 내지번진 1기, 이후 874년
황소의 난까지 순지화가 진행되어 당조로서는 안정기라고 여길 수 있는 내
지번진 2기, 이후 자립화·토착화의 길을 걷는 내지번진 3기로 나눌 수 있
겠다. [104] 내지번진 1기에서는 번진의 기본적 지향을 기준으로 그 유형을 크
게 셋으로 나눌 수 있다. [105] 1) 분립지향형(河北 三鎭을 중심으로 한 유형)의
특징은 첫째, 중앙통일권력=당조는 번진지배의 유지에서 부정하기 어려운
존재라고 인정하며, 둘째 당조나 여타 번진을 불문하고 스스로의 수탈체제
에 개입하려는 세력에게는 일치 협력해 반항하고, 셋째 번진을 구성하고 있
는 병사에게 강한 지방적 성향이 보이며, 넷째 따라서 이들을 기반으로 해
서는 새로운 통일권력의 담당자로 성장하기 어렵다는 점이다. 2) 권력지향
형(唐朝 권력을 부정하는 유형)은 회서절도사인 이희열(李希烈)이 전형적인데,
병력과 재력이 뛰어나며, 지방적 기반은 약한 반면 용병적 성향도 있다. 3)
통일권력지지형(唐朝를 지지하는 유형)은 주로 강남과 사천의 절도사가 이에
해당된다. [106] 물론 이외에 변경을 지키는 유형을 하나 더 설정하는 것도[107]
이해에 도움을 주리라고 생각된다.

번진체제는 군벌의 시대라고도 할 수 있을 만큼 무력이 큰 역할을 하였으
므로, 또 분권적 경향을 유지·강화시키기 위해 병력을 확충하기에 주력했
으므로 번진 내부의 권력구조를 살피려면 우선 그 군구성(軍構成)과 특성을
고찰하는 것이 필수적이다. [108] 일반적으로 번진 배하의 정규군은 관건(官
建; 牙軍)과 단련(團練)으로 구성되어 있다. 단련(團練; 團結)은 앞서 서술한

---

104) 日野開三郎은 兩稅法 이전까지를 發展時代, 憲宗의 개혁까지를 極盛時代, 이후를 弱
　　體化時代, 唐末까지는 變態時代, 宋까지는 死期라 하여 5期로 구분한다(1953).
105) 大澤正昭, 1973-2, pp. 3~10.
106) 大澤正昭는 藩鎭의 유형과 권력기반을 고찰할 때 지역차라는 점을 고려해야 한다고
　　한다(1973-1). 제 3 형의 藩鎭에 대해서는 谷川道雄, 1952 참조.
107) 張國剛, 1983.
108) 大澤正昭, 1975.

것처럼 지방의 치안을 유지하기 위한 목적에 두어졌는데, 원칙적으로 농한 기에 소집·훈련받는 병사로서 절도사와 주종관계에 있지 않았고, 토착성이 강한 것이 특징이었다. 관건(官健)은 관의 건아(健兒)라는 의미로, 관으로부터 모든 생활기반을 제공받는 용병이었고 번진 병력의 중추를 구성하고 있었다. 관건은 다시 아중군(牙中軍)과 아외군(牙外軍)으로 나뉘는데, 아외군은 '외진군(外鎭軍)'이라고도 하고 관내(管內)의 지군(支郡) 특히 요지에 주둔하며 절도사와 주종관계를 맺고 있는 진장(鎭將)에 의해 통솔되었다. 아중군은 절도사의 부서가 있는 회부(會府)에 주둔하는 병사로서 절도사의 친위군이자 번진 병력의 근간이었다.[109] 이들은 용병이고 우수한 병사로 구성되었으므로 대우도 좋았지만, 자신들의 생활 기반에 대해 매우 민감한 존재였다. 이들은 자신들의 이익과 반대되는 행동을 할 경우 절도사조차 폐립하고 아군(牙軍)의 장교 중에서 새로운 인물을 옹립하기까지 하였다. 이러한 용병적 성격에서 유래한 아중군의 하극상적 성향을 '교병화(驕兵化)'라고 하는데, 내지번진시기부터 당의 멸망까지 번진내 병란의 기록이 무려 200회에 이른다. 이러한 상황하에서는 절도사라고 하더라도 그 지위는 매우 불안했으며, 이에 대처하기 위해 절도사는 관의 급여에 의거하지 않고 절도사 개인이 부양하는 존재로서 사병을 조직하게 되었다.[110] 이들 가산적(家産的) 용병의 성격인 가병(家兵)은 가내노예(家內奴隷)라든가, 그 시대 사회질서에서 제외된 망명자들, 때로는 이민족 등으로 구성되었고, 특히 반측지지(反側之地)에 많았다. 가병은 절도사와 가부자(假父子)관계를 맺고 있는 경우가 많았다.[111] 예를 들어 안록산은 예락하(曳落河)라는 가자(假子)집단이 있었는데, 당말·오대의 자립 번진에서는 가부자관계가 개인형이었던 데 반해 이 시기에는 대개 집단형이 많았다.[112] 또한 각 번진에서 용병제를 기반으로 수많은 병사들을 거느리게 된 데에는 당시의 사회적 제조건도 고려해야 할 것이다. 균전·조용조제의 붕괴, 안사의 난 등으로 인해 많은 몰락농

---

109) 堀敏一, 1960.
110) 藩鎭내의 자세한 軍 구성에 대해서는 王育民, 1987 및 谷霽光, 1984 참조.
111) 栗原益男, 1956 및 谷川道雄, 1980.
112) 栗原益男, 1953과 1956에 의하면 假子制는 개인형이 집단형보다 예속도가 덜하다는 차이는 있지만 모두 가부장적 지배라고 보기 때문에 봉건적인 관료기구로 발전할 수 없었다고 한다. 이에 대해 谷川道雄, 1965와 金貞姬, 1984는 신분적 관계의 파탄으로 나타난 결합형식임을 강조한다.

민이 존재했으며, 이는 곧 번진의 예비병력을 형성할 수 있는 기초를 제공했다. 또 후술하듯이 비생산적인 수많은 용병을 부양할 수 있는 생산력의 발전이 있었고, 새롭게 성장하고 있던 상인이나 각지의 토호세력 역시 번진 체제가 장기간 존속하게 되는 조건을 제공했음은 물론이다. 반면 역설적으로 번진이 독립적이기는 했어도 당이라는 체제 자체의 부정에까지는 이르지 못하였다. 당시 번진이 의존하고 있던 모병이란 결국 수취체제인 양세법에 의존하는 존재였고 따라서 체제의존적인 존재에 불과했기 때문이다. 이것이 바로 번전이 당시의 체제를 변혁시키는 역할을 담당하는 데 한계로 작용했으며, 당이 안사의 난 이후 계속되는 번진의 반란, 수많은 병변(兵變)에도 불구하고 거의 140여 년을 유지할 수 있게 된 하나의 이유였다고도 할 수 있겠다.

　반독립적으로 각지에서 할거하고 있는 번진들을 다시 당의 체제내로 끌어들이기 위한 노력, 즉 순지화(順地化)가 2차에 걸쳐 전개되었다.[113] 1차는 덕종(德宗)시기에 이루어졌는데, 반측지지의 연합에 의한 대항으로 실패로 끝났고, 2차는 헌종 때에 809년과 819년의 두 차례에 걸쳐 토벌과 위협을 통해 마침내 어느 정도 안정을 되찾았다. 1차에서 실패한 경험에 입각해 2차에서는 우선 진봉(進奉)과 다세(茶稅)를 재정적 기반으로 하여[114] 신책군(神策軍)을 적극적으로 정비·확충시켰다.[115] 신책군은 황제의 가산적 군단의 성격이 강했고 환관이 지휘를 맡았다. 809년의 개혁에서는 양세의 배분에 관한 것이었는데, 1) 회부의 상공을 면제하고, 2) 지군의 경우 경비가 부족할 때를 제외하고 원칙상 송사(送使)를 없애고 모두 상공토록 했다. 이것은 지군(支郡)과 절도사와의 관계보다 중앙과의 관계를 보다 긴밀히 하고, 회부만을 절도사에게 귀속시키는 한편 지군이 많은 대번진으로부터의 상공을 늘리려는 것이었다. 3) 상공과 송사의 가격을 모두 중고(中估; 표준가격)로 하도록 했다. 번진에 대한 토벌전이 거의 끝나갈 무렵인 819년 다시 개혁이 이루어졌는데, 절도사의 번진 병력 통솔권을 부분적으로 박탈해 절도사는 회부의 병력(牙中軍과 會府의 團練兵)만을 통솔하게 되었다. 또한 회부의 상공 면

---

113) 大澤正昭, 1973-2.
114) 韓國磐, 1957.
115) 辻正博, 1987.

제조치를 철회하였으며, 재정권도 회수했다.[116] 이리하여 절도사의 권력기반이 크게 약화되었고 번진은 순지화함으로써, 당은 다시 안정된 상태가 되었고(이를 '원화중흥'이라고 한다) 환관을 감군(監軍)으로 파견해 감독케 하였다.[117] 그러나 순지화가 진행되어 절도사가 중앙에서 임명될 경우 이들은 당조와의 관계만을 염두에 두었으므로 '진봉'을[118] 둘러싸고 번진 병사와의 갈등이 깊어갔고, 순지화의 과정이 어디까지나 무력에 기반한 것이었기 때문에 그 무력을 유지하고 확충시키는 데에는 경제력이 최대의 관건이 되는데, 안사의 난 때에도 전란에 휩싸이지 않아 이후 당조의 재정을 지탱해 주었던 강회지역이 874년에 일어나 10년간 전중국을 휩쓴 황소의 난으로 인해 타격을 받자 당조는 이후 명맥만 유지할 뿐 거의 지배력을 상실했다.[119] 이후 번진은 각기 자립화의 길을 걸어가 오대(五代)·십국(十國)이라는 무인정권(武人政權)의 시대로 접어들었다.[120]

3. 兩稅法의 실시와 기타 財政改革

안사의 난 이후 더욱 악화된 재정위기를 타개하기 위하여, 건중(建中) 원년(780) 정월 재상 양염(楊炎)의 상소에 기초하여 실시한 양세법은, 개별적·균등적인 원리의 조용조[121] 대신 부과의 대상을 주호·객호를 불문하고 호(戶) 단위로 하고, 자산에 따른 징세를 원리로 하는 호등적(戶等的)인 수취체제(收取體制)로서 명 후기 일조편법(一條鞭法)이 시행되기까지 역대 세제의 기본이 되었다. 그러나 양세법의 명칭·기원 혹은 계보를 둘러싸고 이

---

116) 藩鎭體制의 구조와 변천에 대해서는 日野開三郎, 1980 참조.
117) 栗原益男, 1971.
118) 陳光明, 1985.
119) Twitchett는 元和 연간의 개혁을 중앙집권적 권위와 지방자치적 세력과의 긴장을 효율적으로 균형을 유지시킨 것이라고 보고 있다(1976, pp. 90~109).
120) 韓國磐, 1958. 五代의 국가구조와 변천에 대해서는 Wang Gung-wu, 1963 및 日野開三郎, 1980 참조.
121) 租庸調는 균등부과를 원칙으로 하였지만, 唐代에도 北齊의 9等戶制, 隋代의 3等戶制를 이어 武德 7년(624)에 3等戶制를, 다시 貞觀 9년(635)에 9等戶制를 시행하여 唐末까지 지속되었고 이후 宋代에는 5等戶制로 바뀌었다. 균등부과를 원칙으로 하는 租庸調 하에서 戶等의 필요성 내지 이유에 대해서는 受田의 순위, 租調를 折租할 경우의 증감, 戶稅와 地稅의 부과기준, 府兵役·差科 등과 관련이 있다고도 하고(王曾瑜, 1980, pp. 49~57), 租庸調의 납입거리 즉 운송지의 遠近밖에 관련이 없다는 견해도 있다(唐耕耦, 1981-1, pp. 185~209). 그러나 兵役(上層富裕戶 우선의 원칙)과 戶稅와 주된 관련이 있었던 듯하다.

견이 많으며, 더욱이 그 성격에 대해서는 실시시기의 시대적 성격과 결부되어 논란이 있어 왔다.[122] 이것은 양세법이 실시되던 상황이 안사의 난이 가까스로 수습된 이후였으므로 남아 있는 자료의 한계까지 더해 다양한 견해가 제기될 여지가 많은 것도 한 이유가 된다. 그렇다면 이 견해들을 몇 개의 유형으로 분류하고 검토해 보자.[123]

우선 양세법이 그 이전에 호등(자산)에 근거해 징수되던 호세(戶稅)나 지세(地稅)에 연원을 두고 있지 않다는 설이 있다. 양세법 이후에도 사문(赦文), 상주문(上奏文) 등에 양세라는 용어와 함께 호세, 지세, 청묘전(靑苗錢)이라는 말이 쓰이고 있다는 점을 근거로 한 것이거나,[124] 양세를 '양항세제(兩項稅制)'가 아니라 하(夏)·추(秋) 양징(兩徵)하는 세의 통칭일 뿐 조용조의 징수방식을 바꾼 것에 불과하다고 보기도 하나[125] 모두 양세법의 연원이 조용조에 있다고 보고 있다. 그러나 보다 유력한 것은 양세법이 갑자기 실시된 것이 아니라면 이전 자산을 기준으로 하던 조세가 발전한 것이라고 보는 견해이다. 여기서도 지세와 무관하며 오로지 호세에 연원이 있다는 설과[126] 호세 및 지세——물론 호세에 많은 비중을 두지만——가 확대·발전된 것이라고 보는[127] 설로 나뉜다. 양세가 지세와 호세라고 본다고 해도 다시 안사의 난 이후 조용조의 평가를 둘러싸고 이미 조용조가 실질을 상실했다고 보는 입장과[128] 이전 조용조도 양세에 포괄된 것이라고 보는 입장으로[129] 나뉜다. 한편 이와는 입장을 달리해 대력 연간(大曆年間)의 하세(夏稅)·추세(秋稅)가 양세법의 원류이고, 이 하세·추세는 세지(稅地)의 세, 즉 지세(地稅)로 취급되어 호세라고 불려졌는데, 종래 세호전(稅戶錢)의 약칭인

---

122) 이에 대해서는 간략하지만 大澤正昭, 1978 참조.
123) 사실 兩稅法에 대한 전 학계의 모든 견해를 다 포괄한다는 것은 불가능하다. 따라서 類型化를 시도하는 것이지만, 이 역시 각 논자의 立論을 어디에 넣을 것이냐의 판단은 또 다른 하나의 문제가 될 수 있을 정도로 많은 문제점이 있다. 물론 미비한 점이나 오해가 있다면 필자의 不敏한 탓임을 우선 밝혀둔다.
124) 曾我部靜雄, 1955；1959；1960.
125) 岑仲勉, 1951；同, 1982, pp. 367~373.
126) 金寶祥은 夏·秋 兩徵하는 戶稅가 兩稅라고 하고(1954；1962), 束世澂(1958)；王新野(1958) 등이 이를 주장하고 있으며, 최근 張澤咸도 이에 동조하고 있다(1986).
127) 이것은 鞠淸遠(1936；1940) 이래의 가장 고전적인 학설이자 대표적인 견해이다. 일본이나 大陸學界의 대다수는 이 견해에 동조하고 있는 것 같다(船越泰次, 1983 참조).
128) 鞠淸遠과 王仲犖(1963)이 대표적이다.
129) 李劍農(1963)과 黃永年(1981-2) 및 韓國磐(1979-1)도 이러한 입장이다.

호세와, 의창미(義倉米)가 전화한 지세와는 전혀 다른 계통의 세이므로 종래 호세, 지세 혹은 호세의 발전으로 보는 단선적인 양적 팽창관을 극복하려 한 견해도 있다.[130] 또한 호세가 양세법의 원칙이고, 여기에 대력 연간의 하세를 청묘전으로, 추세를 전조(田租)로 생각하여 이것을 합친 것이 780년의 양세법이 되었다는 견해도 있고,[131] 지두전·청묘전을 지세의 부가세로 보고 이 부가세에 의하여 종래의 호세가 증액되어 양세가 되었다고도 하며,[132] 청묘전·지두전을 호세의 부가세로 보고 이것이 양세로 통합되는 한편 대력 때의 하세·추세는 경조부만의 지세로 청묘전 등과 관계는 없지만 전체적으로 지세도 양세에 포함되었다는 설도 있다.[133] 또 이와는 달리 양세법이 전무지세(田畝之稅)와 거인지세(居人之稅)로 이루어졌다고 보는 학자도 있다.[134] 이와는 각도를 달리해 화북과 강남의 지역차를 제기하는 견해도 있으며[135] 전납(錢納)의 문제를 둘러싼 문제제기도 있다.[136] 이상과 같이 다양한 견해가 있는데 그렇다면 그 근거로 논의되는 호세, 지세, 청묘전, 지두전이란 무엇인가에 대해 살펴보자.[137]

호세는 세전(稅錢)·세호(稅戶) 혹은 세호전이라 불렸고, 양세법 제정 이전부터 조세의 일종으로서 지세와 함께 중요한 지위를 점하고 있었다. 호세는 수대에 이미 존재했고 당에서도 대개 무덕(武德) 연간부터 시행되었다고 보여지는데, 고종 때에 세로서 확립되었으며 확실치는 않으나 용도는 관료

---

130) 이것은 日野開三郎의 견해인데, 兩稅法에 대한 그의 논문을 모은 것으로 1981 및 1982가 있다.
131) 王井是博, 1922.
132) 金井之忠, 1942; 1944.
133) 이것은 鈴木俊의 견해로 1940~1950년대의 것인데 1980에 再錄되었다. 그러나 靑苗錢·地頭錢의 관계가 별 설득력이 없고 동일 田土에서 夏·秋 兩稅가 징수되는 등 문제점이 있다(松井秀一, 1971-1, p.200).
134) 胡如雷, 1979. 여기서의 居人之稅란 것은 戶에 부과하는 兩稅錢을 의미하지만, 본래 이 용어는 楊炎의 上奏文에서 行商者에 대한 과세와 대비되어 쓰여진 용어이므로 적절치 못하다(船越泰次, 1982, p.183).
135) 兩稅法을 戶稅·地稅와 관련시키면서도 古賀登은 租庸調期의 夏稅·秋稅를 地稅의 범주로 이해하고 江南의 全지역에서 錢納化가 이루어지고 있었다고 하는 한편, 華北에서는 地稅的인 夏稅·秋稅가, 江南에서는 戶稅的인 戶租·戶調가 기본으로 발전하여 兩稅法이 성립했다고 보고 있다(1958).
136) 船越泰次는 錢納이라는 과세원칙에 이의를 제기하고 있다(1973; 1982).
137) 이하 兩稅法의 기원과 내용에 대한 구체적인 설명은 모두 日野開三郎(1981 및 1982), 吉田虎雄(1973), 張澤咸(1986)에 의한 것으로 일일이 註記를 달지 않겠다.

의 봉록에 충당된 듯하다. 호세는 전납(錢納)이 원칙이었고 9등호제(九等戶
制)에 의하여 징수되었으며, 천보(天寶) 연간 일반민인 8·9등호의 경우 각
각 452문(文), 222문이었다. 안사의 난 이후 769년(大曆 4) 700문, 500문으로
거의 2배 가까이 증액되었다.[138] 이는 일반 소농민이 화폐경제의 틀에 거의
강제적으로 편입되었음을 의미한다. 호세는 이외에도 지세와 마찬가지로
왕공(王公)·관리도 부담해야 했고, 조용조와 달리 주호(主戶)만이 아니라
객호도 부담해야 했으며, 상공업자는 본래의 호등에 2등을 더해 부과하였
다. 이것은 화폐경제의 발달로 인한 후술할 상인 세력의 부의 축적 및 생산
력의 발달과 관련이 있다. 그런데 호세는 이미 개원 때부터 두 차례로 나누
어 징수하고 있었다는 데 주목해야 하는데, 이상의 특징을 함께 고려할 때
양세법에서 적용되는 원칙이 거의 그대로 적용되고 있다는 점을 알 수 있
다.[139]

지세는 원래 구황대책으로 농민에게 곡물을 거두는 데 기원이 있는 것으
로, 수(隋)에서는 사(社)와 주현(州縣)에 설치된 사창곡(社倉穀; 義倉穀)이 있
어 상·중·하의 호등에 따라 일정액을 거두었고, 당에서는 때로는 경지액,
때로는 호등에 의하여 의창곡(義倉穀)을 징수하다가 고종(高宗) 말년인 680
년 이후 지세라고 불리게 되었다.[140] 구황대책이라는 점에서 보면 북제(北
齊) 때에 간조(墾租)의 4분의 1인 5두(斗)를 1상(牀; 夫婦)마다 거두었던 의조
(義租)가 기원이랄 수 있지만, 북제에서는 균등징수였으므로 수당(隋唐)의
호등(戶等)에 의한 징수와는 중요한 차이가 있었다. 영휘(永徽) 2년(651) 전
토(田土)의 면적을 기준으로 하고 일률적으로 호당 속(粟)으로 징수했는데,
세율은 1등호가 5석(石)이었고 이하 체감하도록 했다. 개원 25년(737)에 이
르러 이전까지 면제되었던 상고(商賈)에게까지 징수하였고, 왕공 이하 백성
에 이르기까지 전토를 가진 자는 1무당 속 2승(升)을 징수하여 그 징수액이
거의 전조와 비슷한 수준이었다. 또 경조부에서 770년 이후 경지를 3등으로
나누고 하세와 추세를 징수하였으며, 변조(變造)·회조(廻造)라 하여 원래의
목적과 달리 군비(軍費)나 일반 정부의 용도로 쓰여지는 한편, 안사의 난 이

---

138) 1等戶(上上戶) 4,000文에서 7等戶(下上戶) 1,000文까지는 각기 500文씩의 차등을
두었다.
139) 周藤吉之, 1960.
140) 濱口重國, 1932.

후에는 계속 늘어나 지세가 전조를 능가하게까지 되었다.[141] 이렇게 보면 전납이 아닌 물납(物納)이기는 했지만, 지세도 역시 토지소유량의 다과에 의한 것임을 알 수 있다.

또한 부가세인 청묘전과 지두전이 있다. 청묘전은 안사의 난 이후, 영외(令外)의 관직인 사직(使職)이 증가하자 부족한 관료의 봉록과 관청의 경비에 충당한다는 명목으로 764년에 제정한 것으로, 1무당 10문씩 전납토록 하였다. 768년에는 15문으로 증액되었다가, 770년 25문을 받던 지두전과 합쳐 명칭을 청묘전이라고 하고 5문을 감한 35문을 징수했다. 이후 경기지역에서는 30문, 기타 지역에서는 모두 15문으로 인하했다. 이외에도 십일세(什一稅), 대력 연간의 하세·추세[142] 등이 존재해 조용조하에서도 균등적 원리의 세목만이 있었던 것은 아니며, 특히 안사의 난을 경계로 급격히 이러한 세목의 액수가 증가했다. 결국 양세법은 도호의 발생과 안사의 난으로 인해 야기된 여러 문제점, 즉 객호에 대한 세역부과의 경향, 호구의 격감에 따른 자산세로의 전환, 모병제 자체와 이로 인한 비용의 증가에 대처할 전납화를 종결짓는 의미를 가지고 제정되었다고 볼 수 있겠다.[143] 물론 그 실시의 배경으로, 번진대책으로서의 의의와 화폐경제와 상업의 발달에 대응하고자 했던 점, 후술하겠지만 이년삼모작(二年三毛作)의 보급 등 농업 생산력의 발달에 대응한 수취체제의 필요성도 빠뜨릴 수 없다.[144]

양세법의 내용과 그 요점은 다음과 같다. 1) 각 주현(州縣)의 1년간의 경비와 상공액(上供額) 및 송사액(送使額) 등 지출을 계산하여 부입(賦入)을 정한다는 양출제입(量出制入)원칙,[145] 2) 주호와 객호를 구별하지 않고 거주지에서 부적에 올려 부과하는 견거주의(見居主義)원칙, 3) 정남과 중남의 구별 없이 빈부에 차등을 두어 징수하는 호대상(戶對象)·자산대응(資産對應) 즉 호산대응부과(戶産對應賦課)원칙, 4) 상고에 대해서는 매상액의 30분의 1,

---

141) 安史의 난 이후 地稅額의 격증에 대해서는 松井秀一, 1971-1, p. 210 참조.
142) 이 夏稅·秋稅를 戶稅라고 보기도 하고, 地稅로 보기도 하며 심지어 이전의 戶稅나 地稅와 별개의 것이라고 보는 등 論者에 따라 차이가 있다. 다만 錢納이라는 면에서는 戶稅와, 耕地를 기준으로 한다는 점에서는 地稅와 연결이 가능한데, 이것이 780년 兩稅法의 직접적인 원류의 하나라고 보는 것에 대해서는 별다른 이견이 없다.
143) 中川學, 1965, pp. 52~72.
144) 金奎晧, 1981.
145) 陳光明, 1986.

행상자(行商者)에 대해서는 소재의 주현에서 이를 징수, 5) 양세의 징수는 하·추로 나누어, 하세(夏稅)는 매년 6월을 넘지 않고 추세(秋稅)는 11월을 넘기지 않는다. 다만 지방에 따라 3회로 나누어 징수할 수 있다. 6) 조용조 및 기타 제세는 양세로 통일한다. 7) 양세는 전무지세(田畝之稅)와 신정지세 (身丁之稅) 및 상세(商稅)로 구성된다. 8) 전무지세 곧 전세(田稅)는 대력 14 년(769)의 간전의 면적을 기준으로 한다. 9) 시행 후 호의 증감에 의한 과역 의 불균형이 있을 경우 장사(長史)를 진퇴시킨다. 10) 이상을 탁지(度支)가 관장한다.[146] 이같은 내용의 양세법을 실시하기 위해 새로 출척사(黜陟使) 11명을 파견하여 그 실시를 감독·관장케 하였다.

양세법이 갖는 의의는 이상에서 보듯 당시의 변혁적 흐름에 맞는 것이었고 이 때문에 이후의 왕조에서도 계속 실시되었겠지만, 육지(陸贄)와 제항 (齊抗)이 격렬한 반대론을 펼 정도로 그 의의를 퇴색시킨 보다 근본적인 원인은 실시와 관련된 여러 문제에 있었다고 보여진다. 우선 관리의 부정을 들 수 있다. 이는 3년마다 실시키로 된 호구조사에 의한 호등 제정이 20여 년간이나 되지 않았다거나, 은호(隱戶)의 수가 납세호의 2배가 넘는 경우가 있던 바에서 잘 드러난다. 이와 비슷한 것으로 진봉(進奉)의 폐해가 있다. 진봉이란 황제가 사재(私財)의 축적을 위해 상부(常賦) 외에 요구하는 것으로 진봉의 다과에 따라 승진이 결정되었으므로 다투어 진봉을 바치게 되었다. 진봉자들은 이것을 선여(羨餘)라고 하였지만, 모두 규정 외의 징수에 의한 것이었음은 물론이다. 또 양세 이외의 다른 세를 일체 징수하지 않는 것 즉 단세(單稅)의 원칙이 있었지만, 실은 청묘전·관세·다세는 말할 것도 없고 염(鹽)과 주(酒)의 전매도 그대로 존속되었으며, 781년의 상인의 화물에 10분의 1세를 징수하고, 다시 요소에서 상인이 운반하는 상품에 대해 1관 당 20문을 징수하여 열상고전(閱商賈錢)·상평본전(常平本錢)에 충당한다는 명목으로 죽(竹), 목(木), 차(茶), 칠(漆)의 출하물의 가격에 대한 10분의 1 세가 시행되었다. 심지어 간가세(間架稅)와[147] 제백전(除陌錢)이[148] 새로 등

---

146) 이상은 日野開三郞, 1981 및 吉田虎雄, 1973에 의거했다.
147) 間架稅는 즉 家屋稅인데 783년 가옥의 2架를 1間으로 하고 그 건물의 良否에 의하여 上中下 3등으로 구분해, 上等은 1間에 錢 2,000文, 中等은 1,000文, 下等은 500文을 부과하였다. 명목은 증대된 軍費의 충당이었지만, 除陌錢과 함께 京師에서만 시행하였다가 곧 폐지하였다.

장하였다. 그런데 양세법의 실시에서 가장 큰 문제가 되었던 것은 이른바 전중화경(錢重貨輕) 즉 화폐가치가 높아지고 물가가 떨어지는 현상이었다.[149] 전납화(錢納化)의 추세는 비단 양세법에서 비롯된 것은 아니지만, 전납을 기준으로 하기 위해서는 화폐량이 충분해야 가능한데 이것이 거의 고려되지 못했다. 아울러 유통경제의 활성화에 따른 동전의 수요도 엄청나게 증가하여 이러한 현상을 더욱 부채질하였다. 물가의 하락 특히 견가(絹價)의 상대적 하락은 곧 농민의 양세 부담의 증가를 의미했으며, 실제로 792년경에는 실질적 부담이 제정 당시의 거의 2배에 달하였다. 한편 도호의 문제도 계속 심각하였다. 780년 당시 주호와 객호는 각각 약 180만호, 130만호에 이를 정도로 심각했는데, 객호의 경우 이전과 달리 양세를 부담해야 할 뿐 아니라 탄배(灘配)의 폐(弊)까지[150] 겹쳐 다시 도호화하는 경우도 상당하였다.

실시상의 문제점만이 아니라 당조 자체가 내포하고 있는 체계적 모순에서 비롯된 문제점도 컸다. 우선 양세법이 성공을 거두기 위해서는 중앙권력의 통제력이 강화되어야 하는데, 현실적인 번진들의 발호는 이 점에서 상당한 제약요인으로.작용했다. 정기적으로 상공을 하는 지역은 순지였던 강회지역에 불과했고 부정기적 혹은 전혀 상공을 하지 않는 지역도 많았다.[151] 이는 양세법 자체의 의도에서도 알 수 있듯이 번진의 권력을 중앙으로 회수하지 않고서는 그다지 실시의 효과를 보기 어려웠다. 이후 원화(元和) 연간의 이른바 '중흥(中興)'도 실은 신책군(神策軍)이라는 무력에 기반한 것이었으므로, 그 병력의 유지를 위한 비용도 상당했다.[152] 결국 중앙권력의 강화를 위해서는 순지인 강회지역에서 집중적으로 재원을 조달할 수밖에 없었고, 이것은 바로 황소의 난이 일어나 당이 멸망하게 되는 계기를 만들었다.[153] 한

148) 除陌錢은 公私의 급여와 매매에 대하여 부과한 조세로서 현재의 유통세 내지 소득세에 해당한다. 세율은 소득의 100분의 5라는 고율인 데다 細則이 엄해 많은 반발 끝에 間架稅와 함께 폐지되었다.
149) 이를 동전이 부족하여 발생했으므로 '錢荒'이라고도 하는데, 錢重貨輕의 문제점과 정부측의 이에 대한 대처에 대해서는 朴根七, 1989 참조.
150) 灘配란 옛 籍帳에 의거해 課役이 체납될 경우 이것을 향촌의 隣保에게 부과하는 것을 말한다.
151) Denis Twitchett, 1965, p. 5.
152) 松井秀一, 1971-2.
153) 堀敏一, 1957.

편 재정적인 면에서 양세는 중앙이 약 3분의 1, 지방이 3분의 2의 비율로 분배되었는데, 대부분의 지출은 모병제로 인한 군사비와 관료의 봉록에 충당되었다. 따라서 중앙정부로서는 여러 가지 재정적인 개혁을 통해 이를 보완하려고 했고 이것은 다시 일반 농민, 특히 중심적 재원지대였던 강회지역의 농민에게 전가되었다.

재정적인 곤란을 해결하기 위해 동원한 방법으로 소금과 술의 전매 및 다세의 신설 등을 들 수 있다. 소금의 전매는 한 무제 때 시행된 적이 있지만, 이후 실시와 폐지를 반복하다가 이때부터 고정적으로 역대 왕조에 의해 답습되었다. 소금 전매 즉 염각(鹽榷)은 양세법 실시 이전인 758년 염철사였던 제오기(第五琦)에 의해 실시되었다. 이는 그가 756년 강회조용사로서 강회(江淮)지역에 실시한 경험을 토대로 전국적으로 확대한 것이었는데, 그의 염법은 관매법(官賣法)이라 불리는 것으로서 해염(海鹽)·지염(池鹽)·정염(井鹽) 등 모든 염의 생산에서 유통까지를 장악하는 방법이었다. 염의 판매는 종래 1두(斗)당 10문의 염에 100문의 각세(榷稅)를 붙여 110문으로 팔았다. 이후 이것을 다시 정비하여 획기적 성과를 거둔 인물이 유안(劉晏)이다. 그가 동남지역의 염철사로 취임했을 때(765) 염리(鹽利)는 겨우 40만 민(緡)이었지만, 취임 첫해에 60만 민, 780년에는 600만 민에 이르러, 중앙 세출액의 50%를 담당하게 되었다.[154] 그의 염법은 보통 통상법(通商法)이라 불리는데, 소금의 생산과 출하과정만을 관(官)에서 감독하고 상인에게 각세를 징수할 뿐 이후의 운반과 판매는 상인에게 자유로이 맡겼다. 또 개원 말기 배요경(裴耀卿)의 조운(漕運) 개혁을 이어 각염과 조운을 결합시켰다. 이것은 재원을 마련하는 데 효과를 거두기는 했지만, 염가(鹽價)가 10문에서 일거에 110문으로 올랐고 이후 250문에서 300문, 심지어 370문까지 상승했다. 이것은 결국 백성들의 크나큰 부담이 되었고 염밀매상 즉 염적(鹽賊)이 활약하게 되는 계기를 제공했다. 이외에 당 중기 이후 끽다(喫茶)의 풍습이 퍼져 소비량이 증대한 차에 대해서도 793년 10분의 1세인 다세가 부과되고 이후 증세되었으며, 술의 전매,[155] 광세(鑛稅), 상세(商稅), 신정세(身丁稅), 관세(關稅), 박각(舶脚), 여러 잡세 등이 부과되었다.[156] 이것은 모두 재정의 궁

---

154) 妹尾達彦, 1982.
155) 丸龜金作, 1957.
156) 이에 대해서는 張澤咸, 1986 참조.

핍에서 나온 것이지만, 이와 아울러 특기할 사실은 각종 영외의 사직(使職)에서도[157] 특히 재정관계 삼사(三司; 鹽鐵, 轉運, 度支)의 활약이 컸다는 점이다.[158] 당 중기 이후 절도사를 비롯한 사직의 설치는 율령적 체제의 범위를 벗어난 것이라는 점에서, 또 관료의 증가로 인해 비용이 증가된다는 점에도 불구하고 재정의 필요에 의해 중시되었다. 이는 당송을 경계로 한 관제면에서의 변화로 이해할 수 있겠다.[159]

과도한 세부담은 결국 농민의 저항으로 표출되었다. 특히 강회지역에서는 9세기 전반이 되면 염적(鹽賊), 차적(茶賊), 강적(江賊)이 도당(徒黨)을 이루어 관헌에 저항하게 되었고, 순지였던 관계로 파견된 절도사와의 사이에 진봉과 대우를 둘러싸고 불만을 가진 병사들의 병변(兵變)이 잇달았다.[160] 859년 구포(裘甫)의 난은 강회지역에서 일어난 빈농출신의 병사들의 반란이었으나, 868년 방훈(龐勛)의 난에서는[161] 병사와 농민이 결합하는 데에 이르게 되었다. 이는 결국 874년에 일어나 거의 10년간 사천을 제외한 전 중국을 휩쓴 왕선지(王仙芝)·황소의 반란으로[162] 이어져 당의 멸망으로 이어진다.[163] 왕선지나 황소 모두 염 밀매상이었다는 점에서도 알 수 있듯이 당시의 사회적 모순을 집중적으로 반영하는 것이었다. 황소의 반란에서 '유구주의(流寇主義)'와 평균주의적(平均主義的)인 면은 중국의 농민반란사상 획기적인 것으로, 또 농민혁명사에서 당송변혁의 한 측면으로 큰 의의를 가지고 있다고 평가된다.[164]

Ⅲ. 唐宋間 사회변혁의 여러 側面

1. 농업 생산력의 발전과 경제 重心의 南移

당송을 경계로 다방면에 걸쳐 사회 생산력의 발전이 이루어졌고, 이에 의

---

157) 何汝泉, 1987, pp. 56~73. 문헌에 나오는 使職만 唐代에 총 142개에 이르렀다 한다.
158) 礪波護, 1961; 室永芳三, 1971; 吳麗娛, 1986.
159) 礪波護, 1964.
160) 대표적인 예가 858년 康全泰의 난이다(松井秀一, 1957).
161) 谷川道雄, 1955.
162) 善本憲雄, 1956 및 堀敏一, 1957.
163) 唐末 3대 반란에 대해서는 松井秀一, 1971-2; 谷川道雄·森正夫 編, 1978 및 胡如雷,

해 광범한 사회적 변혁이 일어났다는 것은 주지의 사실이다.[165] 이것은 말할
것도 없이 전술한 안사의 난 이후의 변화의 흐름에 위치하는 것이다. 그러
나 당에서 송에 이르는 변화상에 대한 기존의 연구는 대개 송대에서의 발달
상을 제시하는 경우가 많았고, 당의 경우 송과의 관련하에서 이해되는 것이
보통이었다. 이것은 물론 자료상의 한계라는 측면에서의 제약과 송대에서
의 발달 정도가 다방면에 걸쳐 이전과는 비할 바가 아닌 면도 있다. 물론 당
송간 사회변혁의 다양한 측면을 살펴보기 위해서는 송대의 그것을 중시해야
하지만, 본강좌에 수록된 여타 논문과 내용상 중복을 피하기 위해 여기서는
가급적 당말의 변화상과 그 전반적인 추세의 이해에 한정하고자 한다.

우선 농업 생산력의 발달은 이것을 '농업혁명(農業革命)'이라고 부르는 학
자가 있을 정도로[166] 비약적인 변화를 보였다. 그중에서도 특히 주목의 대상
이 되었던 것은 개간과 수리관개를 통한 가경지(可耕地)의 확대, 품종의 다
양화 및 신품종의 도입·보급 등이었다. 그런데 경작면적의 확대라고 할 경
우 육전(陸田)의 관개도 염두에 두고는 있었지만, 당 중기 이후의 시대적 특
징으로서 강남의 수도작(水稻作)과 관련하여 우전(圩田)·위전(圍田)의 개발
등 강남의 수전(水田) 개발이라는 측면에 초점을 맞추어 연구가 진행되어 왔
고, 품종도 수도(水稻)를 주대상으로 하였으므로, 지역적인 한계와 함께 양
적인 면만을 강조한 점이 없지 않았다. 또 농업생산이 발달하게 되는 바탕
에는 농경지의 개발·확대나 품종의 문제만이 아니라 영농기술, 농기구, 수
리관개, 경영규모, 상품작물 등의 여러 요소가 복합적으로 개재되어 있으므
로, 이에 대한 해명이 전제되지 않고서는 피상적인 변화상을 지적하는 데
그칠 뿐 그 질적 차이를 심도있게 이해하기 어렵고 더구나 이를 근거로 이
시대의 성격을 추출하기는 무리라고 하지 않을 수 없다. 이렇게 볼 때 80년
대 이래 당송기의 농업생산력과 농업경영의 발전에 대해 관심이 고조되고

1979-2 참조.

164) 侯外廬, 1964 및 船越泰次, 1982, pp. 175~182.

165) 이러한 측면을 통계적으로 분석한 논문으로 Robert M. Hartwell, 1982가 있다.

166) Mark Elvin, 1973, pp. 111~130. 엘빈은 8세기에서 12세기의 중국을 中世의 經濟革命
期라고 하여 당시 중국의 경제를 세계에서 가장 진보된 것으로 파악하고, 1350년경 이
후 중국이 과거의 기술발전 속도를 유지하는 데 실패한 원인을 量的 성장만 있고 質的
발달이 정체된 데에서 찾고 있다.

있는 것은 우연이 아니라 할 것이다.[167] 한편 농업 생산력의 구체상을 밝히
는 데는 토지소유 형태의 변화 및 그것을 매개로 하는 대토지소유자·소농
민의 존재양태로부터, 혹은 실제적인 농법의 변화라는 농업사(農業史)의 각
도 등등 다양한 접근방식이 있을 수 있지만, 여기서는 '생산력의 발전'이라
는 관점에서 생산력을 구성하는 여러 요소들과 그것이 가지는 의미를 간략
히 검토해 보고자 한다.

우선 농업생산에서 농기구가 차지하는 위치는 새삼 강조할 필요도 없지만
당송기에 특히 주목할 것은 여(犂; 쟁기)의 발달이다. 여(犂)는 크게 축력용
(畜力用)과 인력용(人力用)으로 나뉘는데, 이전까지는 소(牛) 두 마리가 끄는
축력견인려였던 것이 당말 소주인(蘇州人) 육구몽(陸龜蒙)의 《뇌사경(耒耜
經)》의 기술에 의하면 한 마리가 끄는 축력견인려가 등장했다고 한다.[168] 이
여는 흙을 뒤집어엎기 위한 발토판(撥土板)이 부착된 장상려(長床犂; 反轉長
床犂)로서 경기(耕起)의 심도를 조절할 수 있는 고성능 여였다. 또한 종래의
곧은 원(轅) 대신 구부러진 원[曲轅犂]이 채용되는 등 농기구도 갖가지 개량
에 의해 소형, 경량화되었다.[169] 이렇듯 진보된 여는 송대 이후의 기본형이
자 근대 중국에서 사용되던 것과 거의 같은 것으로써,[170] 소주지역의 수전지
대에서 광범위하게 사용되었을 뿐 아니라 그외의 전작(畑作)지역에도 보급
되었다. 인력용 여의 경우도 답려(踏犂)가 출현하여 북송대 소가 부족한 지
역에 적극적으로 보급되었으며, 철탑(鐵搭)이라는 오늘날의 가래와 유사한
수전경작 도구도 당대부터 등장하였다.[171] 여의 발달에 수반하여 정지(整地)
도구도 체계화되어 6세기의 《제민요술(齊民要術)》 이후 수도작에서 경기정
지(耕起整地)과정이 체계화되었고, 송대에는 초(耖; 써래)라는 농기구도 등
장해 정지(整地)과정이 한층 효율적으로 되었다.[172] 이는 축력을 사용하지
않는 농경의 자립에 일정한 기여를 했는데, 다음에서 살펴보듯이 경영규모
를 소단위로 만드는 데 기여했을 뿐 아니라, 이처럼 효율이 높은 농기구의

---

167) 中國史硏究會 編, 1983은 바로 이러한 경향의 대표라 할 수 있겠다.
168) 宋兆麟, 1979; 閤文儒·閤萬石, 1980; 宋兆麟, 1981.
169) 宋兆麟, 1979, p.72의 註 7).
170) 中國史硏究會 編, 1983, p.63.
171) 天野元之助, 1979.
172) 河上光一, 1966.

출현·보급은 수분유지와 비료의 효율을 높이기 위한 심경(深耕)을 가능케
하고 생산성을 높일 가능성을 포함하고 있었다.[173] 물론 이 이외에 중경(中
耕), 제초용(除草用) 농기구 및 통차(筒車), 용골차(龍骨車;翻車) 등의 관개
용구도 현저한 발달을 보인 것이 확인되고 있다.[174] 다만 한 가지 주의해야
할 점은 이렇게 진보된 농기구가 남송대까지는 장원경영자의 수중에 집중되
어 있었고 아직 일반화되지 않았다는 지적에서도 알 수 있듯이,[175] 그 소
유·운용의 실태 및 보급 정도에 대해서는 보다 세밀한 검토가 앞으로 요구
된다고 하겠다.

　다음으로 농경에서 항상적인 생산을 보장하고 토지 생산성을 한층 향상시
키기 위해 윤작체계(輪作體系)의 고도화가 이루어졌다. 다시 말하면 전작에
서 실시된 속(粟)-맥(麥)-두(豆)의 결합에 의한 이년삼모작과 수도작에서
행해진 도(稻)-맥(麥)의 이모작이 그것이다. 이년삼모작은 화북의 한지(旱
地) 전작(畑作)에 적합한 농법이었고 이모작은 강남지역에 적합한 경작방식
이었다. 화북지역에서 언제부터 이년삼모작이 행해지기 시작했는가를 둘러
싸고 의논이 분분해 명확한 결론을 낼 수는 없지만,[176] 양세법이 실시된 이
후 징세 품목에 두(豆) 등이 포함된 것을 감안한다면 당대에 이년삼모작이
실제적으로나 제도적으로 의미를 가지게 되었다고 보아도 큰 무리는 없을
것이다. 다만 이년삼모작의 시행지역이 화북 전체라고는 말하기 어려우며
기후나 지력 등의 조건에 따라 제약을 받는 농법이었음은 인정해야 할 것이
다. 마찬가지로 도(稻)-맥(麥) 이모작도 개시기에 대해서 논란이 있지
만,[177] 일반적으로 보급된 시기가 당송기였다는 것은 확인 가능하다.[178] 이

---

173) 中國史硏究會 編, 1983, p.64.
174) Mark Elvin, 1973 및 唐耕耦, 1978.
175) 大澤正昭, 1980, p.71.
176) 二年三毛作의 開始期에 대해 中國의 연구자는 대개 漢代 이전이라고 주장한다(陳良
　　佐, 1980). 반면 일본에서는 西嶋定生이 小麥粉食의 유행을 근거로 唐 中期부터 시작
　　되었다고 하는 데 반해(1947) 米田賢次郎은 戰國末이라고 주장하고 있으며(1959), 天
　　野元之助는 隋·唐의 사이까지는 실현되었다고 보기도 하나(1979), 西山武一은 이러
　　한 農法이 최근 백년의 것에 불과하다고 하여(1969) 견해차가 클 뿐 아니라 시대적으
　　로도 엄청난 격차를 보이고 있다.
177) 米田賢次郎은 최근 二毛作이 後漢代 先進地域에서 행해졌다고 하는 연구를 발표했고
　　(1981), 陳良佐도 麥作의 보급상황을 근거로 6세기의 江南에서 실시되었을 가능성을
　　제기하였다. 그러나 天野元之助(1979)와 周藤吉之(1962)는 南宋에서 확실히 二毛作이
　　실시된 것을 실증했다.

럴 경우 이모작의 실시를 위해서는 조도(早稻)의 응용이 필수적이고 조도·
만도(晩稻)의 분화가 전제되어야 하므로 도의 품종과 밀접한 관련이 있는
데, 이 역시 당대(唐代)를 경계로 조도가 분화·보급된 것이 확인된다는
점에서도 다시 역으로 실시 시기를 당송기로 여기게 되는 근거가 된다고 볼
수 있다.

윤작체계가 고도화되면 생산량이야 늘어나겠지만, 현실적으로는 지력의
유지는 물론이고 지력을 보다 증강시키는 방법으로서 시비기술과 파종기술
의 향상이 절대적으로 요구된다. 12세기 진부(陳旉)의 《농서(農書)》에 의하
면 송대에는 '분옥(糞屋)'을 설치해 퇴비를 일상적으로 제조하고 도회지의
분뇨를 모아 농촌으로 운반할 정도로,[179] 수도에 대한 시비와 비료의 제조
등에서 확실히 고도의 단계에 이르렀다고 보여진다. 인분 이외에도 진흙과
석회도 비료로서 가치가 있었다.[180] 또한 경작기술에서 전술한 경기정지 과
정의 체계화 이외에 전식법(田植法)의 보급도 도입시기에 대한 견해차에도
불구하고[181] 당 중기 강남에서는 상당히 광범하게 보급되어 있었다고 할 수
있다.[182] 이후 송대가 되면 전식(田植)할 때 일반적으로 앙마(秧馬)를 이용해
작업능률을 높이게 될 정도로 발전하였으며, 지역에 따른 차는 있었어도 중
경(中耕)이 강조되고 제초가 중시되기에 이르렀다. 이렇게 농업 발달에서
양적인 면만이 아니라 그것을 뒷받침하기에 충분할 정도로 질적인 면에서도
이전에 비해 발전된 모습을 보였다.

한편 경작 품종도 지역적인 차이를 보이면서 눈에 띄게 변화했다. 강남
수도작 지대에서는 경작 품종의 다양화와 신품종의 도입·보급이 이루어졌
고, 화북 한지에서도 지역의 특성에 맞도록 소맥작(小麥作) 및 분식(粉食)이
정착되었으며 이후 강남의 수도작 지역으로까지 확대되었다.[183] 우선 강남
수도작의 경우 품종이 다양화하면서 당송을 경계로 조·만도의 구분이 명확

---

178) 大澤正昭·足立啓二, 1987, p. 65.
179) 河上光一, 1966, p. 73.
180) Mark Elvin, 1973, pp. 118~119.
181) 西嶋定生은 田植法이 唐 中期부터 행해졌다고 주장하는데(1966) 반해 米田賢次郎은
    漢代에 이미 先進지역에서 실시되었다고 한다(1959). 한편 西山武一은 田植法의 江南
    으로의 전파가 宋代 이후라고 하는 등(1969) 반드시 일치하지는 않는다.
182) 大澤正昭, 1981.
183) 大澤正昭·足立啓二, 1987, p. 66.

해졌고, 남송대가 되면 조·중·만도의 구별이 분명하게 되었다.[184] 일반적으로 조도는 6~7월, 중도는 8월, 만도는 9~10월에 성숙한다고 하는데, 품종이 점차 개량되고 보다 다양화하게 됨에 따라 또 지역에 따라 일정하지는 않았다. 이모작이 가능하게 된 것도 바로 이 조도를 소맥(小麥)과 함께 경작하게 되면서부터였다는 점은 앞서 살펴본 바와 같다. 좀더 구체적으로 품종을 살펴보면, 인도형(印度型)이라고 여겨지는 적미(赤米)의 재배가 당대부터 보급되기 시작하였는데 다수확 품종일 뿐 아니라 열악한 환경에 강하고 저습지에 적합한 특성을 갖추고 있어 수도작 경작지를 확대시키는 데 큰 역할을 하였다. 특히 송대에 들어 점성도(占城稻)의 도입과 재배의 성행은 주목할 만하다. 점성도는 북송 진종(眞宗) 때(1012년) 점성(占城; 남부 베트남)으로부터 수입한 조도로서, 품질이 낮아 일반인의 식용으로 공급되었지만 수확이 많고 내한성(耐旱性)이 뛰어났으므로 급속히 재배면적이 확대되었다.[185] 이렇듯 성숙기간이 짧은 조도의 경작으로 이모작만이 아니라 이기작(二期作)까지 가능하게 되어 미곡 생산이 비약적으로 증대되었고 따라서 수도작 지역도 확대되었다. 이와 함께 화북지역에서도 종래의 속(粟) 대신 소맥이 널리 경작되었다. 이는 당대(唐代) 연애(碾磑; 맷돌)경영의 성행으로부터 소맥 분식이 유행하였다는 점에서 확인이 가능한데, 송대에 들어서도 계속 장려·보급되었다. 당대에 정착된 분식 풍조는 송대에 이르러 화북만이 아니라 강남지역으로까지 확대되었으며, 그 이유로는 후술하겠지만 중국 인구의 남이에 따른 분식의 보급, 강남지역의 도시에서 술을 빚는 주정의 원료로서 소맥이 필요했던 점, 기근 때에 농민을 구제할 필요성, 이모작을 행할 경우 도와는 달리 맥은 전호의 소유였으므로 전호가 다투어 맥을 경작하게 된 점 등을 들 수 있겠다.

여하간 당대를 거쳐 송대가 되면 농업 생산, 특히 미곡의 생산이 급격히 확대되었고 그 주산지는 양자강 하류지역이었다. 이는 송인(宋人) 범성대(范成大)의 《오군지(吳郡志)》에 "소호숙천하족(蘇湖熟天下足)"이라고 한 기술과 육유(陸游)가 《위남문집(渭南文集)》에서 "소상숙천하족(蘇常熟天下足)"이라 한 데서도[186] 충분히 짐작할 수 있는데, 이것은 다시 말하면 이 지역이 경제

184) 河上光一, 1966, p. 58.
185) 加藤繁, 1939.
186) 河上光一, 1966, p. 58.

적 중심지가 되었다는 것을 의미한다. 당 중기를 경계로 경제 중심이 황하 (黃河)유역에서 양자강유역으로 남하했다는 것은 일반적으로 알려져 있고[187] 또 여러 측면에서 찾아볼 수 있다. 우선 안사의 난 이후의 번진체제하에서 '반측지지(反側之地)'가 대부분이었던 화북에서는 중앙으로의 상공(上供)이 제대로 시행되지 않았던 반면, 강회지역은 대부분 '순지'였으므로 자연 중앙정부의 이 지역에 대한 재정 의존도는 강화되었다.[188] 따라서 당으로서도 이 지역을 재원으로 하여 양세법을 실시하였으며,[189] 이를 통해 상당 기간 왕조의 유지가 가능하였다. 또한 인구의 비율에서도 화북지역을 능가하기 시작했다는 점을 들 수 있다.[190] 안사의 난 이전까지는 황하유역의 인구와 양자강유역의 인구가 대개 비슷한 수준을 유지하고 있었으나, 헌종 원화 연간(806~820)을 경계로 이 비율이 역전되었다.[191] 이것은 안사의 난의 영향으로 화북이 황폐화하자 화북 인구가 주로 사천과 강남으로 남하하여[192] 당시까지의 선진적인 기술과 문화를 이식한 이유도 있지만,[193] 전 중국의 역사를 살펴볼 때 삼국시대와 동진·남조시기를 이어 강남이 개발되어 가던 역사적 추세의 일환이라고도 볼 수 있겠다.[194] 당대에서의 개발에 이어[195] 송에 이르면 적극적으로 개발이 진행되어[196] 전술한 바와 같이 미곡 생산의 중심지로 발돋움하게 되었고, 인구의 비율도 거의 7 : 3 정도로 벌어지게 되었다.[197] 이는 역으로 말하면 강남이 개발될 충분한 여건을 이미 갖추고 있었던 데다 화북 인구의 남이(南移)에 의해 더욱 촉진되었음을 의미한

---

187) 周殿杰, 1982, pp. 74~79 및 曹爾琴, 1982, pp. 147~155. 개괄적인 것으로 Robert M. Somers, 1979가 있다.
188) 韓國磐, 1957, pp. 321~335 및 齊勇鋒, 1987, pp. 80~100. 그러나 이것이 곧바로 經濟 重心이 남하했다는 근거는 될 수 없고, 경제 중심은 의연히 華北에 있었던 반면 財政 重心만이 江南으로 옮겨 갔다는 견해도 있다.
189) 袁英光·李曉路, 1985, pp. 41~48.
190) 林立平, 1983.
191) 韓國磐, 1957, pp. 321~332.
192) 黃盛璋, 1980, pp. 91~108.
193) 孔祥星, 1983 및 王永興, 1983.
194) 江南개발의 전반적인 추세에 대해서는 斯波義信, 1961 및 岡崎文夫·池田靜夫, 1940 참조.
195) 上野直明, 1982, pp. 68~72.
196) 宋代 江南의 개발과 경제상황에 대해서는 斯波義信, 1988 참조.
197) 河上光一, 1966, pp. 43~55. 1550년에 이르면 전 인구의 68%가 江南에 거주하였다 (Robert M. Hartwell, 1982, p. 366).

다. 특히 송대에 강남지역의 우전(圩田)·위전·호전(湖田) 등[198] 수리전의 개발이 대대적으로 진행되었다는 것은 주지의 사실이고,[199] 또 당송변혁의 한 측면으로 흔히 지적되는 것이지만, 이 추세는 송대에 비로소 시작된 것이 아니라 이미 당 중기 이후 형호(荊湖)지역과[200] 양자강 하류가 본격적으로 개발되었으며,[201] 분열되었던 오대에도 계속 이어졌다.[202] 더구나 오대십국 시기에 들어 화북의 다섯 왕조는 단명하였던 반면 남당(南唐), 오월(吳越), 민(閩), 초(楚), 남한(南漢)은 각기 장기간에 걸쳐 안정을 누리게 됨으로써 산업과 문화가 발전하고 대외무역을 통해 부를 축적함으로써 한층 개발을 가속화하였다.[203] 특히 양주(揚州)는 이 지역의 중심지로서 공전(空前)의 대번영을 구가하였다.[204]

다만 이러한 농업 생산력의 발달만이 아니라 그것이 가져온 사회적 변화나 내포하고 있는 의미를 검토할 필요가 있다고 보여진다. 물론 사회의 각 방면에 걸쳐 여러 의미가 있겠지만 당송변혁기의 의의와 관련지어 크게 다음 두 가지를 지적하고 싶다. 첫째, 양적으로 늘어난 농산물이 상품작물적(商品作物的)인 성격을 가지게 되었다는 점이다. 화북지역에서의 소맥작의 보급, 이것의 강남으로의 확대는 분식이 갖는 상품적 성격을 굳이 고려하지 않더라도 단순한 주곡의 증산 차원 이상이리라는 것은 두말 할 필요가 없을 것이다. 또 농가의 부업으로서 생강[薑], 감자(甘蔗；사탕수수), 차 등이 재배되어 시장에 출하되었는데,[205] 이는 농촌의 경제생활에 활력을 불어넣었

---

198) 江南지역은 저습지가 많아 개발의 여지가 많았는데, 圩田·圍田·湖田은 모두 沼澤地와 湖邊, 河岸 등의 治水와 灌漑를 통해 개간된 新田이다. 이러한 명칭의 차는 반드시 지역적인 것은 아니다. 즉 湖田은 보통 湖沼의 간척지로 浙江·安徽·江蘇에 많았으며, 圩田은 이보다 대규모의 간척지로서 屯田과 官圩가 많았던 安徽·江蘇의 西部에는 당연 圩田이 많았다. 圍田은 약간 소규모의 간척지로, 토지가 세분화되고 私有地가 많았던 江蘇델타에서는 당연 圍田이 많았다(斯波義信, 1961, p. 91).

199) 河上光一, 1966, pp. 32~55.

200) 이 지역의 개발에 대해서는 唐啓淮, 1985, pp. 22~33 및 林立平, 1988, pp. 88~95를 참조.

201) 曹爾琴, 1982, pp. 152~155.

202) 鄭學檬, 1985.

203) 臧嶸, 1981.

204) 林瑞翰, 1964；全漢昇, 1943；羅宗眞, 1979. 揚州가 번영을 구가하게 된 이유로 크게 두 가지를 들 수 있다. 첫째 지리적인 요인으로서 위치가 海岸과 揚子江과 運河의 교차점이었다는 것과, 둘째 江淮 海鹽의 집산지가 바로 揚州였다는 점이다. 安史의 난 이후 鹽의 전매에 의한 수입이 어느 정도의 비중이었는지는 이미 전술한 바와 같다.

205) 河上光一, 1966, p. 76.

을 뿐만 아니라 상업이 발달하는 데 기반을 제공하였다. 여기에 작물의 지
방적 전문화도 현저히 뚜렷한 경향을 보이게 됨에 따라[206] 이러한 추세가 더
욱 가속화되었을 것임은 그다지 상상하기 어렵지 않다. 따라서 상업의 발달
에 수반해 도시가 발달하게 되고 운송수단으로서 조운도 정비되었으며, 도
시의 근교에서는 채소를 경작하는 채원(菜園)이 나타나는 등 이에 따른 여러
가지 이전에 보이지 않던 현상들이 출현하게 되었다. 이 모두는 농업생산력
의 발전과 상업 및 도시의 발달이 매우 밀접한 관련을 가지고 전개되었음을
잘 보여주는 몇몇 예에 지나지 않는다. 둘째, 농업생산력의 발전과 경영규
모와의 관계이다. 균전제가 와해된 이후 대토지소유제 즉 장원제가 발달해
토지의 집중 현상이 본격화되었는데 물론 토지 소유자인 지주층과 소작관계
혹은 고용관계를 맺고 있는 전호나 장객(莊客), 전복(佃僕) 등이 이러한 장
원의 직접생산자이지만, 송대에 들어 중핵적 농민층을 이루는 중호(中戶) ·
중산층(中産層)의 존재도 고려한다면 장원제라고 해서 곧 경영규모의 확대
라고 말할 수는 없다. 이들은 대개 30~40무(약 2ha)에서 2경(頃; 약 10ha)의
토지를 소유한 농민으로서 자급자족을 기본적 특질로 하고 있었으며, 지역
에 따라 그 수적인 비중은 달랐으나 농촌 사회에서 하나의 층을 형성하고 있
었다.[207] 또 대토지소유자라고 하더라도 직접경영보다 전복, 지객(地客), 장
객 등을 통한 간접경영으로 전화하고 있었음을 감안한다면, 또한 전술한 농
업생산력의 발달에서 이년삼모작이나 이모작과 같은 토지의 효율성 제고,
수노동용(手勞動用) 농구와 그것을 이용한 집약적인 농법 등이 이루어지고
있었던 것을 고려한다면 경영규모는 확대되었다기보다는 소규모경영이 확
립되어 있었다고 보는 편이 타당할지도 모르겠다.[208] 이것을 '소경영' 내지
'소경영생산양식(小經營生産樣式)'이라고 부를 수 있을지의 여부는 차치하고
라도[209] 생산의 단위 자체는 토지의 집중에도 불구하고 한가족 내지 2~3인
이 분산적 · 고립적으로 경영하고 있었던 것만은 인정하는 것이 바람직할 듯

206) 위와 같음.
207) 渡邊信一郞, 1986, pp. 331~332.
208) 大澤正昭, 1980, p. 73.
209) 이것은 中國史硏究會의 기본입장이다. 즉 地主와 佃戶의 관계도 무시할 수는 없지만
전 시대에 걸쳐 존재한 광범한 自作農을 고려한다면 國家와 農民이라는 관계가 보다
일차적이라고 보는 것이다. 唐宋變革期를 바로 國家的 奴隷制에서 國家的 農奴制로의
전환기로 보는 것도 이러한 맥락이다(中國史硏究會 編, 1983의 第 1 部 第 3 章 참조).

어다.

2. 상업과 도시의 발달

당·송을 경계로 농업생산력의 발달의 양상과 경제 중심의 남이(南移)에 대해 간략하게 살펴보았는데, 이것은 비단 이 분야에 국한된 현상은 아니었다. 당송을 경계로 상업 또한 현저한 발달을 보이게 되는데,[210] 그 단적인 실례가 바로 전술한 당말의 여러 재정 시책이라고 할 수 있으며, 농업생산력의 발전, 유통경제의 활성화와 아울러 '상업혁명(商業革命)'이라고까지 불릴 정도의 평가까지 받고 있는 실정이다.[211] 물론 당 중기 이전까지 상업이 발달하지 않은 것은 아니지만, 몇 가지 특징이자 약점이 있었다. 첫째, 상업에 대한 통제가 강했다. 곡물과 견포(絹布)는 징세와 그 재분배를 통하여 국가에서 장악하고 있었기 때문에 상품으로서 시장에 대량으로 방출되지 못했고, 중요한 시장의 입지였던 행정도시에서 정부의 감독과 감시가 심해 도시화의 유인이 위축되었다.[212] 둘째, 도시화는 도시와 인접지에서 불균형적으로 높았던 반면, 도시와 도시 사이에는 넓은 변지(邊地)가 존재하였으므로 상업은 비능률적이었고 모험적이었으며 고가(高價)였다.[213] 셋째, 농촌 수공업의 미성숙, 호족의 개재, 교통과 상업조직의 미성숙으로 인해 상품은 사치품을 위주로 하였다.[214] 넷째, 사회의 반자급상태를 보여주는 소액화폐의 유통은 일찍부터 등장했지만 농촌시장에까지 침투하지 못했고, 금·은·포백 등의 대량거래에 적합할 정도의 규모에도 이르지 못했다.[215] 따라서 당시 통화에 의한 통합은 미성숙한 상태였고, 물가와 경기의 변동은 장기적으로는 정태적(靜態的)이었다. 이에 반해 당송간 상업의 발달은 1) 상업의 확대와 상업조직의 복잡화, 2) 현저한 화폐경제의 출현, 3) 도시화의 진전, 4) 도시거주계층의 등장과 그들 독자적인 문화의 창출, 5) 정부의 상업정책의 변화, 6) 경제이론과 실천의 전환을 가져온 정부의 재정책의 근본적

210) 草野靖, 1964.
211) 斯波義信, 1982, p. 203.
212) Denis Twitchett, 1966 및 1968.
213) 藤井宏, 1953.
214) 西嶋定生, 1966.
215) 池田温, 1967.

재건, 7) 상인이나 이후 신사층과 관계된 지방 중간사회층의 등장이라는 면에서 이전 시대와 획을 긋고 있다. [216]

이러한 상업 발달의 배후에는 당조의 정책이 의도했건 아니건 작용하고 있다. 우선 교통면에서 보면 당조는 전대 이래의 역전제도(驛傳制度)를 발전·정비하였고 남북의 대동맥인 운하를 수차 보수·정비했다. 또한 개원통보(開元通寶)의 주조에서 보듯 화폐를 통일했으며, 도량형에 대해서도 통일적 규정을 마련했다. [217] 이와 아울러 양세법의 실시 등 전납을 원칙으로 한 재정 개혁들은 일반 소농민을 유통경제에 편입시키는 역할을 했는데, 이것은 모두 상업이 발달하는 데 기반을 제공하는 것이라 할 수 있다. 이러한 토대 위에서 전술한 생산력의 발달에 수반해 전국적인 시장권이 성립되었지만, 이 현상은 송대에 이르러 본격화되었다. 농업 기술의 진보와 생산량의 증가는 그 일부의 상품화와 함께 산촌과 비주곡 경작지에서의 상품작물 재배, 도시 수공업의 지방적 전문화를 가능케 했고, 지방적으로 불균형하게 발전한 이들 산업은 상업과 교통의 발달에 의하여 전국적 시장의 전망하에서 상호분업관계를 가지고 각각 주산지가 확립되었다. 전국적 시장의 성립은 이윤의 평균화를 촉진하고, 이동적인 상업은 점차 정착적이 되었으며, 어음, 신용 관행, 연합조직, 중매·출하조직, 상업부기, 상업숫자, 주산 등 대규모의 상업경영조직의 대강이 성립되었다. 물론 거래 품목에는 주곡, 채소, 과실, 식육, 선어, 유지, 신탄, 차, 목재, 염, 광산물 등만이 아니라 가공을 필요로 하는 견직물, 마직물, 도자기, 칠기, 종이, 농기구 등도 있었다. 이들 수공업 물자는 대개 농가의 부업이나 전업(專業)으로 생산된 것이었다. [218]

전국적 시장망의 성립은 자연 상인의 활동영역을 넓혀주었고, 이에 따라 상인의 종류도 다양해졌다. 전통적인 상(商)과 고(賈)의 분류에 의하면, 객상(客商; 일반적인 행상), 좌고(坐賈; 소매상)로 나뉘지만 당송 이후 매우 복잡하게 되었다. 생산자와 소매상 내지 소비자 사이에 중매(仲買)겸 판매 대리

216) Denis Twitchett, 1966 및 1968.
217) 上野直明, 1982, pp. 199~201.
218) 이하 宋代의 상업과 도시에 대해 특별한 註記가 없는 한, 모든 斯波義信, 1968에 의거했다.

상의 기능을 가진 아행(牙行)・아쾌(牙儈), [219] 도매상・창고업의 기능을 가진 점호(店戶)・거정(居停)・저점(邸店)・선행(船行), 대행상(大行商)이랄 수 있는 객상・경상(經商), 외국무역에 종사하는 박상(舶商), 점포를 소유한 소매상인 포호(鋪戶), 보부상이랄 수 있는 소경기(小經紀)・보담(步擔)・판부(販夫) 등의 상인이 존재했다. [220] 또 당대까지 숙박, 음식, 창고업이 미분화된 채 존재한 저점이 송대에 들어 운수업, 소매업, 창고업, 아행(牙行), 질고(質庫), 궤방(櫃坊)으로 분화・독립했다. [221] 이와 아울러 아행도 관아(官牙)와 사아(私牙)의 구별이 생기고 아첩발급제(牙帖發給制)가 정비되었다. 이러한 상업조직 혹은 유통조직의 전문화와 함께 주목해야 할 것은 상업 연합조직의 발달(자본의 집중)이다. 전국적인 시장망이 성립하고 유통조직이 발달하자 자연 가격차는 평균화했지만 상인의 이윤은 떨어졌으므로, 자본의 대소에 따라 분업화된 유통기구의 역할을 전제로 연합형태를 띠게 되었는데, 크게 세 가지 형태로 분류할 수 있겠다. 첫째 기업연합으로서, 대상인 밑에서 소상인과 판부(販夫)가 각자의 독립성을 가지면서 지점망조직을 형성하는 경우이다. 둘째 업무연합으로서, 업종이 같은 상인이 중간적으로 결합하는 경우이다. 셋째 연재합본(聯財合本), 즉 둘째 형태에서 한걸음 더 나아가 자본과 상품을 공동 관리하거나, 혹은 경영자에게 위탁출자하거나 흡수・합병하여 대규모의 개별자본을 출현시키는 경우이다. [222]

이에 따라 상업을 직접 담당하는 상인세력 내지 중간층의 대두가 현저한 하나의 사회현상이 되었다. 이미 당말에도 투명(投名)・영비(影庇)라고 불리는 존재, 즉 관청이나 중앙의 금군(禁軍) 특히 지방의 번진 기구에 들어가 관직을 얻어 중앙과 지방의 정치기구와 결부되어 국가의 부세를 면해가면서 사회적으로 성장하는 존재가 있었다. [223] 이들은 관직이 있다고 해도 대개 실무는 맡지 않고 군적 등에 이름을 올릴 뿐, 급여를 받으면서 본래의 생업을 영위하고 있었으며, [224] 지방에서 토착적인 성격을 띠고 할거세력(割據勢力)

---

219) 宮澤知之, 1980 및 張弓, 1981.
220) 斯波義信, 1968, p. 40.
221) 日野開三郞, 1968 ; 1970.
222) 斯波義信, 1970, p. 418.
223) 橫山裕男, 1960.
224) 柳田節子, 1961, p. 250.

과 밀접한 관계를 갖고 있었다.[225] 이들이 이렇게 할 수 있었던 것은 주로 연애(碾磑 ; 탈곡 제분용 기구)를 경영한다거나[226] 고리대 사업을 했기 때문인데, 심지어 금군에 들어가 절도사까지 된 경우도 있고 상인의 자식으로 공거(貢擧)에 합격해 진사가 된 경우도 있을 정도로[227] 어쨌건 부상층(富商層)의 관계에의 진출은 당말에 보이는 사회적 변화 중 하나이다. 물론 그 배후에는 상업이나 상인을 바라보는 전통적인 사회적 가치관이 바뀌고 있다는 점을 아울러 고려해야 할 것이다.

상업의 발달은 또한 전국적인 규모의 도시화 현상을 가져왔다. 관리, 부호, 지주의 거주지이자 행정적·정치적인 성격이 강했던 도시의 성격이 변해 상업적 내지 상공업적 기능의 비중이 커졌다. 이와 아울러 유통경제의 보급·확산 및 상인의 활동의 장으로서 지방의 중심적 도시 아래에 진시(鎮市), 초시(草市), 허시(虛市 ; 墟市) 등 누층적인 상업유통기구가 형성되어 농산물의 집하 및 유통과 원격지 상품의 농촌으로의 침투가 용이해졌다.

도시[228]가 당송을 경계로 가장 크게 변한 것은 도시와 상공업에 대한 국가의 간여를 상징적으로 보여주는 시제(市制)와 방제(坊制)의 붕괴이다.[229] 중국의 도시는 전통적으로 주위에 성벽을 쌓은 방형(方形) 혹은 장방형(長方形)의 계획도시가 대부분이며, 남해무역의 거점인 광주(廣州)나 대운하의 교통상의 요충지인 양주(揚州)처럼 경제상의 이유로 발달한 몇몇 도시를 제외하면 당대까지도 정치도시로서 소비적 성향이 강했다. 시제란 도시내에 관에서 상업구역인 '시(市)'를 설치하고 상업을 이 시내에서만 허가하여 통제하는 제도인데, 이에 의해 상인들의 자유로운 경제활동이 제한을 받았다. 예를 들어 장안의 동시(東市)·서시(西市), 낙양의 남시(南市)·북시(北市)가

---

225) 魏承思, 1985.
226) 碾磑業에 대해서는 梁忠效, 1987, pp. 129~139 참조.
227) 高橋繼男, 1981, pp. 153~173.
228) 도시란 역사상 시대에 따라 또 지역에 따라 각각 특수한 형태와 성격을 지니고 있어 일관된 도시의 개념을 구하기는 어렵다. 현재에는 인구의 多寡에 의해 도시와 촌락을 구별하는 경우가 많지만, 역사적으로 보아도 도시는 촌락에 비하여 비교적 인구가 밀집해 있고 무엇인가 특수한 기능을 가진 지역이라고 말할 수 있다. 도시를 성립시키는 요인으로서는 정치적 중심지, 상공업의 중심지, 교통상의 요지, 종교상의 聖地, 군사상의 중요 거점 혹은 주둔지 등 여러 요인이 있는데 이들 요인이 단독으로가 아니라 복합적 요인에 의해 도시가 형성되는 경우가 많다(山根幸夫, 1982, p. 80).
229) 佐藤武敏, 1966.

바로 그것이며, 시에서의 영업시간까지도 제한을 받았다.[230] 그런데 당말에 이르러 시제가 붕괴하여 상점의 설치를 시내로 한정한 장소적 속박에서 벗어나 성내의 곳곳에 상점이 들어서고 자유로운 상업활동이 가능하게 되었다. 방제란 도시 내부를 가로(街路)에 의하여 구획하고 구획내의 주민에게 가로를 향하여 문을 내지 못하게 하는 등 주민의 생활을 규제하던 제도인데, 이 역시 당말에 이르러 붕괴하여 가로를 향해 문을 내거나 자유로운 거주가 가능해졌다. 상점과 수공업자의 작업장은 도시 내외의 편리한 장소, 예를 들어 대가(大街)의 양측이나 운하의 부두, 성문 주변에 집주되었다. 시장은 도시의 위치가 좋은 곳에 산재하게 되었다. 다만 업종별 시장의 개최, 동업자간의 독점, 공동 행위, 가격의 결정, 고객의 확보 및 관부와 외래상인과의 절충 등의 이유로 시제가 붕괴된 후에도 상공업자는 업종별로 취거(聚居)하고 시장을 유지하였으며 공동행위를 수행해 상공길드가 자연적으로 형성되었다.[231] 이 도시상공단체의 발달은 당송시대의 도시화를 방증하는 하나의 현상으로서, 송대에 생긴 상인단체인 '행(行)'·'단(團)', 수공업 단체인 '작(作)'이 명청시대에 '회관(會館)'·'공소(公所)'·'방(幇)'이라 불리던 상공 동업단체의 원류라는 것은 주지의 사실이다. 한편 방제가 붕괴하고 자유로운 거주가 가능하게 되자 치안대책으로 '상(廂)'을 관할구역으로 하여 치안을 유지하였다. 도시가 발달하게 된 원인으로 원격지 상업의 발달에 의해 물자의 집산지, 특산적 수공업의 집중지로서, 즉 경제적인 이유도 있고, 또 유통의 필요성을 인정하지 않을 수 없게 된 정부가 상공활동에의 과세라는 면으로 눈을 돌린 측면도 있지만, 당말의 경우 파산한 농민이나 도호가 부식적(浮食的) 행상인화하게 된 면도 무시할 수 없다.[232] 이렇게 유통경제의 활성화, 자유로운 영업활동의 한 단면을 보여주는 것은 바로 야시(夜市)의 성행이었다.[233] 송대 도시의 번영은 《동경몽화록(東京夢華錄)》에[234]

---

230) 愛宕元, 1981.
231) 斯波義信, 1970, p. 412.
232) 中川學, 1968, pp. 99~114.
233) 張鄰, 1983, pp. 237~246.
234) 《東京夢華錄》은 孟元老가 지은 10권의 책으로, 金의 군대에 쫓겨 江南으로 도피한 孟元老가 지난날의 開封을 회상해 쓴 것이다. 開封의 地誌를 필두로 年中行事, 풍속 등이 생생히 묘사되어 있고, 특히 점포와 상인의 모습, 대중 상대의 연예장소인 瓦子와 酒樓, 기방 등의 모습이 적혀 있다.

58

잘 묘사되어 있다.

야시를 도시에서의 상업 발달의 반영이라면 초시(草市)와 허시(虛市)는 농촌 교역장의 발전을 반영한다고 볼 수 있다. 허시는 촌락의 정기시를 의미하며, 초시는 관설(官設)의 '시'에 대한 시골의 시라는 의미인데, 그 기원은 남북조시대이지만, 당대에 들어 급격한 증가를 보인다.[235] 여기서는 대개 곡물과 간단한 일용품이 취급되었으며, 대개 정기시였지만 매일 일정시간 문을 여는 경우도 있었다. 이러한 촌시(村市)와 현성(縣城)의 중간에는 '시(市)'·'점(店)'·'보(步)'·'곡(曲)'이라 불리는 중간시장이 있었는데, 그 초시에서 주현으로 수직적인 물자의 유통을 매개하기 때문에 중요한 것을 '진(鎭)' 내지 '시'라는 이름으로 관부에 등록시키고 치소에 대한 재정상의 보조기관·출장소로 하였다. 진시는 당말·오대에 절도사 배하의 진장이 병사와 함께 주둔한 요지였던 데에서 비롯되었으나[236] 송대에는 상업취락으로서의 의의가 보다 강했다.[237]

이상 상업과 도시의 발달에 대해 간략히 살펴보았는데, 보다 중대한 문제로 이러한 상업발달의 성격이 남아 있다. 그러나 이 문제는 당송변혁과 관련된다기보다 오히려 근대사회로의 이행과 많은 관련이 있다고 보여진다. 왜냐하면 이것은 결국 왜 상업의 발달이 서구와 달리 전통적인 체제를 재편하는 데에 그치고 생산기술과 체제에 대한 근본적인 개혁을 가져오지 못했느냐 하는 문제와 직접적으로 연결되어 있기 때문이다. 또 이 문제만으로도 중국사에서 해결해야 될 커다란 과제 중 하나이다.

맺 음 말

이상 당송변혁에 대한 기존의 논의를 간략하게 개괄해 보았다. 중국사에서 사회적 변혁기라고 인정되는 부분에 대해서는 연구가 집중되기 마련이지만, 당송변혁기 역시 예외는 아니어서 다대한 연구성과가 발표된 까닭에,

---

235) 斯波義信은 南北朝 때에는 도시와 도시 사이에 넓은 공백이 있었고 唐代에는 草市의 개설이 법으로 금지되었다는 점을 들어, 村市의 보급은 宋 이후의 새로운 현상이라고 한다(1982, p. 211).
236) 傅宗文, 1982. 鎭이 가진 행정적 기능에 대해서는 川勝守, 1986 참조.
237) 梅原郁, 1958 및 郭正忠., 1982.

나름대로의 정리라고는 하지만 소홀한 면이 한두 가지가 아니다. 이에 맺음말을 빌어 이 점을 분명히 밝혀두는 것이 도리일 것 같다. 우선 머리말에서도 언급했지만, 지배층의 변화라는 측면이 누락되어 있다. 아직까지도 지배층의 변화를 기준으로 시대구분을 하는 연구자가 있을 정도로 당송변혁의 중요한 일 구성부분임은 분명한 사실일 것이다. 반면 이 주제는 단순히 지배층의 변화라는 면만이 아니라 이전시대 귀족의 존재양태와 성격 규명 및 이후 송대 사대부와의 연관성하에서 이해하는 것이 보다 바람직하므로, 다른 측면도 물론 그러하지만 나름대로의 시각과 역사관이 갖추어지지 않으면 접근하기에 어려움이 크다. 이 점 필자의 불민(不敏)함을 탓할 뿐이다.[238] 또 필자의 관심에 이끌린 까닭에 전반적으로 정치적인 측면에서의 고찰이 부족하다. 이것은 단순한 정치과정의 변천을 의미하는 것이 아니라 전반적인 정치체제의 시대적·역사적 성격을 어떻게 파악하느냐 하는 면이다. 안사의 난 이후에 성립된 번진체제는 당시 사회에서 어떠한 의의를 갖는가, 이것과 당말·오대에 성립한 자립적인 번진체제와의 차이는 무엇인가, 과연 그 구조내에는 새로운 사회를 이끌어 나아갈 변혁적 요소가 없었는가, 송 이후 대토지소유제에 기반한 문신관료체제(文臣官僚體制) 내지 독재적 군주제로의 이행은 과연 세계사적 발전법칙과 어떠한 연관성을 갖는가 등 질문조차 해보지 못한 많은 문제제기가 이 점들과 관련해 앞으로 해결해야 할 과제일 것이다. 마지막으로 당송변혁이라는 틀을 중국사 자체에 한정시켜 서술하는 데 따르는 문제점이 있다. 주지하듯 10세기 이후 중국의 주변 민족이 민족적 자각을 통해 이른바 민족국가를 이루고 중국에 들어와 정복왕조를 성립시킬 정도라면, 수당의 '세계제국적 성격'이 당송변혁기와 관련하여 이 기간에 어떻게 변모하는가에 대한 구체적 접근이 요구되어야 할 것이다.[239] 이러한 점 양해를 바란다.

---

238) 다만 安史의 난 이후 唐末에 이르기까지의 지배층의 유동화를 지적한 것으로 愛宕元, 1971이 있고, 본 강좌에 실린 宋代 士大夫論을 참고하면 정리는 될 것이다.
239) 이 점에 대해서는 旗田巍, 1962 ; 堀敏一, 1963-1, 1963-2 ; 田村實造, 1969 ; 唐代史研究會 編, 1979 의 諸論文을 참조바람.

참고문헌

閔斗基 編,《中國史時代區分論》, 創作과 批評社, 1984.
卞麟錫,《安史亂의 新研究》, 螢雪出版社, 1984.
高明士,《戰後日本的中國史研究》, 東昇出版事業公司, 1982.
谷霽光,《府兵制度考釋》, 上海人民出版社, 1962.
鞠清遠,《唐代經濟史》, 商務印書館, 1936.
──,《唐代財政史》, 商務印書館, 1940.
金寶祥,《唐史論文集》, 甘肅人民出版社, 1982.
傳筑夫,《中國封建社會經濟史》(四), 人民出版社, 1986.
梁方仲,《中國歷代戶口・田地・田賦統計》, 上海人民出版社, 1980.
王壽南,《唐代藩鎭與中央關係之研究》, 臺北, 大化書局, 1978.
李劍農,《魏晉南北朝隋唐經濟史稿》, 北京中華書局, 1963.
岑仲勉,《隋唐史》(上・下), 北京中華書局, 1982.
張澤咸,《唐五代賦役史草》, 中華書局, 1986.
韓國磐,《隋唐五代史論集》, 三聯書店, 1979.
──,《隋唐五代史綱》(修訂本), 人民出版社, 1979.
胡如雷,《中國封建社會形態研究》, 三聯書店, 1979.
──,《唐末農民戰爭》, 北京中華書局, 1979.
侯外廬,《中國封建社會史論》, 人民出版社, 1979.
加藤繁,《支那經濟史考證》(上・下), 東洋文庫, 1952.
岡崎文夫・池田靜夫,《江南文化開發史 ── その地理的基礎研究 ──》, 弘文堂, 1940.
谷川道雄・森正夫 編,《中國民衆叛亂史》1(秦～唐), 平凡社, 1978.
堀敏一,《均田制の研究》, 東京大學出版會, 1975.
宮崎市定,《中國史》(上・下), 岩波書店, 1977・1978, 曹秉漢 編譯,《中國史》, 역민사, 1983.
吉田虎雄,《唐代租稅の研究》, 汲古書院, 1973.
內藤湖南,《支那上古史》, 弘文堂, 1944.
──,《中國近世史》, 弘文堂, 1947.
唐代史研究會 編,《隋唐帝國と東アジア世界》, 汲古書院, 1979.
渡邊信一郎,《中國古代社會論》, 靑木書店, 1986.
礪波護,《唐代政治社會史研究》, 同朋舍, 1986.
濱口重國,《秦漢隋唐史の研究》(上・下), 東京大學出版會, 1965・1966.
斯波義信,《宋代商業史研究》, 風間書房, 1968.

斯波義信, 《宋代江南經濟史の研究》, 東京大學東洋文化研究所, 1988.
上野直明, 《唐代社會經濟史の構造的研究》, こだま社, 1982.
西嶋定生, 《中國經濟史研究》, 東京大學出版會, 1966.
西山武一, 《アジア的農法と農業社會》, 東京大學出版會, 1969.
鈴木俊, 《均田・租庸調制度の研究》, 刀水書房, 1980.
玉井是博, 《支那社會經濟史研究》, 岩波書店, 1942.
仁井田陞, 《中國法制史研究》(奴隸・農奴法), 東京大學出版會, 1962.
日野開三郎, 《唐代邸店の研究》, 自家版, 1968.
────, 《續唐代邸店の研究》, 自家版, 1970.
────, 《日野開三郎 東洋史學論集》1(唐代藩鎭の支配體制), 三一書房, 1980.
────, 《日野開三郎 東洋史學論集》3(唐代兩稅法の研究 前篇), 三一書房, 1981.
────, 《日野開三郎 東洋史學論集》4(唐代兩稅法の研究 本篇), 三一書房, 1982.
────, 《唐代先進地帶の莊園》, 自家版, 1986.
周藤吉之, 《中國土地制度史研究》, 東京大學出版會, 1954.
────, 《宋代經濟史研究》, 東京大學出版會, 1962.
────, 《唐宋社會經濟史研究》, 東京大學出版會, 1965.
中國史研究會 編, 《中國史像の再構成──國家と農民──》, 文理閣, 1983.
中村哲, 《奴隸制・農奴制の理論》, 東京大學出版會, 1977.
天野元之助, 《中國農業史研究》(增補版), 御茶の水書房, 1979.
草野靖, 《中國の地主經濟──分種制──》, 波古書院, 1985.
河上光一, 《宋代の經濟生活》, 吉川弘文館, 1966.
Denis Twitchett, *Financial Administration under the T'ang Dynasty*, Cambridge
   University Press, 1963.
Denis Twitchett and John K. Fairbank eds., *The Cambridge History of China Vol. 3* (Sui
   and T'ang China, 589-906, Part I), Cambridge Univ. Press, 1979.
J. C. Perry and B. I. Smith eds., *Essays on T'ang Society, The Interplay of Social,
   Political and Economic Forces*, Leiden, E. J. Brill, 1976.
Edwin G. Pulleyblank, *The Background of the Rebellion of the An Lu-shan*, Oxford
   University Press, 1955.
Mark Elvin, *The Pattern of the Chinese Past, A Social and Economic Interpretation*,
   Stanford University Press, 1973 ; 李春植・金貞姬・任仲爀 譯, 《中國歷史의 發展形
   態》, 신서원, 1989.
Wang Gung-wu, *The Structure of Power in North China During the Five Dynasties*,
   University of Malaya Press, 1963.

金奎皓, 〈兩稅法 小攷〉, 《東國史學》 15・16, 1981.

62

金貞姬, 〈唐末五代의 假父子結合에 대한 考察〉, 《鄭在覺博士古稀紀念東洋學論叢》, 고려원, 1984.

金鐸敏, 〈8世紀初 唐代農民의 土地所有에 관한 硏究── 그 零細性을 中心으로──〉, 《史叢》(高大) 25, 1981.

閔斗基, 〈80年代 日本에서의 中國史硏究와 中國現實에의 對應──'辛亥革命國際會議'·'封建制論'·'洋務派論'을 中心으로──〉, 《東亞文化》 22, 1984.

────, 〈中國史 時代區分論의 社會的 背景과 그 意義 및 展望〉, 閔斗基 編, 《中國史時代區分論》, 創作과 批評社, 1984.

朴根七, 〈唐後期 '錢荒'對策의 展開와 그 性格〉, 서울대 동양사학과 1989년 2월 학위논문.

劉仁善, 〈中國史의 時代區分〉, 高麗大學校 文科大學 敎授室 編, 《歷史란 무엇인가》, 高麗大學校 出版部, 1979.

李成珪, 〈韓國의 中國史硏究 三十年── 先史時代에서 唐末까지──〉, 歷史學會 編, 《現代韓國歷史學의 動向(1945~1980)》, 一潮閣, 1982.

趙東元, 〈宋代 戶等制와 土地所有試論〉, 《釜山史學》 11, 1987.

高明士, 〈唐宋間歷史變革之時代性質的論戰〉, 《大陸雜誌》 52-2, 1976; 《戰後日本的中國史硏究》, 東昇出版事業公司, 1982.

────, 〈中國「古代」下限的時代區分論戰〉, 《大陸雜誌》 52-2·3, 1976; 羅弦洙 譯, 〈日本에서의 '古代史' 區分 論爭〉, 閔斗基 編, 《中國史時代區分論》.

谷霽光, 〈泛論唐末五代的士兵和親軍·義兒〉, 《歷史硏究》 1984-2.

孔祥星, 〈唐代江南和四川地區絲織業的發展〉, 中國唐史硏究會 編, 《唐史硏究會論文集》, 陝西人民出版社, 1983.

郭士浩, 〈唐代的莊園〉, 中國人民大學中國歷史敎硏室 編, 《中國封建經濟關係的若干問題》, 三聯書店, 1958.

郭正忠, 〈唐宋城市類型與新興經濟都市── 鎭市〉, 《天津社會科學》 1982-1.

邱添生, 〈論唐宋變革的歷史意義── 以政治·經濟·社會之演變爲中心──〉, 《國立臺灣師範大學歷史學報》 7, 1979.

金寶祥, 〈唐代封建經濟的發展及其矛盾〉, 1954; 《唐史論文集》.

────, 〈論唐代的兩稅法〉, 1962; 《唐史論文集》.

羅宗眞, 〈唐代揚州經濟繁榮初探〉, 《揚州師院學報》, 1979-1.

唐耕耦, 〈唐代水車的使用和推廣〉, 《文史哲》 1978-4.

────, 〈唐代前期的戶等與租庸調的關係〉, 《魏晉隋唐史論集》 1輯, 中國社會科學出版社, 1981.

────, 〈唐代前期的兵募〉, 《歷史硏究》 1981-4.

唐啓淮, 〈唐五代時期湖南地區社會經濟的發展〉, 《中國社會經濟史硏究》 1985-4.

唐長孺, 〈均田制度的生產及其破壞〉, 《歷史硏究》 1956-6; "歷史硏究"編輯部 編, 《中國歷代土地制度問題討論集》, 三聯書店, 1957.

唐長孺, 〈關于武則天統治末年的浮逃戶〉, 《歷史研究》1961-6.

方積六, 〈關于唐代團結兵的探討〉, 《文史》25, 1985.

───, 〈關于唐代兵募制度的探討〉, 《中國史研究》1988-3.

傅宗文, 〈宋代的草市鎮〉, 《社會科學戰線》1982-1.

史念海, 〈論唐代揚州和長江下流的經濟地區〉, 《揚州師院學報》1982-2.

徐德麟, 〈均田制的產生和破壞〉, 《華東師大學報》1957-1; "歷史研究"編輯部 編, 《中國歷代土地制度問題討論集》, 三聯書店, 1957.

束世澂, 〈兩稅法與建中稅制改革〉, 《歷史教學問題》1958-2.

宋兆麟, 〈唐代曲轅犁研究〉, 《中國歷史博物館館刊》1979-1.

───, 〈我國古代踏犁考〉, 《農業考古》1981-1.

楊際平, 〈隋唐均田・租庸調下的逃戶問題〉, 《中國社會經濟史研究》1986-4.

楊志玖・張國剛, 〈藩鎮割據與唐代的封建大土地所有制 ── 再論唐代藩鎮割據的社會基礎 ──〉, 《學術月刊》1982-6.

楊鴻年, 〈唐兵募制度〉, 《中國史研究》1985-3.

梁忠效, 〈唐代的碾磑業〉, 《中國史研究》1987-2.

閻文儒・閻萬石, 〈唐陸龜蒙"耒耜經"注釋〉, 《中國歷史博物館館刊》1980-2.

吳麗娛, 〈論唐代財政三司的形成發展及其中央集權制的關係〉, 《中華文史論叢》1986-1.

吳 楓, 〈中唐的財政危機及其對策〉, 中國唐史研究會 編, 《唐史研究會論文集》, 陝西人民出版社, 1983.

王新野, 〈論唐代義倉地稅兼及兩稅法的內容〉, 《文史哲》1958-4.

王永興, 〈試論唐代絲紡織業的地域分布〉, 《魏晉隋唐史論集》2輯, 中國社會科學出版社, 1983.

王育民, 〈論唐末五代的牙兵〉, 《北京師院學報》1987-2.

王仲犖, 〈唐代兩稅法研究〉, 《歷史研究》1963-6.

王曾瑜, 〈從北朝的九等戶到宋朝的五等戶〉, 《中國史研究》1980-2.

袁英光, 〈試論唐代藩鎮割據的幾個問題〉, 中國唐史研究會 編, 《唐史研究會論文集》, 陝西人民出版社, 1983.

袁英光・李曉路, 〈唐代財政重心的南移與兩稅法的產生〉, 《北京師院學報》(社科版) 1985-3.

魏承思, 〈略論唐五代商人和割據勢力的關係〉, 《學術月刊》1984-5.

李樹桐, 〈天寶之亂的本源及其影響〉, 《歷史學報》(臺灣師大) 1, 1973.

李必忠, 〈論唐玄宗時期的社會矛盾 ── 兼論唐王朝由盛而衰的原因 ──〉, 史念海 主編, 《唐史論叢》2輯, 陝西人民出版社, 1987

林立平, 〈唐後半期人口南遷及其影響〉, 《江漢論壇》1983-9.

───, 〈唐代荊州經濟述論〉, 《中國社會經濟史研究》1988-3.

林瑞翰, 〈南唐之經濟與文化〉, 《大陸雜誌》 29-6, 1964.

岑仲勉, 〈唐代兩稅基礎及其牽連的問題〉, 《歷史研究》 2-5·6, 1951.

張國剛, 〈唐代藩鎮的類型及其動亂特點〉, 《歷史研究》 1983-4.

張 弓, 〈唐五代時期的牙人〉, 《魏晉隋唐史論集》 1輯, 中國社會科學出版社, 1981.

張 鄰, 〈唐代的夜市〉, 《中華文史論叢》 1983-1.

臧 嶸, 〈關于五代十國時期北方和南方經濟發展估價的幾點看法〉, 《史學月刊》 1981-2.

張澤咸, 〈唐代的客戶〉, 《歷史論叢》 1, 1964.

全漢昇, 〈唐宋時代揚州經濟景況繁榮與衰落〉, 《中央研究院歷史語言研究所集刊》 11, 1943.

鄭學檬, 〈五代時期長江流域及江南地區的農業經濟〉, 《歷史研究》 1985-4.

———, 〈五代十國商品經濟的初步考察〉, 史念海 主編, 《唐史論叢》 2輯, 陝西人民出版社, 1987.

齊勇鋒, 〈中晚唐賦入"止于江南八道"說辨疑〉, 史念海 主編, 《唐史論叢》 2輯, 陝西人民出版社, 1987.

曹爾琴, 〈唐代經濟重心的轉移〉, 《歷史地理》 2, 1982.

周殿杰, 〈安史之亂前唐代經濟重心在北方說〉, 《學術月刊》 1982-9.

陳光明, 〈"量出制入"與兩稅法的制稅原則〉, 《歷史研究》 1986-1.

陳良佐, 〈我國歷代輪種制度之研究〉, 《中央研究院歷史語言研究所集刊》 51-2, 1980.

何汝泉, 〈唐使職的產生〉, 《西南師範大學學報》 1987-1.

韓國磐, 〈五代時南中國的經濟發展及其限度〉, 1956; 《隋唐五代史論集》.

———, 〈唐憲宗平定方鎮之亂的經濟條件〉, 1957; 《隋唐五代史論集》.

———, 〈唐末五代的藩鎮割據〉, 1958; 《隋唐五代史論集》.

———, 〈從均田制到莊園經濟的變化〉, 1959; 《隋唐五代史論集》.

———, 〈唐天寶時農民生活之一瞥〉, 1963; 《隋唐五代史論集》.

———, 〈隋唐五代時的生產力發展〉, 1979; 《隋唐五代史論集》.

胡如雷, 〈論武周的社會基礎〉, 《歷史研究》 1955-1.

黃盛璋, 〈唐代戶口的分布與變遷〉, 《歷史研究》 1980-6.

黃永年, 〈論安史亂的平定和河北藩鎮的重建〉, 《中華文史論叢》 1981-1.

———, 〈唐兩稅法雜考〉, 《歷史研究》 1981-1.

侯外廬, 〈唐宋時代の農民戰爭の歷史的特徵〉, 《東洋史研究》 23-1, 1964.

加藤繁, 〈宋代の主客戶統計〉, 1933; 《支那經濟史考證》(下), 東洋文庫, 1952.

———, 〈支那に於ける占城稻栽培の發達に就いて〉, 1939; 《支那經濟史考證》(下), 東洋文庫, 1952.

岡崎文夫, 〈宇文融の括戶政策に就いて〉, 《支那學》 2-5, 1922.

岡本雅博, 〈宋代の戶籍上の客戶について〉, 《東方學》 28, 1964.

高橋繼男, 〈唐後半期における商人層の入仕について〉, 《東北大日本文化研究所報告》

17, 1981.

高橋芳郎, 〈宋代佃戶の身分問題〉, 《東洋史研究》 37-3, 1978.

古賀登, 〈唐代兩稅法の地域性〉, 《東方學》 17, 1958.

谷川道雄, 〈唐代の藩鎭について —— 浙西の場合 ——〉, 《史林》 35-3, 1952.

———, 〈龐勛の亂について〉, 《名古屋大學文學部研究論集》 11(史學 4), 1955.

———, 〈均田制の理念と大土地所有〉, 《東洋史研究》 25-4, 1967.

———, 〈隋唐政治史に關する二三の問題 —— とくに古代末期說をめぐって ——〉, 1975; 崔熙在 譯, 〈隋唐 古代 末期說에 대하여〉, 閔斗基 編, 《中國史時代區分論》, 創作과 批評社, 1984.

———, 〈河朔三鎭における節度使權力の性格〉, 《名古屋大學文學部研究論集》 74(史學 25), 1978.

———, 〈北朝末～五代の義兄弟結合について〉, 《東洋史研究》 39-2, 1980.

菊池英夫, 〈節度使制確立以前における『軍』制度の展開〉, 《東洋學報》 44-2, 1961.

———, 〈唐折衝府の分布問題に關する一解釋〉, 《東洋史研究》 27-2, 1968.

堀敏一, 〈黃巢の叛亂 —— 唐宋變革期の一考察 ——〉, 《東洋文化研究所紀要》 13, 1957.

———, 〈藩鎭親衛軍の權力構造〉, 《東洋文化研究所紀要》 20, 1960.

———, 〈東アジアの歴史像をどう構成するか —— 前近代の場合 ——〉, 《歷史學研究》 276, 1963.

———, 〈近代以前の東アジア世界〉, 《歷史學研究》 281, 1963.

———, 〈唐帝國の崩壞〉, 《古代史講座》 10(世界帝國の諸問題), 學生社, 1964.

———, 〈中國における中世世界の形成〉, 《中世史講座》 1(中世世界の成立), 學生社, 1982.

宮崎市定, 〈宋代以後の土地所有形態〉, 《東洋史研究》 12-2, 1952; 《アジア史研究》, 東洋史研究會, 1964.

———, 〈部曲から佃戶へ —— 唐宋間社會變革の一面 ——〉, 《東洋史研究》 29-4, 30-1, 1971; 《アジア史論考》(中), 朝日新聞社, 1976.

宮澤知之, 〈宋代の牙人〉, 《東洋史研究》 39-1, 1980.

金井之忠, 〈唐の青苗地頭錢〉, 《文化》 9-7, 1942.

———, 〈安史之亂に於ける稅制の變化〉, 《文化》 11-2, 1944.

旗田巍, 〈十～十二世紀の東アジアと日本〉, 《岩波講座 日本歷史》 4(舊版), 岩波書店, 1962.

內藤湖南, 〈概括的唐宋時代觀〉, 《歷史と地理》 9-5, 1922; 《中國近世史》

丹喬二, 〈宋代の地主『奴僕』關係〉, 《東洋學報》 53-3・4, 1971.

———, 〈宋代の佃戶制をめぐる諸問題再論〉, 《木村先生退官紀念東洋史學論集》, 開明堂, 1976.

大澤正昭, 〈唐末・五代政治史への一視點〉, 《東洋史研究》 31-4, 1973.

大澤正昭, 〈唐末の藩鎭と中央權力 —— 德宗・憲宗朝を中心として ——〉, 《東洋史研究》 32-2, 1973.

——, 〈唐末藩鎭の軍構成に關する一考察 —— 地域差を手がかりとして ——〉, 《史林》 58-6, 1975.

——, 〈唐代兩稅法の性格についての覺書 —— 唐宋變革期把握への一試論 ——〉, 《新しい歷史學のために》 150, 1978.

——, 〈唐宋變革期の歷史的意義 —— 日・獨(DDR)歷史學術交流のために ——〉, 《歷史評論》 357, 1980.

——, 〈唐代華北の主穀生產と經濟〉, 《史林》 64-2, 1981.

大澤正昭・足立啓二, 〈中國中世のおける農業の展開〉, 《中世史講座》 2(中世の農村), 學生社, 1987.

島居一康, 〈宋代の佃戶と主客戶制〉, 《東洋史研究》 30-4, 1972.

渡邊信一郎, 〈漢六朝期における大土地所有と經營〉, 《東洋史研究》 33-1・2, 1974.

——, 〈日本における唐宋變革期研究の現況と課題 —— 特に農民的土地所有の形成を中心として ——〉, 《新しい歷史學のために》 176, 1984.

藤井宏, 〈新安商人の研究〉(一), 《東洋學報》 36-1, 1953.

礪波護, 〈三司使の成立について —— 唐宋の變革と使職 ——〉, 《史林》 44-4, 1961.

——, 〈唐末五代の變革と官僚制〉, 《歷史教育》 12-5, 1964.

——, 〈唐の律令體制と宇文融の括戶〉, 《東方學報》(京都) 41, 1970.

——, 〈兩稅法制定以前における客戶の稅負擔〉, 《東方學報》(京都) 43, 1972.

妹尾達彥, 〈唐後半期における江淮鹽稅機關の立地と機能〉, 《史學雜誌》 91-2, 1982.

梅原郁, 〈宋代地方都市の一面 —— 鎭の變遷を中心として ——〉, 《史林》 46-1, 1958.

——, 1960; 崔熙在 譯, 〈時代區分論에서 본 宋代史의 性質 論爭: 周藤說과 宮崎說〉, 閔斗基 編, 《中國史時代區分論》, 創作과 批評社, 1984.

米田賢次郎, 〈齊民要術と二年三毛作〉, 《東洋史研究》 17-4, 1959.

——, 〈漢六朝期の稻作技術について〉, 《鷹陵史學》 7, 1981.

濱口重國, 〈府兵制度より新兵制へ〉, 《史學雜誌》 41-11・12, 1930; 《秦漢隋唐史の研究》 (上).

——, 〈唐の地稅に就いて〉, 《秦漢隋唐史の研究》(下), 1932.

斯波義信, 〈江南 —— 發展の歷史 ——〉, 《世界の歷史》 6(東アジア世界の變貌), 筑摩書房, 1961.

——, 〈商工業と都市の發達〉, 《岩波講座 世界歷史》 9, 岩波書店, 1970.

——, 〈中國中世の商業〉, 《中世史講座》 3(中世の都市), 學生社, 1982.

山根幸夫, 〈中國中世の都市〉, 《中世史講座》 3(中世の都市), 學生社, 1982.

西嶋定生, 〈碾磑の彼方〉, 《歷史學研究》 125, 1947; 《中國經濟史研究》.

石母田正, 〈中世史研究の起点〉, 1949; 《中世的世界の形成》, 東京大學出版會, 1957.

善本憲雄, 〈黃巢の亂〉, 《東洋史研究》 14-4, 1956.

船越泰次, 〈唐代兩稅法における斛斗の徵科と兩稅錢の折糴・折納問題〉, 《東洋史研究》 31-4, 1973.

────, 〈唐末農民反亂と唐宋間社會變革に關する諸問題〉, 唐代史研究會 編, 《中國歷史學界の新動向》, 刀水書房, 1982.

────, 〈兩稅法研究史(一)──中國における兩稅法研究──〉, 《山形大學史學論集》 3, 1983.

松井秀一, 〈唐代後半期の江淮について──江賊及び康全泰・裘甫の叛亂を中心として──〉, 《史學雜誌》 66-2, 1957.

────, 〈兩稅法の成立とその展開〉, 《岩波講座 世界歷史》 6, 岩波書店, 1971.

────, 〈唐末の民衆叛亂と五代の形勢〉, 《岩波講座 世界歷史》 6, 岩波書店, 1971.

室永芳三, 〈五代における租庸使の成立とその性格〉, 《東洋學報》 53-3・4, 1971.

辻正博, 〈唐朝の對藩鎭政策について──河南'順地'化のプロセス──〉, 《東洋史研究》 46-2, 1987.

愛宕元, 〈唐代後半における社會變質の一考察〉, 《東方學報》(京都) 42, 1971.

────, 〈唐代兩京鄕里村考〉, 《東洋史研究》 40-3, 1981.

玉井是博, 〈唐時代の土地問題管見〉, 1922; 《支那社會經濟史研究》, 岩波書店, 1942.

────, 〈唐代防丁考〉, 1938; 《支那社會經濟史研究》, 岩波書店, 1942.

柳田節子, 〈宋代の客戶について〉, 《史學雜誌》 68-4, 1959.

────, 1961; 〈장원(莊園)과 전호제(佃戶制)〉, 윤혜영 편역, 《中國史》, 弘盛社, 1986.

────, 〈宋代土地所有制にみられる二つの型──先進と邊境──〉, 《東洋文化研究所紀要》 29, 1963.

────, 〈宋代佃戶制の再檢討〉, 《歷史學研究》 395, 1973.

────, 1976; 閔斗基 譯, 〈宮崎史學과 그'近世論'批判〉, 閔斗基 編, 《中國史時代區分論》, 創作과 批評社, 1984.

────, 〈中國中世における土地所有の形成〉, 《中世史講座》 2(中世の農村), 學生社, 1987.

栗原益男, 〈唐五代の假父子的結合の性格──主として藩帥的支配權力との關連において──〉, 《史學雜誌》 62-6, 1953.

────, 〈唐末五代の假父子的結合における姓名と年齡〉, 《東洋學報》 38-4, 1956.

────, 〈府兵制の崩壞と新兵種──前半期唐朝支配の崩壞に關する若干の考察をふくめて──〉, 《史學雜誌》 73-2・3, 1964.

────, 〈安史の亂と藩鎭體制の展開〉, 《岩波講座 世界歷史》 6, 岩波書店, 1971.

────, 〈唐の衰亡〉, 井上光貞・西嶋定生 等 編, 《東アジア世界における日本古代史講座》 7(東アジアの變貌と日本律令國家), 學生社, 1982.

────, 〈唐における律令制の變質〉, 井上光貞・西嶋定生 等 編, 《東アジア世界における日本古代史講座》7(東アジアの變貌と日本律令國家), 學生社, 1982.

伊藤宏明, 〈唐末五代政治史に關する諸問題 —— とくに藩鎭研究をめぐって ——〉, 《名古屋大學文學部研究論集》86(史學 29), 1983.

日野開三郎, 〈唐代藩鎭の跋扈と鎭將〉, 1939・1940; 《日野開三郎 東洋史學論集》1(唐代藩鎭の支配體制), 三一書房, 1980.

———, 〈大唐府兵制時代の團結兵に就いて〉, 《法制史研究》5, 1954.

———, 〈藩鎭時代の州稅三分制に就いて〉, 《史學雜誌》65-7, 1956.

———, 《支那中世の軍閥》; 《日野開三郎 東洋史學論集》1(唐代藩鎭の支配體制), 三一書房, 1980.

前田直典, 〈東アジヤにおける古代の終末〉, 《歷史》1-4, 1948; 朴漢濟 譯, 〈東아시아에서의 '古代'의 종말〉, 閔斗基 編, 《中國史時代區分論》, 創作과 批評社, 1984.

田村實造, 〈唐帝國の世界性〉, 《史林》52-1, 1969.

佐藤武敏, 〈唐代の市制と行 —— とくに長安を中心として ——〉, 《東洋史研究》25-3, 1966.

周藤吉之, 〈宋代佃戶制〉, 《歷史學研究》143, 1948; 《中國土地制度史研究》, 東京大學出版會, 1954.

———, 〈宋代莊園制の發達〉, 《東洋文化研究所研究紀要》4, 1952; 《中國土地制度史研究》, 東京大學出版會, 1954.

———, 〈宋代佃戶・佃僕・傭人制 —— 特に'宋代の佃戶制'の補正を中心として ——〉, 《中國土地制度史研究》, 東京大學出版會, 1954.

———, 〈吐魯番出土の佃人文書研究 —— 唐代前期の佃人制 ——〉, 《西域文化研究》(二), 法藏館, 1959; 《唐宋社會經濟史研究》, 東京大學出版會, 1965.

———, 〈唐代中期における戶稅の研究〉, 《西域文化研究》(三), 法藏館, 1960; 《唐宋社會經濟史研究》, 東京大學出版會, 1965.

———, 〈佃人文書研究補考 —— 特に鄕名の略記號について ——〉, 《唐宋社會經濟史研究》, 東京大學出版會, 1965.

中田薰, 〈日本莊園の系統〉, 《國家學會雜誌》20-2, 1909.

中川學, 〈唐代における均田法・租庸調法の反復公布と括戶政策〉, 《一橋研究》9, 1962.

———, 〈唐宋の客戶に關する諸研究〉, 《東洋學報》46-2, 1963.

———, 〈唐代の逃戶・浮客・客戶の關する覺書〉, 《一橋論叢》50-3, 1963.

———, 〈楊炎の財政改革の基調について〉, 《一橋論叢》53-3, 1965.

———, 〈租庸調法から兩稅法への轉換期における制度的客戶の租稅負擔〉, 《經濟學研究》(一橋大學研究年報), 1966.

———, 〈唐代における商業發展の一側面〉, 《一橋論叢》59-3, 1968.

曾我部靜雄, 〈唐の戶稅と地頭錢と靑苗錢の本質〉, 《文化》19-1, 1955.

———, 〈兩稅法と戶稅・地稅の無關係を論ず〉, 《集刊東洋學》2, 1959.

曾我部靜雄, 〈兩稅法成立の由來〉, 《社會經濟史學》 26-1, 1960.

———, 〈唐の南衙と北衙の南司と北司への推移〉, 《史林》 64-1, 1981.

池田温, 〈中國古代物價の一考察〉, 《史學雜誌》 77-1·2, 1967.

川勝守, 〈中國地方行政における縣と鎭〉, 《九州大學東洋史論集》 15, 1986.

草野靖, 〈宋代の主戶·客戶·佃戶〉, 《東洋學報》 46-1·2, 1963.

———, 〈唐中期以降における商品經濟の發展と地主制〉, 《歷史學研究》 292, 1964.

———, 〈宋代の頑田抗租と佃戶の法身分〉, 《史學雜誌》 78-11, 1969.

———, 〈大土地所有と佃戶制の展開〉, 《岩波講座 世界歷史》 9, 岩波書店, 1970.

坂野良吉, 〈唐宋『變革』と客戶制度 —— 中國『地主』制研究序說 ——〉, 《名古屋大學東洋史研究報告》 3, 1976.

丸龜金作, 〈唐代の酒の專賣〉, 《東洋學報》 40-3, 1957.

好並隆司, 〈中國の封建論爭〉, 《東洋學報》 44-4, 1962.

橫山裕男, 〈唐代の鹽商〉, 《史林》 43-4, 1960.

橫田滋, 〈武周政權成立の前提〉, 《東洋史研究》 14-4, 1956.

宮川尙志, "The Naito Hypothesis", *Far Eastern Quarty 14*, 1955; 이개석 譯, 〈內藤·宮崎 時代區分論〉, 閔斗基 編, 《中國史時代區分論》.

Chang, Chun-shu, "The Periodization of Chinese History, A Survey of Major Schemes and Hypothesis", 《中央研究院歷史語言研究所集刊》 45-1, 1973.

Denis Twitchett, 〈唐末の藩鎭と中央財政〉, 《史學雜誌》 74-8, 1965.

———, "The T'ang Market System", *Asia Major 12-2*, 1966.

———, "Merchant, Trade and Government in Late T'ang", *Asia Major 14-1*, 1968.

———, "Varied Patterns of Provincial Autonomy in the T'ang Dynasty" in J.C. Perry and B.I. Smith eds., *Essays on T'ang Society, The Interplay of Social, Political and Economic Forces*, Leiden, E.J. Brill, 1976.

———, "Hsüan-tsung(reign 712-56)", *The Cambridge History of China vol. 3*, Cambridge Univ. Press, 1979.

Edwin G. Pulleyblank, "The An Lu-shan Rebellion and the Origins of Chronic Militarism in Late T'ang" in J.C. Perry and B.I. Smith eds., *Essays on T'ang Society, The Interplay of Social, Political and Economic Forces*, Leiden, E.J. Brill, 1976.

Robert M. Hartwell, "Demographic, Political, and Social Transformations of China, 750-1550", *Harvard Journal of Asiatic Studies 42-2*, 1982.

Robert M. Somers, "The End of T'ang", *The Cambridge History of China vol. 3*, Cambridge Univ. Press, 1979.

Joseph P. McDermott, "Charting Blank Spaces and Disputed Regions: The Problem of the Sung Land Tenure", *Journal of Asian Studies 44-1*, 1984.

Charles A. Peterson, "The Restoration Completed: Emperor Hsien-tsung and the

Provinces" in Arthur F. Wright and Denis Twitchett eds., *Perspectives on the T'ang*, New Heaven and London, Yale University Press, 1973.

Wang Gung-wu, "The Middle Yangtse in T'ang Politics," in Arthur F. Wright and Denis Twitchett eds., *Perspectives on the T'ang*, New Heaven and London, Yale University Press, 1973.

宋代 士大夫論

河 元 洙

Ⅰ. 머 리 말

근대 이전의 중국은 강력한 군주를 정점에 둔 국가구조를 대체적으로 유지하여 왔고, 이러한 집권적 체제에 참여하는 관료가 지배역할의 분담과 특권의 향유라는 점에서 전형적인 지배층을 구성하였다고 여겨진다. 그런데 관료를 비롯한 이러한 지배층은 기본적으로 토지라는 당시의 주된 생산수단을 소유한 이들로 이루어졌을 뿐만 아니라, 선진(先秦) 이래 관료선발의 이념과 제도가 알려주듯이[1] 경제적 우월성에 기초한 지식과 교양의 소유자가 그 주된 구성원이 되어야 한다는 전통적 이상이 뿌리깊이 있었다. 따라서 전근대 중국에서는 지식인과 교양인이 문화의 담당자로서만이 아니라 사회 전반에 대한 책임자로서 자부할 수 있었다.[2] 이와 같은 중국 특유의 지배층을 범주화하고자 할 때, 선진 문헌에서부터 주로 관료를 가리키면서도 사회적 지위와 명성을 가진 지식인·교양인 역시 포괄하는 의미를 지닌 '사대부(士大夫)'란 말이 유용한 개념으로 생각되어 왔다. 그러므로 국가로 대표되

---

1) Ch'ü, T'ung-tsu 논문, 1957 및 Ho, Ping-ti 책, 1962, pp. 1~19.
2) 근대 이전 中國의 지배층이 가지는 이러한 성격을 잘 묘사한 것으로서 吉川幸次郎 논문, 1954 및 同 논문, 1967 이 있다.

72

는 정치권력과 일정한 거리를 가지면서도 사회적인 지배력을 행사했던 교양 있는 귀족을 '사대부'라 일컫고,[3] 정치권력·혈연이나 재산에 직접 근거하지 않으면서도 지역사회에서 지배적인 역할을 한 이들을 따로 '사대부'로 부르는 것[4] 등은 이러한 생각에 바탕하고 있는 것이다.

그런데 지식과 교양을 중시하고, 이에 의거하여 관료를 선발한다는 이상이 보다 철저한 제도적 보장을 받게 되는 데에는 과거제도[5]의 정착이 중요한 의미를 지닌다. 과거는 관료의 자격요건을 지식과 교양에서 찾았고 이후 국가권력의 후원 아래에서 지식과 교양을 갖춘 많은 관료와 또 훨씬 더 많은 관료 지원자들이 생겨나 당시 지배층의 중추를 형성하게 된 것이다. 따라서 이 시기의 지배층을 특별히 '사대부'라고 부름으로써 그 이전의 경우와 구분하려는 시도가 일찍부터 있었다.[6] 물론 이러한 '사대부'도 일반적으로 과거를 통한 관료만을 뜻하는 것은 아니지만, 이것이 과거라는 제도적 바탕 위에 있다는 점에서 전술한 바 통시대적(通時代的)인 광의의 '사대부'와 분명하게 다른 개념이다. 그러므로 이와 같은 협의의 '사대부'는 과거제도의 성격과 직접적으로 맞물려 있다고 하겠다.

이처럼 개념상의 혼란에도 불구하고 협의의 '사대부' 개념을 설정하는 까닭은 이른바 '당송변혁기(唐宋變革期)'[7]를 거친 뒤 나타나는 새로운 시대의 지배층을 분명히 하고자 함이니, '사대부'라는 지배층이 송(宋) 이후의 역사상(歷史像)을 포착하는 매개념(媒槪念)으로 설정된 셈이다. 지금은 '송대(宋代) 사대부(士大夫)'란 표현이 상당히 일반화되어 있으나, 사실상 이 개

---

3) 후술할 협의의 '士大夫'와는 크게 다른 南北朝시기의 귀족 또한 '士大夫'로 부르는 이유에 대하여서는 吉川忠夫 논문, 1970, pp. 123~124를 참조하라.
4) 지역사회와 관련하여 '士大夫'를 통시대적으로 개념화한 대표적 연구로 谷川道雄 논문, 1983 및 이 글이 있는 책에 실린 기타 논문들이 있다. 谷川씨의 이러한 견해는 교양과 능력을 갖춘 지식인의 지도적 역할을 중시하는 그의 공동체론과 밀접히 관련되어 있다고 보이는데, 이것은 谷川道雄 논문, 1972에서 잘 드러난다.
5) 曾我部靜雄 논문, 1976은 지식과 교양에 의한 관료선발제도가 '과거'라고 일반적으로 불려지게 된 것은 元代 이후부터였다고 하지만, 본고에서는 隋·唐 시대 이래 이러한 형식을 갖춘 관료선발의 제도를 과거로 총칭하고자 한다. 그리고 이것에는 武擧도 포함시켜야 마땅하나, '士大夫'를 문제삼는 여기에서는 그것을 일단 제외시키고 논의를 진행할 것이다.
6) 宮崎市定 책, 1940의 〈近世における素朴主義社會の理想〉 및 同 책, 1946의 〈近世社會と科擧〉는 이와 같은 시도를 논리화시킨 처음의 것이 아닌가 한다.
7) 본고는 이 문제와 직접적으로 맞닿아 있으니, '唐宋變革期'에 관하여서는 본서에 수록된 辛聖坤, 〈唐宋變革期論〉을 참조하기 바란다.

념을 논리화시키는 데에는 '송 이후 근세론(近世論)'에 입각한 이들이 주도적인 역할을 하였다.[8] 주지하듯이 이와 같은 이론은 송대(宋代)에서 이른바 군주독재체제(君主獨裁體制) 확립과 서민의 성장을 강조하는데, 이러한 맥락에서 과거제도가 군주를 정점에 둔 국가권력에 의하여 만들어졌다는 점과 함께 이것이 지식과 교양을 가진 서민들에게까지 개방되게 되었다는 사실이 특히 주목을 받는다는 것은 당연한 일이다. 그러므로 이들이 본 '송대 사대부'가 서민으로부터 성장한 까닭에 독특한 생기(生氣)와 활력을 가짐[9]과 동시에 절대적인 군주에게 예속된 피동성을 함께 지닐 수밖에 없었으며,[10] 이처럼 서로 모순되는 듯한 양면성이 협의의 '사대부'를 특징짓는 성격이라고 이해하여도 좋겠다. 그런데 이러한 모순성은 최고지배자와 피지배층 사이에 존재하는 모든 중간계층에게 어느 정도 적용 가능할 것이므로 본래의 논리가 의도하였던 '근세적 사대부'의 특징으로만 제한하여 이해될 필요는 없고, 이와 같은 상호 갈등적인 양면성을 '근세론'과 무관하게 송대 지배층의 특성으로 볼 수 있을 것이다.[11]

그러나 이러한 '송대 사대부'의 양면성이 모든 시대의 중간계층으로까지 일반화되어 버린다면, 지배층의 성격이란 면에서 '당송변혁기'가 가지는 획기적인 의의가 의문시된다. 더욱이 과거제도는 이미 그 이전부터 있었을 뿐만 아니라, 실제로 이것이 계층이동에 기여하였다는 이해를 정면에서 부정하는 견해조차 있는 것이다.[12] 그리고 근대 이전의 중국에서 이념이나 원칙으로 군주의 독재가 이루어지지 않은 경우가 없었고, 송대에서는 오히려 중

---

8) 앞서 설명하였듯이 협의의 '士大夫' 개념을 논리화시킨 이가 '近世論'의 대표적 주창자인 宮崎씨이며, 그의 제자 礪波護의 논문, 1968 에서 이와 같은 견해를 잘 정리하였다. 그 결과 '士大夫'가 '讀書人·관료·지주의 三位一體'라는 기본적인 틀이 학계에서 일반적으로 받아들여지고 있는 듯하다. 하지만 '宋 이후 中世論'에 입각한 周藤吉之 책, 1950 역시 宋代의 관료와 지주를 士大夫라고 부르나 그 개념을 분명히 하지는 않았다.

9) 島田虔次 책, 1967, pp. 20~23.

10) 宮崎市定 논문, 1953.

11) 島田虔次 책, 1970 은 이와 같은 양면성을 '近世的'인 것이라고 보았지만, 西順藏 논문, 1961 은 이러한 '近世的' 성격의 전제 없이 그 양면성을 설명하고 있다.

12) Wittfogel, K. A. 책, 1957, pp. 351~354 는 과거제도 자체가 애당초 지배층 내부에서의 문제이었을 뿐이라고 하였는데, 宋代의 경우에 대하여서도 최근 Hartwell, R. M. 논문, 1982, p. 417 이나 Hymes, R. P. 책, 1986, pp. 34~48 은 과거제도에 따른 계층이동 가능성의 증대를 부정하였다.

앙집권적인 정부의 실제적 기능이 위축되었다거나 혹은 관료에 대한 군주의 독재적인 지배가 사실상 어려웠다는 주장 역시 없지 않다.[13] 그러므로 이와 같은 의문에 답하지 않고서는 송대의 '사대부'에 대한 종래의 이해를 그대로 받아들일 수가 없다고 생각된다. 이것은 결국 '당송변혁기'를 거친 뒤 나타나는 새로운 시대의 지배층이 아직까지 합의된 역사상을 가지지 못함을 의미하는 것이다. 물론 '당송변혁기'의 성격 자체에 대한 논란이 분분한 상태에서 어떤 의견의 일치를 구한다는 것이 애당초 불가능하다고도 하겠으나, '송대 사대부'로 일컬어지는 이들은 자신들의 존재형태에 대한 이해를 관용화된 그 이름 정도로 일반화시키지 못하였다고 생각된다.

〈송대 사대부론(宋代 士大夫論)〉이라는 제목의 본고에서 살펴보고자 하는 사대부란 '송대 사대부'를 중심으로 한 협의의 '사대부'를 당연히 의미하고 있는데, 이들은 이상에서 지적한 것처럼 아직까지 그 존재형태마저 제대로 밝혀졌다고 보기 어렵다. 그러나 최근의 송대사 연구들 가운데에는 이와 관련된 것들이 적지않이 있다. 우선 송대의 과거제도에 대한 연구가 학교제도와의 관련성 등 보다 폭넓게 이루어졌는데,[14] 이것은 종래 단순히 관료선발 제도의 변천이라는 시각에서 접근하기 어려웠던 사대부의 존재형태를 잘 보여준다. 그리고 '당송변혁기'의 연구가 생산관계에 대한 집중된 관심으로부터 벗어나 생산력의 발전 문제를 주목하게 됨에 따라,[15]이 시기에 성장하고 있던 토지소유자들의 농업 경영형태 등 그 성격이 보다 분명해져 가고 있다. 이와 같은 지주들이 경제적인 부를 기반으로 하여 지식과 교양을 갖춘 사대부로 쉽게 변화될 수 있다는 점에서 이들의 실태 또한 이 문제와 무관하지 않다고 생각된다. 뿐만 아니라 송대에서도 지방사의 연구가 개척되어 가면서 당시의 사회상에 대한 이해가 심화되고 있으니,[16] 지역사회에서의 지

---

13) 위의 Hartwell 논문, 1982는 廣域行政圈의 발전과 함께 지역주의(localism)가 나타난 결과 지방에서의 군주 권위가 약화되었다고 보며, 王瑞來 논문, 1985 및 同 논문, 1989 는 군주독재와 중앙집권을 분명히 구분하면서 이 시기의 군주독재란 단지 형식적·제도적인 면에서 그러했을 뿐이라고 하였다.

14) Chaffee, J.W. 책, 1985 는 이러한 면에서 중요한 연구성과이며, Lee, T.H.C. 책, 1985 도 그러하다.

15) 이 문제는 본서에 수록된 신성곤씨의 논문이 집중적으로 다루고 있지만, 여기에서는 특히 토지소유자층의 발전이란 측면에서 이들의 존재형태에 주목한다.

16) 이와 관련된 논문들은 이후 자주 인용될 것이지만, 여기에서 지방사라는 연구시각으로부터 나온 최근의 대표적 저작으로서 Hymes 책, 1986 과 斯波義信 책, 1988 이 있음

주 혹은 사대부와 같은 지배층의 역할을 구체적으로 알 수 있게 되었다. 그 러므로 이와 같은 연구성과들이 직접·간접으로 알려주고 있는 바 송대 사 대부의 존재형태를 통하여 이 시기의 지배층의 성격에 접근하고자 하는 것 이다.

기왕의 사대부에 대한 논의들과 마찬가지로 본고 또한 궁극적으로는 '당 송변혁기'를 거친 뒤 나타나는 새로운 지배층의 실상을 알아보고자 하는 목 적을 가진다.[17] 따라서 먼저 송대의 지배층으로서의 사대부가 실제로 어떻 게 존재하고 활동하였던가를 살피고, 이어서 그 직전 시기로부터 이러한 지 배층의 기원 혹은 원류를 찾아보는 순서로 서술하고자 한다. 그런데 사대부 가 그 개념에서부터 지식과 교양이라는 문화적 기반 위에 있을 뿐만 아니라 실제 활동에서도 이러한 역할이 컸다는 사실에도 불구하고, 본고에서 다루 는 사대부의 존재형태는 일단 사상이나 사유양식과 같은 문화적 측면에 관 하여서는 앞으로의 과제로 남겨두도록 하겠다. 이것은 이 시기 사대부의 사 상이 별도의 논의를 필요로 할 만큼 중요한 문제인 까닭도 있겠으나,[18] 이 와 같은 문화적 측면의 이해에 앞서서 우선 분명해져야 할 것이 사대부의 구 체적인 실상, 곧 정치·경제·사회적인 존재형태라는 필자의 생각 때문이 기도 하다.

Ⅱ. 宋代의 士大夫

1. 士大夫의 확산

진교역(陳橋驛)에서의 쿠데타(960)로 집권에 성공한 송 태조(太祖; 960~976 재위) 조광윤(趙匡胤; 927~976)이 문신관료를 중용하고 이들을 기반으로 하 여 집권적 국가체제를 재정비하였음은 주지하는 사실이다. 태조의 이러한 작업은 과거제도에서도 드러나, 스스로 관료의 선발에 직접 간여하려 했던

을 밝혀둔다.

17) 본고와 유사한 목적으로 쓰여진 국내에서의 연구성과들을 참고로 밝혀두면 申採湜 책, 1981을 비롯하여 吳金成 논문, 1981 ; 高奭林 논문, 1982 및 金永鎭 논문, 1989가 있 다.

18) 본서에 수록된 李範鶴, 〈宋代 朱子學의 成立과 發展〉은 결국 이 문제를 다루고 있는

결과 그는 전시제(殿試制)를 만들었던 것이다.[19] 전시란 궁중에서 치러진 최고 시험이자 그 합격이 곧 관료로서의 입사(入仕)를 의미하는 과거의 마지막 관문이기도 하였다.[20] 특히 전시에서는 군주가 시제(試題) 및 합격 등위를 직접 결정한다는 점에서 중요한데, 이것을 통하여 뽑혀진 과거 합격자들이 황제와 보다 돈독한 관계를 지닐 수 있었다. 그러므로 과거와 과거합격자들이 가지는 권위가 군주 곧 국가권력을 배경으로 하여 한층 높아졌다고 생각된다.[21] 그리고 전시가 만들어짐으로써 지방에서의 예비시험인 해시(解試), 중앙에서 예부(禮部)가 주관하는 본시험으로서의 성시(省試)와 더불어 이 전시로 이루어진 세 단계가 과거제도의 틀이 되었고, 이것은 청말(淸末)까지 기본적 형식으로 이어졌다. 그런데 송에서 갖추어진 과거의 제도적 정비는 이에 그치지 않으니, 3년마다 한번씩 과거를 치르는 '삼년일공제(三年一貢制)'가 자리를 잡고 진사과(進士科) 홀로 과거의 주된 과목이 된 것도 바로 이 시기에 확고하여진 제도였다.

이와 같은 과거제도의 정비 과정에서 주목되는 사실은 이것이 학교제도[22]와 맺고 있는 관련성이다. 인종(仁宗) 경력(慶曆; 1041~1048) 연간에 범중엄(范仲淹; 989~1052) 등이 학교에서의 수학을 과거응시의 요건으로 삼으려 했고, 이것이 삼사법(三舍法)의 형태로 계승되었다. 즉 신종(神宗; 1068~1085 재위)시기의 왕안석(王安石; 1021~1086)이 태학(太學)을 외사(外舍)·내사(內舍)·상사(上舍)로 나누어 종국적으로 그 학생들이 관료로서 입사할 수 있도록 하였는데, 이것은 휘종(徽宗; 1101~1125 재위) 때 채경(蔡京; 1047~1126)에

셈이니, 이것은 여기에서 설명하고자 하는 士大夫의 이해에 도움이 될 것이다.

19) 荒木敏一 책, 1969와 侯紹文 책, 1973은 宋代 과거제도에 대한 많은 연구들 가운데서 제도사적으로 접근한 가장 대표적인 것들이다. 이하 宋代의 과거가 가지는 제도적 내용에 관한 서술은 모두 이 두 책에 따른다.

20) 仁宗 시기부터 전시에서의 불합격은 없어졌고, 이후 禮部 주관의 省試만 합격하면 사실상 관료로서 입사하는 것이 가능하였다. 이것은 후술할 것처럼 吏部에서의 시험을 거쳐서 비로소 관료가 될 수 있었던 唐代의 과거제도와 분명히 다르다.

21) 宋代 이후의 군주독재체제를 강조하는 이들의 논점 중에는 전시에 의하여 군주와 관료들 사이에 座主-門生 곧 시험관과 합격자라는 개인적 관계가 맺어짐으로써 군주에 대한 관료의 예속성이 커졌다는 주장이 있다. 그러나 후술하듯이 이와 같은 사실에는 의문이 없지 않으므로, 여기에서는 전시를 통하여 군주의 권위가 과거 및 과거합격자들에게로 옮겨졌다는 것을 인정할 뿐 이것이 곧바로 군주에 대한 관료의 예속성을 뜻한다고 단정하려 하지 않는다.

22) 宋代의 학교제도에 관한 대표적인 연구로서 寺田剛 책, 1965 및 Lee 책, 1985가 있다. 아래의 교육제도에 대한 서술은 주로 이것들에 의지하였다.

의하여 지방의 관립학교 곧 관학(官學)으로까지 확대되기도 하였던 것이다.[23] 물론 과거제도가 학교제도를 완전히 포섭하는 것은 명대(明代)의 일이니, 송대의 경우는 단지 그 단초를 보일 뿐이다. 사실 이와 같은 학교제도의 개혁은 모두 제도적인 정착에까지 이르지 못하였으나, 그렇다고 해서 그 사회적 의미를 무시할 수도 없다. 관료의 선발에서 학교를 중시하는 경향은 송대 학교제도의 전국적인 보급에 크게 기여하였고,[24] 그 결과 후술하듯이 지식인의 확대를 가져왔기 때문이다.

그런데 송대의 과거제도가 끼친 사회적 영향을 생각한다면, 이 시기에 전시는 물론 해시에 이르기까지 봉미법(封彌法)과 등록법(謄錄法)이 제도적으로 정착했다는 사실을 또한 주목하여 마땅하다. 답안지에서 수험자의 이름을 봉하는 봉미법[25]과 그 답안 내용을 일괄적으로 필사하여 필체의 차이를 없애는 등록법이란 결국 응시자를 익명화시키는 제도이었다.[26] 그러므로 과거의 합격 여부에 응시자의 사회적 지위나 신분이 영향을 미칠 수 있는 범위는 크게 축소될 수밖에 없었던 것이다. 이처럼 과거제도의 공정성을 보장하기 위한 노력은 별두시(別頭試)라는 특별시험을 만든 데에서도 잘 드러나는데,[27] 이와 같은 제도들이 지식과 교양의 능력에 따라 관료들을 뽑으려는 과거 본래의 목적을 실현시킴에 효과적인 방법이었다고 생각된다. 송대의 과거급제자들 가운데서, 본인의 앞 3대 이내에 관료를 전혀 배출해내지 못했던 비관료가문(非官僚家門) 출신이 반 이상을 차지하였다는 사실은 특기할

---

23) 仁宗 때의 개혁 시도를 이은 神宗·徽宗 시기의 교육제도 특히 三舍法 문제는 Lee 책, 1985, pp. 239~259 가 제도적인 측면에서 상세히 서술하고 있으며, 그 사회적인 영향에 관하여서는 Chaffee 책, 1985, pp. 69~84 가 잘 설명하고 있는 것 같다.

24) 위의 Chaffee 가 강조하는 이러한 사회적 영향력은 金仁經 논문, 1987 도 비교적 잘 설명하고 있다.

25) 봉미법은 彌封法 혹은 糊名法이라고도 하는데, Hymes 책, 1986, pp. 45~46처럼 그 실제적인 의의를 낮게 평가하는 연구도 없지 않으나 대부분 徐規·何忠禮 논문, 1981 에서와 같이 사회적으로 큰 영향을 미쳤다고 본다. 본고 역시 후술하듯이 봉미법과 같은 宋代 과거제도의 공정성 보장 노력을 높이 평가한다.

26) 宋代 이후 주된 부정행위가 이전 시기의 시험전 청탁운동과 달리 '關節'이었다는 것은 이와 같은 익명화의 효과를 의미하는 것으로 생각된다. 관절이란 답안지에 암호를 쓰는 방법으로서, 이것은 응시자의 익명화에도 불구하고 채점자가 수험자를 식별할 수 있게 하는 것이다.

27) 시험관의 친척이 응시하였을 때 이들을 따로 모아 별두시를 치르게 하였다. 물론 이 것은 Chaffee 책 1985, pp. 98~99가 지적하듯이 오히려 과거의 불공정성을 낳기도 하였다지만, 그 취지가 본래 공정성의 보장을 위한 것이었음은 두말 할 필요가 없다.

만한 것이다.[28] 따라서 송대에는 신분·지위에 관계 없이 과거를 통하여 관료로 될 수 있는 길이 폭넓게 열려져 있었고,[29] 사회적으로 과거에 의한 계층이동의 바람이 상당히 광범위하게 퍼져 있었다고 보아도 좋겠다.[30]

그러므로 이러한 과거제도의 정비 및 정착과 함께 고려되어야 할 사실은 이 시기 과거응시자의 증가 상황이라고 하겠다. 당시 성시의 응시자 수는 대략 5천 명 내지 1만 5천 명 가량이었는데, 성시에 응시하지 않는 경우까지 고려한다면 송대 해시 합격자의 총수는 대략 2만 명 혹은 3만 명 정도이었으리라고 추측된다.[31] 송대의 인구수는 통계 자료상 의문이 많으나 북송의 경우 1억으로 또 남송의 경우 6천만이라 보더라도,[32] 해시 합격자이자 성시의 응시 자격자인 거인(擧人)의 수는 상당한 비율이다. 하지만 이보다 더욱 놀랍게 증가하고 있는 것은 해시의 응시자 수이다. 물론 이 시기의 해시 응시자 수를 직접 알려주는 자료는 거의 없으나 그 경쟁률에 기초하여 응시자 수를 역산할 수는 있다.[33] 그래서 전체 인구 중 1/4을 성인남자로 간주하면,

---

28) Kracke, E. A. 논문, 1947 이 현존하는 南宋의 두 합격자 명부(1148 과 1256년의 것)의 분석 결과 이러한 가문의 출신자가 55% 이상이라는 결론을 내린 뒤, 周藤吉之 책, 1950, pp. 54~64와 陳義彦 책, 1966 에 의하여 宋代의 이러한 현상이 재차 확인되었다.

29) Hartwell 논문, 1982 와 Hymes 책, 1986 은 Kracke 등의 분석이 오로지 직계만을 고려하였다는 것을 비판하고, 당시 가문(family) 개념은 방계까지 포함하여야 한다는 사실을 강조하였다. 그러나 이와 같은 가문의 개념 역시 불명확한 점이 있으며, 이 분석 또한 현실적인 어려움이 있다. 이들의 주장은 기본적으로 宋代의 과거제도가 계층이동에 별반 중요한 역할을 하지 못하였다는 인식으로부터 출발하는데, 후술하는 것처럼 과거의 응시자가 급격하게 늘어나고 있는 상황을 감안한다면 응시자의 출신계층도 보다 넓어지는 변화가 뒤따랐다고 보아야 할 것이다. 다만 과거의 응시라는 것이 어느 정도의 경제적 능력을 전제로 해서야 비로소 가능하다는 사실은 부정할 수 없으니, 과거제도의 개방성이란 것도 어느 정도 제한된 것이었다고 하겠다.

30) 森田憲司 논문, 1984가 설명하고 있듯이, 과거 합격에 영험이 있다는 神이 士大夫들의 존숭을 받게 되어 가는 경향은 당시의 이러한 상황을 단적으로 보여주는 예라고 생각된다.

31) Chaffee 책, 1985, p. 33 및 p. 34 의 표.

32) 현존하는 자료에 기록된 인구수는 이보다 훨씬 적으니, 梁方仲 책, 1980 및 朱賢海 논문, 1982 에 의하면, 北宋代에 최고 5천만 미만, 南宋代에 최고 3천만 미만일 뿐이다. 그러나 宋代의 戶당 인구수가 지나치게 적은 것은 학계의 오랜 논란거리이니, 일단 Hymes 책, 1986, pp. 248~250 에 따라 戶당 인구수를 5 명으로 잡고 현존 기록의 戶수에 곱하여 그것으로써 당시의 인구수로 삼았다. 〈표 1〉의 인구수는 이와 같은 방법에 따라 계산한 것이다.

33) 宋代의 해시 응시자 수는 연구들에 따라 달리 추정하는데, 많이 잡는 경우 何忠禮 논문, 1984, p. 253처럼 北宋代에 이미 40 만이 넘었다고도 한다. 여기에서는 일단 근거의 제시가 분명한 Chaffee 책, 1985, p. 35의 견해에 따른다.

아래 〈표 1〉에서 보듯이 성인 남자들 가운데 해시 응시자의 비율은 무려 2.5%까지 늘어나고 있다. 이것은 명말(明末) 생원의 비율보다 큰 셈인데,[34] 이것은 당시 과거를 통하여 관료가 되고자 하는 지식인들이 엄청나게 불어나고 있는 상황을 단적으로 보여주는 것이다. 그리고 이와 같은 변화를 통하여서 이전 시기까지는 그 수혜자가 되기 어려웠던 이들에게까지 지식과 교양이 보급되었으리라는 것을 쉽게 짐작할 수 있다.

〈표 1〉 　　　　　　　宋代 해시 응시자 수의 증가

시 기	해시 응시자의 수	전체 인구수	성인남자들 중 비율
11세기초	2~3만 명	4,855만 명 (1020년의 971만 戶×5)	0.16~0.25%
11세기말~ 12세기초	8만 명	1억 440만 명 (1109년의 2,088만 戶×5)	0.3%
南 宋	40만 명	6,485만 명 (1178년의 1,297만 戶×5)	2.5%

앞서 과거제도의 정비과정이 학교제도의 보급과 무관하지 않음을 지적하였는데, 이러한 지식인들의 증가 또한 학교의 제도적인 정비와 관련이 있다. 중앙의 최고 관학인 국자감(國子監)은 송초(宋初)에 관료들의 자제에게만 입학이 허용되었으나 이후 태학(太學)을 중심으로 개편되는 과정에서 일반민들에까지 개방되었을 뿐만 아니라 그 정원도 크게 늘어났다.[35] 그리고 지방에서도 많은 관학들이 세워졌으니,[36] 이 주학(州學)과 현학(縣學)이 주로 일반민들을 대상으로 하여 그들에게 교육의 기회를 넓혀주었다고 생각된다.[37] 그러므로 과거와 마찬가지로 학교의 제도적 정비 역시 지식을 훨씬 광범위한 사회계층의 것으로 만들었고, 일반민들이 지식인으로 될 수 있는 가능성은 크게 높아졌다고 보아도 좋을 것이다. 특히 지방의 관학은 이러한 지식인의 존재를 지방으로까지 넓혔으리라는 점에서 중요하며, 결국 이상

---

34) 吳金成 논문, 1979, p.40의 표에 의하면 明代에 生員 수가 가장 많았던 때가 50만 명이었지만, 당시의 인구수는 南宋代보다 배 이상이었다.

35) 太學이 개방되는 과정은 李弘祺 논문, 1975 이후 張邦煒·朱瑞熙 논문, 1984와 近藤一成 논문, 1985 등에서 자세히 밝혀졌다. 그리고 太學의 정원이 늘어나는 상황은 Lee 책, 1985, pp.77~78의 표에서 상세히 알 수 있다.

36) Chaffee 책, 1985, p.75의 표가 그 수적인 증가를 잘 밝혀준다.

37) Chaffee 책, 1985, pp.105~137과 郭寶林 논문, 1988.

80

에서 살펴본 송대의 지식인 확대는 이전 시기에 비하여 양적인 성장과 더불어 질적인 변화를 가진 것이었다고 보아도 좋을는지 모르겠다. 즉 이전까지는 지식과 교양을 갖추기 어려웠던 일반민들 특히 지방의 일반민들에게까지 그것이 보급되었으리라고 추측되니,[38] 당시 서민들 가운데 식자층이 증가하고 있었던 상황은 이것과 동일시할 수 없더라도[39] 그 분위기를 보여줌에는 틀림이 없을 것이다.[40]

그렇다면 송대에는 과거의 응시자를 비롯하여 학교의 재학생에 이르기까지 광범위한 지식인의 확산이 있었던 셈인데, 정비된 과거제도가 지식과 교양 능력에 따르는 공정성 및 개방성을 높였다는 사실이 여기에서 큰 몫을 하였으리라는 것은 쉽게 짐작된다. 그러나 이러한 과거제도의 개방성과 지식인의 확산 사이에는 잘 납득되지 않는 부분이 있다. 즉 전술한 것처럼 해시응시자의 수가 20배 가까이로 증가하는 동안 그 합격자는 단지 3배 이하의 증가율에 머무르고 있는 것이다. 이것은 과거의 최종 합격자 수를 생각할 때 더욱 그러한데, 제과(諸科)의 경우까지 포함하면 매년 평균 급제자 수가 북송에 비하여 남송이 오히려 감소하였다.[41] 그리고 양시기의 문신관료 수와 함께 고려하더라도, 이와 같은 감소 경향에 차이가 없다.[42] 사실 송대에

38) 이와 관련하여 과거 합격자들의 지역적 확대 현상을 생각할 수 있겠는데, 이것은 Chaffee 책, 1985, pp. 119~156 에 자세히 설명되어 있다. 그리고 당시의 과거에서 모든 지방의 출신자들에게 비교적 공정성이 보장되었다는 것은 Kracke, E. A. 논문, 1957 에서 알 수가 있다.

39) 전술한 것처럼 과거의 응시는 어느 정도의 경제적 능력을 가져야 가능하였을테고, 이를 위한 지식과 교양의 습득이 단순한 문맹의 탈피와는 구분되어야 한다. 따라서 필자는 士大夫로 성장할 수 있는 서민이 제한된 범위에 머무를 수밖에 없었다고 생각하며, 본문에서 기존의 연구들이 막연히 폭넓게 사용하여 온 서민이란 말을 사용하기가 꺼려진다. 단지 관료 가문이나 이전 시기의 문벌과 다르다는 의미에서 본고가 '일반민'으로 부르는 계층은 굳이 이야기하자면 어느 정도의 경제적 부를 갖춘 상층의 서민을 가리킨다고 하겠다.

40) 伊原弘 논문, 1988 은 시론적인 고찰이지만, 이와 같은 서민들의 지적 성장에 관한 문제제기라는 점에서 의미가 있다.

41) 宋代의 과거 합격자 수는 《宋會要》, 《續資治通鑑長編》, 《文獻通考》 및 《皇宋十朝綱要》 등 자료에 따라 다르게 나타나고, 그 결과 기존의 연구들 사이에도 상이함이 있다. 자료들의 대조를 통하여 나름대로 그 수를 추적한 Lee 책 1985, pp. 279~285 의 표에 따르면, 北宋의 과기합격자 총수는 46,180 명이고 南宋의 경우 28,204 명이다. 따라서 이 수를 각각 北宋과 南宋의 통치기간(165년과 155년)으로 나누면, 北宋代의 매년 합격자 수 약 280명은 南宋의 약 191명에 비하여 월등히 많다.

42) 宋代의 관료 수에 대하여서는 상이한 자료에 근거한 많은 연구들이 있으나, 대체적으로 北宋보다 南宋의 관료 수가 많다고 봄에는 일치한다. 따라서 오금성 논문, 1981,

는 음(蔭)과 진납(進納)을 통한 입사자가 무척 많았으니,[43] 이들이 설사 하급의 관료들이었다고 하더라도 그 수는 무시할 수 없는 것이었다. 따라서 과거의 제도적 개방성에도 불구하고 실제 이것을 통하여 관료가 될 수 있는 길이 매우 좁았으므로, 과거제도 자체만으로써 지식인들의 확산을 제대로 설명하기에는 어려움이 있는 것이다. 물론 이것이 송대에 이루어진 과거의 제도적 정비가 가지는 역사적 의의를 부정하는 것은 아니며, 과거의 공정성 제고가 가져온 개방성이 분명히 보다 폭넓은 사회계층으로부터 그 참여자들을 낳았음은 두말 할 필요가 없다.[44]

그러므로 송대에 급격히 늘어난 과거 지향의 지식인들은 해시 단계에서부터 높은 경쟁률을 통과하여야만 했고, 그 과정에서 생겨난 다수의 탈락자들이 크고 작은 소요와 저항을 일으키기도 하였다.[45] 이러한 상황에서 과거 합격자의 수를 응시자의 증가에 맞추어 늘리지 못하고 있었던 국가권력[46]이

---

pp. 32~34나 Lee 책, 1985, p. 226 의 표 등은 전체 관료들 중 과거 출신자들의 비율이 南宋代에 현격히 떨어진 것으로 설명하고 있다. 그러나 이것은 조금 과장된 감이 있으니, 과거 합격자들이 관료들 가운데서 차지하는 비율은 전체 관료 수가 아니라 문신관료의 수에 대하여 계산하여야 할 것이기 때문이다. 이런 점에서 Chaffee 책, 1985, p. 27 의 표는 좀더 주의깊다고 하겠지만, 그는 北宋代 1119 년의 문신관료 수가 2 만명이 넘는다는 사실을 빠뜨리고 있다. 사실 Lee 책, 1985, p. 225 의 표에 의할 때, 문신관료의 수는 南宋이 北宋보다 적었던 것처럼 보인다. 그렇다고 하지만 문신관료들 중 과거출신자의 비율이 南宋代에 떨어진다는 사실에는 변함이 없다.

43) 宋代에는 과거제도 이외에도 입사할 수 있는 방법이 물론 있었으니, 蔭이나, 進納은 그 대표적인 것이다. 음과 관련된 연구로서 신채식 책, 1981의 제 6 장; 梅原郁 논문, 1985 등이 있으며, 진납문제는 魏美月 논문, 1974 가 있다. 이들은 모두 宋代에 하급관료의 충원에서 이와 같은 방법을 많이 사용하였다는 것을 강조하였다.

44) 宋代에 과거제도가 관료의 충원에 기여한 부분이 적다는 것을 인정하더라도 그 역사적 의의를 무시할 수 없다는 견해는 대체로 이와 같은 사실에 입각하고 있다. 주 28)의 논문들이 그 대표적인 연구들인데, 오금성 논문, 1981, pp. 35~37 은 이러한 내용을 잘 정리하고 있다. 이와 같은 시대적 분위기가 혼인 문제에서 특정의 가문을 존중하지 않게 되었던 것에서 잘 드러나니, 張邦煒 논문, 1985 는 이것을 구체적으로 잘 보여주고 있다.

45) 歐陽修가 權知貢擧가 되었을 때 성시의 선발기준이 남달랐던 까닭에 당해야만 하였던 곤욕(《續資治通鑑長編》卷185, 嘉祐 2年條)은 유명한 예인데, 이와 같은 불합격자들의 단체적인 저항은 南宋 시기 漳州의 경우(《宋會要》, 〈選擧〉 16—31)처럼 해시의 결과에 대한 폭동사태까지 낳고 있다.

46) 宋代 과거합격자의 수가 응시자들의 증가에도 불구하고 거의 제한된 혹은 오히려 감소하는 현상의 원인이 어디에 있는가에 대하여서는 아직까지 집중적인 연구가 나와 있지 않은 것 같다. 따라서 이것이 과거에 합격한 이들의 기득권 유지욕 때문인지 혹은 국가권력의 의지 때문인지 알 수 없고, 앞으로 이러한 원인은 좀 더 연구해 볼 만한 문제이다.

그만큼 불어나고 있는 탈락자들에게 어떻게 대응하였던가는 중요한 문제가
되는 것이다. 주지하듯이 전근대 중국에서는 관료들에게 형벌의 적용상 특
권을 줌으로써 그 지배층으로서의 권위를 보장하였는데, 송대에는 이러한
특권을 해시의 합격자인 거인에게까지 확대하고 있었다는 사실이 주목된
다. [47] 뿐만 아니라 여러 차례 해시에 합격하고서도 성시에는 합격하지 못한
거인들의 경우 일정한 연령 조건을 갖추었을 때 '특주명(特奏名)'이라는 명
목으로 성시를 면제시키고 하급관료로 등용하였다. [48] 이것은 성시에 떨어진
뒤 실의에 잠긴 지식인들에게 큰 희망이었을 텐데, 송대에는 점차 그 조건
이 완화되어 해당자가 계속 증가하는 경향을 보이고 있다. [49] 따라서, 과거
응시자의 상당수가 성시를 통과하여 정식으로 관료가 되는 것은 기대하지도
않았고, 이들은 사실상 특주명에 의하여 하급관료로 등용되고자 하였을 따
름이라고도 한다. [50] 거인들에 대한 이와 같은 조처는 결국 과거에서 탈락할
수밖에 없는 지식인들을 무마하기 위하여 국가권력이 취한 타협책이었다고
보이는데, 이것이 가지는 사회적 의미는 매우 큰 것이었다고 생각된다. 왜
냐하면 이것은 지식인의 수적 증가의 결과 관료들에게는 물론이고 관료가
되기 위하여 지식과 교양을 습득하는 이들에게까지 국가가 사회적 특권을
보장함을 의미하기 때문이니, 바꾸어 말하면 국가권력이라는 배경 위에서
지식과 교양은 곧바로 사회적 특권으로 교환할 수 있게 된 것이다.

이와 같은 현상은 이러한 지식인들에게 허용된 경제적 특권에서 단적으로
드러난다. 관료들의 경우 '관호(官戶)'라는 이름으로 차역(差役)이 면제 혹
은 경감되고 또 일시적인 잡세가 부과되지 않은 것은[51] 차치하고라도, 거인
들 역시 종신적인 면역의 특권이 주어지기도 하였다. [52] 그리고 태학의 학생
들도 이런 특권을 누릴 수가 있었는데, [53] 전술하였던 것처럼 일반민들까지
포함한 이들에게 어떤 면에서는 관료에 준하는 대우를 하기도 하였던 것 같

---

47) 高橋芳郎 논문, 1986, pp. 59~65.
48) 荒木敏一 책, 1969, pp. 290~291.
49) Chaffee 책, 1985, pp. 27~28에 그 내용이 상세히 설명되어 있고, Lee 책, 1985,
   p. 285의 표는 特奏名進士와 特奏名諸科의 합격자 증가 상황을 잘 보여주고 있다.
50) Hymes 책, 1986, p. 53.
51) 曾我部靜雄 책, 1966, pp. 447~450.
52) Chaffee 책, 1985, p. 31 및 高橋芳郎 논문, 1986, pp. 55~58.
53) 위와 같음.

다.[54] 뿐만 아니라 주학과 현학의 학생들조차 형벌 적용상의 특권과 함께 일시 위와 유사한 경제적 특권을 가지기도 하였다고 한다.[55] 물론 송대의 지식인들에게 주어진 이상과 같은 특권이 대부분 일시적인 형태로 주어졌으므로 이보다 훨씬 넓은 범위에서 종신적인 특권을 허용받았던 명(明)·청대(淸代) 신사층(紳士層)의 경우와는 다르다고 하겠지만,[56] 송대의 지식인들이 지식과 교양을 근거로 하여 국가로부터 제도적인 특권을 얻었다는 점에서 그 이전 시기와도 다르다는 사실 역시 부정할 수 없는 것이다. 특히 이 시기는 세역(稅役)의 징수에서 특권의 허용을 제한시켜 가는 경향이 뚜렷한데,[57] 지식인들의 경우에는 오히려 그 특권이 확대되어 갔다는 점에서 더욱 그러하다고 하겠다. 따라서 국가가 지식인들에게 준 이러한 특권들이 앞서 설명한 과거의 제도적 공정성·개방성과 더불어 보다 많은 지식인들로 하여금 과거를 위하여 지식과 교양을 쌓도록 하는 중요한 역할을 하였다고 보아야 할 것이다.

지금까지 송대 지식인들의 확산을 과거제도를 중심으로 하여 살펴보아 왔다. 여기에서 본고가 문제삼고 있는 사대부의 존재형태가 어렴풋이나마 짐작될 수 있을는지 모르겠으나, 이제 그 개념을 보다 분명하게 해 둘 필요가 있다. 물론 송대의 사대부가 과거에 의하여 관료로 되는 것이 기대되는 지식인들을 총칭한다고 보는 견해[58]도 있지만, 이처럼 막연한 범위로 설정된 사대부는 그 개념이 지나치게 추상적이어서 이들의 정치·경제·사회적 존재형태로의 접근을 어렵게 만든다. 이와는 달리 송대의 사대부란 과거의 마지막 관문까지 통과하여 관료로 된 이들만을 가리킨다고 보기도 하는데,[59] 이렇게 되면 사대부는 전근대 중국의 일반적인 관료로 환원되기 쉽고 그 역

---

54) 1975년 南宋代 太學生牒의 실물이 발견되었는데, 朱瑞熙 논문, 1979 는 이것이 관료의 告身과 형식상 완전히 동일하다고 한다.
55) 高橋芳郎 논문, 1986, pp. 55~65 및 Chaffee 책, 1985, p. 34.
56) 본서 Ⅳ에 수록된 吳金成, 〈明·淸時代의 國家權力과 紳士〉를 참조하라.
57) McKnight, B.E. 논문, 1975.
58) 島田虔次 책, 1967, p. 20.
59) 高橋芳郎 논문, 1986 은 士大夫의 용례가 대부분 관료를 가리킨다고 하여서, 관료가 아닌 이들을 따로 구분하여 '士人'으로 설명한다. 그러나 실제로 宋代에는 관료가 아닌 이들을 士大夫로 부르는 사례 역시 많으며 그와 같이 관료로서의 '士大夫'와 그렇지 않은 '士人'을 구분함으로써 宋代의 역사상을 이해하는 데 얻는 이익이 무엇인지에 대하여서 의문이 남는다. 따라서 본고에서 士大夫라고 함은 그가 말하는 '士大夫'와 '士人'을 모두 가리킨다.

사적인 의의를 찾아보기 힘들게 된다. 전자가 지식과 교양이라는 사대부의 주체적 능력을 중시함에 반하여 후자는 국가권력에 의한 포섭을 강조한 것이니, 사실 이 두 가지 측면에 대한 고려가 함께 갖추어져야만 비로소 송대 특유의 지배층인 사대부가 개념화될 수 있다. 이러한 시각에서 볼 때 송대는 과거를 지향하는 지식인들이 크게 확산되면서 이들의 일부에게 국가가 여러 가지 특권을 부여하게 되었다는 사실이 주목되고, 본고는 구체적으로 이러한 특권을 지니게 된 지식인들을 이 시기 특유의 지배층인 사대부라고 개념화하고자 하는 것이다.

그러므로 송대 지배층의 모습에서 드러나는 중요한 특징이 바로 지식과 교양을 가짐으로써 여러 가지 제도적 특권을 얻은 사대부가 확산되고 있었다는 점이라 하겠으니, 이와 같은 지배층의 변화에서 직접적인 계기는 우선 특권을 부여하는 국가권력의 존재에서 찾아질 수 있다. 그러나 이러한 국가의 역할도 전술한 바 지식과 교양의 보급이 지방의 일반민들에게까지 미치면서 지식인들이 엄청나게 확산되고 있었다는 사실을 전제로 하여야만 그 설명이 가능하다. 결국 송대 사대부의 존립과 확산은 지식인들의 이러한 현상과 불가분의 관계에 있고, 국가권력은 지식인을 사대부로 변화시켜 주는 매개 혹은 외피(外皮)의 역할을 한 셈인 것이다. 사실 송대의 지식인들은 스스로 지식과 교양을 보급시키면서 자기확대를 해 나갔으니, 이것은 지방의 사립학교 역할을 한 서원(書院)의 융성에서만이[60] 아니라 주학이나 현학과 같은 관학의 창설과 유지에서 행한 지식인들의 적극적인 활동으로부터도 잘 드러난다.[61] 따라서 지식인들의 이러한 활동이 곧 사대부로서 자신들이 성장할 수 있는 기반을 마련한 것이었다고 하겠는데, 사대부 역시 이와 같은 자기 기반의 마련을 위한 활동에 애쓰지 않았을 리가 없다.

---

60) 宋代에 書院이 융성하였다는 것은 주지의 사실인데 이것은 先賢에 대한 제사나 도서관 기능과 함께 교육을 기본적인 역할로 하였다. 따라서 대부분 지방의 지식인들이 세운 書院은 그 지역에서의 지식과 교양 보급에 큰 역할을 하였으리라고 생각되니, 이것이 지방의 관학과 상호 보완적인 기능을 하였음은 劉子健 논문, 1965에서 잘 밝혀져 있다.

61) 川上恭司 논문, 1984.

2. 士大夫의 활동

이상에서 지식과 교양을 지님으로써 국가로부터 특권을 부여받은 사대부들이 송대의 지배층으로 자리잡아가는 과정을 과거제도 및 그 합격자에 대한 특권의 부여라는 시각에서 살펴보았는데, 이제 이러한 송대 특유의 지배층이 실제로 어떠한 활동을 하고 있었던가를 알아봄으로써 그 존재형태에 대한 이해를 넓히도록 하자. 그런데 이와 같은 활동을 살펴보기 위하여서는 먼저 그것의 기반이 문제가 될 것이다. 이것은 결국 사대부의 존립 기반이기도 하니, 앞서 상술하였듯이 사대부가 국가권력의 외피를 가짐으로써 특권적 지배층이 되었던 만큼 그 활동에서도 국가권력이라는 기반이 있었다고 보여진다. 사대부가 관료로 되었을 때 행한 활동[62]은 단적인 예일텐데, 이 시기의 국가권력이 '군주독재체제'로 특징지어진다는 입장에 설 때,[63] 사대부의 이러한 측면은 특히 두드러져 보인다.[64] 하지만 송대 군주의 권력이 제도적·형식적으로는 독재적이었을지 몰라도 실제 상황의 경우 군주에 대한 관료의 힘이 결코 약하지 않았다.[65] 뿐만 아니라 당 중엽 특히 송대 이후에 지방의 독자적인 발전이 커지면서 그 결과 국가권력의 집권적 역량이 위축되는 일면도 없지 않았다고 한다.[66] 그러므로 송대 사대부의 활동 기반에서 국가권력 특히 독재적인 군주의 권력을 지나치게 강조할 수는 없다.

사실 전술한 채경(蔡京)의 전국적인 학교제도의 정비 시도가 결국 실패하고 만 데에는 국가가 주도하는 지식과 교양의 보급, 통제에 대하여 사대부

---

62) 전근대 中國에서 관료의 존재와 활동은 통시대적인 것인데, 宋代에는 전술한 것처럼 특권을 가진 지식인들이 이러한 관료의 범위 이상으로까지 확산되었다는 점에 그 특징이 있다. 따라서 이 시기 士大夫의 성격을 관료로서의 존재나 활동에 제한하여 이해한다면, 宋代 특유의 지배층이 가지는 역사적 의의를 제대로 파악할 수 없을 것이다. 본고에서 주목하는 士大夫의 활동이 관료로서의 역할에만 한정하지 않는 까닭이 여기에 있다.

63) 佐伯富 논문, 1970 은 군주 권력의 독재성이 관료의 피동성, 무책임성을 가져왔다는 논리를 잘 정리하고 있다. 그러나 송대의 관료가 실제로 이처럼 피동적이며 무책임하였던가에 대하여서는 의문이 있을 뿐만 아니라, 이러한 논리를 관료가 아닌 士大夫들에게까지 일반화시킬 수 있는지는 더욱 의문스럽다.

64) 宮崎市定 논문, 1953 은 宋代의 士大夫가 군주에 대하여 '노예적'이었다는 표현조차 쓴다. 士大夫에 대한 이와 같은 이해는 湯淺幸孫 논문, 1961 에 잘 정리되어 있다.

65) 王瑞來 논문, 1985 및 同 논문, 1989.

66) Hartwell 논문, 1982.

들이 반발하였기 때문이라는 이유도 있었다.[67] 여기에서 잘 드러나는 것은 이미 설명한 바 있는 사대부의 주체적인 지식과 교양의 습득 능력인데, 이러한 능력 또한 이들의 활동 기반으로서 고려하여야 마땅할 것이다. 그런데 과거에 응시할 수 있을 정도의 지식과 교양을 습득하기 위하여서는 전술하였듯이 어느 정도의 경제적 부를 필요로 하였을테니, 사대부의 활동에서 그 경제적 기반이 가지는 중요성은 국가권력에 못지않았다고 생각된다. 그리고 사대부의 활동에서 기반이 되는 경제적 능력이란 결국 당시의 주된 생산수단인 토지를 소유함으로써 얻어지는 것일 수밖에 없었다.[68] 따라서 송대 사대부들은 토지의 소유에 집요한 관심을 가지고 있었음은 당연한 일이고,[69] 이들의 활동을 살펴보고자 할 때 당시 지주의 성격이 중요한 문제가 되는 것이다.

송대 지주의 성격은 따로 집중된 논의를 필요로 하는 중요한 문제인데,[70] 시대구분론과 관련된 이해의 차이에도 불구하고 몇 가지 공통된 인식이 있다. 지주와 전호(佃戶)의 생산관계나 지주의 토지소유 규모에 대하여서 다양한 견해가 나와 있지만, 대개의 경우 이 시기에 토지소유자층의 발전이 있었다는 사실을 부정하지 않는다.[71] 이것은 당 중엽 균전제(均田制)의 붕괴 및 농업생산력의 발전과 인과관계에 있는 현상으로서, 후술할 것처럼 토지소유에 대한 국가의 직접적인 관여가 없어진 상태에서 농업생산력의 발전을

---

67) Chaffee 책, 1985, pp. 79~80.
68) 이것은 근대 이전 中國의 어떠한 지배층에게도 기본적으로는 마찬가지이었을 것이다. 물론 宋代에는 상업의 발달이 두드러졌고, 관료나 士大夫 역시 상인으로서 경제적 기반을 마련한 이들이 있었다고 생각된다. 宋晞 논문, 1953 및 柳田節子 논문, 1986 은 이와 같은 士大夫의 성격을 강조하는 대표적인 연구성과들인데, 본고에서는 士大夫의 보다 보편적 모습인 지주로서의 성격에 대하여서만 서술하고자 한다. 그러므로 여기에서는 상업의 발전과 상인 문제는 일단 논외로 해 두자.
69) 쯔沙雅章 논문, 1971 은 蘇軾의 예를 통하여 이러한 士大夫의 관심을 구체적으로 보여주며, 青山定雄 논문, 1976 은 士大夫와 지주의 관계를 일반화해 잘 설명하고 있다.
70) 이것은 본서에 수록된 신성곤씨의 논문과 李範鶴, 〈宋代의 社會와 經濟〉 부분을 참조하라.
71) 여기에서 토지소유자라 함은 대규모 토지를 가진 지주층만이 아니라 소규모 자작농층까지 포함한 것이다. 종래 이 시기는 지주─전호 관계에 기초한 대토지소유제의 발전이라는 면에서 주로 이해되어 왔으나, 근래에 중소지주층 나아가서 소규모 자작농층의 성장이 새롭게 주목되는 경향이 있다. 그러므로 개념상의 애매함을 무릅쓰고 이러한 이들을 모두 토지소유자층이라고 표현하여 자신의 토지를 갖지 못한 소작농 혹은 예농과 구분하고자 한다.

기반으로 한 신흥지주층이 성장하고 있었던 것이다. 그러나 균전제와 같은
국가적인 토지제도가 없어졌다고 하더라도, 송대 토지소유자층의 존재형태
에 국가권력이 강하게 개입되어 있음을 또한 대부분 인정하고 있다. 송대가
성장한 소규모 자작농에 대한 국가권력의 지배로 성격지어진다고 인식할 경
우[72]는 두말 할 필요도 없고, 대토지소유제의 발전을 강조하고 이 시기가
지주—전호의 생산관계를 발전시켰다고 보는 이들조차 이것을 국가권력과
무관한 농노제로 이해할 수만은 없는 것이다.[73] 따라서 송대 지주층의 발전
및 국가권력과의 관계가 전술한 사대부의 확산 현상과 서로 모순되지 않으
므로, 이 시기 지배층으로서의 사대부와 지주는 기본적인 구성원리의 상이
함에도 불구하고 동일한 상황적 맥락에 놓여 있다고 하겠다. 그러므로 송대
의 사대부가 지식과 교양의 주체적인 습득을 위한 기반이란 측면에서 지주
일 수밖에 없었다는 논리도 당시의 역사적 상황과 어긋나지 않으니, 관호와
형세호(形勢戶)를 이러한 지주로서의 사대부가 가지는 전형적인 모습이라고
보는 일반적인 이해[74]가 과히 그릇되지 않았다고 생각한다. 여기에서 보다
포괄적인 개념이자 관호의 모태로 여겨지기도 하는 형세호가 특히 주목되는
데, 세역징수 과정에서 일반민들과 구분되는 이것이 지역사회에서 권세를
누리는 지주들이었다고 보아도 좋을 것이다.[75] 사실 지주로서의 사대부는
자신들이 살고 있는 지역사회에서 특권적인 지배층으로서 활동하였을테니,
형세호 역시 그 한 예라고 하겠다.

---

72) 島居一康 논문, 1976 이래 宋代의 지배구조를 자작농층에 대한 지배가 기초로 된 '국
    가적 농노제'로 이해하려는 입장이 있다. 이것은 최근 中國史研究會 책, 1983 에서 中
    國史 전반에 걸친 의욕적인 재해석으로 직접 연결된다.
73) 宋代의 토지소유제를 지주—전호관계에 기초하였다고 보면서도 국가권력과의 관계
    또한 일찍부터 강조하여 왔던 柳田節子는 이와 같은 이해를 柳田節子 논문, 1987 에서
    잘 정리하고 있다. 지주제의 발전 속에 내재되어 있는 국가권력의 개입에 대하여서는
    中國에서의 연구들도 많은데, 葛金芳 논문, 1985 는 그 대표적인 것이다.
74) 周藤吉之 책, 1950 은 宋代에 지주로서의 관료·士大夫가 토지소유와 과거를 통하여
    형세호 및 관호로 나타난다는 이해를 체계화시킨 선구적 저술인데, 여기에서 강조되고
    있는 대토지소유제의 발전이나 중앙집권적 관료체제의 논리에는 논란이 있다고 하더
    라도 그의 기본적인 논지는 일반적으로 받아들여지고 있는 것 같다.
75) 柳田節子 논문, 1968 은 형세호의 범위가 관호와 함께 吏人·職役戶까지 포함하는 것
    이라고 분명히 하였는데, 이것은 王曾瑜 논문, 1979 에서도 거의 받아들여졌다. 尹敬
    坊 논문, 1980 처럼 형세호 가운데 職役戶는 특권을 가졌다기보다 오히려 피해를 입는
    이들이었다는 견해도 있지만, 형세호가 대체로 지역사회 안에서 국가권력을 배경으로
    하여 권세를 부리는 지주들이었다고 보아도 좋을 것이다.

88

이상과 같은 이해에 입각하여 사대부의 활동을 고찰할 때, 이들은 특권을 지닌 지주로서 파악되며 그 활동은 지역사회 안에서의 그것으로 초점이 맞추어진다.[76] 따라서 사대부의 활동에서 이들이 실제 살고 있는 지역사회라는 것이 우선 문제가 되는데, 이것은 행정권만이 아니라 수리권(水利圈), 통상권(通商圈) 등 다양한 측면에 대한 고려가 필요할 것이다.[77] 하지만 지주로서 활동하는 사대부에 주목하는 본고가 일단 농업생산이 직접 이루어질 뿐만 아니라 행정적 편제의 기본단위인 촌(村)을 지역사회의 기초적인 형태로 상정해 두어도 큰 무리가 없으리라고 생각된다. 사실 송대의 촌이 가지는 성격은 아직 제대로 밝혀지지 않은 부분이 많으나,[78] 그 주된 구성원으로서 많은 소규모 자작농층과 중소지주층이 있었다는 것은 사실이다.[79] 이것은 전술한 이 시기 토지 소유자층의 발전과 직접 연결되는데, 촌의 구성원들 사이의 관계가 지주-전호의 생산관계나 공동체적인 질서로 단순화될 수 없는 상태에서 촌의 내부에 국가권력이 개입될 가능성은 컸다고 하겠다.[80] 이와 같은 지역사회의 상황에서 지주로서의 사대부는 국가권력이 부

76) 전술한 것처럼 谷川道雄 논문, 1983 은 근대 이전의 中國에서 이러한 士大夫의 활동을 일반화시키는데, 같은 책에 실린 森正夫 논문, 1983 은 宋代 이후의 시기에 관한 시론적인 각론으로서 주목된다. 宋代 士大夫가 지역사회에서 실제로 행한 활동에 대한 최근의 실증적인 탐구는 후술하는 渡邊紘良의 연구성과 등이 있다.
77) 위의 谷川씨와 森씨의 연구들이 설명하는 지역사회가 개념상 불명확한 것에 대하여 伊原弘 논문, 1985, pp. 278~279 는 비판하고 있다. 伊原의 이러한 비판은 伊原弘 논문, 1980 및 同 논문, 1981 등 도시에서의 士大夫 문제에 기울여온 그의 관심에 바탕하고 있을 것이다. 사실 상업의 발달과 더불어 宋代의 도시 역시 크게 발전하였으므로 도시와 士大夫의 관계 역시 논의할 만하다고 하겠으나, 전술한 것처럼 여기에서는 보다 보편적인 모습으로서의 士大夫를 지주로 생각하며 따라서 일단 도시라는 지역사회에 대하여서는 따로 논의하지 않겠다.
78) 周藤吉之 논문, 1963 과 柳田節子 논문, 1970; 同 논문, 1980 등은 宋代의 鄕村制 아래에서 村이 가지는 실상을 어느 정도 밝혔다고 보여지나, 아직까지 이 문제는 王安石의 개혁이나 戶等制, 役制 등 다양한 시각에서 새롭게 검토될 여지가 많다고 생각된다.
79) 柳田節子 논문, 1957 이나 朱家源 논문, 1982 등은 취약한 경제적 기반에서나마 지역사회 안에 다수의 자작농층이 존재하였다고 하였는데, 趙東元 논문, 1987 이 지적하듯 이 당시 작은 토지규모로서도 자급자족이 가능하였다면 이러한 자작농층의 존재는 더 주목할 만하다. 宮澤知之 논문, 1985 는 특별히 그들의 존재를 강조하는데, 그의 견해가 입각해 있는 '국가적 농노제'론과는 별개로 이러한 당시의 상황은 사실일 것이다.
80) 지주-전호의 생산관계와 관련하여서는 앞서 주 73)에서 이미 밝혔는데, 이것은 곧 바로 국가권력의 지역사회에 대한 개입·통제를 의미하는 것이다. 그리고 中國의 향촌·촌락질서와 '공동체' 문제는 日本의 학계에서 오래도록 논란되어 왔지만, 이를 잘 정리하고 있는 濱島敦俊 논문, 1982가 잘 지적하고 있듯이 宋代의 촌이 국가권력의

⊃한 특권을 배경으로 하여 일면 불법적인.수탈도 일삼았을 것이나,[81] 아울러 국가권력의 기능을 보완해 가면서 지역사회의 농업생산을 주체적으로 지도하는 역할[82] 또한 하였을 것이다. 이제 후자의 활동을 중심으로 하여[83] 송대의 사대부들이 가지는 지배층으로서의 존재형태를 구체적으로 알아보도록 하자.

앞에서 자세히 설명하였던 것처럼, 송대에는 과거를 지향하는 지식인들이 엄청나게 불어났고 그 결과 이들의 일부가 국가에 의하여 특권을 받은 사대부로 될 수 있었다. 그러나 이것은 그만큼 많은 관료를 의미한다기보다 결국 얼마간의 특권을 받고 지역사회에 머무를 수밖에 없는 지식인으로서의 지주가 증가하였음을 말할 뿐이다. 해시에서의 불합격자들은 차치하고라도, 과거에 합격하지 못하고 지역사회에서 활동하는 관학의 학생이나 거인들이 이들인 것이다.[84] 따라서 이들은 지역사회와 밀접한 관계를 지니면서 활동하였으리라고 쉽게 짐작되는데 태학의 학생이었던 육당(陸棠; 1080경~1132)[85]이나 거인 진량(陳亮; 1143~1194)[86]이 지역사회에서 행한 활동은 그 좋은 예가 될 것이다. 그런데 이러한 사대부와 지역사회의 관계는 관료들의

영향이나 개입을 벗어난 공동체로 상정되기에는 어려움이 있는 것 같다.
81) 관료로서의 士大夫가 자신들의 특권을 이용하여 불법적인 착취를 행하였다는 것은 朱家源·王曾瑜 논문, 1982에서 잘 설명되어 있다. 형세호의 불법적인 행동을 지적한 기왕의 많은 연구들 역시 이러한 맥락에서 이해할 수 있다.
82) 丹喬二 논문, 1977이 지적한 것처럼 촌락 안에서 국가권력과 함께 지주들의 역할 또한 중요하였다. 이것은 결국 후술할 내용이지만, 宮澤知之 논문, 1983, pp.242~244가 勸農文의 작성이 이 시기에 점차 국가권력의 간접적인 간여로 되어 가는 경향이었다고 하는 것을 미리 지적해 둔다.
83) 사실 전술한 士大夫들의 불법적인 활동은 기본적으로 지주로서의 속성에 바탕하여 있고 이 시기 특유의 지배층으로서의 모습으로 보기 힘들지도 모를 것이다. 따라서 이들의 이러한 활동이 없었거나 적었다는 이유에서가 아니라 본고 본래의 의도를 보다 분명히 하기 위하여 여기에서는 士大夫들의 불법적인 활동을 다루지 않을 작정이다.
84) 州學이나 縣學의 학생들이 대부분 지역사회 안에서 활동할 수밖에 없었다는 것은 郭寶林 논문, 1988이 잘 지적하고 있으며, 川上恭司 논문, 1988은 과거의 불합격자들을 대상으로 삼은 시론적인 고찰이나마 이와 같은 측면을 강조하고 있어서 돋보이는 연구이다.
85) 渡邊紘良은 太學의 학생이었던 陸棠이 지역사회 안에서 행한 활동에 집중적인 관심을 갖고 士大夫와 지역사회의 관계를 탐구하고 있다. 그의 논문 1979,1982,1986이 바로 그것이다. 그리고 渡邊紘良 논문, 1984 역시 이와 같은 관심에 입각한 것임은 마찬가지인데, 그의 이러한 일련의 연구들은 士大夫의 사회사적 연구라는 점에서 주목된다.
86) 徐規·周夢江 논문, 1983.

90

경우에서도 없지 않았던 듯하니,[87] 이것은 특히 북송 중기 이후 나타나는 관료 과잉 현상의 결과 지역사회에 정착하는 관료들이 늘어남에 따라 더욱 두드러졌다.[88] 이와 같은 실례를 구체적으로 알아보도록 하자. 과거에 급제하여 관료로서도 활동하였던 원채(袁采; 1140~1195 경)는 그의 《원씨세범(袁氏世範)》을 통하여 자신까지 포함한 당시의 일반적인 지주의 모습을 잘 보여주는데,[89] 여기에서는 특히 피지배농민들과의 의식적 공통 부분이 크다는 사실이 중요하다.[90] 비슷한 시기의 유재(劉宰; 1165~1238)도 과거에 급제하였으나 지역사회에서 주로 활동하였던 인물로서, 그는 일면 국가권력과의 갈등도 무릅쓰고 지방관과의 교유나 개인적인 경제력에 의하여 지역사회의 구휼사업에 노력하고 있었다. 이것은 기본적으로 지역사회에서 농업생산의 기반을 튼튼히 하고자 했던 것으로서, 이러한 활동을 통하여 유재 또한 지역사회 지배층으로서의 위치를 공고히 하였다고 생각된다.[91]

촌과 같은 지역사회에서 농업생산이 직접 이루어지고 있었음을 생각할 때, 지주로서의 사대부와 지역사회의 관계에는 이처럼 농업생산이라는 공통의 과제가 중요하였을 것이다. 그러므로 송대에는 많은 농업관계 서적들이 만들어졌을 뿐만 아니라 그 이전 시기에 만들어진 것들 또한 광범위하게 유포되었다는 사실[92]이 주목된다. 이것은 후술할 '당송변혁기'의 농업생산력 및 출판, 인쇄문화의 발전과 무관하지 않을 테지만,[93] 기본적으로 지주

---

87) 伊原弘 논문, 1977 은 이와 같은 측면에 대한 집중된 연구이며, 伊原이 다루지 않은 寄居의 경우에도 竺沙雅章 논문, 1971 및 同 논문, 1982의 예에서 보듯이 定居와 크게 다르지 않았던 것 같다.
88) 竺沙雅章 논문, 1982.
89) 陳智超 논문, 1985.
90) Ebrey, P. B. 책, 1984 는 《袁氏世範》을 번역하면서 이것의 저자 袁采를 士大夫의 전형으로 묘사하고 있다. 물론 여기에서 그녀가 강조하고 있는 바는 혈연·종족 의식과 재산 관념에서의 동질성인데, 사실 士大夫의 종족·혈연관계 및 그 의식은 최근 지역사회의 관점에서 새롭게 문제로 제기되고 있다. 小林義廣 논문, 1982 는 종래 仁井田陞의 이해를 비판적으로 검토하고 있는데, 이 문제는 義莊이나 족보 이른바 近世譜와 관련하여 앞으로의 연구가 기대된다. 본고에서는 이와 같은 종족·혈연 의식의 문제가 이전 시기의 그것과 비교·검토될 만한 중요한 문제임을 인정하면서도, 일단 논지의 전개 과정상 빠뜨릴 수밖에 없었다.
91) 이상과 같은 劉宰의 활동에 대하여서는 劉子健 논문, 1979 에 의거하였다. 이 내용은 劉子健 논문, 1978 로 이미 발췌 번역되었던 적이 있다.
92) 士大夫와의 관련 위에서 宋代의 농서를 고찰하는 대표적 연구로서 周藤吉之 논문, 1957 이 있다.
93) 宋代의 농업생산력의 발전을 이처럼 다양한 측면에서 고찰하는 연구로서 Elvin, M.

로서의 농업생산에 대한 관심과 사대부가 가진 지식, 교양 능력이 결합되어
나타난 것이 바로 송대의 농서 간행과 그 보급이었을 것이기 때문이다. 진
보된 농업기술을 보급하고자 노력했던 주희(朱熹; 1130~1200)의 활동은 결국
농업생산의 촉진과 이에 따른 지배의 관철이었는데,[94] 여기에서 관료이자
지주로서의 그가 가진 농업생산에 대한 관심이 드러난다고 여겨진다. 그리
고 이러한 농업생산에 대한 사대부의 관심이 지역사회의 문제와 긴밀히 관
련되어 있음은 이 시기의 대표적 농업관계 서적인 진부(陳旉; 1076~미상)의
《농서(農書)》가 잘 보여주고 있다. 이것은 이전의 《제민요술(齊民要術)》과 비
교할 때 소규모 자작농의 보호, 육성이라는 성격이 두드러지니,[95] 그들 소
규모 자작농이란 전술하였듯이 당시 지역사회의 주된 구성원들이었던 것이
다. 따라서 《농서》에서 표현된 농업생산에 대한 관심이란 곧 송대 지역사회
의 요구에 부응하는 것이었다고 하겠다.

그렇다면 사대부들의 이와 같은 관심이 구체적인 지역사회에서 실제로 어
떠한 활동으로 나타났던가를 살펴보아야 할 것이다. 그런데 당시의 지역사
회가 시기적인 문제는 차치하고라도 지방에 따라 다양한 발전 형태를 가지
므로, 송대 지역사회의 상황은 사실상 쉽게 일반화되지 않는다.[96] 농업생산
문제에서도 큰 지방적 편차를 드러내고,[97] 이와 관련된 사대부들의 활동 역
시 일반화된 고려가 어려운 일이다. 따라서 전술한 것처럼 최근에는 지방사
의 연구가 활발한데, 여기에서 주목을 받는 곳은 주로 장강(長江) 이남의 지
방이다.[98] 이와 같은 연구경향은 이 지역이 경제적인 선진지역으로 역사의

책, 1973 의 제 2 편이 상세하다. 이 책은 후술할 唐 중엽 이후의 발전을 宋代로 연결시
키고, 이것을 '중세의 경제혁명'이라고 일컫는다.

94) 守本順一郎 논문, 1962. 이와 같은 朱熹의 활동은 후술할 鄕約·社倉의 보급에서 행
한 그의 역할과 같은 맥락에 있다고 여겨진다.

95) 寺地遵 논문, 1966. 물론 陳旉의 생애에 대하여서는 거의 알려진 바가 없고, 그가 본
고에서 개념화한 士大夫의 범주에 포함된다는 것을 확증시켜 주는 자료가 없다. 하지
만 이 책이 士大夫들의 손에 의하여 간행되고 있었음은 확실하며, 이것을 宋代 士大夫
들의 성격과 관련하여 이해하여도 틀리지 않을 것이다.

96) 이와 관련된 연구사적 개관과 이론적 고찰은 斯波義信 책, 1988의 序章에 잘 정리되
어 있다.

97) 漆俠 논문, 1983 은 宋代에 원시적인 농업경영방식으로부터 진보된 집약적 농경에 이
르기까지 지방에 따른 차이가 컸음을 지적한다.

98) 斯波義信 책, 1988 은 강남지방 전체를 다루고 있으며, Hymes 책, 1986 의 경우 江西
의 撫州를 집중적으로 취급하고 있다. 그리고 지역사회 안에서의 士大夫 활동에 대한
주 85)의 渡邊紘良 논문들도 역시 福建지방이 그 주된 대상이다.

전개과정에서 이전 시기와 다른 송대의 상황을 잘 반영하고 있기 때문일 것
이다. 후술하듯이 '당송변혁기' 이후 크게 개발되는 강남지방은 사실 본고
의 관심에서도 중요한 곳이니, 여기에서는 최근 지방사의 연구를 참고하면
서 특히 강남의 지역사회를 중심으로 사대부의 실제적 활동을 알아보고자
한다.

중국사에서 수리의 중요성은 두말 할 필요도 없는데, 장강 하류지역을 비
롯한 강남지방의 경우 당 중엽 이후 수리개발의 주된 관심이 상업, 교통 문
제로부터 농업생산의 촉진으로 바뀌어가고 이에 따라서 그 주체도 국지적인
지역사회가 중심으로 되는 경향이었다고 한다.[99] 그러므로 송대의 사대부가
지역사회에서 행한 활동 중 수리개발은 중요한 문제가 된다. 사실 이 시기
의 수리개발은 국가권력의 큰 과제로서 기본적인 책임이 중앙정부나 이로부
터 권력을 위임받은 지방정부에게 있었으나, 실제적인 사업 과정에서 경비
를 비롯한 여러 가지 부담은 수리의 일차적인 수혜자들, 곧 지역사회의 구성
원들이 짊어져야만 했다.[100] 물론 수리개발이 이루어지는 규모나 지형과 같
은 조건들의 차이에 의하여 구체적 내용은 조금씩 달랐겠지만, 대체적으로
보아서 지역사회가 수리개발에서 행한 역할은 점점 커져가고 있었다고 생각
된다.[101] 이것은 수리가 기본적으로 수혜자들 사이의 동질성에 기초한 자율
적·평등적·배타적 집단에 의해서 이루어질 수밖에 없다는 속성 때문이기
도 하겠으나,[102] 또한 송대의 지역사회, 특히 그 유력지주들이 수리개발에 필
요한 경비를 감당할 능력을 갖추게 되었던 역사적 상황의 결과이기도 했
다.[103] 따라서 이 시기의 수리개발에서 국가권력만이 아니라 이를 배경으로
한 지역사회의 사대부가 중요한 활동을 하였다고 하겠다.[104] 원주(袁州) 의
춘현(宜春縣)의 이거(李渠)가 '공심호의지사(公心好義之士)'라고 불리는 이

---

99) 斯波義信 책, 1988, pp. 40~41.
100) 長瀨守 논문, 1960 및 同 논문, 1974는 이러한 상황을 개설적으로 잘 설명하고 있다.
101) 斯波義信 책, 1988, pp. 88~89 및 pp. 188~202.
102) 長瀨守 논문, 1967.
103) 施正康 논문, 1987.
104) 周藤吉之 논문, 1964 는 이와 관련된 대표적 연구이다. 그리고 長瀨守 논문, 1978 이
    唐 중엽 이후 특히 발달한 水利學이 宋·元 시기가 되면 거의 최고 수준에 이르게 된다
    고 한 것은 주목된다. 수리학은 농업과 달라 士大夫의 주된 활동 범위가 아닐지 모르
    겠으나, 이것의 발달이 士大夫가 지배층으로서 자리잡아 나가는 시기와 동일하기 때문
    이다.

지역 사대부들에 의하여 집단적으로 관리되고 있었던 것은 그 전형적인 예이었다.[105] 이와 같이 사대부들은 수리개발처럼 지역사회에서의 농업생산 보장을 위한 중요한 활동에 주도적인 기능을 하였다고 여겨지는데,[106] 이들의 이러한 활동으로부터 그 지배층으로서의 존재형태가 분명하게 드러난다고 보아도 좋을 것이다.

지금까지 송대 사대부들의 관심과 실제적 활동에서 이 시기 특유의 지역사회 지배층으로서의 존재형태를 살펴보았다. 실제로 이들의 이와 같은 모습은 의역(義役)[107]을 비롯하여 지역사회 안에서의 자위집단 조직, 구휼사업 및 종교적 활동[108] 등에서도 알 수가 있을 것이다. 그런데 이러한 사대부의 존재형태가 잘 드러나고 있는 것으로서 송대부터 시작된 향약(鄕約)과 사창(社倉)을 빠뜨릴 수가 없다.[109] 주지하듯이 향약은 북송 때 여대균(呂大鈞; 1031~1082)이 섬서(陝西)지방에서 처음 실시한 뒤, 주희에 의하여 정비, 소개되었던 결과 이것이 명대에 이르러 본격적으로 보급되었다고 한다. 그러나 처음부터 향약은 교화와 상호부조를 통하여 지역사회의 질서를 유지하려는 데에 그 목적이 있었던 만큼 지역사회의 자치를 지향하는 것이었음이 확실하다.[110] 그런데 중요한 사실은 이것의 조직과 관리가 사대부의 역할로 기대되어 있고, 결국 사대부들이 향약을 이용하여 지역사회의 실제적인 지배층으로 활동하려 하였다고 이해해도 좋을 것이다.[111] 그리고 원래 의창(義

---

105) 斯波義信 책, 1988, pp. 413~415.
106) 佐藤武敏 논문, 1956이 지적하는 것처럼 지역사회에서 水利를 독점적으로 이용하는 등 폐단을 가져온 지역사회의 유력지주들 중에는 분명히 士大夫도 포함되어 있을 것이다. 그러나 이들이 이와 같이 지역사회 안에서 공공의 이익에 어긋나는 활동만을 한 것은 아니니, 寺地遵 논문, 1986에서는 공공의 이익과 대립·부합하는 양측면이 구체적으로 잘 드러나고 있다. 여기에서 士大夫들이 공공의 이익에 부합하는 활동을 한 사실을 강조하는 까닭은 이미 앞에서 밝힌 바와 같다.
107) 이것은 宋代에 자주 문제로 되던 役의 과중한 부담을 지역사회에서 스스로 모순없이 해결해 보려던 것이었는데, 지방에 따라 실제적인 운영방법은 차이가 드러나지만 대체적으로 지역사회의 士大夫가 그 중심적인 역할을 하였다고 보아도 된다. 義役에 관하여서는 周藤吉之 논문, 1966, McKnight B. E. 책, 1971, pp. 151~170 및 何高濟 논문, 1984를 참조하라.
108) Hymes 책, 1986은 'elite'라는 개념(pp. 6~10)을 사용하여 그들이 撫州에서 이러한 활동을 했다는 것을 상세히 설명하고 있는데, 그가 elite 라고 부르는 것이 본고에서 말하는 士大夫와 완전히 같지는 않으나 그 활동에서의 유사성은 부정할 수 없는 것이다.
109) 金安國 未刊稿, 1989는 이 문제를 비교적 잘 설명하고 있다.
110) 和田淸 책, 1975(초판은 1939) 이후 이러한 이해는 학계의 공통적인 것이다.
111) 井上徹 논문, 1986은 특히 이와 같은 측면을 강조한다.

倉)과 다를 바 없었던 사창도 주회에 의하여 새롭게 지역사회의 자치적인 구
휼기관으로 자리잡아 갔다.[112] 이것이 직접적인 목적으로 했던 지역사회의
빈민구제란 곧 그 농업생산의 기반을 마련하는 것이었을 텐데, 사대부들은
사창을 통하여 지역사회의 지배층으로 활동할 수 있었을 것이다.[113] 그러므
로 송대의 향약과 사창은 지역사회를 대상으로 하고 사대부가 주체였다는
사실이 분명하니, 사대부들이 지역사회에서 지배층으로 활동하는 제도적
기반으로 마련하고자 했던 조직이 바로 이러한 향약과 사창이 아니었나 생
각한다.[114]

송대에서는 특권을 가진 지식인으로서 사대부가 확산되었는데, 국가로부
터 부여받은 특권과 함께 지주로서의 주체적 능력을 갖춘 이들은 지역사회
에서 뚜렷이 지배층으로서 활동하고 있었다. 지금까지 살펴본 이러한 송대
사대부의 존재형태가 분명히 이후 시기 신사층의 모습[115]과 유사한 데가 있
다. 그렇다면 이 사대부들의 기원 혹은 원류는 어디에서 찾을 수 있는가가
문제로 되니, 이것을 통하여 '당송변혁기' 이후 나타나는 새로운 지배층의
존재형태는 보다 분명하여 질 것이다.

Ⅲ. 宋代 士大夫의 기원

1. 과거제도 성립의 의의

앞서 사대부가 지식인임과 동시에 국가로부터 특권을 받은 이들이었음을
분명히 하고, 송대에는 이와 같은 사대부가 확산되었을 뿐만 아니라 지배층
으로서의 활동을 뚜렷이 하고 있었다는 사실을 알아보았다. 물론 지식과 교

---

112) 王德毅 책, 1970, pp.47~57 및 曾我部靜雄 논문, 1974, pp.483~488.
113) 향촌제와의 관련 위에서 社倉을 잘 설명하는 것으로서 和田淸, 1975, pp.52~55
   와 柳田節子 논문, 1970, pp.404~405 가 있다.
114) 朱熹가 향약과 사창의 실시에서 행한 역할은 전술한 농업기술 보급과도 관련하여 이
   해할 수 있는데, 이것이 기본적으로 朱子學의 사상체계와 밀접히 연관된 것이었다고
   생각된다. 朱子學에 관한 문제는 본서에 수록된 이범학, 〈宋代 朱子學의 成立과 發展〉
   에서 따로 다루고 있으므로 여기에서 언급하지 않는다. 다만 본고는 宋學의 고전적인
   개설서인 諸橋轍次 책, 1929, pp.470~480 이 이것을 당시 유학의 經綸熱로 설명하며,
   中國의 대표적인 정치사상사 책인 呂振羽 책, 1955, pp.466~478(초판은 1937)은 이것
   이 당시 中小地主層의 요구를 반영한 것이었다고 해석하고 있음을 밝혀둔다. 이와 같

양을 중시하는 전통적 이상을 가진 전근대. 중국에서 이와 유사한 지배층이 그 이전부터 존재하였다고 할 수도 있겠으나, 지금까지 살펴본 송대 사대부의 존재형태는 특별히 과거제도라는 매개가 있고서야 비로소 가능한 것이었음 또한 전술한 것과 같다. 이 과거제도와 관련하여 남북조(南北朝) 후기의 관료선발이 이미 가문보다 지식과 교양을 중시하는 경향을 드러내기 시작한다고 지적되기도 하지만,[116] 이러한 능력을 시험하는 제도가 제대로 자리잡은 것은 일반적으로 수(隋)의 성립(581) 이후였다고 여겨진다.[117] 즉 과거제도의 자천(自薦), 시험 형식과 이것이 지향하는 능력 위주의 개방성은 이전 시기의 관료선발과 확실히 구분되고, 이처럼 새로운 제도의 정착에서 강력한 국가권력의 존재가 필수적이었던 것이다. 그러므로 통일된 국가권력이 지식과 교양을 중시하여 이에 따라 관료를 선발하는 제도를 시행하였다는 사실이 주목되니, 본고는 먼저 이 과거의 제도적 성립이 미친 사회적 영향으로부터 송대 사대부로 이어질 수 있는 지배층의 변화를 찾아보려 한다.

　그런데 이 시기의 과거제도에 대하여서는 아직까지 집중적인 연구 성과가 적고, 제도적 내용조차 확실하게 알려지지 않은 부분이 많다.[118] 하지만 수의 예[119]를 이어서 당대(唐代)에도 시험에 의하여 관료를 선발하는 제도가

___

은 이해에 의거하면 사창·향약을 실시하려 했던 朱熹의 사상이 이후 士大夫들에게 광범위하게 받아들여졌던 까닭은 중소지주층으로서의 士大夫들이 가진 지배층으로서의 의식 때문이었다고 볼 수도 있을 것이다. 그러나 이러한 士大夫들의 사상 문제는 앞서 밝혔듯이 이후의 과제로 남겨두도록 하자.

115) 본서 Ⅳ에 수록된 오금성, 〈明·淸時代의 國家權力과 紳士〉를 참고하라.
116) 과거제도의 맹아를 南北朝 후기에서 찾는 대표적인 연구로서 唐長孺 논문, 1959 와 福島繁次郎 책, 1979, pp. 3~28(초판은 1962)이 있다. 그러나 최근 莊昭 논문, 1985 는 이것을 南北朝 전기까지 소급하기도 한다.
117) 과거제도의 성립 시기에 대하여서는 학계에서 논란이 있다. 宮崎市定 책, 1956, p. 520 과 韓國磐 논문, 1979 및 高明士 논문, 1984 등이 隋 文帝 시기를 주장하는 반면, 岑仲勉 논문, 1982, p. 195 는 煬帝 때에 가서야 과거제도가 만들어졌다고 반박한다. 물론 何忠禮 논문, 1983 처럼 唐代에 이르러 진정한 의미의 과거제도가 생겼다는 견해도 있으나, 이것은 金旭東 논문, 1984 등으로부터 거센 비판을 받았다.
118) 唐代의 과거제도에 관하여서는 아직 專著가 없는 듯하다. 비교적 이것을 집중적으로 다루고 있는 것은 侯紹文 책, 1973 과 福島繁次郎 책, 1979의 제 1 편이 있고, 그외 정치제도사 관계 서적에서도 이것을 꽤 자세히 설명하고 있는 것들이 있기도 하다. 그러나 이러한 책들이나 관계 논문들에서는 후술하듯이 서로 어긋나는 설명들이 많고, 이것은 앞으로의 연구로 밝혀져야 될 부분이라고 하겠다. 국내의 연구로서는 金奎晧 논문, 1972 가 있다.
119) 본고에서 주로 살펴보려는 것은 唐代의 과거제도인데, 이것의 모태이기도 한 隋의 경우에 대하여서는 위의 高明士 논문, 1984를 참조하라.

있었으니, 상설되지 않았던 제거(制擧)는 차치하고라도 학관(學館) 곧 관립 학교에서 응시한 생도(生徒)와 주(州)·현(縣)을 통하여 응시한 향공(鄕貢)들을 대상으로 한 중앙정부 주관의 시험 결과에 따라서 관료가 뽑혀졌던 것은 확실하다(《신당서(新唐書)》 권44, 〈선거지(選擧志)〉 상). 정기적인 자천, 시험 형식의 이것이 바로 당대의 과거제도였으니, 학관과 주·현에서 치러진 첫번째 시험과 중앙에서 다시 그 합격자를 고르는 두번째 시험이 곧 송대의 해시와 성시에 대응되는 것이다.[120] 그러나 전술하였던 것처럼 송대에 처음으로 만들어지는 전시가 아직 없었던[121] 대신 중앙정부에 의하여 다시 뽑혀진 합격자들은 이부(吏部)의 전선(銓選)을 거쳐서 비로소 관료가 될 수 있었다. 따라서 이 신(身), 언(言), 서(書), 판(判)의 면접이 관료가 되는 마지막 관문이었고, 이것까지 포함하면 당대의 과거제도도 송대와 마찬가지로 세 단계로 짜여졌던 셈이다.[122] 하지만 당초의 과거제도는 송대와 많은 점에서 달랐는데, 성시라고 할 수 있는 두번째의 시험이 예부의 관할이 아니었을 뿐만 아니라 진사과 이외에도 수재과(秀才科), 명경과(明經科) 등이 중시되거나 많은 합격자를 내고 있었기 때문이다. 송대처럼 예부에서 성시를 주관하고 진사과의 지위가 높아지는 것은 당 중엽 이후의 제도적 정비 결과이었으니,[123] 송대로 이어지는 과거제도의 모습은 당 후반기에 가면 보다 분명하여지는 것이다.

지식과 교양을 기준으로 관료를 뽑는 과거제도가 당대에 관료선발제도로서 자리잡아 갔다는 사실은 이와 같은 제도적 정비 이외에도 여러 가지 측면에서 확인할 수 있다. 우선 과거 합격자의 수를 살펴보도록 하자.《문헌통

---

120) 唐代의 각 단계의 시험 이름은 아직 학계에서 일반화된 것이 없는 듯하다. 그러나 《唐撫言》 卷2, 〈志恨〉에 '解試'라는 용례가 보이고, 《新唐書》 卷44, 〈選擧志〉 上의 開元 7年勅에는 '省試'란 표현 역시 있다. 그러므로 宋代의 해시·성시라는 이름이 이미 唐代에도 있었던 것은 분명하지만, 이러한 것들이 鄕貢의 경우에 제한하여 쓰인 것 같기도 하다. 아직 唐代의 과거제도에 관한 연구가 불충분한 까닭에 필자는 여기에서 단지 이와 같은 용례가 있었다는 사실만 밝혀둔다.
121) 물론 唐代에도 과거의 합격자들을 군주가 직접 다시 시험했던 선례가 있었으나(荒木敏一 책, 1969, pp. 285~286 및 p. 288), 이러한 것이 아직 제도화되지는 않았다.
122) 吏部의 전선이 과거제도와는 근본적으로 다른 것이었다는 견해가 任育才 논문, 1975 등에서 주장되고 있지만, 일반적으로 侯紹文 책, 1973, pp. 62~65 및 pp. 198~215 처럼 이것을 그 합격 이후 비로소 관료가 된다는 이유로 하여 과거제도의 한 단계로 본다.
123) 이와 같은 제도의 정비에 대하여서는 楊樹藩 책, 1974, pp. 321~336(초판은 1967)에 자세히 설명되어 있다.

고(文獻通考)》 권29, 〈선거(選擧)〉 2에 실린 〈당등과기총목(唐登科記總目)〉은
해마다 과거합격자 수를 명기하고 있으나,[124] 여기에는 명경과의 합격자 수
가 빠져 있다고 보인다.[125] 따라서 당시 진사과보다 훨씬 많은 합격자를 내
었다고 하는 명경과까지 함께 고려할 때, 당대의 과거 합격자 수는 총 4만 2
천 명 정도이었으며[126] 연평균 합격자 수가 140명 이상으로서 남송의 경우

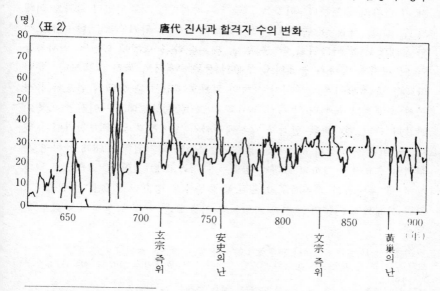

(명) 〈표 2〉   唐代 진사과 합격자 수의 변화

124) 이것에 따라 그 합격자 수를 표로 만들어보면 아래 〈표〉와 같다. 여기에서 과거 합격
  자 수가 제한된 범위에서나마 증가되어 가는 경향을 알 수 있다. 그러나 후술하듯이
  이 수는 명경과의 합격자 수를 포함하지 않았으므로, 이러한 해석은 큰 의미를 지니지
  않는다.

〈표〉

시 기	과거 합격자 수	연평균 합격자 수
高 祖 ~ 睿 宗	진사과 1,443명 기타 331명	약 19명
玄 宗	진사과 1,179명 기타 118명	약 30명
肅 宗 ~ 哀 宗	진사과 3,945명 기타 1,238명	약 34명

125) 이에 대한 논증은 福島繁次郞 책, 1979, pp.77~92에 상세하다.
126) 오금성 논문, 1981, pp.26~27은 이와 같은 사실을 고려하여, 누락된 명경과 합격자

와 그렇게 큰 차이는 나지 않는 것이다. [127] 종래 당대의 과거 합격자가 수가 매우 적었다는 견해는 진사과만을 고려하거나 명경과 합격자를 빠뜨린 《문헌통고》의 기록에 의존하였던 때문인데, 이것은 명백한 잘못이라고 하겠다. 그리고 진사과의 경우를 보더라도, 〈표 2〉에서 드러나듯이 [128] 합격자의 연평균 숫자는 대체로 30명 수준으로 고정되어 있으나 당 후반기로 갈수록 점차 그 편차가 줄어든다. 이것은 그만큼 과거제도가 정착되었던 결과로 이해할 수 있다. 사실 당 후반기의 과거제도 정착은 그 합격자에 대한 관료로서의 우대에서 잘 나타나고, [129] 음(蔭)을 비롯한 다른 방법에 의한 [130] 입사자들이 이 시기에 그다지 출세하지 못했던 상황 [131]에서도 역시 그러하다. 뿐만 아니라 당 후반기에 나타나기 시작한 의관호(衣冠戶)는 송대의 관호와 유사하게 경제적인 특권이 주어진 관료의 가호(家戶)였는데, [132] 이러한 특권이 관료가 아닌 진사과의 합격자 모두에게까지 주어지고 있었던 것처럼 보인다. [133] 이것은 당시의 과거제도 및 그 합격자가 국가권력을 매개로 하여 사회적인 중요성을 더하여 갔다는 명백한 증거라고 할 것이다. 그러므로 당대 특히 그 후반기의 과거제도가 관료의 충원에서 중요한 역할을 하였고, 그 결과 그때까지 가문의 우위를 자랑하던 이들 또한 이것을 통하여 관료로 되

수를 진사과보다 5 배였다고 추측하고 이와 같은 결론을 얻었다.
127) 주 41)에서 밝혔듯이, 北宋의 연평균 합격자 수는 280명이고 南宋의 경우 191명에 불과하다.
128) 妹尾達彦 논문, 1986, p. 244 에 실린 것을 그대로 옮겼다.
129) 이와 관련된 연구들은 무척 많지만, 최고급관료로서의 재상들 가운데 과거 합격자가 차지하는 비율에 대한 실증적 검토로서 李樹桐 논문, 1969, pp. 27~42 가 있고, 이론적인 모색으로서는 何灿浩 논문, 1984 가 주목할 만하다.
130) 唐代에는 물론 과거 이외에도 여러 가지 방법으로 입사가 가능했는데, 蔭이나 이른바 '流外入流'가 있었다. 전자에 대해서는 毛漢光 논문, 1984 및 張澤咸 논문, 1986 이 잘 설명하고 있으며, 후자의 경우 福島繁次郎 책, 1979, pp. 155~166 에서 비교적 자세히 그 내용과 사회적 의의를 알 수가 있다.
131) '流外入流'者가 애당초 주로 하급관료에 임용되었음은 위의 福島繁次部 책, 1979에 잘 설명되어 있으며, 蔭에 의한 입사자가 점차 그 권위를 잃어가는 상황에 대하여서는 愛宕元 논문, 1976 이 구체적으로 실증하고 있다.
132) 唐代의 관료들 역시 宋代와 마찬가지로 형벌의 적용 및 세역에서 특권을 가졌다. 세역의 면에서 보면, 日野開三郎 책, 1975 의 제 4 장에서 설명하듯이 租庸調 체제 안에서 세역상 특권을 지녔음이 분명하다. 그런데 이러한 특권은 韓國磐 논문, 1965 가 지적하고 있는 것처럼 唐 후반기 양세법 실시 시기에서도 계속되었을 뿐만 아니라 실제로 '衣冠戶'라는 독특한 명칭까지 생겨났다.
133) 張澤咸 논문 1980, pp. 160~164.

어가는 경향이 뚜렷해졌다. 134)

그러나 당대의 과거제도가 송대의 그것과 비교되었을 때 드러나는 차이점 또한 쉽게 지나쳐버릴 수 없는 문제를 지니고 있다. 왜냐하면 전술한 것처럼 응시자의 익명화가 송대에 가서야 제도적으로 정착했고, 135) 당대에서 과거의 합격 여부는 응시자의 노출된 사회적 지위나 신분에 의하여 좌우되기가 쉬웠던 것이다. 더구나 관료가 되기 위한 마지막 관문인 이부의 전선은 면접이었으니, 그 평가에 자의성이 개입될 수 있는 가능성이 무척 컸다고 보여진다. 136) 그러므로 지식과 교양을 위주로 관료를 뽑으려는 과거제도 본래의 의도에 비추어 보면, 송대에 비하여 당대의 과거가 제도적으로 불완전하였다고 하겠다. 전시가 없었던 까닭에 과거와 과거합격자들의 권위가 그리 높지 않았다는 것도 문제라면 문제이겠으나, 137) 더 중요한 사실은 바로 당대의 과거제도가 가질 수 있는 이러한 객관성 보장의 미비에 있을 것이다. 사실 과거의 합격 여부가 응시자의 사회적 지위나 신분에 의하여 결정되어 버릴 때 과거제도의 사회적 영향력은 반감될 수밖에 없기 때문이다. 138)

따라서 과거제도가 관료의 충원을 통하여 당시 지배층의 성격에 영향을

---

134) 이와 같은 이른바 門閥의 과거관료화에 대한 연구는 개별적인 사례 검토로써 많이 이루어져 왔다. 대표적인 것으로서, 福島繁次郎 책, pp. 166∼204 및 愛宕元 논문, 1987 과 Ebrey, P. B. 책, 1978 및 Johnson, D. G. 논문 1977 등이 있다.

135) 물론 唐代에서도 봉미법의 선례(荒木敏一책 1969, p. 208 및 p. 210)가 있었고, 別頭試와 유사한 제도(同上, p. 234)가 두어지기도 했었다. 그러나 이와 같은 것들이 宋代에 이르러 제도적으로 정착하였다는 것은 전술한 바와 같다.

136) 任育才 논문, 1975는 이것이 비교적 공정하였다고 강조하지만, 그 기준이 되는 身·言·書·判의 평가 자체가 객관성을 지니기에 어려움이 있었다고 생각한다.

137) 宋代를 군주독재체제로 보는 이들이 전시의 중요성을 지나치게 강조하는 논리에 대하여서는 이미 비판하였었는데, 荒木敏一 책, 1969 등이 이러한 논리 위에서 唐代 과거제도를 宋代의 그것과 확연히 구분하는 것 또한 마찬가지로 비판될 수 있다. 그러나 본고도 전시의 의의를 완전히 부정하지는 않으므로, 이것을 갖추지 못한 唐代의 과거가 어느 정도 권위의 제약이 있었으리라는 것까지 무시할 생각은 없다.

138) 지금까지 설명한 唐代의 과거는 제도적 정비이든 미비이든 그 시험 내용과 관련된 것은 아니었다. 사실 과거제도가 요구한 시험의 내용은 당시의 지식인 혹은 士大夫의 모든 문화적 측면을 규정하였다고 해도 크게 틀리지 않는다. 보다 구체적으로 말하자면, 儒學을 비롯한 학문의 영역과 문학 창작의 두 부분에 과거제도가 미친 영향이 엄청나게 컸다는 것이다. 이것은 士大夫의 성격과도 밀접히 관련되어 있으나, 여기에서는 앞에서 이야기했던 이유로 이러한 문화적 측면에 대하여 상론하지 않는다. 다만 羅龍治 책, 1971 및 高明士 논문, 1973과 程千帆 책, 1980 이 이 문제를 개설적으로 잘 설명하고 있음을 밝혀 둔다. 그런데 이러한 과거의 시험 내용도 시기에 따라 변화가 있었을텐데, 이것이 唐 후반기의 문화나 사회의 변화와 어떤 관계를 가지는가에 대하여서는 아직 초보적인 연구 단계에 머물러 있을 뿐이다. 자료의 한계에도 불구하고 이

미칠 수 있다는 사실을 기본적으로 인정하더라도,[139] 이상과 같은 이유로 인하여 당대의 과거제도가 실제로 이 시기의 지배층에게 가져왔던 변화에 대하여서는 전혀 의견의 일치를 보지 못하고 있다. 즉 당대의 지배층이 대체로 이전 시기와 사실상 별 차이가 없었다는 주장[140]부터 시작하여, 아예 당초의 지배층조차 그 성격이 이전 시기와 달라졌다는 견해[141]에 이르기까지 학계의 논란은 극단적인 차이를 드러내고 있는 것이다. 이것은 과도기적 성격을 가진 당대에 대하여 서로 이해의 기준을 달리함으로써 말미암은 결과이니 쉽사리 결론이 날 문제가 아니다.[142] 그러므로 여기에서 이것을 상론할 겨를이 없으나,[143] 사대부의 기원과 관련하여 몇 가지 사실만은 지적해 두고자 한다. 먼저 과거제도는 능력에 따른 개방성을 기본적인 성격으로 하며, 당대의 경우 역시 제도적인 미비에도 불구하고 보다 광범위한 사회계층으로

문제는 앞으로 보다 철저한 검토가 이루어져야 할 것이다. 지금까지 나온 연구로서는, Hartwell, R. M. 논문, 1971이 唐 중엽 이후 특히 宋代 과거에서의 역사 시험과 관련하여 논하고 있으며, 吳宗國 논문, 1986 은 보다 포괄적인 면에서 이 문제를 다루고 있다.

139) 宋代 이후 군주독재체제의 성립을 강조하면서 그 이전 시기를 이른바 '귀족제'사회로 보는 입장에서는 唐代의 관료가 당시의 '귀족'만큼 지배층의 성격을 대변하지 못한다고 보는 듯하다. 그러나 군주를 정점에 둔 국가구조 안에서 이러한 '귀족' 혹은 '귀족제'라는 것이 도대체 어떤 의미를 지니는지는 의심스럽다. 이 문제에 대하여서는 앞으로의 연구가 기대된다. 하지만 Jhonson D.G. 책, 1977 이 잘 지적하였듯이 이 시기의 지배층은 관료의 지위와 가문 사이에 상호 영향을 끼치는 패러독스한 상태였다는 것을 부정하기 어렵다. 中國의 귀족이 결국 '기생관료'였다는 견해는 차치하고라도, 中村圭爾 논문, 1979 가 말하고 있는 것처럼 귀족이 사회적 신분으로부터 정치적 신분으로 변할 수 있으려면 관직의 소유가 필요했다고 생각된다.

140) 이러한 입장에 선 대표적인 연구로 孫國棟 논문, 1959 가 있다.

141) 烏廷玉씨는 이와 같은 견해를 가진 전형적인 연구자이다. 그는 唐代의 지배층 성격이 이전 시기와 확실히 구분된다는 것을 烏廷玉 논문, 1980 및 同 논문, 1987②에서 주장하는데, 그의 이러한 견해가 同 논문, 1987①에서 강조한 당시 과거제도의 성격과 맞물려 있음은 당연한 일이다.

142) 이상에서 中國에서의 대표적인 연구의 한두 예를 들고 말았으나, 이와 같은 이해의 판이한 차이는 학계의 공통된 현상이다. 이것은 기본적으로 과도기라는 특수 상황의 결과이니, 이전 혹은 이후 어느 시기와의 연속성을 강조할 것인가는 결국 연구자의 입장 차이로부터 말미암는 것이다. 예를 들면, 谷川道雄 책, 1971 의 '新貴族'이나 Ebrey 책, 1978 의 '비공식적 귀족제'는 사실상 唐 이후 시기와의 관계를 중심으로 볼 때 이미 '귀족' 혹은 '귀족제'의 틀을 벗어난 것이라고 하겠다. 何灿浩 논문, 1987 이 唐代의 士族을 '문벌과 분리된' 士族이라고 하는데, 이러한 성격의 '士族'이 설정되어야 하는 이유라고는 그 이전 시기의 지배층과 갖는 연속성의 전제 이외에 달리 까닭이 없다고 여겨지는 것이다. 따라서 이 문제는 어떤 결론을 쉽게 얻을 수 없다고 생각한다.

143) 唐 전반기에 한정된 것이지만, 이와 관련하여서는 柳元迪 논문, 1982 를 참조하라.

부터 관료를 뽑을 수 있는 가능성을 인정하여야만 한다는 것이다. 그리고 이와 같은 사회적 영향력은 전술한 것처럼 제도적인 정비와 정착에 의하여 점차 커져 가는 경향이었다고 생각한다.[144] 사실 이와 같은 과거제도의 영향을 당대 지배층의 변화와 관련시켜야 함은 이미 상식이지만, 이러한 연구가 처음부터 황제와 관료를 중심으로 한 중앙정부의 내부 사정에 치중했던 결과 이것이 주로 정치사적 과정으로만 이해되어 왔다는 것을 부정하기도 어렵다.[145] 그 결과 정치사에서 뚜렷이 부각되지 않는 지배층의 변화는 무시되기가 쉬웠던 것이다. 그러나 지배층의 변화라는 것은 정치는 물론 경제·사회·문화적인 여러 영역에서 아울러 고려되어야 할텐데,[146] 특히 이 시기에 '당송변혁기'로 불리는 총체적인 사회변동이 있었다는 사실을 생각하면 더욱 그러하다.

그러므로 종래 당대 지배층에 관한 연구가 지나치게 최상층 부분에만 제한되어 온 것을 반성할 필요가 있으니,[147] 이같은 입장에서 당시 과거제도 성립의 의미도 합격자와 더불어 응시자 역시 포함하여 고려되어야 할 것이다. 물론 당대의 과거응시자 문제는 자료상 연구에 어려움이 있으나, 이것을 알아보는 일이 전혀 불가능한 것도 아니다. 우선 주·현에서의 시험응시자를 보면, 그 수는 구체적으로 알 수가 없지만 높은 경쟁률이 의심되지는 않는다.[148] 그러나 중앙에서의 시험인 경우 응시자들의 구체적인 수를 알려

---

144) 이와 같은 현상을 비교적 잘 설명하고 있는 것으로서 吳宗國 논문, 1982① 및 同 논문, 1982②가 있다. 그러나 여기서 이야기하는 관료의 세습 문제에는 의문이 남는다.

145) 이 분야의 기념비적인 연구인 陳寅恪의 책, 1956(초판은 1944)은 주지하듯이 唐初의 이른바 '關中本位政策'이 과거를 통하여 등장하는 山東지방 출신의 관료들에 의하여 변화하며, 이후 역시 과거 출신자와 그렇지 않은 관료들 사이의 당쟁으로 지배층의 변화가 드러난다고 설명하였다. 그의 이와 같은 설명은 많은 비판을 받으면서도 이후의 연구에 큰 영향을 끼쳤는데, 필자는 이것이 唐代 지배층의 변화를 이른바 '牛李黨爭' 등 관료들의 정쟁을 중심으로 한 정치사적 변화로부터 추출하려는 숱한 시도들을 낳았다고 생각한다. 일일이 예시하지는 않겠지만, 唐代에 일어났던 큰 정치적 사건들에는 모두 그것으로써 지배층의 변화를 설명하는 연구들이 한두 개씩 있다고 하여도 과언이 아닐 것이다.

146) 이와 같은 입장에서 보면, 中國의 학계에서 자주 쓰는 '士族(地主)'과 '庶族(地主)' 개념은 무척 유용한 것처럼 보인다. 이것들은 상당히 광범위한 의미를 포함할 수 있기 때문이다. 그러나 閻守誠·趙和平 논문, 1984 에서 보듯이 지금까지의 연구들에서는 아직 개념의 합의조차 제대로 자리잡지 못하였고, 앞으로의 보다 착실한 연구가 기대된다.

147) Twitchett, D. 논문, 1974, pp. 49~50 의 비판을 참조하라.

148) 烏廷玉 논문, 1987①이 잘 지적하고 있듯이, 당시 지방의 응시자들이 경쟁에 유리했

주는 자료가 남아 있으니, 당 전반기에 약 4백 명 정도였던 것이 이후 천 명 이상으로까지 늘어나고 있는 것이다.[149] 이것은 송대와 비교하면 절대적으로 적은 숫자이나, 당시의 과거 경쟁률이 점차 높아지는 경향이었음은 분명한 것이다. 이와 관련하여 주목되는 사실이 행권(行卷) 혹은 공권(公卷)[150]의 성행이다. 응시자의 익명화가 제도화되지 않았던 상황에서 응시자 스스로 자신의 재능을 미리 시험관에게 과시하는 방법이었던 이것들은 종래 당대 과거응시자들의 비리로만 이해되었지만, 이러한 것들의 공식적·비공식적 성행이란 곧 당시의 높은 경쟁률이 초래한 당연스러운 결과로 보아도 좋겠다. 이 시기의 어떤 역사가가 "근즉관배어고(近則官倍於古), 사십어관(士十於官), 구관자우십어사(求官者又十於士)"(《전당문(全唐文)》권372, 유질(劉秩) 〈선거론(選擧論)〉)라고 표현할 정도로 경쟁은 치열하였던 것이다.

이와 같이 과거응시자가 증가하였다는 사실은 과거제도의 성립, 나아가 당대 지배층의 성격과 관련하여 비로소 이해될 수 있는 것이라고 생각된다. 우선 이것이 전술한 것처럼 제도적으로 정비되어 정착한 과거제도가 없었다면 불가능한 일이었을 테니, 통일된 국가권력은 지식과 교양을 지닌 이들을 관료로 선발하고 또 이들에게 특권을 줌으로써 이러한 지식인들을 만들어내었다고 볼 수 있다. 여기에서 능력에 따른 개방성이라는 과거제도 본래의 성격이 중요하였음은 두말 할 필요가 없을 것이다. 그런데 아울러 주목되는 사실은 이와 같은 응시자의 증가폭이 앞서 밝힌 과거 합격자의 그것보다 훨씬 크다는 점인데, 이것은 결국 이러한 지식인들의 성장에 국가권력 이외에

던 지역으로 옮겨다녔던 사실은 곧 이러한 상황의 반영으로 보아야 할 것이다.

149) 이것과 관련하여 吳宗國 논문, 1981이 있다고 하는데 필자는 아직 보지 못하였다. 村上哲見 책, 1980, pp. 101~102 는 여러 문헌들에서 나오는 응시자의 수를 열거한 뒤, 전반기의 경우 4 백 명 정도이었던 것이 이후 천 명 이상으로 늘어났다고 하였다. 그리고 村上이 예로 들지는 않았으나, 당시 "一歲貢擧 凡有數千"(《通典》卷18, 〈選擧〉6)이라는 기록조차 있다. 그러므로 唐 후반기에는 중앙에서의 시험이 長安의 식량 부족을 초래할 정도였다고(《韓昌黎文集校注》卷37, 〈論今年權停選擧狀〉) 하니, 그 응시자의 숫자가 얼마나 많았는지 알 수 있다. 그런데 여기에서 말하는 응시자의 수가 일부 진사과의 경우에 제한된 듯한 예가 있으므로, 실제 명경과의 응시자 수까지 고려한다면 이 보다 더 많을는지 모르겠다. 이것은 앞으로 좀더 살펴보아야 할 문제라고 생각한다.

150) 기왕의 연구들에서 일반적으로 公卷과 行卷이 다르지 않다고 보았지만, 程千帆 책, 1980, p.16 은 합법적인 公卷과 불법적인 行卷을 구별하고 있다. 이에 따르면 公卷은 사실상 비리가 아니었으며 다만 行卷과 더불어 이것이 높은 경쟁률이라는 상황에서 지나치게 성행함으로써 비리인 것처럼 인식될 정도이었다고 하겠다.

도 또 다른 원인을 생각해 보게 한다. 즉 당 후반기에 뚜렷해지는 과거응시자 수의 증가는 송대 지식인들의 경우처럼 스스로 지식과 교양을 습득하면서 자기확대를 해나가는 측면 또한 무시할 수 없는 것이다. 이것은 이 시기에 늘어나는 사립학교 곧 사학(私學)의 발전에서 잘 드러나니, 이러한 사학의 융성은 지방에까지 지식을 보급시키고 있었다. 151) 전술한 것처럼 송대에 지방의 사립학교로서 융성했던 서원(書院)은 바로 이 시기부터 이와 같은 모습을 갖게 되었다. 152) 그 결과 당시 지방의 지역사회에서조차 "소아학문지론어(小兒學問止論語)"(《두공부시집(杜工部詩集)》 권6, 〈최능행(最能行)〉)라고 개탄될 정도로 지식은 광범위하게 보급되었던 것이다. 153) 당 후반기가 되면 그 이전과 달리 과거의 응시자가 주로 지방 출신자들이었는데, 154) 이것은 바로 지방에서도 지식과 교양을 갖춘 지식인들이 늘어났다는 사실을 명백하게 해준다. 따라서 이와 같은 지방의 지식인들도 과거의 제도적 개방성을 이용하여 관료가 되고자 했던 것이니, 이들이 사회적 지위나 신분으로 보아 이전까지는 관료가 되기 어려웠던 세력이 아니었나 생각한다. 여기에서 당대 지배층의 성격 변화를 예상하게 되는 것이다. 155)

2 새로운 세력의 대두

지금까지 당대에 통일된 국가권력이 지식과 교양을 위주로 한 과거제도를 정비, 정착시켜 가는 과정을 살펴보면서, 특히 그 결과 과거의 응시자들이 점차 지방의 지식인들까지 포함하여 그 수가 크게 늘어났다는 사실을 강조

---

151) 唐代 특히 그 후반기의 私學 문제는 那波利貞 논문, 1942, pp. 204~214 와 嚴耕望 논문, 1968; 高明士 논문, 1971 등에서 비교적 자세하게 다루어져 있다. 그리고 이러한 연구들이 모두 지방에서 사학이 융성하였다고 봄에는 일치한다.

152) 주지하는 사실이지만, 본래 관립의 도서관이었던 書院이 宋代에서처럼 지방에서의 사립 교육기관으로 바뀌는 것은 唐代 특히 그 후반기에 두드러지게 나타나는 현상이다. 이에 대하여서는 陳元暉·尹德新·王炳照 책, 1981, pp. 1~12 를 참조하라.

153) 당시 지방의 지역사회에 일반적으로 어느 정도의 지식이 보급되었던가는 이처럼 단편적인 예에 의지할 수밖에 없다. 그러나 唐 후반기의 자료에는 '村校'·'村塾' 등의 예가 적지 않게 보이니, 이에 대하여서는 那波利貞 논문, 1942를 참조하라.

154) 이것은 뒤에서 상술하겠지만, 최근 妹尾達彦 논문, 1986, pp. 240~243 에 이러한 변화가 잘 정리되어 있다.

155) 이 문제는 那波利貞 논문, 1937 및 同 논문, 1942 이래 唐 후반기 이후 서민의 성장과 관련하여 자주 설명되었다. 그러나 주 39)에서 전술하였듯이 당시 서민의 문맹 탈피 정도의 지식·교양 수준과 과거의 응시가 가능할 만큼의 경우는 엄연히 구분된다. 따

하였다. 이것은 당 후반기의 과거합격자들이 이전 시기에 비하여 **훨씬 광범**
위한 지역으로부터 나오고 있었다는 것[156]에서도 잘 드러나는데, 당시 과거
에 응시하고 합격할 수 있을 정도의 지식과 교양을 지방의 지식인들 역시 갖
추어 가고 있었다고 하겠다. 그런데 송대 지식인과 사대부의 경우에서처럼
이러한 지식인들이 이와 같은 능력을 지니려면 어느 정도의 경제적 기반을
가져야만 했을 것이다. 그리고 전술하였듯이 이것은 토지의 소유 곧 지주로
서의 지위를 의미하고 있다. 증가한 과거 지향의 지식인들을 고려할 때, 강
력한 통일된 국가권력이나 지방에서의 지식 보급과 더불어 당 후반기에 이
와 같은 토지소유자층의 확대를 가져온 경제적 상황도 문제가 된다.

　종래 '당송변혁기'에 대한 논쟁이 주로 생산관계라는 측면을 중시하였지
만, 사실 이것은 생산력의 발전으로 밑받침되었다. 최근의 연구들이 밝힌
이 시기의 획기적인 농업생산력 발전은 의심할 수 없는 것이다. 여기에서
이러한 사실을 자세히 설명할 필요가 없겠으나,[157] 몇 가지 중요한 것들만
확인해 두도록 하자. 우선 화북(華北)지역의 경우 그루갈이의 일반화와 두
류(豆類)의 윤작에 의한 지력 보전 노력이 뚜렷해졌다. 그러나 보다 중요한
발전은 강남지방의 논농사에서 이루어졌으니, 벼의 품종이 다양해지면서
모내기 등 재배 방법도 나아졌을 뿐만 아니라 농기구 개량 및 수리, 관개 정
비 등 생산의 전반적 기술이 크게 발달하였던 것이다. 그러므로 당 중엽 이
후 강남지방이 크게 개발되었음[158]은 물론 농업생산력 수준이 무척 높아졌
으며, 이것이 당시 직접 생산자들의 자립도를 증가시켰다고 짐작된다. 이와

라서 那波의 논문에서 설명하고 있는 것은 이 두 가지를 함께 다루고 있으므로, 그 서
민의 개념에는 주의를 필요로 한다. 사실 이 시기에는 尾上兼英 논문, 1970 이 잘 보여
주듯이 분명한 서민의 성장이 있었고, 이것이 후술할 신흥지주의 등장과 무관하다고
보이지 않는다. 그러나 본고에서는 이러한 서민의 성장 문제는 일단 논외로 하는데,
이것이 결코 그 중요성을 부정하는 것이 아니라, 그 문제가 여기에서 간단히 언급될
수 없을 만큼 큰 것이기 때문이다.

156) 陳正祥 책, 1983 의 〈圖 34〉 唐代前期之進士와 〈圖 35〉 唐代後期之進士를 비교하여
보라.

157) 이것에 대하여서는 본서에 수록된 신성곤 씨의 논문에서 상세하게 설명하고 있고,
이하의 서술은 大澤正昭씨의 연구성과들을 필자가 간략히 정리한 것이다.

158) 唐代 강남지방의 경제적 발전에 대하여서는 많은 연구들이 나와 있으나, 그 상황을
잘 정리한 것으로서 曹爾琴 논문, 1982 가 있다. 이것은 鄭學檬 논문, 1985 가 설명하고
있는 것처럼 이후 五代 시기로 계속될 뿐만 아니라, 斯波義信 책, 1988 에서 밝힌 胡
州·徽州·明州 등의 구체적인 개발 사례에서 보듯이 宋代로까지 이어지고 있다. 그
결과 주지하듯이 늦어도 南宋代가 되면 中國의 경제적 중심이 강남지방으로 옮겨진다.

같은 상황을 배경으로 전술한 송대 토지소유자층의 발전이 가능하였을텐데, 문제는 그 토지소유의 규모에 있을 것이다.[159] 그런데 이 시기에는 국가권력이 균전제처럼 토지의 소유에 대하여 직접적으로 규제하지 않았고, 동시에 장원(莊園)의 증가 역시 분명히 드러나고 있었다.[160] 따라서 당시에 장원을 소유할 수 있는 지주들이 늘었다는 것은 부정할 수 없으나, 여기에서 장원의 규모가 또다시 문제가 된다. 이와 관련하여 주목되는 사실은 장원이 당 후반기에 증가한 까닭이 중소규모의 토지까지 장원의 모습을 띠기 시작한 때문이었다는 지적이다.[161] 이러한 장원의 '세소화(細小化)' 경향은 이 시기에 늘어났던 장원이 결코 대규모 토지의 소유 형식이 아니었음은 물론이고 대규모의 기존 장원이 나뉘어진 결과 역시 아니었다는 것을 뜻하므로, 결국 당 후반기에 새롭게 소규모의 장원을 가지게 되는 새로운 지주들이 확대되었다고 할 수 있겠다.

그러므로 이와 같이 '당송변혁기'를 배경으로 하여 나타난 중소지주들을 일컬어 신흥지주층이라고 하겠는데, 이들은 이전의 '별장(別莊)' 소유자들과 다르게 자신이 가지고 있는 작은 장원에서 살고 있었다. 따라서 이들은 자신의 장원 곧 토지가 있는 지방에서 활동하였으며, 대부분 어느 정도의

---

159) 唐宋변혁기의 농업생산력 발전에 대하여 일련의 중요한 연구성과를 내놓은 大澤正昭씨는 기본적으로 소경영생산방식의 확립을 강조한다. 이것은 그가 앞서 지적한 島居一康, 宮澤知之씨들과 마찬가지로 宋代 이후를 '국가적 농노제'로 보는 시각을 가지고 있기 때문이다. 이와 같은 입장은 균전제의 붕괴 이후 대토지소유제의 발전과 그 안에서의 지주-전호 관계만을 강조해왔던 기왕의 연구들에 대한 반성으로서 중요하다고 생각되지만, 이러한 농업생산력의 발전이 중소지주층의 확대를 가져왔을 뿐만 아니라 이들이 경제력을 바탕으로 국가권력과의 관계에서 자율성을 높일 수 있었으리라는 사실 또한 무시할 수 없을 것이다. 島居一康 논문, 1976 이 '국가적 농노제'를 주창하였을 때 佐竹靖彦 논문, 1978 이 지주층의 경제적 능력과 그 자율성을 지적한 반론은 설득력이 있다. 실제로 島居씨 등과 동일한 입장을 가진 渡邊信一郎 논문, 1986 도 安史의 亂 이후를 부호층의 변질 시기로 보고 "豪富形勢'의 성장을 강조하는데, 본고에서 말하는 신흥지주층은 이와 같은 존재와 유사한 것이었다고 하겠다.

160) 주지하듯이 학계에서는 균전제 및 장원의 역사적 개념에서부터 합의를 보지 못하고 있는데, 여기에서는 이러한 논란을 생략한 채 唐 후반기에 장원의 보급·확대가 있었다는 사실만을 강조해 두고자 한다. 최근 이 문제에 대한 실증적인 재검토의 결과로서 나온 日野開三郎 책, 1986, pp.1~10 은 이 시기의 장원이 균전제의 붕괴 결과로서 나타난 것은 아니었다고 하지만, 이것이 균전제가 붕괴하는 시기에 크게 증가했다는 사실만은 역시 강조한다.

161) 日野開三郎 책, 1986, pp.186~201 및 pp.694~705. 日野의 이러한 결론은 加藤繁 이후 周藤吉之 등이 중심으로 되어 강조해 온 대토지소유제 형태로서의 장원과는 다른 것이다.

교양을 갖춘 지식인이기도 했던 이들이 지역사회에서 지도자 역할을 행하였다고 한다.[162] 물론 당시의 지역사회에서 이런 장원은 물론 작은 토지조차 갖지 못했던 이들이 많았을 테고, 중소지주로서의 경제적 기반 위에서 교양까지 가진 이들이 지역 사회의 지배층이었던 것은 당연한 일이라고 하겠다. 이와 같은 상황에서 형세호가 나타났으니, 그 출현 시기에는 이견이 있더라도 당말(唐末)·오대(五代)가 되면 지역사회에서 권세를 누리는 지주로서 형세호가 의관호(衣冠戶)와 함께 분명히 존재하였던 것이다.[163] 이러한 형세호가 송대에 관호의 모태로 여겨지기도 하듯이, 그 등장 시기 역시 전술한 것처럼 관호와 유사한 의관호와 비슷하다는 사실이 주목된다. 그러므로 당 후반기의 신흥지주층은 지역사회에서 지식과 교양을 가진 지배층이었으며, 이들이 송대 사대부와 마찬가지로 형세호란 형태를 띠기도 하였던 것이다.

그렇다면 앞서 과거제도의 성립과 그 응시자의 증가로부터 예상했던 지배층의 변화를 이 신흥지주층의 존재에서 찾을 수 있겠는데, 이를 더 분명히 하기 위하여 이러한 새로운 세력이 실제로 지역사회에서 어떠한 활동을 하였었던가를 살펴보도록 하자. 여기에서 우선 주목되는 것은 당시 국가권력이 수리를 그다지 중요시하지 않았다고 함에도[164] 불구하고 당 후반기에는 많은 관개, 수리 공사가 이루어졌다는 사실이다.[165] 이 시기의 수리시설이 실제로 어떻게 조직되고 관리되었는지는 자세히 알 수 없지만, 돈황(敦煌) 등지에서 출토된 자료들은 지역사회에서의 상황을 비교적 구체적으로 알려주고 있다. 이러한 자료들에 따르면, 당 후반기의 수리시설 관리에서 국가에 의한 직접적인 간여보다 민간 수리단체의 역할이 커지고 있었다.[166] 물론

---

162) 日野開三郎 책, 1986, pp. 608~619.
163) 周藤吉之 논문, 1953 이 '형세'라는 용례는 安史의 亂 이전부터 있었다고 하였지만, 梅原郁 논문, 1988 이 잘 지적하듯이 宋代와 같은 의미에서의 형세호는 唐 후반기 이후에 가야 분명하게 나타난다. 그리고 이와 같은 형세호의 출현과 직접 연결되어 있는 것이 宋代의 관호와 유사한 의관호니, 이것에 대하여서는 韓國磐 논문, 1965 및 張澤咸 논문, 1980 에서 상세히 설명되어 있다.
164) 傳筑夫 논문, 1987.
165) 中國農業科學院·南京農學院中國農業遺産硏究室 책, 1984, p. 6 은 唐 후반기 강남의 수리·관개작업이 40 배 이상 증가하였다고 한다. 斯波義信 책, 1988, pp. 204~217 의 표에 실린 兩浙지방의 중요 수리공사들의 사례에서 보더라도, 唐 후반기의 경우가 이전보다 월등히 많다.
166) Twitchett, D. 논문, 1960 및 佐藤武敏 논문, 1967 ; 同 논문, 1980 은 모두 이와 같은

이러한 수리단체의 운영에 국가권력의 개입이 없지 않았으나, 이것은 전술하였던 것처럼 이 시기에 기본적으로 수리와 관개 사업에서 지역사회의 자율성이 높아졌다는 것을 의미한다고 보아도 좋을 것이다.[167] 그런데 균전제의 붕괴로 토지만이 아니라 농업용수 역시 국가권력의 직접적인 지배를 벗어났다는 사실이 이러한 변화의 원인이겠으나,[168] 이와 함께 당시 지역사회에서 성장하고 있었던 신흥지주층의 존재 또한 그 원인의 하나였다고 생각된다. 송대에서의 수리개발과 마찬가지로, 당 후반기의 유력지주들이었던 신흥지주층이 스스로 지역사회의 수리, 관개에 적극적인 관심을 갖고 활동하였다고 여겨지기 때문이다. 이처럼 송대의 사대부에 비교될 수 있는 신흥지주층의 관심과 활동은 농업관계 서적들의 출판과 보급[169]에서도 잘 드러난다. 당시의 농서들 가운데 중요시되는 《뇌사경(耒耜經)》의 저자 육구몽(陸龜蒙; 生卒 未詳, 9세기 후반경)은 향공진사(鄕貢進士) 출신으로서 스스로 크지 않은 장원을 직접 경영하였으니,[170] 그가 이 시기의 전형적인 신흥지주층이었다고 보아도 틀리지 않을 것이다.

그런데 이와 같은 신흥지주층의 활동은 당시 지역사회 자체의 변화와 관련되어 있다. 주지하듯이 당대의 지역사회가 향(鄕)과 이(里)를 근간으로 삼은 향리제에 기초하였다고 여겨지지만, 이것은 율령제(律令制)의 해체와 함께 실제적인 의미를 잃어갔다.[171] 이와 같은 촌락조직에 대한 검토는 매우 다양한 논점을 지닌 문제이므로 여기에서 자세히 다룰 수 없으나, 이 시기의 대체적인 변화가 이(里)에 대신하여 촌(村)이 그 기초단위로 되었던 데에 있었다고 보아도 틀리지 않을 것이다. 물론 촌은 남북조시대부터 나타나서 당초에 이미 공식화된 촌락조직이었지만, 이것은 당 중엽 이후에 비로소

사실을 강조한다.

167) 주 99)와 주 101)을 참조하라. 그리고 西岡弘晃 논문, 1974 는 唐代 關中의 수리에서 지방관의 재량이 커지는 경향이었다고 하는데, 이것은 敦煌의 민간 수리단체와는 좀 다른 형태이었지만 이것 역시 지역사회의 역할 비중이 커졌던 것과 무관하지 않을 것이다.

168) 好並隆司 논문, 1962.

169) 中國農業科學院·南京農學院中國農業遺産硏究室 책, pp.14~15에 따르면, 唐代에는 그 이전의 어떤 시기보다 많은 농서들이 출판되고 또 지역사회로 보급되었다고 한다.

170) 北田英人 논문, 1987.

171) 唐代의 鄕里制와 그 붕괴에 대하여서는 曾我部靜雄 책, 1963, pp.81~93에 비교적 잘 설명되어 있다.

'향촌(鄕村)'이라고 연칭되기 시작하였고 송대에 이르러 전술한 것처럼 지역사회의 기초적인 형태로 자리잡았기 때문이다.[172] 그런데 이러한 지역사회의 촌락조직 변화 과정에서 신흥지주층의 존재가 뚜렷이 부각되었다는 사실에 주목하여야만 한다. 즉 당말부터 지역사회에서 유력한 지주가 촌장(村長)이란 이름으로 나타나기 시작했고, 이들이 후당(後唐), 후주(後周)시기에 이전의 좌사(佐史)나 이정(里正)에 대신하여 세역 징수의 공식적인 임무를 맡게 되었던 것이다.[173] 이것은 결국 이 시기의 새로운 지주층이 자신들의 경제적 능력을 기반으로 하여 촌이라는 역시 새로운 형태의 지역사회에서 확고한 지위를 가지게 되었음을 의미한다고 생각된다. 그리고 이와 같은 지위는 세역 징수의 임무처럼 국가권력과의 직접적인 연계에 바탕한 것이었다. 다시 말하면 당 후반기의 신흥지주층은 자신들의 능력과 함께 국가권력이라는 배경을 가지고 새롭게 지역사회의 지배층으로서 활동하게 되었다고 하겠다.

이와 같이 경제적 능력은 물론이고 제한된 영역에서나마 일종의 정치적 역량까지 갖춘 신흥지주층이 능력 위주의 개방적인 과거제도를 통하여 보다 확실한 지배층으로서의 지위를 가지려고 하였음은 당연한 일이다. 앞서 설명했던 지방에서의 과거 지향 지식인들의 증가는 바로 이러한 맥락으로부터 이해하여야 할 것인데, 여기에서 당시 과거제도의 문제를 좀더 구체적으로 알아보도록 하자. 전술한 것처럼 당대의 과거제도는 그 첫단계에서부터 학관과 주·현의 시험으로 나뉘어져 있었다. 이 학관의 구체적인 범위는 분명하지 않으나,[174] "진사불유양감자(進士不由兩監者), 심이위치(深以爲恥)"(《당척언(唐摭言)》권1, 〈양감(兩監)〉)라고 했던 당 전반기에 중앙의 관학 출신자

---

172) 宮川尙志 논문, 1956.
173) 唐宋변혁기의 농업생산력 발전에 따른 신흥지주층의 성장과 향촌제의 관계를 잘 설명하고 있는 것으로서 佐竹靖彦 논문, 1965 및 同 논문, 1966이 있는데, 최근 石田勇作 논문, 1983 역시 이러한 이해에 기초하고 있다. 그런데 이렇게 신흥지주층이 지역사회를 변화시키면서 자신들이 그 안에서 지배층으로 자리잡아나가는 현상으로부터 중국의 '中世' 세계를 찾으려는 입장이 있기도 하다. 堀敏一 논문, 1980 및 同 논문, 1982가 그것이다. 이것은 매우 흥미로운 발상인데, 다만 실증적인 검토 작업이 뒤따라야 보다 설득력을 갖출 것이다.
174) 기왕의 연구들은 대부분 학관이 지방의 관학까지 포함하는 것으로 보고 있으나, 愛宕元 논문, 1971, 侯紹文 책, 1973과 같이 이것을 중앙의 관학으로만 한정시키는 연구 역시 있다. 이 문제는 앞으로 좀더 검토되어야만 할 것이다.

가 과거응시자들의 주류를 이루었으리라고 짐작된다. 그러나 당 후반기가
되면 사정이 완전히 달라지니, 이 시기에는 중앙의 관학이 쇠퇴해 버렸고
대부분의 경우 주·현에서 시험을 통하여 과거에 응시하고 있었던 것이
다.[175] 이것은 그 원인이 전술한 것처럼 지방에서 지식인 증가, 이에 따른
과거 응시자들의 증가 때문이었다고 하겠는데, 이러한 변화는 단순히 출신
지역의 차이만을 의미하지 않는다. 왜냐하면 당대의 중앙 관학에 입학할 수
있는 자격은 신분적으로 제한되어 있었음[176]에 반하여 주·현에서의 시험일
경우 이러한 제한이 없었기 때문이다. 따라서 당 후반기에 주·현의 시험을
통한 과거응시자들이 늘어났다는 사실은 곧 지방 출신일 뿐만 아니라 비교
적 사회적 신분이 낮은 이들의 과거 응시가 증가하였다는 것을 뜻한다고 보
아야 한다.[177] 그리고 이것은 전술한 것처럼 당시에 경제적으로 크게 발전한
강남지방으로부터 부쩍 과거 합격자가 늘었다는 사실에서 알 수 있듯이[178]
바로 지금까지 살펴보았던 신흥지주층이 과거에 많이 응시하였던 결과였음
에 틀림이 없을 것이다.

이상에서 살펴본 바에 따르면, '당송변혁기'의 농업생산력 발전을 바탕으
로 성장한 신흥지주층은 자신들의 경제적 기반 위에서 지역사회의 새로운
지배층으로 활동할 수 있었다. 그런데 이들은 이러한 지역사회에서의 활동
에서 국가권력이라는 배경을 갖기도 하였을 뿐만 아니라 과거에 응시함으로
써 국가권력과의 관계를 보다 돈독히 하려는 지향을 분명히 하였다고 생각
된다. 따라서 지주로서의 지식인이라는 주체적 능력을 갖추고 과거를 지향

---

175) 이것은 唐代의 과거제도나 학교제도에 대한 연구들이 모두 인정하는 변화인데, 그
　　자세한 내용은 주 177)의 愛宕元의 연구성과들에 잘 설명되고 있다.
176) 高明士 논문, 1968, p. 40이 잘 설명하고 있듯이 당시 관료의 子弟가 아닌 일반민의
　　경우 오로지 四門學에 입학할 수밖에 없었다. 물론 高明士는 여기에서 결국 관학의
　　'平民化'를 설명하려 했지만, 그의 논지에도 불구하고 그 입학 자격 제한은 이 시기 중
　　앙의 관학이 가지는 한계를 단적으로 보여준다.
177) 愛宕元 논문, 1971 및 同 논문, 1973은 이와 같은 상황을 잘 설명하고 있다. 傅璇琮
　　논문, 1984는 이것을 극단적으로 강조하여 唐 후반기 과거합격자의 출신 사회계층이
　　宋代의 경우보다 오히려 넓다고까지 한다. 하지만 이것은 이와 같은 상황을 지나치게
　　강조한 것이 아닌가 한다.
178) 앞서 인용했던 陳正祥 책, 1983의 〈圖 34〉와 〈圖 35〉. 따라서 任爽 논문, 1987처럼 이
　　시기에 관료들의 출신 지역을 중시하고, 특히 華北과 江南의 차이를 강조하는 연구들
　　이 나온다. 그러나 실제로 이러한 지역 차이가 어느 정도나 있었던가는 아직 확실히
　　알 수 있다.

110

하고 있었던 당 후반기의 새로운 경제적·정치적 세력은 그 존재형태에서 송대 사대부의 경우와 매우 유사하였다고 여겨진다. 그러나 이들이 사실상 국가권력으로부터 특권을 부여받을 수 있는 가능성은 그다지 크지 않았으니, 당대의 경우 관료로 될 수 있는 과거합격자 수가 적었음은 물론이고[179] 게다가 최종합격 이전 단계의 지식인들에게 주어진 제도적 특권도 거의 없었기[180] 때문이다. 송대와 비교할 때 분명히 드러나는 이러한 차이점이 결국 제도적으로 특권을 보장받은 지식인으로서의 사대부를 제한된 범위 안에 머무를 수밖에 없도록 했고 그 결과 당대에서는 송대와 같은 사대부의 확산이 있을 수 없었던 것이다.

이와 같은 상황에서 당 후반기에 영외관(令外官)의 사직(使職)에 의하여 벽소(辟召)가 늘어났으며 그 대상자들은 주로 정치적·사회적 기득권을 별로 가지지 못한 지방 출신의 지주들이었다는 사실[181]이 주목된다. 이것은 당시의 신흥지주층이 제한된 과거제도의 틀을 벗어나 벽소제라는 비정규적인 방법을 통하여서도 관료로 입사하게 되었음을 의미한다. 사실 안사(安史)의 난(755~763) 이후의 당은 주지하듯이 내지(內地)로까지 번진(藩鎭)이 확대되고 절도사(節度使)의 권력이 커진 상태에서 중앙정부의 집권적인 역량이 크게 위축되어 있었다. 그러므로 신흥지주층은 이 시기에 국가권력이 아니라 지방의 절도사를 배경으로 하여서도 역시 특권을 보장받고 실제적으로 정치세력화할 수 있었으니, 이들은 자신들의 주체적인 능력을 기반으로 그 지방의 절도사와 긴밀한 관계를 맺어나갔다고 생각된다. 전술한 벽소제도 이러

179) 앞에서 지적한 과거합격자 수는 단지 성시라고 할 수 있는 중앙에서의 두번째 시험을 통과한 이들을 계산한 것이다. 그러나 이들은 이부에서의 전선을 거쳐야만 실제적인 관료로 될 수 있었는데 여기에서 얼마나 많은 과거합격자들이 탈락하였는지는 알 방법이 없다. 다만 탈락자가 있었다는 사실은 분명하므로 唐代에 과거를 통하여 관료가 될 수 있었던 이들은 과거합격자의 수보다도 적었다는 것만은 확실하다.

180) 전술했던 것처럼 唐 후반기에 관료로 되지 못한 진사과의 합격자에게 특권이 주어졌고, 日野開三郎 책, 1975, pp. 244~248 에서 중앙 관학의 학생들에게는 일찍부터 세역상의 특권이 주어졌다고 한다. 그러나 전술하였듯이 당시의 중앙 관학 입학에 신분상의 제한이 두어진 경우가 많았으니, 관료의 자제이었을 대부분의 학생들은 실제로 이러한 학생의 지위가 아니더라도 관료의 家戶로서 세역상의 특권을 받았을 것이다. 따라서 唐代에는 지식인들에게 주어진 특권이 가지는 사회적 중요성이 宋代에 비하여 훨씬 못미치는 것이었다고 보아도 좋다.

181) 礪波護 논문, 1962 및 同 논문, 1973 이 이것을 자세히 논증하였다. 이후 Twitchett 논문, 1974 나 楊志玖·張國剛 논문, 1984 도 이와 같은 상황을 강조한다.

한 관계의 하나일텐데, 실제로 신흥지주층이 지역사회의 자위(自衛)를 목적
으로 만든 조직은 지방에서 절도사 권력과 불가분의 관계에 있었던 것이
다.[182] 사천(四川)에서의 위군정(韋君靖)은 지역사회의 자위라는 목적 아래
지주와 자영농민을 계열화시킴으로써 독립적인 정치세력으로까지 성장하였
으니,[183] 이것은 정치세력화하는 신흥지주층의 극단적인 예라고 하겠다. 그
런데 이와 같은 신흥지주층의 활동은 국가권력이라는 외피나 매개를 갖지
않았다는 점에서 송대 사대부의 경우와 분명히 다르지만, 이들의 주체적인
능력이 점차 정치적인 활동으로 드러나고 있었다는 점은 중요하다. 신흥지
주층의 이러한 활동은 국가권력의 매개 아래에서 쉽게 관료나 사대부로도
될 수 있는 정치적 훈련이었다고 보아도 될는지 모른다.

당을 이은 오대시기는 군사력에 의존한 단명의 왕조들이 할거하는 상태이
었으므로, 송대의 사대부로 이어지는 지배층의 변화과정에서 이 시기를 퇴
행적이었다고 평가하기도 한다.[184] 그러나 오대 전(全)시기에 과거제도가 실
시되지 않았던 해라고는 단지 네 번 있었을 뿐이다. 이러한 사정을 전하고
있으면서도《문헌통고》가 당시의 사대부들이 곤궁한 처지였다고 보는 까닭
은 과거의 합격자 수가 적었다는 것에 있다(《문헌통고》 권30, 〈선거〉 3). 하지
만 여기에서 말하는 과거합격자에는 당대의 경우와 마찬가지로 명경과 합격
자들이 빠져 있으므로,[185] 당시의 실제적인 과거합격자 수는 이보다 훨씬 많
았다고 생각하여도 좋을 것이다. 그리고 이 시기에 벌써 과거 불합격자들의

182) 唐 후반기의 이와 같은 상황에 대한 개설로서 菊池英夫 논문, 1966 및 栗原益男 논
문, 1971 이 있다. 이 이외에도 많은 개별적인 사례연구가 있지만, 필자는 大澤正昭 논
문, 1975 가 이러한 상황이 강남지방에서 두드러졌다고 보았던 것을 특히 지적해 두고
자 한다. 왜냐하면 강남지방은 전술한 것처럼 이 시기에 경제적으로 개발되었던 지방
으로서 그만큼 신흥지주층도 많았다고 생각되는 곳이기 때문이다.
183) 栗原益男 논문, 1960 및 日野開三郞 논문, 1961. 이것은 佐竹靖彦 논문, 1985 가 지적
한 것처럼 지역적 특수성과도 무관하지 않겠지만 이러한 일이 일어날 수 있었던 까닭
은 기본적으로 토지소유 관계의 변동 등과 같은 당시의 보편적인 현상이 있었기 때문
이다. 이와 같은 변동 안에서 신흥지주층이 성장하였던 것이다.
184) 이와 같은 이해는 상당히 일반화되어 있는데, 島田虔次 논문, 1970, pp. 430~432 는
이것을 잘 보여준다.
185) 전술하였듯이 福島繁次郞 책, 1979, pp. 77~92 는《文獻通考》에 실린 〈唐登科記總目〉
의 諸科가 明經科 합격자를 포함하지 않았음을 분명히 하면서도 이것이 五代의 경우에
는 어떠하였던가를 이야기하지 않았다. 그러나 일찍이 淸代의 徐松은 〈登科記考〉의
〈凡例〉에서 諸科가 明經科를 포함하지 않는다고 했고, 실제로 〈登科記考〉의 五代 부분
에서 諸科와 明經科를 구분하고 있다. 따라서 지금까지의 연구들이 대부분《문헌통고》
의 기록을 따라 五代의 과거합격자 수를 적다고 하였던 것은 재고를 요한다.

소요사태에 대한 경고조치가 나왔다는 것은[186] 바로 많은 응시자들이 과거의 합격을 위하여 치열하게 경쟁하고 있었던 상황을 단적으로 보여준다고 하겠다. 물론 여기에서 당시의 과거제도가 크게 성황을 이루었다고 말하려는 것은 아니지만, 오대시기에도 과거를 지향하는 지식인들이 상당히 광범위하게 있었으며 또 국가권력 역시 이들의 요구에 부응하였다고 여겨지는 것이다. 이와 관련하여 주목되는 점은 후당시기에 처음으로 국가권력에 의한 경서(經書)의 인쇄가 시작되어 후주 때 구경(九經)이 완간되었으며 민간에서도 이러한 서적의 인쇄가 행하여졌다는 사실[187]이다. 이것은 인쇄기술의 발전과 이에 따른 지식의 보급이란 측면에서도 이해할 수 있지만, 이처럼 경전의 인쇄가 국가에 의하여 이루어졌다는 사실은 과거시험의 교재가 되는 책들이 사회적인 큰 수요를 가졌을 뿐만 아니라 국가권력이 그 수요에 적극적으로 대응하였다는 것을 의미한다고 생각된다. 이와 같은 국가권력의 대응은 당시 지배체제의 정점에 있던 무인들이 지식인들을 무시하기는커녕 오히려 이들을 존중하고 모방하려 했다[188]는 분위기를 잘 보여준다. 그러므로 당 후반기 이래 경제적인 능력은 물론 정치적인 역량까지 길러왔던 신흥지주층이 오대시기에도 과거를 지향하는 지식인으로서 또 이것을 통하여 특권을 얻는 사대부로서 성장하고 있었다고 하여도 틀리지 않을 것이다. 당시에 '진사대부(眞士大夫)'라고 불려졌던 풍도(馮道; 882~954)의 경우는 좋은 예가 되는데, 본래 농사도 짓고 학문도 하던 가문 출신이었던 그는 주지하듯이 중앙정부 안에서 중요한 역할을 하였을 뿐만 아니라 자신의 지역사회에서도 그 구성원들과의 친교 및 구휼 등 생산의 기반을 마련하기 위해 노력하였던 것이다(《구오대사(舊五代史)》 권126, 〈풍도(馮道)〉). 이것은 풍도가 당시의 전형적인 신흥지주층이었음과 동시에 송대 사대부와 유사한 존재형태를 가졌음을 잘 보여준다고 하겠다.[189]

---

186) 荒木敏一 책, 1969, p. 145.
187) 魏隱儒 책, 1984, pp. 43~44.
188) 西川正夫 논문, 1967.
189) 물론 주지하듯이 후대의 士大夫들은 馮道에 대하여 지조 없는 관료로서 격렬히 비난하였다. 그러나 여기에서는 여러 왕조를 섬긴 관료로서의 모습보다 그가 지역사회 안에서 가진 기반과 그 활동에 주목하였다. 사실 그의 '不食之地'에 장사지내달라는 유언은 士大夫로서의 天下에 대한 책임감과 잇닿아 있으며, 그가 여러 왕조를 섬긴 것 역시 당시의 정치적 상황에서는 이와 같은 맥락으로부터 이해할 수 있다고 생각한다. 馮道의 士大夫로서의 모습은 앞으로 좀더 살펴볼 만한 문제로 여겨진다.

그러나 정치적인 혼란 속에서 단명했던 오대시기의 국가권력은 당 후반기와 마찬가지로 집권적인 역량에 한계가 있었다. 그러므로 국가권력을 매개로 하는 지배층으로서의 사대부 역시 제한된 역할을 할 수밖에 없었을 것이다. 그러나 강력한 집권적 통일국가를 만든 송대가 되면 사정이 크게 달라진다. 이와 같은 상황을 단적으로 보여주는 것은 북송대 소철(蘇轍 ; 1039~1112)의

> 소씨(蘇氏)는 당대부터 미(眉) 땅에서 살면서도 오대시기 동안 출사(出仕)하지 않았다. 이것은 소씨만이 그랬던 것이 아니다. 미에 사는 모든 사대부들이 집안에서 수신하고 지역사회[鄕]에서 군림[爲政]할 뿐 출사하려는 이들이 아무도 없었던 것이다.…… 그러나 지금은 벼슬살이하는 사람이 항상 수십 명 이상이나 된다(《난성집(欒城集)》 권25, 〈伯父墓表〉).

는 설명이다. 여기에서 오대시기 동안 관료가 되지 않고 지역사회에서 지배층으로 활약했던 이들이란 바로 당대 특히 그 후반기 이래 성장해 온 신흥지주층이었고, 이들은 송이라는 강력한 국가권력의 매개를 얻자 곧바로 관료로서 또 사대부로서 활동하게 되었던 것이다. 새롭게 중국을 통일한 송은 이러한 세력들을 포섭하기 위하여 전술한 것처럼 과거제도를 정비, 정착시켰고 또 이것을 지향하는 지식인들에게 여러 가지 특권을 부여하였다고 생각된다. 송초의 전형적인 관료라고 할 수 있는 석개(石介 ; 1005~1045)[190]나 마희몽(麻希夢 ; 894~989)[191] 등은 출신지역이나 재산의 규모에서 상이하지만, 이들이 모두 이전부터 지역사회 안에서 경제적 실력과 지식, 교양 능력을 갖추고 지배층으로서 활동하였음은 마찬가지이었다. 송대 사대부가 결코 송의 성립 이후 제도적으로 만들어진 지배층이 아니었다는 것은 두말할 필요도 없는데, 이들의 기원은 지역사회에서 두드러진 활동을 하고 있었던 신흥지주층으로부터 찾아져야만 할 것이다. 물론 이와 같은 신흥지주층이 지식과 교양을 습득하였던 까닭은 그 이전부터 존재했던 과거제도와 무관하지 않으며, 아울러 이들이 이후 보다 광범위하게 지배층으로서 확산될 수 있었던 기반에는 송이라는 국가권력의 매개와 외피가 필요하였던 것 또한 당연한 일이다. 그렇지만 송초에 국가권력이 세운 지방의 관학은 없었음

---

190) 松井秀一 논문, 1968.
191) 愛宕元 논문, 1974.

에도 불구하고 '향당(鄕黨)'의 학교가 있었고(《문헌통고》권46, 〈학교(學校)〉
7), 이러한 상황에서도 송 태조는 "재상수용독서인(宰相須用讀書人)"(《속자치
통감장편(續資治通鑑長編)》권7, 태조 건덕(乾德) 4년조)을 강조하였던 이유는
바로 이와 같은 잠재적인 사대부들이 존재하였기 때문이다. 그리고 태조를
이은 태종(太宗; 977~997 재위)이 과거합격자의 수를 획기적으로 증가시켰고
그 당시에 이미 성시의 응시자가 2만 명 이상이었던 것 또한 이러한 사대부
의 기원이 없었다면 불가능하였을 것이다.

Ⅳ. 맺 음 말

지식과 교양에 바탕한 전근대 중국의 지배층을 가리키는 사대부는 일반적
으로 송대 이후 전형적인 모습을 나타낸다고 이해되어 왔고, 이 시기의 지
배층을 특별히 사대부로 부르는 것이 상당히 관용화되어 있다. 그러나 이와
같은 사대부의 존재형태가 학계에서 그 이름만큼 일반화된 이해 혹은 합의
를 아직 가지고 있지 못한 듯하다. 이와 같은 상황에서 본고는 우선 송대의
사대부들이 지배층으로서 어떻게 존재하고 활동하였나를 살펴보고, 이어서
그 이전 시기의 지배층이 이것과 어떠한 점에서 같고 또 다른가를 알아보려
하였다. 지금까지 시대를 거슬러 올라가면서 설명해 온 내용을 이제 역사의
전개과정 속에서 다시 정리해 두고자 한다.
수·당 통일제국은 이민족의 침입과 정복까지 포함한 긴 분열과 혼란의
시대를 마무리하였다. 이것은 새로운 발전의 발판으로서 강력하고 집권적
인 국가권력이 수립되었음을 의미하는데, 이 시기에 마련된 관료선발제도
가 지식과 교양 위주의 개방성을 특징으로 하는 과거였다. 따라서 이것이
정비·정착되어 간 결과 이것을 지향하는 지식인들이 크게 늘어났던 것은
당연한 일이다. 하지만 실제로 이 시기의 관료 특히 고급관료를 비롯한 지
배층의 성격이 이전 시기와 얼마나 달랐던가는 큰 논란거리로 남아 있다.
이와 같은 논란을 낳는 당시 지배층의 상황은 과거가 제도적으로 미비된 점
이 있기 때문이기도 하겠으나, 이보다 더욱 중요한 원인은 이전까지 정치
적·경제적 기득권을 누려왔던 세력의 사회적 우위가 관료선발이라는 제도
만으로써 위축될 수 없었던 데에 있었던 것이 아닌가 한다. 그러나 당 중엽

부터 드러나는 이른바 '당송변혁'이라는 총체적인 사회변동, 특히 농업생산력의 현격한 발전이 새로운 토지소유자층을 확산시켰을 뿐만 아니라 그 경제적 능력을 높여주었다. 따라서 이러한 신흥지주층이 경제력을 바탕으로 지식과 교양을 갖추는 등 자신들의 주체적인 능력을 키웠을 때 당시 지배층의 상황 역시 바뀌어질 수 있었다고 생각된다. 그 결과 당 후반기에 지방의 지역사회 안에서 이들의 활동이 두드러져 갔으니, 지식과 교양은 지방으로까지 보급되면서 지방 출신의 과거응시자 수가 급격히 증가하였던 것이다.

그러나 당 후반기 이후에는 그 정치적 상황 또한 변해 있었다. 이미 집권적 국가권력은 거의 없는 것과 마찬가지였으므로, 이와 같은 신흥지주층 및 이에 바탕한 지식인들의 발전은 고립·분산적일 수밖에 없었다. 이러한 상황에서 지역사회의 자위라는 명목으로 독립적인 정치세력으로 성장하는 이들까지 있었던 것이다. 그러므로 오대를 마감한 송이 집권적인 국가권력을 강화하자, 지방에서 경제력과 정치력을 성장시켜 왔던 신흥지주층은 새로운 발전의 계기를 맞았다. 이것은 신흥지주층의 입장에서나 국가권력의 입장에서나 서로 필요한 일이었다고 하겠다. 신흥지주층이 이때까지 성장시켜 왔던 능력은 곧바로 정비된 과거제도가 요구하는 지식과 교양으로 표현되었고, 이들은 이제 국가권력을 배경으로 한 정치적 지위와 경제적 특권도 갖출 수 있게 되었다. 자신들의 능력에다가 강력한 집권적 국가권력의 매개까지 갖춘 이들이 바로 송대의 사대부들이었던 것이다. 이들은 국가권력이라는 외피 아래에서 스스로의 확산을 실현시킬 수 있었고, 확산된 사대부들은 중앙정부에서만이 아니라 자신들의 경제적인 기반이 있는 지역사회 안에서도 그 생산기반을 마련하는 등 지배층으로서의 역할을 수행하고 있었다.

이상에서 살펴본 사대부의 존재형태는 앞서 밝혔듯이 상업의 발달이나 종족·혈연관계 등의 측면을 고려하지 못하였다는 점에서 불충분하며, 아울러 학계에서 제대로 합의된 이해를 갖지 못한 당시의 지주 혹은 지역사회의 성격과 관련하여 논란의 여지를 갖고 있을 것이다. 하지만 본고에서는 지금까지의 고찰을 바탕으로 당·송 사대부의 발전과정을 다음과 같이 요약하고자 한다. 수·당 통일제국의 성립과 더불어 시행된 과거제도의 개방성은 아직까지 그 기준에 적합한 이들이 기득권을 지닌 사회세력에 제한되어 있었을 때, 이전 시기의 지배층과 다른 사대부란 사실상 제도적 가능성으로만 그쳤

을 뿐이었다. 그리고 '당송변혁'의 과정에서 새롭게 경제적 능력을 갖춘 신
흥지주층이 정치적 세력으로까지 성장하게 되는 시기는 이들의 발전을 통
합·확대시켜 줄 만한 집권적 국가권력의 매개가 매우 약화되어 버린 뒤였
다. 그러므로 이처럼 성장해가고 있었던 사대부의 잠재태가 자신들의 주체
적 능력과 더불어 국가권력이라는 외피를 갖추게 되면서 스스로의 발전을
확산시킬 수 있었던 것은 송의 성립 이후에야 비로소 가능한 일이었다. 그
리고 송대의 사대부가 자신들의 지역사회에서 행한 지배층으로서의 활동 또
한 이와 같은 시대적 배경 위에서 이루어졌던 것이다.

　사대부의 발전과정을 이처럼 이해할 수 있다면, 이들의 존재가 단순히 국
가권력 특히 독재군주에 의한 제도적 산물은 결코 아니었다고 생각된다. 이
것은 송대의 사대부를 이른바 '군주독재체제' 아래에서 특징적인 지배층
으로 논리화시키는 종래의 연구 경향에 대한 반성을 요구한다. 이들이 분명
히 국가권력이라는 매개나 외피를 가지고 있었지만, 또한 부정할 수 없는
사실은 당 중엽 이후 사대부 스스로 발전시켜 온 주체적 능력이 있었기 때문
이다. 물론 이와 같은 문제제기는 잠재적인 형태로나마 존재했던 당 후반기
의 사대부에 대한 보다 철저한 검토를 바탕으로 하여야 하는데, 이들의 주
체적인 능력이 전술한 경제적인 측면을 비롯하여 이에 바탕한 문화적 측면
에서까지 포괄적으로 확인되어야만 할 것이다. 필자는 이 시기에 나타나는
새로운 정치의식에 주목한 적이 있으니,[192] 이러한 관심은 송대의 사대부가
군주와의 공치(共治)를 주장할 정도로 분명히 표현하였던 지배층으로서의
적극적인 정치의식을 이해할 수 있는 바탕을 마련할 수 있다고 생각한다.
본고에서 다루지 못한 점까지 포함하여 이와 같은 사대부들의 발전과정을
재검토함으로써 '당송변혁기' 이후 나타나는 새로운 지배층의 실태는 더 분
명하여지리라고 기대하는 것이다.

---

192) 필자는 이 문제와 관련하여 河元洙, 1987 을 발표하였었다.

참고문헌

申採湜, 《宋代官僚制研究》, 서울, 三英社, 1981.

羅龍治, 《進士科與唐代的文學社會》, 臺北, 國立臺灣大學文學院 文史叢刊, 1971.

梁方仲, 《中國戶口‧田地‧田賦統計》, 上海人民出版社, 1980.

呂振羽, 《中國政治思想史研究》, 北京, 人民出版社, 1955 4판.

楊樹藩, 《唐代政制史》, 臺北, 正中書局, 1974 3판.

王德毅, 《宋代災荒的救濟政策》, 臺北, 臺灣商務印書館, 1970.

魏隱儒, 《中國古籍印刷史》, 北京, 印刷工業出版社, 1984.

程千帆, 《唐代の科擧と文學》, 1980, 松江榮志‧町田隆吉 역, 東京, 凱風社, 1986.

陳義彥, 《北宋統治階級社會流動之研究》, 臺北, 嘉新水泥公司文化基金會, 1966.

陳寅恪, 《唐代政治史述論考》, 北京, 三聯書店, 1956 2판.

陳正祥, 《中國歷史文化圖册》, 東京, 原書房, 1983.

侯紹文, 《唐宋考試制度史》, 臺北, 臺灣商務印書館, 1973.

中國農業科學院‧南京農學院中國農業遺産研究室, 《中國農學史》下, 北京, 科學出版社, 1984.

陳元暉‧尹德新‧王炳照, 《中國古代的書院制度》, 上海教育出版社, 1981.

谷川道雄, 《隋唐帝國形成史論》, 東京, 筑摩書房, 1971.

宮崎市定, 《東洋における素朴主義の民族と文明主義の社會》, 1940, 《宮崎市定アジア史論考》上, 東京, 朝日新聞社, 1976 소수.

────, 《科擧》, 大阪, 秋田屋, 1946.

────, 《九品官人法の研究》, 京都, 同朋舍, 1956.

島田虔次, 《朱子學과 陽明學》, 1967, 김석근‧이근우 역, 서울, 까치, 1986.

────, 《中國における近代思惟の挫折》, 東京, 筑摩書房, 1970.

福島繁次郎, 《增訂 中國南北朝史研究》, 東京, 名著出版, 1979.

寺田剛, 《宋代教育史槪說》, 東京, 博文社, 1965.

斯波義信, 《宋代江南經濟史の研究》, 東京大學東洋文化研究所, 1988.

日野開三郎, 《唐代租調庸の研究》Ⅱ, 福岡, 自家版, 1975.

────, 《唐代先進地帶の莊園》, 福岡, 自家版, 1986.

諸橋轍次, 《儒學の目的と宋儒の活動》, 東京, 大修館書店, 1929.

周藤吉之, 《宋代官僚制と大土地所有》社會構成史體系第 8 回配本, 東京, 日本評論社, 1950.

曾我部靜雄, 《中國及び古代日本における鄕村形態の變遷》, 東京, 吉川弘文館, 1963.

────, 《宋代財政史》, 東京, 大安, 1966 중간본.

村上哲見, 《科擧の話 —— 試驗制度と文人官僚》, 東京, 講談社, 1980.

118

和田淸 편,《支那地方自治發達史》, 東京, 汲古書院, 1975 영인본.

荒木敏一,《宋代科擧制度硏究》, 京都, 同朋舍, 1969.

中國史硏究會 편,《中國史像の再構成——國家と農民》, 京都, 文理閣, 1983.

Chaffee, J. W., *The Thorny Gates of Learning in Sung China; A Social History of Examinations*, Cambridge University Press, 1985.

Ebrey, P. B., *The Aristocratic Families of Early Imperial China; A Case Study of Po-ling Ts'ui Family*, Cambridge University Press, 1978.

———, *Family and Property in Sung China; Yüan Ts'ai's Precepts for Social Life*, Princeton University Press, 1984.

Elvin, M.,《中國歷史의 發展形態》, 1973, 李春植·金貞姬·任仲爀 역, 서울, 신서원, 1989.

Ho, Ping-ti,《中國科擧制度의 社會史的 硏究》, 1962, 조영록 등 역, 서울, 동국대학교 출판부, 1987.

Hymes, R. P., *Statesmen and Gentlemen; The Elite of Fu-chou, Chiang-hsi, in Northern and Southern Sung*, Cambridge University Press, 1986.

Jhonson, D. G., *The Medieval Chinese Oligarchy*, Boulder, Colorado, Westview Press, 1977.

Lee, T. H. C., *Government Education and Examination in Sung China*, H. K., The Chinese University Press, 1985.

McKnight, B. E., *Village and Bureaucracy in Southern Sung China*, The University of Chicago Press, 1971.

Wittfogel, K. A., *Oriental Despotism; A Comparative Study of Total Power*, Yale University Press, 1957.

高奭林,〈宋代의 支配階級——官僚階級과 形勢戶를 중심으로〉,《慶北史學》 4, 1982.

金奎晧,〈唐代科擧制度考〉,《公州敎育大學論文集》 8-2, 1972.

金安國,〈宋代 鄕約·社倉의 실시와 그 성격——그 사회적 배경과 이념을 중심으로〉, 서울대학교 동양사학과 석사학위논문(1989) 未刊稿.

金永鎭,〈宋代士大夫硏究의 諸問題〉, 제8회 동양사학연구토론회(1989.2), 발표요지.

吳金成,〈學位層의 팽창과 계층적 고정화〉, 同,《中國近世社會經濟史硏究——明代 紳士層의 形成과 社會經濟的 役割》, 서울, 일조각, 1986(1979 원간).

———,〈中國의 科擧制와 그 정치·사회적 기능〉, 역사학회,《科擧》, 서울, 일조각, 1981.

柳元迪,〈唐初 支配層에 대한 學說史的 檢討〉,《梨花史學硏究》 11·12 合, 1982.

趙東元,〈宋代 戶等制와 土地所有試論〉,《釜大史學》 11, 1987.

河元洙,〈唐 順宗代(805年) 執權勢力의 性格——唐後半期 官僚의 새로운 政治意識과

관련하여〉, 《東亞文化》 25, 1987.

葛金芳, 〈唐宋之際土地所有制關係中的國家干預問題〉, 《中國史研究》, 1985-4.

高明士, 〈唐代的官學行政〉, 《大陸雜誌》 37-11·12 合, 1968.

――――, 〈唐代私學的發展〉, 《文史哲學報》 20, 1971.

――――, 〈唐代貢擧對儒學硏究的影響〉, 《國立編譯館館刊》 2-1, 1973.

――――, 〈隋代的教育與貢擧〉 上·下, 《大陸雜誌》 69-4·69-5, 1984.

郭寶林, 〈北宋州縣學生〉, 《中國史研究》, 1988-4.

金旭東, 〈科擧制起源辨析之商榷〉, 《歷史研究》, 1984-6.

金仁經, 〈北宋三次興學運動的主要特點及其失敗教訓〉, 《江西師範大學學報》, 1987-1.

唐長孺, 〈南北朝後期科擧制度的萌芽〉, 同, 《魏晉南北朝史論叢續編》, 北京, 三聯書店, 1959.

李樹桐, 〈唐代的科擧制度與士風〉, 同, 《唐史新論》, 臺北, 中華書局, 1972(1969 원간).

李弘祺, 〈宋朝教育及科擧散論 ―― 兼評三本有關宋代教育與科擧的書〉, 《思與言》 13-1, 1975.

毛漢光, 〈唐代蔭任之研究〉, 《中央研究院歷史語言研究所集刊》 55-3, 1984.

傅璇琮, 〈論唐代進士的出身及唐代科擧取士中寒士與子弟之爭〉, 《中華文史論叢》, 1984-2.

傅筑夫, 〈由唐王朝之忽視農田水利評唐王朝的歷史地位〉, 史念海 편, 《唐史論叢》 2, 陝西人民出版社, 1987.

孫國棟, 〈唐宋之際社會門第之消融 ―― 唐宋之際社會轉變研究之一〉, 同, 《唐宋史論叢》, 香港, 龍門書店, 1980(1959 원간).

宋　晞, 〈宋代士大夫對商人的態度〉, 同, 《宋史研究論叢》, 臺北, 國防研究院, 1962(1953 원간).

施正康, 〈宋代兩浙水利人工和經費初探〉, 《中國史研究》, 1987-3.

嚴耕望, 〈唐人習業山林寺院之風尙〉, 同, 《唐史研究叢稿》, 香港, 新亞出版社, 1969(1968 원간).

烏廷玉, 〈唐代士族地主和庶族地主的歷史地位〉, 《中國史研究》, 1980-1.

――――, 〈唐朝的科擧制度〉, 《社會科學戰線》, 1987-1. ①

――――, 〈論唐朝士族與南北朝士族的差別〉, 《歷史教學》, 1987-4. ②

吳宗國, 〈唐代科擧應擧和錄取的人數〉, 《內蒙古社會科學》, 1981-1.

――――, 〈進士科與唐代高級官吏的選拔〉, 《北京大學學報》, 1982-1. ①

――――, 〈進士科與唐朝後期的官僚世襲〉, 《中國史研究》, 1982-1. ②

――――, 〈唐代進士考試科目和錄取標準的變化〉, 《歷史研究》, 1986-4.

王瑞來, 〈論宋相權〉, 《歷史研究》, 1985-2.

――――, 〈論宋代皇權〉, 《歷史研究》, 1989-1.

王曾瑜, 〈宋朝階級結構槪述〉, 《社會科學戰線》, 1979-4.

120

劉子健, 〈略論宋代地方官學和私學的消長〉, 《中央研究院歷史語言研究所集刊》 36 上, 1965.
──, 〈劉宰小論 ── 南宋一鄉紳の軌跡〉, 梅原郁 역, 《東洋史研究》 37-1, 1978.
──, 〈劉宰和賑飢 ── 申論南宋儒家的階級性限制社團發展〉 上・下, 《北京大學學報》, 1979-3・1979-4.
尹敬坊, 〈關于宋代的形勢戶問題〉, 《北京師範大學學報》, 1980-6.
任 爽, 〈唐宋之際統治集團內部矛盾的地域特徵〉, 《歷史研究》, 1987-2.
任育才, 〈唐代銓選制度述論〉, 同, 《唐史研究論集》, 臺北, 鼎文書局, 1975.
岑仲勉, 〈進士科擡頭之原因及其流弊〉, 同, 《隋唐史》, 北京, 中華書局, 1982.
張邦煒, 〈試論宋代"婚姻不問閥閱"〉, 《歷史研究》, 1985-6.
莊 昭, 〈關于科擧制度萌芽的探討〉, 《中州學刊》, 1985-4.
張澤咸, 〈唐代的衣冠戶和形勢戶 ── 兼論唐代徭役的復除問題〉, 《中華文史論叢》, 1980-3.
──, 〈唐代的門蔭〉, 《文史》 27, 1986.
鄭學檬, 〈五代時期長江流域及江南地區的農業經濟〉, 《歷史研究》, 1985-4.
曹爾琴, 〈唐代經濟中心的轉移〉, 《歷史地理》 2, 1982.
朱家源, 〈談談宋代的鄉村中戶〉, 《宋史研究論文集》 中華文史論叢增刊, 上海古籍出版社, 1982.
朱瑞熙, 〈再談宋墓出土的太學生牒〉, 《考古》, 1979-3.
朱賢海, 〈中國歷代人口統計〉, 《江西大學學報》, 1982-3.
陳智超, 〈袁氏世範所見南宋民庶地主〉, 《宋遼金史論叢》 1, 1985.
漆 俠, 〈宋代農業生產的發展及其不平衡性 ── 從農業經營方式・單位面積產量方面考察〉, 《中州學刊》, 1983-1.
何高濟, 〈南宋的義役〉, 鄧廣銘・酈家駒 等 편, 《宋史研究論文集》, 河南人民出版社, 1984.
何灿浩, 〈唐後期進士和顯官的構成簡論〉, 《寧波師院學報》, 1984-3.
──, 〈關于唐代士族問題的管見〉, 《寧波師院學報》, 1987-1.
何忠禮, 〈科擧制起源辨析 ── 兼論進士科首創于唐〉, 《歷史研究》, 1983-2.
──, 〈北宋科擧制的特點及其歷史作用〉, 鄧廣銘・酈家駒 等 편, 《宋史研究論文集》, 河南人民出版社, 1984.
韓國磐, 〈科擧制和衣冠戶〉, 同, 《隋唐五代史論集》, 北京, 三聯書店, 1979(1965 원간).
──, 〈關于科擧制度創置的兩點小考〉, 同, 《隋唐五代史論集》, 北京, 三聯書店, 1979.
徐規・周夢江, 〈試析陳亮的鄉紳生活〉, 《宋史論集》, 中州書畫社, 1983.
徐規・何忠禮, 〈北宋的科擧改革與彌封制〉, 《杭州大學學報》 11-1, 1981.
楊志玖・張國剛, 〈唐代藩鎮使府辟署制度〉, 《社會科學戰線》, 1984-1.
閻守誠・趙和平 정리, 〈唐代士族庶族問題討論會綜述〉, 《歷史研究》, 1984-4.

張邦煒・朱瑞熙,〈論宋代國子學向太學的演變〉, 鄧廣銘・酈家駒 等 편,《宋史研究論文集》, 河南人民出版社, 1984.

朱家源, 王曾瑜,〈宋朝的官戶〉,《宋史研究論文集》, 中華文史論叢增刊, 上海古籍出版社, 1982.

高橋芳郎,〈宋代の士人身分について〉,《史林》69-3, 1986.

谷川道雄,〈中國社會の構造的特質と知識人の問題〉, 同,《中國中世社會と共同體》, 東京, 國書刊行會, 1976(1972 원간).

――――,〈中國士大夫階級と地域社會〉,《中國士大夫階級と地域社會との關係についての總合的研究》昭和57年度科學研究費補助金總合研究(A) 研究成果報告書, 1983.

菊池英夫,〈節度使權力といわゆる土豪層〉,《歷史敎育》14-5, 1966.

堀敏一,〈敦煌社會の變質 ―― 中國社會全般の發展とも關連して〉,《講座敦煌》3, 東京, 大東出版社, 1980.

――――,〈中國における中世世界の形成〉,《中世史講座》, 東京, 學生社, 1982.

宮崎市定,〈宋代の士風〉, 同,《アジア史研究》4, 京都, 同朋舍, 1957(1953 원간).

宮川尚志,〈唐五代の村落生活〉,《岡山大學法文學部學術紀要》5, 1956.

宮澤知之,〈南宋勸農論 ―― 農民支配のイデオロキー〉, 中國史研究會 편,《中國史像の再構成 ―― 國家と農民》, 京都, 文理閣, 1983.

――――,〈宋代先進地帶の階層構成〉,《鷹陵史學》10, 1985.

近藤一成,〈宋初の國子監・太學について〉,《史觀》113, 1985.

吉川忠夫,〈六朝士大夫の精神生活〉,《岩波講座 世界歷史》5, 東京, 岩波書店, 1970.

吉川幸次郎,〈中國の知識人〉,《吉川幸次郎全集》2, 東京, 筑摩書房, 1973(1954 원간).

――――,〈士人の心理と生活 ―― ‘舊體制の中國’序說〉, 同上(1967 원간).

那波利貞,〈唐の開元末天寶初期の交が時勢の一變轉期たるの考證〉, 同,《唐代社會文化史研究》, 東京, 創文社, 1974(1937 학위논문).

――――,〈唐鈔本雜抄攷 ―― 唐代庶民敎育史研究の一資料〉, 同上(1942 원간).

丹喬二,〈宋代の國家權力と村落〉,《日本大學人文科學研究所研究紀要》19, 1977.

大澤正昭,〈唐末藩鎭の軍構成に關する一考察 ―― 地域差を手がかりとして〉,《史林》58-6, 1975.

島居一康,〈宋朝專制支配の基礎とその構造 ―― 地主佃戶制の展開と小農經營との關連を中心として〉,《新しい歷史學のために》143, 1976.

渡邊紘良,〈陸棠傳譯注〉,《獨協醫科大學敎養醫學科紀要》2, 1979.

――――,〈宋代福建社會の一面 ―― 陸棠傳譯注補〉,《獨協醫科大學敎養醫學科紀要》5, 1982.

――――,〈宋代潭州湘潭縣の黎氏をめぐて ―― 外邑における新興階層の聽訟〉,《東洋學報》65-1・2 合, 1984.

――――,〈宋代在鄉の士大夫について〉,《史潮》19, 1986.

122

渡邊信一郎, 〈富豪層論 —— 8·9世紀を中心に〉, 同, 《中國古代社會論》, 東京, 靑木書店, 1986.

島田虔次, 〈宋學の展開〉, 《岩波講座 世界歷史》9, 東京, 岩波書店, 1970.

礪波護, 〈中世貴族制の崩壞と辟召制 —— 牛李黨爭を手がかりに〉, 同, 《唐代政治社會史硏究》, 京都, 同朋舍, 1986(1962 원간).

———, 〈宋代士大夫の成立〉, 《中國文化叢書》8, 東京, 大修館書店, 1968.

———, 〈唐代使院の僚佐と辟召制〉, 同, 《唐代政治社會史硏究》, 京都, 同朋舍, 1986(1973 원간).

柳田節子, 〈宋代鄕村の下等戶について〉, 同, 《宋元鄕村制の硏究》, 東京, 創文社, 1986(1957 원간).

———, 〈宋代形勢戶の構成〉, 同上(1968 원간).

———, 〈鄕村制の展開〉, 同上(1970 원간).

———, 〈宋代の村〉, 同上(1980 원간).

———, 〈宋代官僚の商業行爲について〉, 《中村治兵衛古稀紀念東洋史論叢》, 東京, 刀水書房, 1986.

———, 〈中國中世における土地所有の形成〉, 《中世史講座》2, 東京, 學生社, 1987.

妹尾達彦, 〈唐代の科擧制度と長安の合格儀禮〉, 唐代史硏究會 편, 《律令制 —— 中國朝鮮の法と社會》, 東京, 汲古書院, 1986.

梅原郁, 〈宋代の恩蔭制度〉, 同, 《宋代官僚制度硏究》, 京都, 同朋舍, 1985.

———, 〈宋代の形勢と官戶〉, 《東方學報》60, 1988.

尾上兼英, 〈庶民文化の誕生〉, 《岩波講座 世界歷史》9, 東京, 岩波書店, 1970.

北田英人, 〈九世紀江南の陸龜蒙の莊園〉, 《日野開三郎博士頌壽紀念 中國社會·制度·文化史の諸問題》, 東京, 中國書店, 1987.

濱島敦俊, 〈中國中世における村落共同體〉, 《中世史講座》2, 東京, 學生社, 1982.

寺地遵, 〈中國における農業觀の歷史的變遷 —— 特に《齊民要術》·陳旉《農書》を中心として〉, 《史學硏究》95, 1966.

———, 〈湖田に對する南宋鄕紳の抵抗姿勢 —— 陸游と鑑湖の場合〉, 《史學硏究》173, 1986.

森田憲司, 〈文昌帝君の成立 —— 地方神から科擧の神へ〉, 梅原郁 편, 《中國近世の都市と文化》, 京都大學人文科學硏究所, 1984.

森正夫, 〈宋代以後の士大夫と地域社會 —— 問題點の模索〉, 《中國士大夫階級と地域社會との關係についての總合的硏究》昭和57年度科學硏究費補助金總合硏究(A) 硏究報告書, 1983.

西岡弘晃, 〈唐代の灌漑水利施設とその管理 —— 關中における農業生産と關連して〉, 《中村學園硏究紀要》6, 1974.

西順藏, 〈宋代의 士, 그 思想史〉, 貝塚茂樹 등, 윤혜영 역, 《中國史》, 서울, 홍성사,

1986(1961 원간).

西川正夫,〈華北五代王朝の文臣と武臣〉, 仁井田陞博士追悼論文集 《前近代アジアの法と社會》, 東京, 勁草書房, 1967.

石田勇作,〈唐·五代における村落支配の變容〉, 宋代史研究會,《宋代の社會と文化》, 東京, 汲古書院, 1983.

小林義廣,〈宋代史研究における宗族と鄕村社會の視角〉,《名古屋大學東洋史研究報告》8, 1982.

松井秀一,〈北宋初期官僚の一典型——石介とその系譜を中心に〉,《東洋學報》51-1, 1968.

守本順一郎,〈朱子의 生產論〉, 同, 김수길 역,《동양정치사상사 연구》, 서울, 동녘, 1985(1962 원간 논문).

愛宕元,〈唐代後半期における社會變質の一考察〉,《東方學報》42, 1971.

────,〈鄕貢進士と鄕貢明經——'唐代後半期における社會變質の一考察'補遺〉,《東方學報》45, 1973

────,〈五代宋初の新興官僚——臨淄の麻氏を中心として〉,《史林》57-4, 1974.

────,〈唐代における官蔭入仕について——衛官コースを中心として〉,《東洋史研究》35-2, 1976.

────,〈唐代范陽盧氏研究——婚姻關係を中心に〉, 川勝義雄·礪波護 편,《中國貴族制社會の研究》, 京都大學人文科學研究所, 1987.

魏美月,〈宋代進納制度についての一考察——特にその勅令の沿革表を中心に〉,《待兼山論叢》7, 1974.

栗原益男,〈唐末の土豪的在地勢力について——四川の韋君靖の場合〉,《歷史學研究》, 243, 1960.

────,〈安史の亂と藩鎮體制の展開〉,《岩波講座 世界歷史》6, 東京, 岩波書店, 1971.

伊原弘,〈南宋四川における定居士人——成都府路·梓州路を中心として〉,《東方學》54, 1977.

────,〈宋代浙西における都市と士大夫——宋平江圖坊名考〉,《中嶋敏先生古稀紀念論集》上, 東京, 汲古書院, 1980.

────,〈宋代浙西における都市士大夫〉,《集刊東洋學》45, 1981.

────,〈宋代の士大夫覺え書——あらたな問題の展開をために〉, 宋代史研究會,《宋代の社會と宗教》, 東京, 汲古書院, 1985.

────,〈中國庶民敎育研究のための序章——特に宋代を中心にして〉,《東洋敎育史研究》11, 1988.

日野開三郎,〈唐韋君靖の應管諸鎭寨節級についての一考察〉,《日野開三郎東洋史學論集》1, 東京, 三一書房, 1980(1961 원간).

124

長瀬守, 〈北宋の治水事業〉, 同, 《宋元水利史研究》, 東京, 國書刊行會 1983(1960 원간).

———, 〈宋元における農業水利集團の管理とその性格〉, 同上(1967 원간).

———, 〈宋代江南における水利開發〉, 同上(1974 원간).

———, 〈古代より宋元に至たる水利學の變遷〉, 同上(1978 원간).

井上徹, 〈鄕約の理念について —— 鄕官士人層と鄕里社會〉, 《名古屋大學東洋史研究報告》 11, 1986.

佐藤武敏, 〈宋代における湖水の分配 —— 浙江省蕭山縣湘湖を中心に〉, 《人文研究》 7-8, 1956.

———, 〈唐代地方における水利施設の管理〉, 《中國水利史研究》 3, 1967.

———, 〈敦煌の水利〉, 《講座敦煌》 3, 東京, 大東出版社, 1980.

佐伯富, 〈宋朝集權官僚制の成立〉, 《岩波講座 世界歷史》 9, 東京, 岩波書店, 1970.

佐竹靖彦, 〈唐宋期における鄕村制度の變革過程〉, 《新しい歷史學のために》 104, 1965.

———, 〈宋代鄕村制度之形成過程〉, 《東洋史研究》 25-4, 1966.

———, 〈中國近世における小經營と國家權力について〉, 《新しい歷史學のために》 150, 1978.

———, 〈唐代四川地域社會の變貌とその特質〉, 《東洋史研究》 44-2, 1985.

周藤吉之, 〈唐末五代の莊園制〉, 同, 《中國土地制度史研究》, 東京大學出版會, 1954(1953 원간).

———, 〈南宋の農書とその性格 —— 特に王禎《農書》の成立と關連して〉, 同, 〈宋代社會經濟史研究〉, 東京大學出版會, 1962(1957 원간).

———, 〈宋代鄕村制の變遷過程〉, 同, 《唐宋社會經濟史研究》, 東京大學出版會, 1965 (1963 원간).

———, 〈宋代の陂塘の管理機構と水利規約 —— 鄕村制との關連において〉, 同上(1964 원간).

———, 〈宋代における義役の成立とその運營〉, 同, 《宋代史研究》, 東京, 東洋文庫, 1969(1966 원간).

中村圭爾, 〈士庶區別小論〉, 同, 《六朝貴族制研究》, 東京, 風間書房, 1987(1979 원간).

曾我部靜雄, 〈宋代の三倉及びその他〉, 同, 《宋代政經史の研究》, 東京, 吉川弘文館, 1974.

———, 〈中國往古の官吏登用制度〉, 同, 《中國社會經濟史研究》, 東京, 吉川弘文館, 1976.

川上恭司, 〈宋代の都市と教育 —— 州縣學を中心に〉, 梅原郁 편, 《中國近世の都市と文化》, 京都大學人文科學研究所, 1984.

———, 〈科擧と宋代社會 —— その下第士人問題〉, 《待兼山論叢》 21, 1988.

青山定雄, 〈北宋を中心とする士大夫の起家と生活倫理〉, 《東洋學報》 57-1·2 合, 1976.

笠沙雅章, 〈北宋士大夫の徙居と買田 —— 主に東坡尺牘を資料として〉, 《史林》 54-2,

1971.

竺沙雅章, 〈宋代官僚の寄居について〉, 《東洋史研究》 41-1, 1982.

湯淺幸孫, 〈讀書人身分の敎養と倫理 —— 中國文化の統一性の基礎〉, 同, 《中國倫理思想の硏究》, 京都, 同朋舍, 1981(1961 원간).

好並隆司, 〈通濟渠水利機構の檢討 —— 宋代以後の國家權力と村落〉, 《岡山大學法文學部學術紀要》 15, 1962.

Ch'ü, Túng-tsu, "Chinese Class Structure and Its Ideology", J. K. Fairbank ed., *Chinese Thought and Institutions*, The University of Chicago Press, 1957.

Hartwell, R. M., "Historical Analogism, Public Policy, and Social Science in Eleventh and Twelfth-Century China", *American Historical Review*, 1971 June.

———, "Demographic, Political, and Social Transformation of China, 750~1550", *Harvard Journal of Asiatic Studies* 42-2, 1982.

Jhonson D. G., "The Last Years of a Great Clan : The Li Family of Chao-chün in Late T'ang and early Sung," *Harvard Journal of Asiatic Studies* 37-1, 1977.

Kracke, E. A., "Family vs. Merit in Chinese Civil Service Examinations under the Empire", *Harvard Journal of Asiatic Studies* 10-2, 1947.

———, "Region, Family, and Individual in the Chinese Examination System", J. K. Fairbank ed., *Chinese Thought and Institutions*, The University of Chicago Press, 1957.

McKnight, B. E., "Fiscal Privileges and the Social Order", J. W. Haeger ed., *Crisis and Prosperity in Sung China*, The University of Arizona Press, 1975.

Twitchett, D., "Some Remarks on Irrigation under the T'ang", *T'oung Pao* 48, 1960.

———, "The Composition of the T'ang Ruling Class : New Evidence from Tunhuang", A. F. Wright & D. Twitchett ed., *Perspectives on the T'ang*, Yale University Press, 1974.

宋代의 社會와 經濟

李 範 鶴

머 리 말

당말(唐末)·오대(五代)의 혼란을 극복하고 통일을 달성한 송대(宋代)에 들어와 중국의 사회와 경제는 정치적 안정을 바탕으로 하여 새로운 변화와 발달을 이룩하게 되었다. 그 기원은 당 중기(唐中期)까지 거슬러 올라갈 수 있는데, 대개 양세법(兩稅法)과 모병제(募兵制)가 실시된 이후부터 토지사유제(土地私有制)의 발달과 농업생산의 질적·양적 발전이 이루어지기 시작하였다. 이러한 사회와 경제상의 변화는 송대에 들어와 더욱 확대되어 전대(前代)와는 성격을 달리하는 새로운 시대를 출현시켰던 것이다. 이른바 '당송변혁(唐宋變革)'을 거쳐 수립된 송대의 정치와 사회경제, 문화는 이후의 중국사회의 기본 골격을 구성하였다는 점에서 특히 의의가 있다.

송대는 정치, 사회경제, 사상과 문화 전반에 걸쳐 변혁이 이루어졌으나 특히 사회경제적 분야의 발달은 괄목할 만한 것이었다. 당(唐) 중기 이후 송대에 걸쳐 관료기구의 확대와 모병제의 실시, 군대의 양적 증가는 이전 어느 때보다도 제국(帝國)의 유지를 위하여 경제력에 대한 의존을 증대시켰다. 이른바 재정국가, 경제국가라고 평가될 정도로 국가는 재정확보를 우선적으로 추구하여 송대 재정을 총괄하는 삼사사(三司使)는 부재상(副宰相)의 위치로 승격되었다.

또한 송대 사대부사회의 성립에서도 사회경제적 변화가 중요한 배경이 되었다. 농업생산력의 발전과 신흥(新興)의 중소지주층(中小地主層)의 형성은 폐쇄적이고 특권적인 문벌귀족제(門閥貴族制)를 무너뜨리고 개방적인 사대부층이 새로운 지배층으로 성립하는 데 결정적 역할을 하였다.

송대의 사회경제적 발달은 매우 광범위한 분야에 걸쳐 이루어졌으나 본고(本稿)에서는 다음의 3가지 주제를 중심으로 하여 살펴보았다.

첫째, 농업생산력의 발달은 송대의 사회와 경제상의 변화·발달을 가능하게 만든 기초적 조건과 배경을 마련하였다는 점에서 매우 중요한 의의를 지닌다. 본고의 제Ⅰ장에서는 송대 농업생산력의 발달을 강남(江南)개발, 수리전(水利田)의 개간, 기술적 발달, 생산력의 양적 변화 등을 통해 살펴보았다.

둘째, 지주전호제(地主佃戶制)의 성립과 발달은 이른바 '당송변혁'이 이룩한 최대의 수확이며 이후 중국의 농촌사회의 성격과 국가지배체제(國家支配體制)에 중대한 영향을 미쳤다. 지주전호제에 관해서는 그 중요성만큼이나 학계의 관심도 컸으며 그 성격을 둘러싼 논쟁이 계속됨으로써 지금까지도 정론(定論)이 나오지 않고 있다. 제Ⅱ장에서는 이러한 학설상의 기본적 대립을 출발점으로 하여 경영형태, 전호의 지위상승문제, 국가의 역할과 지주전호제에 대한 새로운 이해 등을 연구사의 전개와 병행하여 살펴보았다.

셋째, 송대 상업과 도시의 발달은 아직 체계적인 이론정립은 이루어지지 않았으나 당송변혁 이후 송대 사회와 경제상의 새로운 변화를 구체적으로 보여주고 있는 분야이다. 제Ⅲ장에서는 이와 관련하여 농·공산물(農·工產物)의 상품화, 상인의 분화·발달과 상업자본의 형성, 화폐경제의 발달, 도시의 성격변화, 농촌의 도시화 등의 문제를 살펴보았다.

Ⅰ. 農業生產力의 發展

송대의 경제적 발달과 사회적 변화는 당 중기 이후 양송대(兩宋代)에 걸친 지속적인 농업생산력의 발달을 배경으로 하여 이루어진 것이다. 지역적인 측면에서 살펴보면 당 중기 이전의 경우 관중(關中)과 황하(黃河) 하류의 화북(華北)지역이 농업생산의 주축이 되어 왔으며 역대 왕조의 정치, 경제적 중심지 역시 이 지역을 벗어나지 않았었다. 그러나 당 중기 안사(安史)의 난(亂) 이후부터 상황은 크게 달라지기 시작하였다. 비옥한 황하 중·하류역의 평야지대를 번진(藩鎭)세력에게 빼앗긴 당 왕조는 그 재정적 기반을 확보하기 위하여 양자강 중·하류의 이른바 강남지역의 개발에 적극적으로 나선 것이다.

강남지역은 삼국시대(三國時代) 오(吳)에 의해 처음 개발이 시작되어 꾸준한 발전을 보여 왔으나 아직 인구의 면에서나 농업생산의 질과 양 모든 면에서 화북지역에 뒤떨어져 있었다. 이러한 강남지역이 점차 화북지역과 서로 길항(拮抗)하며 본격적인 개발이 추진된 것은 당 중기 이후부터였다고 할 수 있다.[1] 이러한 추세는 당 멸망 이후에도 계속되어 오대(五代)의 양조(梁朝)가 강남과의 교통에 유리한 황하와 운하(運河)와의 교차점(交叉點)인 개봉(開封)에 국도(國都)를 정한 이래 송조(宋朝)에 들어와서 남천(南遷)할 때까지 이 곳의 국도로서의 위치는 변함이 없었던 것이다. 이는 오대(五代)·송(宋) 이후 강남지역이 경제적 중심지로서 급성장한 사실을 단적으로 보여주는 증거라고 할 수 있다.

강남지역의 경제적 발달의 요인으로서는 먼저 인구의 증가와 수전농업(水田農業)의 발달을 들 수 있다. 호구총계(戶口總計)를 통하여 살펴보면 강남의 호구 수가 화북을 능가하기 시작한 것은 당의 원화 연간(元和年間；806~820)이었으며, 송대에 들어와서 강남의 호구증대는 더욱 현저하게 되어《문헌통고(文獻通考)》〈호구고(戶口考)〉에 의하면 원풍(元豐) 3년(1080) 호수(戶數)의 경우 화북 459만여 호에 대하여 강남은 994만여 호에 달하여 2배를 넘고, 구수(口數)에서는 화북 936만여 구(口)에 대하여 강남은 2,368만여 구가 되

---

1) 江南地域의 개발은 唐宋變革의 주요 배경의 하나로서 일찍부터 주목되어 多數의 論考가 나온 바 있다. 그 대표적 論著로는 張家駒, 1957；岡崎文夫·池田靜夫, 1940；桑原隲藏, 1925 등이 있다. 최근 斯波義信, 1988은 종래의 단순한 사실고증으로 일관해 온 방법에서 벗어나 構造史學의 영향을 받을 地域史연구방법을 도입한 것이 특색이다. Gernet, 1969도 Introduction에서 江南의 개발과 그 異質的 배경을 宋代社會의 특징으로서 중시하고 있다. pp. 14~15 참조.

어 약 2.5배에 달하였다.[2]

이러한 강남 인구의 증가는 행정구획(行政區劃)에도 반영되어 당 현종기(玄宗期)에 전국 15개 도(道) 가운데 강남지역이 8개 도를 차지하였으나, 북송대에 들어와서는 신종대(神宗代)를 기준으로 할 때 전국 23개 로(路) 가운데에서 강남지역이 15개 로에 달하여 절반을 훨씬 넘어서기에 이르렀다.[3]

인구의 증가는 상황에 따라 대량의 수요를 창출하는 효과가 있으며 따라서 개발을 자극하고 생산성의 향상을 촉진시키는 계기가 된다. 송대의 인구는 대략 1억 수천만에 달하였다고 추정되고 있다.[4] 그 대부분은 농민이었지만 한편으로는 100만여 명이 넘는 유급(有給) 상비군(常備軍) 및 그 가족, 2~4만여 명의 상급 관리, 다수의 하급 서리(胥吏), 전국 1,200여 현(縣)과 1,800여 진(鎭) 등에 거주하는 상공인구(商工人口), 기타 부호, 지주, 승도(僧道), 서비스업종사자 등 방대한 규모의 순수한 소비집단이 존재하고 있었다.[5]

강남을 중심으로 한 전국적인 인구의 증가는 송대의 경우 이후 명청대와 같은 포화상태에 이르지는 않았으며 인구밀집지대인 양자강 하류 델타지역에서 복건(福建)과 호북(湖北), 강서(江西), 광동(廣東), 사천(四川)지역으로의 확산이 진행되는 시점에 있었다.[6] 송대에는 인구증가가 오히려 강남개발의 촉진제가 되어 생산력 발달의 커다란 요인이 되었던 것이다.

강남의 농업생산력 발달의 근간이 된 것은 수리전 개발에 의한 경작지의 확대와[7] 토지이용 기술의 발달이었다. 강남지역은 화북과 달리 기후가 따뜻하고 강(江), 호(湖), 소(沼), 천(川) 등 풍부한 수자원의 혜택을 받아 수전농업에 적합한 특징을 갖고 있다. 이같은 천연의 혜택을 입고 있는 강남지역

2) 加藤繁, 1952-9, pp. 317~337.
3) 張家駒, 1957, p. 32.
4) 近年 Hartwell, 1982; Ho Ping-Ti, 1970 등은 人口學的 측면에서 宋代의 人口증가 비율을 0.2~0.4%에 달하여 0.7~0.8%에 이르는 淸代의 증가율에는 미치지 못하나 前代와 비교하면 매우 괄목할 만한 성장률임을 지적하였다. 斯波義信, 1988, p. 17 참조. 宋代 人口에 관해서는 加藤繁, 1952-9; 宋晞, 1969; 袁雲, 1957 등의 연구가 있다.
5) 斯波義信, 1970, p. 390.
6) 斯波義信, 1970, p. 387.
7) 宋代 水利田開發에 관해서는 일찍이 玉井是博, 1938, 〈宋代水利田の一特異相〉, pp. 3 55~414가 발표된 이래 岡崎·池田, 1940; 周藤吉之, 1962·1969 등 多數의 論著가 나온 바 있다. 水利의 慣行과 水利조직 등에 대해서는 長瀨守, 1983을 참조할 것. 國內에서는 申採湜, 1977·1988 등의 論考가 있다.

은 인구의 증가와 대규모 수요의 창출이 발생한 시대적 배경하에서 비약적인 발달을 이룩하게 되었던 것이다.

강남에서의 수리전 개발의 방식을 살펴보면 위전(圍田), 우전(圩田), 호전(湖田), 사전(沙田), 노장(蘆場) 등의 명칭을 지닌 다양한 형태가 나타나고 있는데, 이는 전대에는 거의 보이지 않으며 송대 처음 나타난 것으로 지적되고 있다.[8] 송대 특이한 수전(水田) 형태를 몇 가지 살펴보면 다음과 같다.

첫째, 궤전(櫃田)은 토제(土堤)를 쌓아 전(田)을 둘러 위전(圍田)과 유사한 형태를 취하고 있으나 그 크기가 작아 궤(櫃)와 같은 모양을 이루고 있다. 사방에 배수구(排水口)를 만들어 물을 조절하게 되어 있다.

둘째, 가전(架田)은 봉전(葑田)이라고 하며 나무를 얽어 맨 전구(田坵)를 만들어 이를 수면에 띄우고 그 위에 봉니(葑泥)를 얹어 종자를 심는 것을 말한다. 이는 강동(江東), 회동(淮東), 광남동·서(廣南東·西)에서 행해졌다.

셋째, 도전(塗田)은 해빈(海濱)의 도니(塗泥)를 쌓아 벽(壁)을 만들어 해조(海潮)를 방지하는 방식이다.

넷째, 사전(沙田)은 강회(江淮)간의 사어(沙淤)의 전(田)으로서 커다란 하천의 중주(中洲)나 천변(川邊)의 잡초가 무성한 황무지에 제안(堤岸)을 쌓아 전토(田土)를 만든 것을 말한다.

마지막으로, 위전은 우전, 호전이라고도 하는데 호소(湖沼)를 둘러 제방을 쌓고 그 가운데를 전토로 만든 것을 말한다. 위전은 절서로(浙西路), 호전은 절동로(浙東路), 우전은 강동로(江東路)·회동로(淮東路)에서 발달한 것으로[9] 종래 밝혀져 왔으나 근래의 연구에 의하면 명칭의 구별은 로(路)에 의해 엄격히 구별되어 있지 않았다고 한다.[10]

이중에서도 우전은 송대 수리전 개발의 대표적인 예라고 할 수 있다. 우전 개발은 이미 오대, 송초부터 시작되었으나 북송 중기인 인종대(仁宗代)부터 본격화되어 태평주(太平州) 무호현(蕪湖縣)의 만춘우(萬春圩)와 같은 길이 84리나 되는 대우(大圩)가 새로 복구·확장된 것을 위시하여 다수의 대(大)·소(小) 우전이 활발하게 설치되었다.[11]

---

8) 玉井是博, 1938, p. 355.
9) 玉井是博, 1938, p. 413.
10) 周藤吉之, 1962, pp. 365~367 및 岡崎·池田, 1940, p. 173.
11) 周藤吉之, 1962, p. 374.

우전에는 관(官)이 구축한 것과 민(民)이 구축한 두 종류가 있었다. 전자를 관전(官田)·관우(官圩)라고 하고 후자를 사우전(私圩田)·사우(私圩) 혹은 민우(民圩)라고 불렀다. 만춘우는 관우의 대표적인 것이라고 할 수 있다.

송조는 국초 이래 농업생산력의 발달을 위하여 국가가 직접 간전(墾田)을 주도하거나 지원을 아끼지 않았는데 이러한 현상은 대외전쟁으로 인해 국가 재정이 급팽창한 인종대와 신종대의 왕안석(王安石)의 신법(新法) 실시기를 맞아 그 절정에 달하게 되었다. 인종 경력(慶歷) 4년(1044)에는 지방관의 공과법(功課法)이 정해져 수리(水利), 종예(種藝), 농전(農田), 호구(戶口) 등 농정사항(農政事項)에 관하여 관리가 의거해야만 하는 지침이 하달되었다.[12] 이것은 수리에 관한 최초의 조서(詔書)라는 점에서 중요한 의의가 있으며 수리의 흥수(興修)가 국가적 관심의 직접적 대상이 되었음을 보여주는 실례이다. 이후 신종대(神宗代)의 왕안석의 신법이 실시되면서 삼사조례사(三司條例司)를 설치하여 농전(農田)·수리에 대하여 국가가 본격적으로 참여하여 주도적 역할을 행하기에 이르렀는데, 이는 왕안석의 독창이라고만은 볼 수 없으며 농전·수리를 중시한 송조의 일관된 자세의 연장으로 평가해야 할 것이다.[13]

이러한 수리전은 성질상 관유지(官有地)이나 누누이 호가(豪家)나 사관(寺觀)에 의해 불법 침점(侵占)되어 사유지로 되거나 관(官) 스스로 매매하여 사유지로 되었다. 관유지의 경우도 그 대다수가 청전(請佃)의 형식하에서 호가나 사관에 의해 겸병되는 것이 일반적이었다.[14] 남송대에 들어와서도 관우(官圩)나 사우(私圩)는 더욱 흥축(興築)·수치(修治)되었으며 그 조직과 규모에서 더욱 확대되어 우전의 액(額)은 한층 증가되었다.[15] 이들 관(官)·사(私)의 우전에는 장원(莊園)이 설치되어 전호가 주로 경작을 담당하였다. 이같이 송대 수리전의 발달은 생산력 발달뿐만 아니라 관료제의 발달이나 지주전호제의 전개에도 중요한 의미를 지녔다고 볼 수 있다.

이같은 수리전 개발에 의해, 송대에는 경지면적이 비약적으로 증가되었는바 《송사(宋史)》, 〈식화지(食貨志)〉의 농전조(農田條)에 의하면 천하(天下)

---

12) 岡崎·池田, 1940, p. 207.
13) 岡崎·池田, 1940, p. 211.
14) 玉井是博, 1938, p. 413.
15) 周藤吉之, 1962, p. 428.

의 간전 수는 〈표 1〉과 같다. 《문헌통고(文獻通考)》, 〈전부고(田賦考)〉에 "은 전(隱田)이 10분의 7에 이르며 간전 수를 계산하면 천하간전(天下墾田)은 무 려 3천여 만 경(頃)이나 된다"라고 한 지적을 감안하면 치평(治平)·희녕 연 간(熙寧年間；1068~1077)에는 은전을 포함하여 최대 3천여 만 경이라는 추정 도 가능할 것 같다.[16]

〈표 1〉 　　　　　　　전국 간전수(墾田數)

연　　　　　대	墾　田　額(單位；畝)
開寶末, 975 年頃	295萬 2, 320
至道 2 年, 996 年頃	312萬 5, 251
景德中, 1005 年頃	186 萬
天禧 5 年, 1021 年頃	524萬 7, 584
皇祐中, 1050 年頃	228 萬
治平中, 1065 年頃	440 萬
熙寧中, 1075 年頃	455 萬 3, 163

다음 지역별 간전 액수를 살펴보면 《문헌통고》, 〈전부고〉에 인용된 신종 (神宗) 희녕 연간 필중연(畢仲衍)이 작성한 《중서대비(中書對備)》에 의하면 〈표 2〉와 같다.

〈표 2〉 　　　　　　　지역별 간전수(墾田數)

路　　　　　名	民　　　田	官　　　田
開　封　府	11萬3, 331 頃	516 頃
京　東　路	25萬8, 284	8, 909
京　西　路	20萬5, 626	7, 208
河　北　路	26萬9, 560	9, 506
陝　西　路	44萬5, 298	1, 805
河　東　路	10萬2, 267	9, 439
淮　南　路	96萬8, 684	4, 887
兩　浙　路	36萬2, 477	964
江　南　東　路	42萬1, 604	7, 844

---

16) 河上光一, 1966, pp. 32~43.

江 南 西 路	45萬 466	1,764
荊 湖 南 路	32萬4,267	7,772
荊 湖 北 路	25萬8,981	903
福 建 路	11萬 914	5
成 都 路	21萬6,062	65

도표에 의하면 민전(民田)은 회남로(淮南路), 강남서로(江南西路), 강남동로(江南東路), 양절로(兩浙路), 형호남로(荊湖南路), 형호북로(荊湖北路) 등 양자강 중·하류역, 즉 강남에 압도적으로 많음을 알 수 있다.

인구의 증가, 수리전의 개발과 아울러 송대에는 신품종의 도입, 농법의 개량, 상품작물의 재배 등 다양한 방면에서 농업생산의 증진을 위한 방안이 강구되었다.[17]

품종의 개량에서 특기할 만한 사실은 점성도(占城稻)의 보급이다. 당시 강남에서의 주곡(主穀)은 도미(稻米)였으며 따라서 도작(稻作)이 압도적이었다. 이에 따라 품질의 양(良)·부(否), 가격의 귀(貴)·천(賤), 수확의 조(早)·만(晩)에 의해 도미 품종의 분화가 나타났으며 미(米)의 상품화도 진전되고 있었다.[18] 그중에서는 조숙종(早熟種)인 점성도가 도시민과 농민의 식용으로 진출한 것은 송대 도작의 발달에서 획기적인 사실이었다.

점성도는 단위수확량에서는 재래종보다 뒤떨어졌으나 가뭄이나 냉수(冷水), 열악토양 등에 강하고 다량의 시비(施肥)도 필요하지 않으며, 또한 조생(早生)의 특성을 이용하여 매우(梅雨), 한발, 태풍을 피하여 정량(定量)수확이 가능하고 윤작(輪作)과 이기작(二期作)을 발달시킬 수 있다는 이점을 지니고 있었다.[19] 이러한 장점으로 인해 소흥(紹興; 1131~1162), 소희(紹熙; 1190~1194) 연간에 이르러서는 강남동·서(江南東西) 양로의 경우 수전 중의 10분의 8,9가 점성도를 재배할 정도로 강남지역에 널리 보급되었다.[20]

점성도의 도입, 조생종의 보급에 의한 이기작과 더불어 미맥(米麥)의 이모작(二毛作)이 성립한 것도 송대부터였다. 강남에서 맥작의 보급은 북중국

17) 鄭晶愛, 1968을 참조할 것.
18) 斯波義信, 1988, p.149.
19) 斯波義信, 1988, p.43.
20) 加藤繁, 〈支那に於ける占城稻栽培の發達について〉 1952(下), p.663.

의 인구가 강남으로 이동함으로써 촉진되었다. 또한 민전(民田)에서는 전호
가 지주와 균분한 것은 미(米)만이었으므로 맥(麥)은 전호의 수입이 되었던
사정이 이의 보급을 가속화시켰다고 할 수 있다. 21)

송대에는 이같은 수전농업의 발달과 더불어 수도작법(水稻作法)에서도 괄
목할 만한 진전이 이루어졌다. 송대 수도작법에 관하여는 진부(陳旉)의 《농
서(農書)》, 누주(樓璹)의 《경직도시(耕織圖詩)》, 주희(朱熹)의 〈권농문(勸農
文)〉 등에 상세히 기술되어 있다. 진부의 《농서》는 후위(後魏) 가사협(賈思
勰)의 《제민요술(齊民要術)》이래 뛰어난 농서로서 높이 평가되고 있다. 《제
민요술》이 수도재배에 관해서는 소략한 데 비해,《농서》는 수전농업의 발달
이라는 송대의 시대적 배경하에서 묘상(苗床)의 설치, 모내기, 김매기, 시비
등 수도재배 기술을 상세히 논하고 있다. 22)

송대에는 파종에서 종래의 직파법(直播法)에 대신하여 이식법(移植法)이
일반화되었으며 논갈이에 여(犂), 파(耙) 등과 더불어 새로이 발명된 초(耖)
가 사용되었다. 모내기에는 일인당 생산성을 높이기 위해 앙마(秧馬)가 사
용되었으며 김매기의 편리를 위하여 인조손톱이라고 할 수 있는 운조(耘爪)
가 사용되는 등 농기구의 보급·발명이 성행하였다.

수전의 확대를 위해서는 관개(灌漑)가 가장 중요하였는바 용골차(龍骨車),
통차(筒車), 길고(桔槹) 등 양수(揚水)기구도 널리 보급되었으며 특히 이모
작·이기작의 성행과 더불어 송대에는 시비가 비상히 발달하였다. 진부의
《농서》에서도 이를 매우 중시하여 〈분전지의(糞田之宜)〉의 편을 설치하여 상
세히 언급할 정도였다.

농업생산력의 발달과 소비인구의 증가는 주곡인 미맥뿐만 아니라 지방특
산물의 발달을 초래하였다. 그 대표적인 것 몇 가지만 들면 강서의 백채(白
菜), 양절(兩浙)의 생강〔薑〕, 월주(越州)의 감귤(柑橘), 휘주(徽州)의 삼(杉),
복건의 목재, 절동(浙東)의 해산물, 사천(四川)의 종이 등이 유명하였다. 사
탕(砂糖)은 전국(戰國)·진한(秦漢)시대부터 재배되어 왔으나 송대에는 생산
지의 확대, 정제기술의 진보가 두드러졌으며 주산지인 사천, 복건, 광동 등
지에서는 이를 전업(專業)으로 하는 농가도 나타났다. 송대 주요 전매품으

---

21) 周藤吉之, 〈南宋に於ける麥作の獎勵と2毛作〉, 1962. p. 228.
22) 天野元之助, 1962, pp. 173〜179.

로 등장한 차[茶]는 강남의 육로(六路)와 사천에서 농가의 부업으로 널리 재배되었으며 국내뿐만 아니라 다마무역(茶馬貿易)에 의해 국외에까지 보급되었다.

송대 이후 농업생산력의 비약적인 발달은 종래의 농촌사회구조에 커다란 변화를 초래하였다. 미곡을 비롯한 다수의 농산물이 상품화됨으로써 토지는 이윤이 남는 투자대상이 되어, 이로써 지주제의 발달이 더욱 촉진되었다. 국가측에서 볼 때도 지주제는 세수(稅收)의 안정된 확보면에서의 이점 때문에 적극적으로 보호하였다. 농업과 상업에 의해 축적된 부(富)는 토지의 집적을 가능하게 하였으며, 이러한 대토지소유의 발달로 인해 지주와 직접생산자인 전호간의 관계에도 새로운 변화가 발생하였다. 즉 경제적 선진지역인 강남을 중심으로 합리적인 경영관계의 형성, 부재지주의 등장, 전호 지위의 상승 등 광범위한 사회적 변화가 이루어지기 시작한 것이다. 이러한 생산관계를 둘러싼 새로운 변화는 송대에 국한하지 않고 이후 명·청대의 기본적 생산관계의 기초를 형성하였다는 점에서도 중요한 의의를 부여할 수 있다. 송대 이후 지주전호제의 형성과 전개에는 일부에서는 '농업혁명(農業革命)'이라고까지 평가되기도 하는[23] 농업상의 신기술의 개발과 양적인 차원에서의 생산력의 발달이라는 획기적 사실이 배경이 되어 있었으며 또한 이는 지주전호제의 역사적 위치와 성격을 이해하는 데도 간과할 수 없는 사실이라고 할 수 있다.

농업기술의 개발과 생산력의 발달은 농촌사회뿐만 아니라 도시를 포함한 전체 경제구조에도 상당한 변화를 불러일으켰다. 특히 상업과 도시의 발달은 괄목할 만한 사실이었다. 전체적 부의 증가는 대량의 소비인구를 창출하였으며 국가도 재정확보와 북변방어(北邊防禦)를 위하여 상업을 보호·장려하였다. 특히 송대에는 대소비지인 북방과 주된 생산지인 강남 사이의 교역이 주축이 되어 조운(漕運) 등 운송업, 원거리 상업, 객상(客商), 아인(牙人) 등 상업의 발달과 상인의 분화가 현저하였으며 이러한 상업의 발달로 인해 농촌사회의 성격도 일변하기에 이르렀다. 강남 선진지역의 경우 초시(草市) 등 중소도시가 다수 발달하여 농촌사회 깊숙이 상업망이 확대되고 화폐경제

---

23) Elvin, M., 1973, pp. 114~145.

가 보급되어 종래의 자급자족적인 폐쇄성에서 벗어나 전국적 교역권이 형성
된 것이다. 이러한 상업과 도시의 발달은 지주전호제의 발달과 더불어 송대
이후 전반적인 사회와 경제의 변화에 주된 흐름의 하나를 형성하였다고 볼
수 있다.

Ⅱ. 地主佃戶制의 發達

1. 地主佃戶制에 對한 두 가지 觀點

지주전호제 문제가 송대의 사회와 경제를 이해하는 관건으로서 본격적으
로 주목되기 시작한 것은 전전직전(前田直典)의 송대 중세설(宋代中世說)이
제기되고서부터였다고 할 수 있다. 전전직전은 내등호남(內藤湖南) 이래 경
도학파(京都學派)의 지론(持論)이 되어온 송대 근세설(宋代近世說)을 비판하
고, 세계사적(世界史的) 견지에서 중국의 고대노예제사회가 당말(唐末)에 종
말을 고하였으며 송대 이후부터는 중세봉건제(中世封建制)사회가 시작되었
다고 주장하였다.[24] 전전직전의 송대 중세봉건제론은 이후 주둥길지(周藤吉
之)의 송대 토지제도사를 중심으로 한 방대한 실증적 논고와 인정전승(仁井
田陞)의 법제사(法制史)연구를 통해 계승되어 송대 사회를 이해하는 유력한
관점을 형성하게 되었다. 이들 송대 중세봉건제론의 주된 골자는 생산관계
의 기초를 지주전호제에서 찾아 대토지소유의 발달을 장원제(莊園制)로서
파악하고 전호(佃戶)는 곧 농노(農奴)라는 점에 있다.

이에 대하여 송대 근세설을 대표하는 궁기시정(宮崎市定)이 전호를 농노
로서 이해하는 방법을 정면에서 비판함으로써[25] 이후 양대(兩大) 관점은 첨
예한 대립을 보이게 되었다. 지금까지 지주전호제에 대하여 허다한 논고와
관점이 제출되었으나 근본적으로는 이 두 가지 관점의 어느 한편을 입각점
으로 하고 있다고 해도 과언이 아닐 것이다.[26] 그러므로 상세한 고찰에 앞

---

24) 前田直典, 〈東アジアにおける古代の終末〉(1948)은 閔斗基 編, 1984에 國譯되어 있
    다.
25) 宮崎市定, 1957-5 및 1976은 그 대표적 論著이다.
26) 宋代 近世說과 中世封建制論의 學說史的 對立은 閔斗基 編, 1984, 第4部를 참조할
    것.

서서 먼저 대립되는 두 가지 관점을 살펴보기로 하겠다.

먼저 송대를 중세봉건제시대로 파악하는 관점에[27] 입각한 지주전호제 이해를 살펴보면 다음과 같다.

송대의 장원제의 기원은 당말·오대(唐末五代)에서부터 찾아볼 수 있다. 당대의 장원제는 초기부터 이미 상당히 발달하였으나 중기 이후 균전제(均田制)의 붕괴에 따라 귀족, 즉 왕공백관(王公百官)의 장원이 비약적으로 발달하여 각지에 장원이 다수 설치되었다.[28] 한편 안사(安史)의 난 이후, 절도사(節度使) 등의 무인(武人)의 세력이 강화되면서 당말경에는 이들의 장원이 괄목할 만한 발달을 보이게 되었다. 오대에 들어서서도 이러한 추세는 더욱 조장되었다. 당의 멸망과 함께 몰락한 귀족에 대신하여 오대의 관료는 새로운 지방의 호민(豪民)들을 배경으로 하여 성립되었다. 이들 호민은 오대 무인정치 아래에서 무인, 막료(幕僚), 관리 등을 역임하며 더욱 장원제를 발달시켰다. 송초에 들어서서 무인정치가 사라진 이후에도 이들은 송의 관료층을 구성하고 정권을 장악함으로써 이른바 관호형세호(官戶形勢戶)로 되었다.

송대에는 지방의 호족이 진사과(進士科)에 합격하여 관료로 되었다. 이들 호족이 바로 형세호(形勢戶)이다.[29] 형세호는 현재 직역(職役)을 담당한 자와 품관의 가(家)를 일컬은 말인데 이 가운데 현재 직역을 담당한 자는 상등호(上等戶), 즉 호족이므로 호족은 형세호라고 할 수 있는 것이다. 송대에는 호족이 다수 진사에 합격하여 관호가 됨으로써 '형세관호(形勢官戶)', '품관형세(品官形勢)의 가(家)'로서 지칭되었는바 양자는 일체화되었다고 할 수 있다.

---

27) 中國에서도 封建制時期에 대하여 多樣한 學說이 주장되고 있는데 그 대표적인 구분 방법을 몇 가지 살펴보면 다음과 같다. 첫째, 隋 혹은 唐代 中期를 획기로 하여 그 이전을 上行단계로 이후를 下行단계로 구분하는 방법이다. 둘째는, 隋, 唐, 宋, 元을 封建社會 中期로 보고 그 이전을 前期, 이후를 後期로 구분하는 방법이 있다. 셋째는, 秦에서 元末까지를 封建社會 中期로 보고 秦에서 隋의 統一까지를 中期 前段階, 隋에서 元末까지를 中期 後段階로 구분하는 방법이다. 넷째는, 唐代 中期부터 明代 後期까지를 封建社會 中期로 보는 관점이 있다. 中國學界에서는 時期는 일치하지 않으나 대체로 宋代를 封建制時代로 규정하고 있는 것은 공통되고 있다. 朱瑞熙, 1983, p.172 참조.

28) 周藤吉之, 1954-1, p.60 및 傅宗文, 1982-2 참조할 것.

29) 尹敬方, 1980-6 및 周藤吉之, 1950, p.147 참조할 것.

이들 형세관호는 대토지소유를 행하였다. 관호의 대토지소유는 북송대부터 이미 발달하여 남송대에 들어와 더욱 확대되었다. 관호는 면역(免役)의 특권을 받았을 뿐만 아니라 과배(科配) 등을 면제받았다. 일반 민호(民戶)가 피역(避役)의 수단으로 이들에게 토지를 기탁하는 사례가 빈번하였으며 관호는 이러한 특권을 이용하여 투헌(投獻), 전매(典賣) 등을 통해 더욱 대토지소유를 확대하였다.[30] 국가에서는 관호의 이러한 대토지소유를 억제하기 위해 한전책(限田策)과 특권의 제한을 시도하였으나 제대로 시행되지 못하였다.

형세관호의 토지는 다수의 장전으로 구성되어 장원으로서 운영되었다. 송대의 장원은 관료뿐만 아니라 사원, 상인, 궁정에 의해서도 시행되어 널리 보급되었다. 당시의 장원은 분수령에서 분수령 내지는 하심(河心)에 이르는 경역(境域)을 점하여 수개(數個)의 촌락을 포용하는 것도 있었다. 이러한 광대한 장원을 수개나 소유한 자가 있었으며 이처럼 크지는 않았으나 수로(數路)에 걸쳐 수십(數十)의 장원을 소유하거나 현내(縣內)에 십여 처의 장원을 가진 자도 있었다.[31] 장원은 조정으로부터 사여(賜與)되거나 매입(買入), 전매(典買), 개간 혹은 점탈 등의 방법으로 형성되었다.

당대의 장원은 별장적(別莊的)인 기능이 주였으나 송대의 경우는 단순히 조과(租課)의 징수 등 순수한 경제적 의의가 중심이 되었다.

장원의 내부에는 전지(田地)·가옥·수애(水磑)·차(車)·배[船] 등의 생산수단과 용구가 갖추어져 있었으며 관리인과 경작자가 거주하고 있었다.

북송대에는 구당인(勾當人)이 장원을 관리하였으나 남송대에는 간인(幹人) 또는 간복(幹僕)이 이를 담당하였다.[32] 보갑법(保甲法)의 실시 이후, 갑두(甲頭)의 법이 장원내에도 시행되면서 갑두가 생산자인 전호를 감독하고 조미(租米)를 징수하였다. 간인은 이것을 독촉하는 임무를 담당하게 되었다. 간인에는 여러 가지 신분을 가진 자들이 있었으나 일반적으로 낮은 신분의 자들로 형성되었다. 그러나 그들 가운데는 전지를 소유한 자도 있었고 일부는 다시 간인을 두어 전지를 관리시킨 예도 있었다. 세력 있는 관료의

---

30) 宋代 大土地所有의 발달에 관하여는 楊志玖, 1953-2; 李景林 1956-4 등을 참조할 것.
31) 周藤吉之, 1954-4, p. 280.
32) 周藤吉之, 1954-2, p. 102.

간인은 일반적으로 주가(主家)의 권력을 배경으로 사원(寺院)이나 소농민의 전지・재산 등을 점탈하는 자가 많았으며 혹은 관호(官戶)・무장(武將)을 위해 상업을 운영하거나 상인의 회계를 관장하고 작업을 감독하는 간인도 있었다. 이들은 관호형세호의 경제적 방면을 담당한 바에 중요한 의의가 있었다.

장원내의 직접생산자는 전호와 노예였다. 지주와 전호의 관계를 살펴보면 송초에는 전호가 토지를 이전할 때는 지주의 허락을 받아야 했다.[33] 인종대에 이르러 법제적으로 전호의 자유로운 이전이 보장되었으나 실제로는 이전이 불가능하였다. 북송말(北宋末)부터 남송에 걸쳐 강남의 각지에서는 전호는 자유로이 이탈하는 것이 금지되었다. 협주로(峽州路)의 예를 살펴보면 주호(主戶)는 전객(佃客)의 구수(口數)를 계산하여 계약을 체결하였으며 이들을 전매하는 것이 노예를 매매하는 것과 다를 바 없었다. 이른바 '수전전객(隨田佃客)'이라고 칭하여 지주는 전지를 매매할 때 전호도 이와 함께 전매주(典賣主)에게 인도하는 것이 공인되어 있었다.[34] 전호는 지주에게 무거운 납조(納租)의 의무를 지고 있었을 뿐만 아니라 역(役)에도 종사하였다. 전조(田租)에는 정액조(定額租)와 분익조(分益租)가 있었으며 그 액수는 일반적으로 수확량의 5할 내지 6할에 달하였다.[35] 기타 곡면(斛面)이나 사(絲)를 납입하였고 지주 개인을 위해 노역(勞役) 봉사를 하여야 했다.

지주와 전호간에는 단순한 경제적 관계에 그치지 않고 이른바 '주복(主僕)의 분(分)'이라는 신분적 예속(隸屬)관계가 성립되어 있었다.

지주에 대한 전호의 신분적 예속성 여부는 논쟁이 가장 치열한 문제이므로 좀더 상세한 설명이 필요하리라 생각된다.

전호는 지주에 대한 의존도가 높았으며 그 주체성은 매우 낮았다. 예를 들면 전호의 가(家)에서 혼인을 할 때 지주는 전호에게 예물로서 금전이나 포백(布帛)을 요구하였고 전호가 이것을 바쳤을 때에만 비로소 그 혼인이 허락되었다.[36] 송대의 판결문에 의하면 지주와 전호간에는 '주복의 분'이 있

33) 周藤吉之, 1954-3, p. 169.
34) '隨田佃客'에 관하여 國內에서 專論한 論考로는 高輿林, 1969가 있다.
35) 宋代 租佃制에 관하여는 關履權, 1979-3 및 朱瑞熙, 1983, pp. 63~66 ; 張邦煒, 1980-3을 참조할 것.
36) 仁井田陞, 1962, p. 158.

었다. 송원(宋元)시대의 법률에서는 전호는 주인과 대등한 지위에 있지 못하였다. 전호에 대하여는 '인(人)'의 법이 무조건적으로 적용되지 않았으며 '인'의 법을 유추해석하거나 심지어는 인과 노예의 중간적 신분층인 '부곡 (部曲)'의 법(法)까지가 유추해석되어 적용되었다. 즉 전호는 노예나 부곡으로 간주되지는 않았으나 그 신분상 일반인과 다르게 취급되었다. 지주와 전호 사이의 '주복의 분'은 결코 자유로운 인격자간의 관계가 아니었다. 이는 전호가 지주의 인신적 지배하에 있었음을 말해주는 증거이다. 37)

형법상(刑法上)에서 살펴보면 가우(嘉祐)・원풍(元豊)의 법에 의하면 지주 전호간의 범죄에 대하여 종전 일반인의 법이 적용되었으나 가우 연간에 이르러 지주가 전호를 치사(致死)시켰을 때 칙재(勅裁)를 기다려 형을 결정하도록 변경되었다. 원풍 연간에 와서는 전호가 지주를 범했을 때는 그 과형 (科刑)을 일반인의 경우보다 일등(一等) 무겁게 하였으며, 역으로 지주가 전호를 범했을 경우에는 장죄(杖罪) 이하는 벌하지 않고 도죄(徒罪) 이상에 대하여는 일반인의 경우보다 일등을 감(減)하였다.

이와 같은 송대 봉건제론에 대하여 궁기시정을 위시한 송대 근세론자들은 정면에서 반박을 가하였는바 이들의 논점을 정리해 보면 대체로 다음과 같다.

중국에서 장원적 토지경영은 한대(漢代)에 배태되어 남조(南朝)에서 번성하였으며 당대에까지 이어졌다. 38) 그러나 사가(私家)의 중세적 장원은 당말부터 오대와 송초에 걸쳐 몰락하였다. 송대 이후 대토지소유가 발달하여 전대의 '장(莊)'이라는 명칭을 답습하였으나 실은 영세한 토지의 집합에 불과하며 주인이 마음대로 붙인 개념적인 존재에 지나지 않았다. 더욱 이후로 오면서 '장'은 오로지 건물을 가리키는 말에 불과하게 되었다. 송대 이후의 대토지소유는 오히려 근세적인 자본주의적 경영과 유사하다고 볼 수 있다.

집중적인 대토지소유는 그 토지를 통하여 농민과의 사이에 주종관계가 형성되기 용이하지만 분산적인 토지소유는 이것이 어렵게 된다. 39) 중국에서는 시대가 내려올수록 전지가 영세하게 분할되는 경향을 나타내고 있다. 이는

---

37) 仁井田陞, 1962, p. 159.
38) 宮崎市定, 1957-4, p. 34.
39) 宮崎市定, 1957-5, p. 88.

142

상속이나 매매에 의해 소유권이 분할된 데에서 비롯된 필연적 결과이며 때로는 전란에 의해 소유권이 말살되는 경우도 있어서 다시 새로운 영세화가 진행되었다. 즉 토지의 겸병으로 대토지소유가 발달하는 한편으로 대토지가 차츰 영세화되는 사실 역시 간과해서는 안될 것이다. 이러한 상황하에서 대면적의 장원이 성립하기란 거의 불가능하였다.

송대 중세봉건제론에 의하면 전호는 농노로서 규정되어 있으나 실은 전호는 완전한 자유인이다.[40] 전호는 지주와 토지대차(土地貸借)의 계약을 체결하여 소작인이 되는데 이 계약서가 조계(租契)이다. 계약에서 양자가 전적으로 평등한 입장에 있지는 않았으나 교섭 그 자체는 대등한 입장에서 행해졌다. 즉 쌍방에 선택권이 있었던 것이다. 이는 농노와는 다른 새로운 노동형태가 시작되었음을 말해 주는 것이다.

또한 전호의 이전문제를 살펴볼 때 이전의 부자유를 뒷받침하는 사료의 대부분은 도이(逃移)의 경우에 해당됨을 지적할 수 있다.[41] 도이는 전호가 지주와 계약관계를 맺고 있는 상태에서 이를 실행하지 않고 이전하는 사례를 말하는 것이다. 송대에는 인신을 전질(典質)하는 계약도 인정되고 있었으므로 조계(租契) 중에는 중세적인 유풍이 뿌리깊게 남아 있는 지방에서는 전호의 자유를 속박하는 계약도 있기는 하였다. 그 계약의 내용은 노동력이 잉여상태인가 부족한 상태인가에 따라 성격에 차이가 나고 있다. 예를 들면 천협(川峽), 형호(荊湖) 등 산간지방에서는 토지가 넓은 반면 노동력은 부족한 상태였다. 이러한 관향(寬鄕)에서는 '수전전객(隨田佃客)'과 같은 토지에 전호를 묶어두려는 사례가 나타나고 있다. 그러나 이 경우에도 엄밀히 살펴보면 결코 제도적으로 '수전전객'을 인정한 것이 아니라 일종의 암행위(闇行爲)로서 행해지고 있었다. 즉, 토지를 매매하는 계약을 공적으로 체결하고 그 이면에서 '수전전객'을 양도하는 사약(私約)을 체결하였던 것이다. 만약 '수전전객'이 공인된 사실이었다면 사약 같은 것은 필요 없었을 것이다.

토지가 부족한 반면 노동력이 남아도는 협향(狹鄕)에서는 사정은 일변하게 된다. 이러한 상황하에서는 소작지를 잃지 않으려는 전호들간에 쟁탈전이 발생함으로써 지주는 법제적으로 이들을 속박할 필요가 없게 되는 것이

---

40) 宮崎市定, 1976, p. 305.
41) 宮崎市定, 1957-5, pp. 102~103.

었다.

형법상에서도 당대(唐代)의 부곡은 주인의 무제한의 징계권 아래에 놓여 있었으나, 송대의 전호는 지주에 의한 어느 정도의 폭력적 위압을 받기는 했어도 기본적으로는 평등한 자유민의 입장에서 출발하고 있다. 전호가 법률적으로 지주에 대하여 열위(劣位)에 있었다고 해도 그것은 단지 계약을 체결한 지주 개인과의 관계에 국한된 것이며 지주 일반이나 제3자에 대해서는 대등한 지위를 잃지 않았다. 신분적 차등은 임시적인 것으로서 지주로부터 전지를 빌리는 동안에 한한 것이었다. 전지를 반환하고 계약을 파기하면 양 민인 자유민 본래의 위치로 돌아오는 것이 송대 전호였다.

송대 전호 중에는 지위가 상승하여 업주(業主)가 되는 경우도 있었다. 업주는 지주와 소작인의 중간에 위치해 있는 중간 경영자라고 할 수 있다. 업주는 명목상으로는 전호이나 토지처분에 대한 약간의 발언권과 수익권 등의 권리를 갖고 있었다. 이처럼 전호는 업주와 종호(種戶)로 분화되어 전주(田主)와 종호 사이에 업주가 개재하는 형태가 된 것은 전주의 토지에 대한 지배력이 약화된 것을 의미하는 것이다. 동시에 전주는 업주와 종호 모두에 대하여 지배력이 약화되었다고 말할 수 있다.

송대 전호 가운데는 다수의 지주가 소유한 영세한 지편(地片)을 집적하여 소작하는 사례도 있었다. 이 경우에는 주인이 다수이며 종자가 일인(一人)이 되는 형태가 되는데 이른바 봉건적인 주종관계나 인격적인 구속은 도저히 성립할 수 없는 것이다.

이상과 같은 사실을 통해 볼 때 송대에서는 전호의 신분을 속박하는 제도는 단지 중세적인 잔재이며 송원 이후 이는 점차로 청산되어 간 것이 대세라고 할 수 있다. 송대 이후 토지는 오로지 이익을 얻기 위한 투자의 대상이 되어 지주는 단지 소작료에만 관심을 두었던 것이다.

송대 중세봉건제론과 근세설은 이상에서 살펴보았듯이 지주전호제에 대한 이해를 둘러싸고 이처럼 정면의 대립을 보임으로써 이후 양대 관점은 학파적 대립을 배경으로 하여 치열한 비판과 반비판(反批判)의 논쟁을 거듭하게 되었다. 그러나 결과적으로 이러한 논쟁을 통하여 양설(兩說)은 서로의 문제점을 시정하고 이후 연구수준을 질적으로 높이는 데 중요한 기여를 하였다고 볼 수 있다. 지주전호제에 대한 관점과 논쟁의 소재는 매우 복잡·

다기(多岐)하나[42] 그 중요한 것만 몇 가지 지적하면 다음과 같다.

첫째, 송대 성행한 대토지소유와 지주제의 성격을 어떻게 평가할 것인가 하는 문제를 들 수 있다. 송대 지주제가 서양의 중세장원제(中世莊園制)와 동질의 것인가 아닌가 하는 사실을 밝히기 위해서는, 지주제는 곧 장원제이고 전호는 농노라는 연역적 논리에 의한 도식의 증명에만 집착하는 방법을 지양하고, 송대 지주전호제에 나타나는 다양한 여러 형태와 성격의 차이에 주목할 필요가 있을 것이다. 이와 관련하여 송대 근세설의 입장에서 경영형태를 중심으로 송대 지주전호제를 분석한 초야정(草野靖)의 일련의 노작은 그 이론적 배경의 불명확함에도 불구하고 지주전호제 연구의 새로운 방향을 제시한 것으로 주목할 만한 가치가 있다.[43]

둘째, 지주에 대한 전호의 신분적 예속성 문제와 관련한 전호의 지위상승 문제이다. 전술하였듯이 전호의 예속성이 지역에 따라 차이가 존재했음이 지적된 이후, 이러한 사실은 선진(先進)과 변경(邊境)의 차이로서 구체적으로 밝혀졌다.[44] 즉 이른바 협향에 해당되는 양자강 하류의 선진지역에서는 경지의 세분화, 소유의 분산, 잔전(剗佃) 등이 행해지고 있었다는 것이다.[45] 특히 잔전은 전호가 납조를 거부하거나 기타 이유로 지주가 소작인을 교체하는 관행을 말한다. 잔전의 의미는 전호의 신분적 예속성을 나타내는 것이라기보다는 경제적인 관계로서 이해되고 있다. 전호의 납조거부가 잔전의 일인(一因)이 된 것은 남송대 양절로(兩浙路)를 중심으로 일어난 완전항조(頑佃抗租)운동과 함께 지주에 대한 전호의 일방적인 신분적 예속성의 면에서만 전호를 파악할 수 없음을 뜻하는 것이다. 또한 명청대(明淸代)에 보급된 일전양주(一田兩主) 관행의 맹아로서 소작권이 송대에 이미 나타나고 있음도 지적되고 있다.[46] 완전항조, 잔전, 소작권의 맹아 등의 존재는 송대 전호를 단순히 지주에게 속박된 농노로서만 볼 수 없음을 말해 주는 것이며 발전적 전망 위에서 전호의 지위상승을 평가해야 하는 증거라고 해야 할 것이

---

42) 地主佃戶制에 대한 硏究史的 정리로는 申採湜, 1985를 참조할 것.
43) 草野靖, 1986을 참조할 것.
44) 柳田節子, 1963은 그 대표적 연구이다.
45) 柳田節子, 1963, pp. 104~105.
46) 朱瑞熙, 1983, pp. 67~72 및 周藤吉之, 1965, pp. 213~232.
   草野靖, 1971 등을 참조할 것.

다. 이같은 시각에서 볼 때 전호의 이해에서 중요한 것은 단순히 그 예속성만을 강조하는 정태적(靜態的) 파악에 머무는 것보다는 지주전호제의 역사적 전개라는 전망하에서 송대 전호층의 위치와 의의를 적극적으로 밝히는 데 있다고 생각된다.

셋째, 송대 사회에서 현격히 강화된 국가권력과 현실적으로 광범위하게 존재한 자영농을 지주전호제와 관련시켜 어떻게 이해할 것인가 하는 문제이다. 이러한 문제제기는 종래의 지주전호제 연구와 국가의 농민지배체계의 일환인 주객호제(主客戶制)를 연결시켜 보려는 노력 가운데서 형성되었다. 국가와 자영농을 해당 사회의 생산관계 및 지배구조와 관련시켜 어떻게 파악할 것인가 하는 문제는 최근 명청시대 신사층(紳士層) 연구에서도 중요한 과제로 등장하고 있다. [47] 송대에도 지주전호제의 발달 한편에서는 분할상속(分割相續)과 중소지주층의 몰락, 전호의 상승 등의 여러 원인에 의해 자영농이 재창출되고 있었다. 또한 국가는 한전법 등의 제도적 조치를 위시하여 지주의 사적 수조권이나 사채징수에 대한 간섭, 전호의 항조투쟁의 탄압 등을 통해 지주전호관계에 개입하고 있었다.

이상과 같은 3가지 문제를 중심으로 하여 이하 송대 지주전호제에 대하여 좀더 구체인 내용을 살펴보기로 하겠다.

2. 經營形態를 通해 본 地主佃戶制

송대의 장원경영과 지주전호제에 대한 종전의 평가는 특히 전호를 농노로서 해석하는 송대 중세봉건제론의 경우 방법론상에서 한계에 도달하였다고 생각된다. 이른바 장원의 구체적 실체에 대한 이해가 선행되지 않은 단순한 질적 규정만으로는 역사상(歷史像)의 단면적 파악에 그칠 우려가 있기 때문이다. 상호 유기적인 재구성의 작업 없이 단편적 증거들을 집합적으로 나열하는 종래의 접근방법은 극단적으로 말하면 동일한 방법으로 정반대의 결론도 도출될 수 있는 문제점을 안고 있는 것이다. 전호의 이전(移轉)의 부자유 주장만 예를 들더라도 이미 송대 중세봉건제론자의 일각(一角)에서도 이견(異見)이 제기되고 있을 뿐만[48] 아니라 송대 근세설측으로부터 상세한 반론

---

47) 吳金成, 1978을 참조할 것.
48) 柳田節子, 1963, pp. 101~106.

(反論)이 나온 바 있다.[49]

　최근 토지의 경영형태에 대한 분석을 중심으로 한 초야정(草野靖)의 일련의 연구는 이러한 방법론상의 한계를 극복하려 한 시도로서 주목할 만한 가치가 있다고 생각된다. 초야정은 토지경영형태의 분석을 통해 송대에는 두 가지 경영형태가 존재했음을 밝히고, 특히 종전 농노에 의한 장원제적 경영으로 평가되어 온 지주전호제의 일측면에 대해 상세한 고찰을 가하여 이것이 농노제와는 별개의 형태와 내용을 지니고 있었음을 밝히고 있다. 그의 논지를 중심으로 지주전호제의 실태를 살펴보면 다음과 같다.

　송대의 지배적인 전작형태(佃作形態)를 먼저 관전(官田)의 경우부터 살펴보기로 하겠다. 관전은 '향원(鄕原)의 체례(體例)' 즉 향촌의 민간관행을 기초로 하여 계획적으로 경영됨으로써 당시의 전작형태를 명료하게 보여주어 민전(民田)의 전작형태를 엿보기에 편리하다는 이점이 있다.[50]

　관전의 경영법에는 관장법(官莊法), 합종법(合種法), 조전법(租佃法) 등이 있다. 관장법에서는 지주인 관사(官司)가 무산유망(無產流亡)의 빈농을 모집하여 경우(耕牛)·농기구·종량(種糧)·가옥·창고 등을 제공하여 4~5경(頃) 정도를 합친 일원적인 집중지단(集中地段)을 한 단위로서 경영하였다. 전호 일가의 경지는 수전에서는 30~40무(畝)였으며 육전(陸田)은 이보다 약간 넓었다. 장내(莊內)의 작업은 감장의 지시에 따라 행해졌으며 감장(監莊)은 종자의 분급, 조미(租米) 납입의 감시, 수리시설의 보수를 담당하였다. 조미액(租米額)을 살펴보면 풍흉에 관계없이 관사와 전호가 반반 혹은 사·육(四六)의 비율로 나누는 분수법(分收法)에 따라 정하였다. 다음 합종법은 관사와 농민이 토지·경우(耕牛)·농기구·종량·노동을 제공하여 행하는 경영〔合力種蒔〕이며 수확은 토지·경우·농기구·종량·노동 각각에 따라 정해진 분율(分率)에 의해 풍흉에 관계없이 분수(分收)하였다. 따라서 합종은 당사자의 자력(資力)관계에 의해 여러 변형을 나타내고 있으나 보통 보이는 것이 부종(附種)이다. 이것은 관사가 토지와 종자를 제공하고 전호가 경우·농기구·노동을 부담하여 수확을 분수하는 방식이다.

　마지막으로 조전법에서는 관사는 단지 토지만을 제공하여 정액의 조과를

　49) 草野靖, 1969-4를 참조할 것.
　50) 草野靖, 1970-1, p.352.

수하고 경종(耕種)의 비용은 일체 전호가 부담하였다.

조미의 수납법(收納法)은 전술하였듯이 수확을 비율에 의해 나누는 분수법(分收法)과 액수가 고정된 정액조(定額租)가 있었다. 이 가운데 가장 보편적으로 행해진 것이 조전법이며, 다음이 부종법(附種法)이었다.

민전의 경우도 관전의 전작(佃作)이 향원의 체례에 의거하여 행해졌으므로 관전과 거의 유사한 전작관행(佃作慣行)인 조전법과 합종법에 의해 행해진 것으로 볼 수 있다. 특히 합종제는 과거 납조방식에 의해 분익제(分益制) 혹은 분조제(分租制)로 규정되어 조전과 질적인 차이가 없는 것으로 이해되어 왔다. 그러나 합종 또는 분종은[51] 사실상 지주가 농민을 모집하여 소유지를 대경(代耕)시켜 일정한 분율에 의해 수확을 나누어 노동의 대가로 지불한 것으로서 전토(田土)의 임대관계를 형성하지 않았다는 점에서 조전과는 결정적으로 구별되고 있다.[52] 이러한 분종제(分種制)는 그 기원을 살펴보면 위진남북조시대에 형성되어 당대 중기경에는 이미 조전과 함께 중요한 경영형태로 성립되었으며 송대 이후 근대에 이르기까지 지속되어 지주전호제의 기본적 경영형태의 한 유형을 이루었다. 그러므로 문헌사료면에서 한계가 있는 송대의 합종제——근대에서는 이를 분종이라고 호칭함——를 정확히 파악하기 위하여 근대 농촌사회에서 행해진 분종제의 관행에 대한 상세한 내용을 토대로 하여 송대의 예를 살펴보기로 하겠다.

분종지(分種地)에서는 전호의 노동은 대종(代種)이라는 점에서 당연히 지주의 독려와 지시에 따라서 이루어졌다. 지주의 소유지가 광대하여 수명(數名)의 전호가 이용될 때는 왕왕 공동경작(夥種)이 행해졌다. 작물이 생육되는 동안에는 지주는 항상 전장(田場)을 순회하며 운서(耘鋤), 시비 등의 농작업에 대하여 독려·지시를 가했으며 전호가 궁핍할 때는 양식을 대여하고 수시로 단공(短工)을 고용하여 이를 지원하였다. 수확의 분배는 앞서 지적했듯이 분율에 의해 이루어졌으며 이와 동시에 그 해에 사용된 종자, 고공

---

51) 草野靖은 그의 合種制論을 발전시켜 이것이 宋代 이후 近代 初期까지 中國 농촌사회에서 지속된 주요 經營형태의 하나임을 밝히고 이를 分種制라고 새롭게 불렀다. 그 성과가 草野靖, 1986이다. 그는 同書에서 史料가 풍부한 中國 近代의 農村經濟調査의 성과를 활용하여 分種制의 範疇의 특징을 밝혔다.

52) 草野靖, 1986, p.521. 이후 分種制의 내용에 관하여는 同書의 내용을 요약·정리하였다.

(雇工)의 비용, 전호에 대한 대여 등이 분곡(分穀)으로부터 공제되었다. 전호는 경지 외에 지주로부터 제공된 장방(莊房), 채마밭, 산장(山場), 지당(池塘) 등 이른바 수전(隨田)의 물업(物業)에 대한 사례로서 명절에 예물(禮物)을 바치고 농한기에는 주가(主家)를 위하여 가옥의 수리, 도로의 보수 등의 노역에 복무하였다. 지주가 가축을 대신 구입하여 전호에게 사육시켰을 때는 그 가축은 1년을 통하여 지주의 편의를 위해 사용되었다. 이러한 전호의 모습은 분종관계의 내실을 파악하지 못한 관찰자의 눈에는 농노와 유사하게 비쳐질 수도 있으나 실상은 그렇지 않았던 것이다.

분종이 행해지는 토지는 가내에 경작자가 없는 노유여호(老幼女戶)·상공호(商工戶) 등의 자급지(自給地), 가내노동력에 의한 자경(自耕)의 한계를 초과한 토지를 가진 지주대농(地主大農)의 일부 토지, 창고, 전방(佃房) 등의 시설을 갖추진 못한 장전(莊田), 향거(鄕居) 지주대농의 자영지 등이었다.

이러한 분종은 고공[雇傭]경영과는 명백히 구별되었다. 고공경영은 고주(雇主)가 필요한 노동력을 고용하여 행하는 대규모경영이나 분종은 전호 각각의 인축(人畜)의 역량에 적합한 '정분(整分)', '반분(半分)'의 지단(地段)을 배정하여 대신 경작시키고 소정의 분율에 따라서 그 지단의 수확을 노동의 보수로서 나누는 방식이어서 지주의 소유지가 여하히 광대하여도 그 경영은 개개 전호의 소경영의 집합체에 불과하였다. 또한 고공경영은 고공의 고용비가 결코 염가가 아니었으므로 지주 스스로 경작의 전과정을 관장·감독하였으나 분종에서는 경영상의 상당한 책임을 전호에게 위임하였다.

분종지와 고공자영(雇工自營)의 땅은 경영의 규모도 달랐다. 일반적으로 고공경영지는 40~50무 이상 수경(數頃) 이하의 규모였다. 이 규모는 분종에서는 일전호(一佃戶)의 경작지에 상당한 것이었다. 분종에서는 '정분'의 경우 70~80무에서 1경 정도를 경종(耕種)하였고 '반분(半分)'은 그 반수를 경종하였다. 분종지주(分種地主)의 경영지는 20~30경에 달하는 커다란 경우도 있었고 10경 전후의 경영도 적지 않았다. 50~60무 혹은 1~2경의 토지를 고공(雇工)을 이용하여 집약적으로 경영하는 대농과는 명백히 계층을 달리하였다고 할 수 있다.

그러면 이러한 광대한 토지를 소유한 지주가 왜 조전을 택하지 않고 분종방식을 이용하여 경영하였을까? 이 문제를 이해하기 위해서 먼저 유의할 것은 분종은 중국 각지에서 보이기는 하나 이 방식이 주로 이용된 곳은 수전이 아니라 특히 화북(華北) 한전(旱田)지대에서 성행하였다는 점이다. 한전에서는 수두(數頭)의 역축(役畜)과 수량(數輛)의 대거(大車) 등이 없이는 시비나 운반 등 경작을 행하기 곤란하였다는 사정이 있다. 이러한 생산수단을 소유한 농가는 당시 농촌에서는 극히 한정된 소수의 상농(上農)에 불과하였다. 자영농이나 조전농(租田農)을 막론하고 대다수의 농민은 단독으로 독립경영의 조건을 갖추지 못하고 수호(數戶)가 협동하여야 경종·운환(耘耰)에 필요한 우구(牛具)·차량(車輛)·장정(壯丁)을 구비할 수 있었다. 이는 화북 한전지대에서는 독립된 농업을 경영하기에 필요한 경지의 규모가 컸으며 역축·여파루(犂耙耬)·차량 등을 갖추는 데 필요한 자본이 자못 고액에 달한 반면, 대다수의 농민은 독립조건을 충분히 갖추지 못했기 때문에 토지소유와 노동의 분리뿐만 아니라 토지소유와 역축 등 경영자본 그리고 경영자본과 노동의 분리가 행해진 것을 의미한다. 분종관계는 이러한 토지소유와 경영자본 그리고 노동의 분리를 기반으로 하여 성립된 것이다. 농민이 경작에 필요한 우구·차량 등을 갖추지 못한 상황에서는 경지를 임대하여 정액의 지대를 징수하는 조전(租田)은 성립할 수 없었다.

합종이라 불린 송대의 분종제는 전술했듯이 후세에 보이는 전형이 이미 갖추어져 있었다. 송대에는 분종이 후세보다 더욱 성행하여 강북, 강남의 각지에 널리 보급되어 있었다. 분종의 주체는 향거지주층(鄕居地主層)이며 분종호(分種戶)는 지객(地客)·전객(佃客)이라 불렀다. 분종호는 촌락·장옥(莊屋)에서는 대부분 주가(主家)의 주변에 집주(集住)하고 있었다. 반면 조전의 소유자는 대부분 부주현성(府州縣城)내에 거주하는 부재지주(不在地主)였다. 합종의 분포지역은 섬서·하동·하북·경동·형호·강동·강서·회남 등이었으며 거의 대부분의 지역에서 조전 및 합종이 병존하였다.

중국근세에서 지권(地權)의 이동을 살펴보면 역사적으로 항상 이것을 집중시키는 요인과 분열시키는 요인이 작용하였다. 집중의 요인은 전매(典買)와 개간이며 분산의 요인은 전매(典賣)와 분할상속이었으나 총체적으로 보면 분산의 경향이 강화되었다. 지주의 가산은 거시적으로 말하면 차츰 세분화되어 대지주는 중소지주로, 중소지주는 자영농으로 전화되어 갔다. 이러한 상황하에서 분종관계는 자영농 혹은 중소지주가 여재(餘財)를 축적하여 전토(田土)를 집중하여 가는 과정에서 스스로 경작할 수 없는 토지를 빈농에게 대경(代耕)시키는 방식으로 출현하였다. 또한 대지주의 가산이 분할되어 중소지주화됨으로써 전조(田租)수입에 의해 가계를 유지할 수 없게 되자 조전을 회수하여 중반제(中半制) 혹은 칠삼(七三)·팔이제(八二制)의 대경(代耕)으로 변경하여 증수(增收)를 도모하려는 데에서 출현하고 있다.

초야정은 이상과 같은 전작형태분석을 통해 결국 송대 장원의 실체는 전절(前節)에서 궁기시정이 지적한 내용과 같은 맥락 위에서 특정한 형상을 갖추고 어떤 특정한 생산조직을 지닌 농장의 존재를 가리킨 것이 아니라고 하고,53) 장원이라 호칭되었다고 해도 조전(租佃) 혹은 합종(合種)에 의해 전작(佃作)되었다고 주장하였다. 그의 주장에 의하면 송대의 이른바 장원에는 서양 중세장원제에서와 같은 영주직영지가 존재하지 않았으며 따라서 전호의 노역 제공을 직영지 경영을 위한 경제 외적 강제에 의한 부역(賦役) 노동과 동렬에 놓고 평가할 수 없다는 것이다.54)

오히려 초야정은 송대 합종제를 포함한 중국의 분종제에서 페르시아에서 지금도 널리 행해지는 수확분익계약(收穫分益契約 ; muzaraéh) 방식이나 16세기 이후 프랑스에서 행해진 분익제(分益制 ; métayage) 그리고 미국 남부 플란테이션농장에서 남북전쟁(南北戰爭) 이후 노예제에 대신하여 발달한 쉐어크러핑 시스템(Sharecropping System) 혹은 쉐어테넌트 시스템(Sharetenant System) 등과의 더 큰 유사성을 찾고 있다.55)

3. 一田兩主制와 佃戶의 地位

전권(佃權) 내지 전면권(田面權)의 성립은 전호를 포함한 직접생산자의 사회경제적 지위의 향상을 현저히 보여주는 지표라고 할 수 있다.56) 그 성립기를 확정하는 작업은 중국사에서 지주전호제의 발전단계에 하나의 획기를

---

53) 草野靖, 1970-1, p. 365.
54) 草野靖의 이러한 주장에 대하여는 柳田節子, 1973에서 合種制와 租佃制의 구분의 필연성이 결여되었다고 反論을 제기하고 있으며 丹喬二, 1972에서도 宋代 佃戶의 自立性이 높지 않았다고 주장하여 草野說을 비판하였다. 그러나 佃權을 둘러싼 地主佃戶관계의 質的인 차이를 검증하는 방법으로서 類型論이 지닌 有效性을 否認할 수 없다고 생각한다.
55) 草野靖, 1986, p. 540.
56) 高橋芳郎, 1977, p. 1.

정할 수 있을 뿐만 아니라 해당 사회의 역사적 이해에도 커다란 기여를 하는 것이라고 볼 수 있다.

이러한 전권 내지 전면권을 기반으로 한 일전양주제(一田兩主制)는 과거 학계에서 명청시대에 와서야 성립된 것으로 보는 것이 일반적이었다. 그러나 송대 지주전호제에서도 일전양주제의 단서라고 할 수 있는 소작권 즉 전권의 형성과 일전양주 관행의 존재를 말해주는 '전골(田骨)' 등의 용어의 사용 및 이러한 관행이 나타날 수 있었던 배경으로서 완전항조와 잔전의 성행 등이 일부 연구들에 의해 지적되고 있다.[57] 이는 송대 사회에 이미 전호층의 지위가 점차 상승되기 시작하였음을 의미하는 동시에, 명·청대의 지주전호관계의 정립을 향한 강한 경사가 나타나 있었음을 말해주는 증거라고 할 수 있다. 이러한 송대 지주전호관계에서의 새로운 변화의 조짐들을 살펴보기에 앞서서 이해를 돕기 위하여 명·청대 일전양주제에[58] 대하여 먼저 간략히 언급하기로 한다.

일전양주제는 토지소유가 전면(田面), 전피(田皮), 피전(皮田) 등의 소유와 전저(田底), 전골(田骨), 전근(田根) 등의 소유로 분화하여 일전(一田)에 대하여 이른바 이중소유(二重所有)관계가 형성된 관행을 말한다. 일전양주제는 지역적으로 강소, 절강, 강서, 복건 등 강남의 수전지대에서 주로 시행되었다. 전면권은 일개 독립물권으로서 골주(骨主)인 원래 지주의 동의 없이도 양도, 매매, 전매(典賣)될 수 있었다. 이러한 전면·전저관계의 성인(成因)은 매우 다양하여 유력자에 대한 소유지의 기진(寄進)이나, 전토의 개간에 전호가 자료, 노역 등을 통해 참여했을 경우, 전주(田主)가 전저권(田底權)만을 매각했을 경우, 그리고 가산(家産) 분할시에 전면과 전저를 나누어 상속한 경우 등을 대표적 예로 들 수 있다. 전면권의 형성은 한편에서는 생산노동이나 농민투쟁 등을 통한 직접 생산자의 지위 상승을 전제조건으로 하면서도 다른 한편에서는 공과(公課)부담을 면하기 위하여 전주가 전저권을 매각하여 전호로 몰락하는 상황하에서도 이루어졌다.

---

57) 周藤吉之, 1954-5, 1965 ; 仁井田陞, 1962, 제 5 장 〈中國の農奴〉, 주 37) ; 草野靖, 1970-2·3 등을 참조할 것.

58) 明淸代의 一田兩主制에 관해서는 仁井田陞, 〈支那近世의 一田兩主慣行과 其의 成立〉 (《法學協會雜誌》 64-3·4, 1944) 이래 多數의 論考가 발표되어 그 내용이 상세히 밝혀진 바 있다.

명청시대의 일전양주제와의 관련성을 분명히 의식한 것은 아니나 송대 지주전호제에서 소작권 형성의 단서는 일찍부터 지적된 바 있다. 본고의 제Ⅱ장 1절에서 이미 살펴보았듯이 전호층의 분해 결과 남송대에 지주와 직접생산자인 종호(種戶) 사이에 중간경영자인 '업주(業主)'가 새로 성립되어 토지의 처분에 대한 약간의 발언권을 지니게 되었음이 시론적(試論的)으로 제기됨으로써59) 송대의 소작권 형성문제에 관한 관심을 새롭게 하였던 것이다. 이후 본격적인 연구로서 주등길지(周藤吉之)의 〈송대관전의 전권매매(宋代官田の佃權賣買)〉(1953년)는 송대 관전 특히 둔전(屯田)·영전(營田)·성장(省莊)·호전(湖田)·관광전(官曠田)의 개간 등의 일부에서 점차 전호의 전권(佃權)이 확립되어 마침내는 그 매매 즉 '입가교전(立價交佃)', '자배(資陪)', '수가교전(酬價交佃)'이 공인되었음을 밝히고 명청대 일전양주제와의 깊은 관련을 인정하기에 이르렀다.60) 이같은 일전양주제에 대한 송대사 연구자들의 관심의 심화와 더불어 이미 명청대의 일전양주제에 관한 다수의 논문을 발표한 바 있는 인정전승(仁井田陞)은 《후촌선생대전집(後村先生大全集)》 권193 '서판(書判)'(都昌縣申汪俊達孫廷公禮訴産事)에서 '전골(田骨)'이라는 용어가 송대에 이미 사용되었음을 찾아냄으로써 일전양주제의 기원을 새롭게 밝히는 중요한 지적을 하였다.61) 그에 의하면 동문집(同文集)의 기사에 실린 '전골'이라는 용어는 후세 강남에서 행해진 이중소작관계 ── 전피(田皮)·전골(田骨), 피전(皮田)·골전(骨田), 전면(田面)·전저(田底) ── 를 연상시키는 것으로서 이로써 이중소작관계는 12, 3세기에 이미 발생하였다는 것이다.

송대에 전권 혹은 일전양주제가 구체적으로 어떠한 형태로 존재했는가 그리고 어느 정도 보급되었는가 하는 점에 관해서는 사료상의 제약으로 아직 분명히 밝혀져 있지 않으며 그 형성이나 보급에 대하여 부정적인 주장도 나오고 있다.62) 실제로 송대에 전권과 일전양주제가 발생하였다고 해도 아직

---

59) 宮崎市定, 1957-5, pp. 104~110.
60) 周藤吉之, 1954-5, pp. 389~403.
61) 仁井田陞, 1962, p. 166 주 37)을 참조할 것.
62) 高橋芳郎, 1977은 宋代 一田兩主制의 발생을 전면 否定하고 있다. 그는 佃權이란 佃戶의 土地所有權이며 그 租課는 地代가 아니라 兩稅에 해당되는 것이라고 주장하였다. 周藤吉之, 1954-6에서 二重小作은 일부에 지나지 않았으며 당시 지배적 관계로 발전하지 않았다고 하여 初期의 自說에서 후퇴를 보이고 있다(p. 644).

은 명청대에서와 같이 구체적 형태를 갖추지 못했을 것이라는 점은 충분히 인정할 수 있다. 그러나 중요한 것은 명・청대 지주전호제의 발달과 전호지위의 상승을 말해 주는 여러 현상 즉 전호의 자립성・연대성과 항조(抗租)운동 등이 이미 송대에 나타나고 있으며 일전양주제 역시 맹아적 단계를 크게 벗어나지 못했다고 하더라도 이러한 지주전호제의 새로운 전개를 의미하는 여러 현상과의 상호관련 위에서 파악할 필요가 있지 않을까 하는 점이다.

일반적으로 지적되어 있는 바와 같이 송대에는 형세호를 중심으로 한 대토지소유가 발달하면서 자영농의 몰락・전호화의 추세가 행해진 한편에서는 이러한 형세호의 지배력 강화에 대항하여 전호를 포함한 향촌의 중소지주・자영농이 중심이 된 공동체적 관계가 점차 형성되고 있었다. 예를 들면 수리시설의 이용과 관리에서 집단성원간의 동질성・평등성을 바탕으로 한 일종의 농업수리집단(農業水利集團)이 형성되어 호족(豪族)의 호수침점(湖水侵占) 등 수리시설에 대한 지배력 강화에 대항하였음이 지적되고 있다. 63) 또한 수리의 흥수(興修)를 실시할 경우 촌락내에서 지주・전호・자영농간에 토지용익(土地用益)에 관한 공동체적 관계, 즉 향원의 체례에 의해 공사를 실시하였으며, 위전구축(圍田構築)도 공동체적 요청에 기초한 촌락의 요해(了解) 위에서 이루어졌음을 볼 수 있다. 64)

남송대에 사창법(社倉法)과 경계안(經界案)이 제출되고 다수의 권농문(勸農文)이 유포된 것도 이러한 맥락에서 이해할 수 있다. 현실적으로 이러한 사창법, 경계안, 권농문이 목표로 한 것은 대토지소유의 발달하에서 이에 위협받고 있던 자영농의 보전과 촌락공동체의 안정에 있었으나, 지주전호제와 관련해서도 촌락공동체의 계층분열의 저지와 전호의 자영농화를 지향하였다는 점에서 전호의 자립을 촉진시키려 한 의의를 인정할 수 있는 것이다. 65)

송대 전호의 지위상승문제와 관련해서 또하나 주목할 만한 것은 남송대 양절(兩浙)지역을 중심으로 하여 완전항조의 움직임이 나타나고 있는 점이

63) 長瀬守, 1983, 〈宋元における農業水利集團の管理とその性格〉 및 西岡弘晃, 1978・1981 등을 참조할 것.
64) 上同.
65) 友枝龍太郎, 1969, pp. 373～418 및 《中國史像の再構成》, 1983, pp. 242～244.

다.[66] 완전항조가 격심한 지역에서는 지주 스스로 이를 해결하지 못하고 국가권력에 의존하는 예도 적지 않았다.[67] 이러한 완전항조운동은 조전제의 보급과 지주의 부재화가 진전되면서 전호의 자립성·연대성이 강화되는 상황하에서 발생한 것으로 평가되고 있다. 송초에는 없었던 사조감면법(私租減免法)이 이 시기에 시행된 것 역시 전호의 항조운동의 결과라는 지적도 나오고 있다.[68]

송대에 일전양주제의 발생을 이러한 지주전호제의 발달에서 초래된 새로운 변화의 일환으로 평가하려면 단순히 그 존재의 확인만으로는 불충분하며 그 구체적 계기와 의의를 새롭게 밝힐 필요가 있을 것이다. 이에 관해 다수의 논고를 발표한 초야정은 전술한 관전에서 전권매매(佃權賣買)의 근거를 전호가 개간에 투여한 노동력 즉 공본전(工本錢)에서 찾고 있다.[69] 그의 주장에 의하면 관전(官田)의 조전형태의 하나인 관업조종(管業租種)의 경우 조전전(租佃田)은 일반 사유지와 동일하게 취급되어 타인에게 매매하는 것이 가능하였으며 교전시(交佃時)에 입가교전(立價交佃) 혹은 수가교전(酬價交佃)이라 하여 자배(資陪)의 가(價)를 취하였다고 한다. 이때 자배의 대상이 된 것이 전작자가 전전(佃田)의 개간과 수리시설의 홍수 등에 투여한 자본과 노동이며 이것을 전액(錢額)으로 표시한 것이 공본전(工本錢)이다. 초야정은 조종관업(租種管業)과 명청대의 일전양주제는 극히 근접한 관계에 있었다고 보고 이러한 예가 사전(寺田)과 학전(學田) 그리고 민전에서도 존재했음을 밝혔다.[70]

초야정의 주장에서 문제가 될 수 있는 것은 스스로 밝히고 있듯이 사가(私家)의 수리전 개발에 대하여 그 출자(出資)관계에 언급한 문헌이 극도로 부족하다는 점과, 관전의 전호는 실제로 무산의 전호가 아니라 지주와 전호간에 개재하는 중간경영자인 복전호(撲佃戶)·포전호(包佃戶)였다는 점이다.[71] 복전호는 그 아래에 화객(火客)·조호(租戶)·종호(種戶) 등으로 호칭된 다

66) 柳田節子, 1963, p. 116.
67) 柳田節子, 1963, pp. 117~119.
68) 草野靖, 1969-4, pp. 8~9.
69) 草野靖, 1969-3, p. 24.
70) 草野靖, 1970-3(上), pp. 51~72.
71) 草野靖, 1970-3(下), p. 47.

수의 경작농민을 거느리고 있는 호민(豪民)이었던 것이다. 이와 관련하여 초야정은 복전경영하(撲佃經營下)에서 개발이 진전되고 전토가 정비되어 경지가 안정되면서 점차 가계의 자립화가 가능해진 직접생산자인 조호가 복전호를 배제해 간 것으로 보고 공본전에 대한 권리도 경작자의 수중으로 넘어간 것으로 추론하고 있다. 일전양주 관행이 송대에 형성되었음을 일관되게 주장하는 초야정은 남송대의 문헌에 나타나는 전골·전근·전조·전저 등의 호칭이 전산(田産)의 권리서를 가리킨 것으로 보고 남송 후반기에 들어와 이들 호칭이 자주 사용되었다고 하고, 이는 전산의 전매교역이 일반화되고 권리서의 이전조작이 다수 행해진 결과이며 일전양주 관행도 이 무렵에 성립되었다고 주장하고 있다.

일전양주제가 송대에 일반화되었다고 보기에는 이를 뒷받침해 줄 만한 문헌사료가 아직 불충분하며 또한 단순히 전권의 근거를 공본전에서만 찾는 논리에도 재고의 여지는 있다고 생각된다. 명·청대의 일전 양주제 형성요인의 하나가 유력자에 대한 토지의 기진(寄進)이나 전주의 전저권 매각 같은 지주 혹은 자영농의 지위저하라는 측면과 관계된 것임을 생각하면 송대에서도 이러한 현상의 발생은 충분히 가능했을 것으로 추측된다. 그러나 송대에 일전양주제의 발생이 대토지소유의 발달과 지주전호제의 전개 속에서 나타난 새로운 변화 즉 촌락공동체의 안정화 노력과 전호층의 자립성 증대 등과 연관되어 나타난 것임은 충분히 인정할 수 있는 사실이며 이러한 의미에서 그 의의는 경시되어서는 안될 것이다.

4. 地主佃戶制와 國家

송대 지주전호제에 대한 최근 학계의 연구경향을 보면 종래의 대토지소유의 발달을 생산관계 파악의 기본축으로 보고 순전히 지주전호관계의 범위내에 국한하여 송대의 역사적 성격을 논해 온 것으로부터 벗어나 이와 관련한 국가의 역할에 대해서 새롭게 주목하기 시작한 것이 특징이다. 국가와 지주전호제의 관계설정은 송대사에 국한된 과제가 아니라 이후 명·청대의 성격파악과 관련해서도 중시되고 있는 문제이나 송대에는 주로 주객호제(主客戶制)와 국가의 호등제(戶等制) 지배문제와 관련하여 문제제기와 논쟁이 전개되고 있음을 지적할 수 있다.

주객호제와 호등제는 직역(職役) 부과를 중심으로 한 국가의 농민과 도시민 지배방식으로서, 양세(兩稅)부담이 가능한 물력(物力)이 있는 민을 주호(主戶)라 하여 자력(資力)에 응해 1등에서 5등까지 계층적으로 분류하고 나머지 양세부담 능력이 없는 교우(僑寓)의 민을 객호(客戶)에 편입시키는 송조의 독특한 제도이다. 주객호제와 호등제는 원래 세역(稅役)부과를 위한 순수한 제도적 차원에서 시행되어 지주전호제와는 직접 관련된 것은 아니었다. 이러한 주객호제와 호등제가 지주전호제 연구에서 주목된 계기는 연구자들이 사료상에 등장하는 객호를 전호와 동일시하여 해석하고부터였다. 특히 전호를 소작인·농노로 보는 주등길지는 사료상의 객호의 성격에 의거하여 전호의 예속성을 증명하는 중요 자료로 이용하였으며 여타 연구자들도 논점의 차이를 막론하고 객호를 전호로 파악한 것은 마찬가지였다.[72]

이러한 배경 속에서 주객호제는 처음 주로 전호의 지위문제와 관련하여 주목되었으나 연구가 진전되면서 객호를 전호와 동일 평면상에서 파악하는 연구방식 자체에 중대한 문제점이 있음이 드러나게 되었다.[73] 객호가 전호라면 소작제가 발달한 양절로(兩浙路)와 같은 경제적 선진지역일수록 객호의 비율이 증가되어야 할 터인데 통계상으로는 역으로 저하되는 경향이 현저하였음이 주목된 것이다.[74] 전호제가 발달한 곳일수록 객호의 수가 적었다는 사실은 주객호제와 지주전호제를 연관시켜 살펴보려 한 종래의 이해방식에 커다란 혼란을 야기시켰을 뿐만 아니라 송대의 역사적 성격을 지주전호제에 국한하여 논해 온 연구의 기본전제에 대해서까지 새로운 반성을 가하게 하였다.[75]

송대의 주객호제(主客戶制)에 대해서는 다수의 연구가 발표된 바 있으나 아직 정설이 없는 실정이며[76] 그 관점 역시 매우 다양하다고 할 수 있다. 그

---

72) 中川學, 1963, pp. 105~108. 客戶를 佃戶와 同一視하는 대표적 입장으로서 周藤吉之, 1954-1·3을 들 수 있다.

73) 島居一康, 1972, p. 141.

74) 원래 主客戶의 比率에 관해서는 加藤繁, 1952-8에서 일찍이 상세히 밝힌 바 있으나 地主佃戶制와 관련하여 이 점을 새롭게 주목한 것이 柳田節子, 1959이다. 島居도 이 점을 재차 지적하고 있다.

75) 柳田節子, 1967은 이러한 反省 위에서 출발한 것임을 스스로 밝히고 있다. pp. 337~341 참조할 것.

76) 宋代 主客戶制에 관한 學說史的 정리로는 中川學, 1963이 대표적인 것이며 島居一

천총 10년(1636)에 이르면 문관은 다시 내삼원(內三院)으로 개편되는데, 내국사원(內國史院)은 군주의 기거(起居), 조령(詔令) 등의 기록을 담당하였으며, 내비서원(內秘書院)은 외교문서와 주소(奏疏) 등의 문서를 관장하였으며, 내홍문원(內弘文院)은 황제에 대한 정사의 자문과 제도의 반포 등을 자문하게 하였다. 그리고 천총 5년(1631)에는 중국의 행정조직을 답습하여 6부제(六部制)를 도입하였다.[76) 이에 따라서 군정과 민정은 분리되었으며, 중국적인 군주독재의 관료국가체제를 이룩하게 되었다. 이는 만주족의 국가로서의 성격을 탈각하는 계기를 이루게 되었으며, 후금의 배타적이고 국수적인 체계에서 벗어나 한족(漢族)과 몽고족도 적극적으로 포괄하는 다민족국가로 변하게 되었던 것이다.[77)

이상과 같이 내정(內政)을 변모시켜 한편으로는 절대군주로서의 지위를 확보하면서 한편으로는 요동의 지배를 안정시켜 나갔다. 뿐만 아니라 이러한 내정의 안정을 도모하기 위하여 대외관계에도 주력하였다. 먼저 대명관계(對明關係)에서는 누르하치의 영원퇴패(寧遠退敗) 이후 원숭환(袁崇煥)과의 화의(和議)를 도모하여 천총 원년(1627) 이래로 7번에 걸쳐 대명화의(對明和議)의 서신을 보냈다. 홍타이지의 이러한 화의 제안은 우선은 자신의 권력장악을 위해 대외관계의 안정이 필요하였으며, 대조선공략의 기간 동안 대명관계의 안정이 필요하였기 때문이었다.[78) 그러나 원숭환의 화의 주장에도 불구하고 명조측에서 이러한 화의의 제안을 거절하자 금주(錦州)와 영원(寧遠)을 공략하였지만 퇴패하였다. 영원과 영·금(寧·錦)에서의 퇴패는 대명전(對明戰)에서 특별한 의미를 지니고 있는데, 전자의 경우는 영원을 중심으로 한 명조측의 북방수비의 가능성을 보여준 것이고 후자의 경우는 영원과 금주를 잇는 수비선의 공고성을 확인한 것이었다.[79) 그러나 방어 위주의 전략을 주장했던 원숭환이 파면된 후, 서양식 대포인 홍이포(紅夷砲)로 무장한 만주측에서 천총 5년(1631) 대릉하(大凌河)를 공략하여 성공하였다.

뿐만 아니라 명조를 고립시키고 경제적 어려움을 타파하기 위하여[80) 두

76) 蕭一山, pp. 206~210.
77) 載逸, 1980, pp. 78~86.
78) 金成基, 1979.
79) 孫文良, 1986, pp. 221~272.
80) 金鍾圓, 1976, 1978.

차례에 걸처 조선을 정벌하여, 대명견제(對明牽制)를 이루었다. 한편으로는
또 하나의 견제세력이었던 내몽고가 차하르(察哈爾)부의 링단(Lingdan; 林
丹)간(干)의 몽고대한(蒙古大汗) 자칭을 계기로 하여 분열되어 나머지 부족
이 후금에 투항한 이후, 천총 8년(1634) 도르곤을 파견하여 정복함으로써 내
몽고를 병탄하였다.[81]

이상과 같은 대내외적인 기반의 확보를 바탕으로 하여 1636년 '후금'의
국호를 '대청(大淸)'으로 개칭하고 연호를 숭덕(崇德)이라 하였다. 이러한
대청으로의 발전은 만주국으로서의 '후금'을 탈각하여 만·한·몽의 3종족
을 지배하는 다민족국가로의 성립을 의미하는 것이며, 누르하치의 요동 진
출 이후 요동지배의 안정을 의미하는 것이었다. 이를 바탕으로 중국으로 남
하하여 하북(河北)과 산동지역을 유린하고, 1641년을 전후하여 송산(松山)
을 점령하고 금주를 공략하여 산해관을 위협하였다.

Ⅱ. 淸朝統治權의 確立

1. 中國內地의 征服

청조(淸朝)의 중국진입은, 요동의 지배를 안정시켜 '대청'으로 발전한 청
조의 역량이 기본적인 요인이기는 하지만, 명조의 내분에 의한 멸망이 보다
직접적인 요인이기도 하다. 그러므로 청조의 중국진입의 문제는 명조의 멸
망이라는 측면과 함께 다루어야 하지만 본고에서는 청조측의 문제만을 다루
기로 한다. 청조가 중국으로 진입하게 됨으로써 청조는 새로운 형태의 지배
가 요구되었으니, 그것은 첫째 중국내의 여러 세력을 소멸시켜 중국통일을
완수하는 것이며, 둘째는 대다수의 내지한인(內地漢人)을 성공리에 지배하
는 것이었다.

중국진입 초기에 이러한 문제에 주도적으로 대처한 자가 예친왕(睿親王)
도르곤이었다.[82] 1643년 태종(太宗) 홍타이지의 사후, 제위의 계승분쟁 과정
에서 태종의 장자인 호거(Hooge; 豪格)를 추대하려는 양황기(兩黃旗)세력과

---

81) 稻葉岩吉, 1976, pp. 161~196.
82) 도르곤에 대한 전저로는 周遠廉, 1986-2가 있다.

도르곤을 추대하려는 아지거, 도도 등의 여타 세력이 대립하였다. 결국은
태종의 제9자인 풀린(Fulin; 福臨)을 순치제(順治帝)로 즉위시키고 도르곤과
지르갈랑(Jirgalang; 濟爾哈郞)이 공동으로 섭정하기로 하였다.[83] 그러나 도르
곤은 쇼토(Šoto; 碩托), 호거 등을 제거함으로써 양황기의 세력을 약화시켜
지르갈랑을 제치고 사실상의 전권을 장악하였다.

한편 명조에서는 수년에 걸쳐 농민반란이 계속되면서 장헌충(張獻忠)과
이자성(李自成) 집단이 대두하였다. 장헌충은 1643년 무창(武昌)에서 대서왕
(大西王)을 자칭한 후, 1644년에는 성도(成都)에서 '대서(大西)'를 건국하였
다.[84] 이자성도 1643년에 이르러 서안(西安)에서 '대순(大順)'을 건국하고
1644년에 북경을 공략하여 명조를 멸망시켰다. 북경을 점령한 이자성은 산
해관을 지키고 있던 오삼계(吳三桂)에게 투항을 권유했지만 오삼계가 이를
거절함으로써 대립관계에 놓이게 되었고, 이에 명조를 대신하여 중국의 국
난을 진압한다는 명분으로 청조와 오삼계가 연합하여 산해관 부근에서 이자
성군(李自成軍)을 격파하였다. 이로써 청조는 비교적 용이하게 산해관을 넘
어 북경을 장악하고 화북(華北)의 각 지역을 점령하게 되었다.

이처럼 용이하게 북경에 입성하여 명조를 계승하여 전중국을 통치한다고
포고하였던 청조는 각처의 농민군(農民軍), 토구(土寇) 그리고 완강한 한인
(漢人)의 저항에 부딪히게 되었다. 그중 대표적인 집단이 이자성과 장헌충
이었다. 이자성은 북경을 탈출하여 서안으로 도피하였지만, 청군(淸軍)의
추격과 지방의 무장자위(自衛)집단의 공격, 그리고 정권 내부의 분열로 인
하여 괴멸되었고, 이자성은 1645년 자위집단에 의해 사살되었다. 그리고 일
부의 잔여세력은 남명정권과 연합하였다.[85] 이자성집단을 토벌한 청군은 계
속하여 사천(四川)으로 진입하여 1664년에 장헌충을 사살함으로써 사천성
(四川省)까지 장악하였다.[86] 장헌충의 잔여세력 역시 남명정권과 연합하여
청조에 저항을 계속하였다.[87]

83) 崔韶子, 1975; 李格, 1980.
84) 岩見宏, 1971, pp.137~142.
85) 청조의 남명정권(南明政權)과의 대결은 통치권의 확립과정에서 중요한 경험이 되었
다. 이하 남명정권에 관한 서술은 Lynn A. Struve. 1984에 의거함.
86) 蕭一山, 1963, pp.285~292.
87) Lynn A. Struve, 1984, pp.125~138.

한편 이자성의 북경점령으로 명조가 멸망한 후, 명조의 관료들은 1644년 남경에서 복왕(福王)을 옹립하여 홍광제(弘光帝)로 추대하였지만 동림파(東林派)와 비동림파(非東林派)의 대립으로 분열되어 있었다. 1645년 청군의 공격으로 남경이 함락되어 괴멸되었지만 사가법(史可法)이 끝까지 저항했기 때문에, 도도는 그를 처형한 후 '양주십일(楊州十日)'이라는 열흘간의 살육을 단행하기도 하였다. 그 후 1645년 장황언(張煌言) 등이 절강(浙江)의 소흥(紹興)에서 노왕(魯王)을 추대하여 감국(監國)으로 칭하였고, 소관생(蘇觀生) 등이 복주(福州)에서 당왕(唐王)을 옹립하여 융무제(隆武帝)로 추대하여 청조에 대항하였으나 1646년에 청군에게 각개 격파당하였다. 그 해 광동(廣東)의 조경(肇慶)에서 여무사(麗武相) 등이 다시 주왕(桂王)을 영력제(永曆帝)로 추대하여 청조에 대항하였다. 그런데 관료·지주가 중심이 된 영력제의 남명정권과, 이미 괴멸된 농민군의 잔여세력과 연합함으로써 항청전(抗淸戰)은 새로운 양상을 보이게 되어 이후 약 15년간 지속되었지만 결국은 내분으로 인하여 세력이 약화되어 1661년에 소멸되어 버렸다. 이후 대만(臺灣)을 근거지로 한 정성공(鄭成功)집단이 잔존하고 있었지만 영력제의 남명정권의 소멸로 조직적인 항청세력은 제거되었다고 할 수 있다. 그러나 비조직적이며 자위적 성격이 강한 한인들의 저항은 계속되었기 때문에, 이제는 군사적인 형태가 아닌 방식으로 한인을 흡수해야만 했다.

정권적 규모가 아닌 이들 향촌자위집단은 명말 이래로 신사와 대지주를 중심으로 조직되어 있었다.[88] 특히 신사와 지주들은 향촌자위집단에 물적·인적 기여를 함으로써 자위집단의 지도자 역할을 담당하고 있었으며, 그들은 향촌의 수호와 궁극적으로는 자신의 이익을 수호하고자 하였다.[89] 그러나 끊임없는 토구의 발호와 대순정권에 의한 명조의 소멸은 자신들에게 커다란 위협이었다. 그렇기 때문에 이들은 토구의 위협으로부터 이들의 이익을 보호해 줄 강력한 국가권력을 필요로 하였으며, 대순정권과의 일시적인 결합도 이러한 욕구의 결과였다.[90]

한편 순조롭게 북경에 입성한 청조는 대순 치하에서 박해를 받던 명의 관

---

88) 명말 청초 산동성의 향촌자위집단에 대한 실증적인 분석은 鄭炳哲, 1988 참조.
89) 李成珪, 1977.
90) 鄭炳哲, 1988.

송조(宋朝) 자신을 해당 사회의 기본적 생산관계의 한편의 구성요소로서 이해하여 소농경영의 다양성과 불안정성에 대처하여 국가의 주호확보책이 실시되었음을 추구하거나 치수, 수리 등 공공사업 혹은 권농문(勸農文) 등을 통한 국가의 역할을 해명할 것을 제언하고 있다.

그러나 이러한 시각은 아직 시론적 역(域)을 크게 넘어서는 것은 아니며 실증적으로도 문제점이 없는 것은 아니라고 생각된다. 일례를 들면 송의 호등제와, 국가지배를 강조하는 유전절자의 논거에는 양세법이 호등제와 긴밀하게 관련되어 있다는 것이 전제되어 있으나 호등제가 직접적으로는 직역(職役)과 관계된 제도이며 양세법과는 체계를 달리하는 것이고, 모역법(募役法) 실시 이후 현전징수(現錢徵收)라는 새로운 역법체계가 수립되었다고 하여 호등제의 기능과 성격이 매우 제한된 것이었음이 지적되고 있다.[88] 한편 자영농의 역할을 지나치게 강조할 경우 경제적 선진지대인 강남지역에서의 현저한 지주제의 발달을 어떻게 평가할 것인가 하는 의문이 생기지 않을 수 없다. 또한 국가가 객호(客戶)의 주호화(主戶化), 지주전호관계에의 개입 등을 통해 직접지배를 관철시키려 했다고 해도 기본적으로는 양세법 실시 이후 생산수단인 토지의 사유화를 인정함으로써 순수한 경제관계의 면에서 볼 때 전호가 생산관계를 맺은 주체는 지주였다는 사실을 간과해서는 안될 것이다. 국가의 자영농 보호·육성책도 기본적으로는 지주제의 발달과 상호 모순되는 것은 아니며 단지 국가의 세역확보를 저해하는 경우에 한하여 직접 간여하였던 것으로 이해된다. 만약 자영농에 의한 이른바 소농경영을 기본적 생산관계로 설정한다면 당송변혁(唐宋變革) 이후의 비약적인 생산력 발달의 계기를 어디에서 찾아야 할 것인가 하는 점을 새삼 반문하지 않을 수 없다. 요컨대 국가와 자영농의 역할을 중시하더라도 이를 지주전호제와 동일 구도 위에서 파악할 수 있는 이론구성이 이루어져야 한다는 점을 지적하고 싶다.

---

88) 梅原郁, 1970, p. 406.

Ⅲ. 商業과 都市의 發達

1. 硏究의 現狀

당송변혁의 주된 흐름의 하나로서 상업과 이와 관련된 교통, 운수, 도시, 화폐, 무역 등의 발달을 들고 있는 것은 새삼 강조할 필요도 없을 것이다. 송대의 상업과 이와 관련된 여러 분야에 대하여 기술혁신을 바탕으로 한 '상업혁명'이라는 평가까지[89] 행해질 정도로 획기적인 발달이 이루어진 것은 틀림없는 사실이다. 생산력의 발달이라는 양적 변화와 더불어 송대 이후 사회와 경제는 질적 변화를 이룩하게 되었다. 이러한 변화에서 상업이 행한 역할과 의의에 관한 종래의 주요 시각을 몇 가지 살펴보면 다음과 같다.

첫째, 당송의 변혁이 실은 중국사를 관류하는 문화·정치·사회·경제적 비중의 남방으로의 이동에 대응한 것이라는 광의의 문명사적 관점을 들 수 있다.[90] 이에 관해서는 제Ⅰ장에서도 언급한 바 있으나 상업발달의 배경에 대하여 이들은 수당(隋唐)의 남북통일로부터 남송의 건국에 이르는 정치과정이 강남의 사회적 비중을 높여 삼국시대 이래 진행해 온 강남의 경제개발이 송조에 이르러 집약적으로 전개되었음을 중시하고 있다. 그 결과 북방의 정치·군사의 우월에 대하여 남방의 경제가 기능적으로 대립하여 남북간의 지역간 분업에 기초한 물자의 대량이동이 교통·상업의 기능을 증대시켰으며 국내상업도시의 흥륭(興隆), 산업의 집중·특산화가 이루어졌다고 한다. 한편 강남에서 생업기회의 증가는 내륙식민, 이주를 자극하여 인구의 남천 (南遷)을 촉진시켰고 소비의 증대, 물가의 등귀는 다시 생산을 자극하였다는 것이다. 이러한 시각은 중국의 경제적 발전의 이해에 지역사적 관점을 도입하였다는 점에서 중요한 의의를 부여할 수 있다.

둘째, 이른바 장원경제의 전개에 따른 격지간(隔地間)의 원거리상업의 발

---

89) Elvin은 宋代의 '經濟革命'이 1) 農業, 2) 漕運, 3) 貨幣와 信用, 4) 市場構造와 都市化, 5) 科學과 技術 등 5가지 주요분야에서 일어났다고 말하였다(1973, pp. 113~199).

90) 이러한 觀點은 加藤繁, 桑原隲藏, 張家駒 등의 諸論考의 기초를 형성하고 있다. 斯波義信, 1968, pp. 9~16 참조.

달에 주목하는 관점을 들 수 있다.[91] 이들은 산지(産地)의 지역간 분업, 특산물시장의 형성, 전기적(前期的) 상인의 발생, 수공업자의 활동, 교통의 발달 등 원거리 상업의 발달을 중심으로 하여 송대 상업의 의의를 찾는 것이 특색이다.

셋째, 자연경제로부터 화폐경제로의 이행이라는 기준에서 송대 상업의 질적 전환을 평가하는 관점을 들 수 있다.[92] 이러한 관점은 종전 송대 상업사 연구에서 매우 성행하여 다수의 고전적 저술이 그 영향하에서 이루어졌음을 살펴볼 수 있다. 당송의 도시경제사(특히 그 법제사, 인구사, 사회사적 측면), 화폐금융제도사, 교통무역사, 재정사(財政史 ; 兩稅, 商稅, 專賣制度史)의 여러 분야에서 괄목할 만한 실증적 성과의 상당수가 이에 입각하여 정력적으로 개척되었던 것이다.

마지막으로 근래 명·청대 사회경제사 연구자들을 중심으로 송대 상업발달의 한계를 지적하는 입장을 들 수 있다.[93] 이들은 중국에서 근대 자본주의의 성립기를 둘러싸고 그 맹아적 기원을 명말 청초 이후로 하강시키고 명대 이전의 화폐경제현상을 전(前)자본주의적 성격으로 규정하고 있다. 따라서 종래의 당·송사 연구에 공통으로 나타나는 개념의 불명확함과 경제사적 체계의 불비가 그 비판의 표적이 되고 있음을 지적할 수 있다.

이같은 명·청사 연구자들의 문제제기와는 약간 다른 의미에서 최근에는 송대사 연구자들 스스로 종래의 연구방법에 대한 반성이 일고 있음은 주목할 만한 사실이다. 그 비판의 대표적인 것은 종전 성행하였던 자연경제에서 화폐경제로의 이행이라는 가설이 스스로 한계를 지녔다는 주장이다.[94] 즉 거시적으로 볼 때 전기적인 상업은 춘추전국시대 이래 어느 시대에나 존재하였으며 또한 화폐경제의 해방력이 일면적으로 강조되어 왔다는 것이다.

91) 그 대표적인 論考는 加藤繁, 1952-⑪을 위시하여 日野開三郎, 靑山定雄 등 초기의 實證的인 商業史, 交通史 연구에서 찾아볼 수 있다. 斯波義信, 1968, p.11 참조.
92) 이러한 觀點은 內藤湖南, 宮崎市定 등이 제창한 宋代近世說의 기초가 되었으며 中國의 多數의 宋代 社會經濟史 硏究者들도 채택하고 있음을 지적할 수 있다. 王志瑞, 1931, 全漢昇, 1972·1976 등의 諸論著와 陶希聖, 鞠淸遠 등《食貨》同人들의 연구가 이에 속한다. 斯波義信, 1968, pp.11~12 참조.
93) 그 대표적인 것으로《中國史の時代區分》(1957)에 수록된 田中正俊 등의 諸論考를 들 수 있다.
94) 斯波義信, 1968은 이러한 反省 위에서 宋代 商業史의 理論的 再構成과 이를 뒷받침하는 實證을 行한 최근의 대표적 연구성과라고 할 수 있다.

그 주장에 의하면 추후에는 당면 당·송의 경제와 사회의 구조 가운데에서 상업을 정립시켜야 하며, 사회의 내적 구조변화의 일환으로서, 또한 사회분업의 심화의 한 표시로서 상업을 이해해야 한다고 한다. 따라서 전근대사회에서 상업은 일면적으로 '해체적(解體的)', '해방적(解放的)'인 측면에서 이해하는 것보다는 '구성적(構成的)', '상호규정적(相互規定的)'으로 이해할 필요가 있다는 것이다.

전통적으로 농업중심이었던 중국사회에서 상업이 행한 역할이 무엇이었는가 하는 의문은 방대한 연구의 축적이 이루어진 현금에 와서도 아직 해명의 여지가 많이 남아 있다. 그러나 상업의 규모와 기능에서 송대를 전기로 하여 그 이전과 이후간에 현격한 차이가 존재함은 누구나 인정하고 있다. 이러한 송대 상업과 도시 등 관련분야의 발달과 기능에 관하여 이하 중요 주제에 따라 구분하여 살펴보기로 하겠다.

2. 交通과 運輸

통일국가에서 교통로의 정비는 국가권력의 강약과 통일유지에 중대한 관계를 지닌다. 중국에서 역대 왕조의 교통로는 그 국도(國都)를 중심으로 발달하였으며 송조(宋朝)도 예외는 아니었다. 먼저 육상교통로를 살펴보면 동서남북의 서방과 동남방을 향한 5개의 주요 간선도로가 있었다.[95] 먼저 서방로(西方路)를 살펴보면 당대 이래 해상무역의 발달로 인해 과거 동서교통의 통로로서의 의의는 상실하고 말았으나 감숙(甘肅) 방면에 건국한 서하(西夏)와의 군사적 대립이 계속되면서 서북변 주둔군에 대한 군량(軍糧)과 양말(糧秣)의 운반로로서 새로운 역할을 담당하게 되었다. 북방로 역시 군사적 동기에서 중시된 것은 이와 마찬가지였다. 북송 일대(一代)를 일관하여 요(遼)와의 군사적 대치가 지속됨으로써 행정·외교·군사상의 사무와 입중상인(入中商人)들의 활동 등을 통해 북방로는 북송 멸망까지 중요한 역할을 담당하였다. 동남방로는 개봉(開封)에서 강소·절강을 거쳐 복건에 이르는 도로이다. 동남방로는 남방에서 항주까지는 육로를 통하고 항주에서 경사(京師)까지는 운하에 의해 연결되어 있다. 동남방로는 상업의 발달과 관

---

95) 靑山定雄, 1963, pp. 29~50.

련하여 5개 간선로 중에서도 가장 중요한 역할을 하였다.

송대에는 수십만의 중앙군을 수도와 북변(北邊), 서북변(西北邊)에 주둔시켜 그 군자(軍資)와 군량은 막대한 양에 달하였다. 중앙재정은 국초부터 이미 당(唐)의 2배에 달하였으며 이후 더욱 증가되었다. 이러한 방대한 중앙재정은 남방 특히 양자강 중하류역의 재물에 크게 의존하였다. 송조가 동남지방과 근접해 있는 개봉에 수도를 정한 것도 바로 이러한 이유 때문이었다. 수상교통로를 통해 물자를 국가적 통제하에서 운반하는 것을 조운(漕運)이라고 한다. 송대 수상교통로는 변하(汴河), 황하(黃河), 혜민하(惠民河), 광제하(廣濟河) 등이 있었으나 가장 중요한 것은 변하(汴河)였다.[96] 변하는 수대(隋代)에 만든 운하인 통제거(通濟渠)로서 하남성의 하음현(河陰縣)에서 황하로부터 분류(分流)하며, 동류(東流)하여 개봉부(開封府)를 거쳐 남경 응천부(應天府), 지금의 안휘성 일대 등을 거쳐 회수(淮水)와 접하게 되어 있다. 변하는 초주에서 양주로 연결되어 양자강에 이르며 여기부터는 단양군(丹陽郡)에서 여항군(余杭郡)에 걸친 강남하(江南河)에 연결되어 항주에 도달한다. 이 수로는 크리크를 통해 양자강델타의 여러 지역과 육상의 동남방로, 남방로에 의해 복건, 광동지역과도 연결되고 있다.

변하는 송초인 태평흥국(太平興國) 6년(981) 갱미(杭米) 300만 석, 두(豆) 100만 석을 운반하였으며 이후 해마다 증가하여 경덕(景德) 4년(1007년)에는 조운의 연액(年額)은 600만 석으로 정해지기에 이르렀다.

송대에 조운은 이처럼 중요한 역할을 담당하였으므로 그 관리도 국가에서 직접 담당하여 전반법(轉般法)이 실시된 숭녕(崇寧) 3년(1104) 이전에는 회남전운사(淮南轉運使)가 관장하거나 발운사(發運司)를 설치하여 이를 통할하게 하였다. 숭녕(崇寧) 3년 이후 조운의 관리는 동남각로의 여러 주에서 수도까지 직송하는 직달법(直達法)으로 변경되었다.[97]

조운의 하부조직을 살펴보면 송초에는 관선(官船) 중심의 자급주의가 원칙이었으나 중기 이후 점차 민선의 고용에 의한 민간 운수조직에의 의존을

---

96) 汴河에 관해서는 黎市虹・紀萬松, 1982-1 및 青山定雄, 1963, pp. 213~256을 참조할 것.
97) 漕運에 관해서는 全漢昇, 1946 및 青山定雄, 1963, pp. 354~402를 참조할 것. 특히 青山, 1963은 宋代 漕運의 制度的 沿革에 관하여 상세하다.

심화시켜 갔다.[98] 전반법이 직달법으로 변경된 배경에는 이러한 일반적 정세의 변모도 작용하였다. 이는 관·민 양자의 경합 가운데서 민간 운수업이 독점적인 관영체제에 대항하면서 그 실력을 키워간 것을 말해주는 것이다.

이와 관련하여 당시 민간 운수업의 상황을 살펴보면 그 종사자들 가운데는 영세한 이촌농민(離村農民), 경지부족으로 전출한 산촌(山村)농민이 다수 참가하고 있었다. 경영면에서 대세는 자선(自船)운송이었으나 단순한 자운자매(自運自賣)의 원초형태에 머물지 않고 교통용역(交通用役)의 상품생산화 즉 교통업의 독립도 어느 정도 실현되었다. 이에 따라 운송계약, 운송보험의 관행이 발달하였으며 용선(傭船)이나 일종의 '선박공유조합(船舶共有組合)', 코멘다 등의 관행도 발생하는 등 전기적 자본의 맹아적 집중형태도 보이고 있다.[99] 그러나 송대 민간의 교통·운수업은 뚜렷한 한계도 아울러 지니고 있었다. 대개는 투기적 성격이 강하였으며 전쟁이나 비적(匪賊)에 의한 약탈과 관료, 황족, 장원소유자, 다염(茶塩)의 독점상인 등에 의한 특권적인 운수와 불리한 경합하에 있었다. 내재요인으로는 수운업을 형성한 사회계층의 후진성과 경영의 영세성을 면할 수 없었으며 따라서 사회적 신용도가 낮아 주주 고리대나 부상(富商)들의 지배를 받아 자본의 집중·확대에 한계가 있었다.

송대 물자이동의 기본성질은 공조(貢租)와 공과(公課), 관물·관료·군대의 이동을 포함한 관용교통(官用交通)을 특권적이고 우선적으로 하여 유지 발전시켰으므로 민간의 교통운수업에는 처음부터 한계가 있었다. 그러나 이와 동시에 송조의 정책은 체제의 보충적 계기로서 상업을 통제·보호하여 상인이나 직접생산자의 교통을 매개로 한 거래나 민간의 이동교통에 대하여 제한적이지만 교통의 자유를 인정하고 교통세, 관세, 거래세 등을 통해 이윤의 일부를 흡수하였다.[100] 민간의 교통운수업은 이러한 상황하에서 대두하여 그 주장의 관철·좌절의 과정을 통하여 스스로의 사회적 존재를 노정하였다고 할 수 있다.

한편 송대 민·관의 교통운수업의 발달은 상업의 발달에 의해 촉발되었으

---

98) 民間運輸業의 발달을 專論한 연구로는 斯波義信, 1968-1 등이 있다.
99) 斯波義信, 1968-1, p. 131.
100) 斯波義信, 1968, 〈問題의 基本的 考察〉, p. 19.

나 객상의 자유로운 활동에 커다란 기여를 하였다는 점에서도 중요한 의의
를 인정할 수 있다. 그러나 아직까지 객상에 의한 원거리 상업전개의 물적
기반을 이루는 해상·내륙·내하(內河)교통의 기초적 연구는 거의 미개척으
로 남아 있음을 지적할 수 있다.

3. 商 業

1) 農業 및 手工業物資의 商品化

삼국(三國)·위진남북조(魏晋南北朝)시대에는 경제생활의 기조는 자급적
이었으며 시장도 협애(狹隘)하였고 생산력은 정체적이었다. 체제의 경제정
책도 자연경제상태에 대응한 공조(貢租)체계의 유지에 주안점을 두어 농민
과 수공업자의 상업에의 참가는 매우 미약하였다. 당 중기(唐中期) 이후 특
히 송대에 들어와서 상황은 일변하게 되었다. 강남의 개발, 인구의 증가 등
에 의한 생산력의 비약적인 발달과 지주전호제의 성립으로 인한 농민들의
자율성의 증대는 농민의 상업에의 참가 기회를 현격히 증진시켰다. 소비인
구의 증가와 기호의 다양화는 주곡을 위시하여 야채, 차(茶), 소금(鹽), 유
지(油脂) 등 농산물과 견직물, 마직물, 도자기, 제지, 칠기 등 수공업물자의
상품화를 촉진시켰다.[101]

한편 송조는 재정의 중앙집권화를 도모하여 농업, 광업 등을 위시한 체제
유지에 필요한 기간산업을 공조(貢租) 내지는 왕조의 직접적 통제대상으로
삼고 있었던 것은 전대와 다를 바 없었으나 현실에서는 상업의 자유로운 활
동을 상당히 용인하는 입장을 취하였다.[102] 공조를 위한 작물재배를 농민에
게 강요하여 농민의 상업활동을 불가능하게 만드는 것과 같은 철저한 생산
물 공조의 납입은 처음부터 의도하지 않았으며 농업을 포함한 여러 산업의
상품생산을 일정 한도에서 허용하였다. 또한 중앙정부의 대량의 소비, 관물

---

101) 宋代 手工業, 礦業 등의 발달에 관해서는 季子涯, 1955-5 ; 斯波義信, 1968-3 등이 있
  으며 Hartwell, 1966은 宋代에 들어와 그 이용기술이 高度化된 鐵의 생산과 유통을 專
  論한 연구이다.
102) Hartwell, 1971은 宋代 경제발달의 배경으로서 專門的인 經濟官僚의 등장 및 상업의
  발달에 대응한 財政策의 수립 등이 중요한 역할을 하였음을 지적하고 있다(pp. 59~60
  참조). 斯波義信, 1970, p. 388에서도 國家가 상업의 발달을 일정한 범위 안에서 지원하
  였음을 말하고 있다.

(官物)의 구매가 자율적으로 발흥해 가던 모든 생산의 발전에 자극을 준 사실도 무시할 수 없다.

먼저 농업분야를 살펴보면 과거 공조납입(貢租納入)의 주요 대상의 하나이던 미곡이 상품화되기 시작하였다. 당 중기 이후 강남의 농업개발로 인해 도미(稻米)의 생산은 비약적으로 증대되었다. 특히 양자강델타지역의 미곡생산은 타지역을 훨씬 능가하여 "소(蘇)·호주(湖州)에 풍년이 들면 천하가 풍족하다"는 속담이 생길 정도였다.[103] 북송 진종대(眞宗代)에 도입된 점성도(占城稻)의 보급은 미곡의 상품화에 중요한 계기가 되었다. 점성도에 관해서는 앞에서도 언급한 바 있지만 생장 기간이 짧고 내한성(耐旱性)이 강한 이점으로 인해 강남지역에서 널리 재배되었다. 품질의 열악 때문에 점성도는 관미(官米)나 부호·지주의 식용으로 이용되지는 않고 오히려 염가의 하급품으로서 하층농민이나 도시빈민에게 소비되어 그 자체 상품화될 수 있는 성질을 지니고 있었다.[104] 송대에는 점성도를 포함하여 무려 200종을 넘는 신품종이 있었으며 집하기구의 발달, 기호의 분화에 의해 미(米)의 품목도 수단계로 분화해 있었다. 이는 주곡으로서의 쌀이 이미 집중적으로 생산되어 상품화되었음을 말해주는 것이다.

이러한 미곡의 상품화는 미(米)의 소비와 유통을 활발하게 하여 미(米)시장의 형성을 가능케 하였다.[105] 송대에는 미시장과 관련하여 '보담(步擔)', '미주(米主)', '탑가(塌家)', '부가(富家)' 등의 용어와 '미선(米船)', '미객(米客)', '미아인(米牙人)', '미포(米鋪)' 등이 존재하였다. 보담은 농민 가운데에서 조세·자가소비의 잉여미를 부업적으로 상품으로서 주변의 지방시장에 판매하는 것을 말한다. 보담인은 성시(城市)나 촌시(村市)를 중심으로 협애한 지방시장권을 형성하고 있었다. 미주·탑가는 재향(在鄕)부농으로서 스스로 지주적 축적이나 고리대적 대차의 결과를 거두어 저장미를 투기적으로 객상(客商)이나 성곽(城郭)의 포호(鋪戶)에게 판매하는 것을 말한

---

103) '蘇湖熟 天下足'이라는 俗談은 范成大의 《吳郡志》 50 등 다수의 당시 文獻에서 언급됨. 斯波義信, 1970, p. 394 참조.
104) 斯波義信, 1970, pp. 393~394.
105) 宋代 米穀에 관해서는 全漢昇, 1972 및 宋晞, 1962·1980 등에 多數의 論考가 수록되어 있으며 최근 斯波義信, 1968-2는 宋代 米市場의 구조를 분석한 대표적 論著이다. 以下 米市場의 성격에 관해서는 斯波의 同論文을 요약함.

다. 그 성격은 부농의 부업적 상업으로서 왕왕 타업(他業) 특히 고리대업과 겸업하고 있었으며 거래액과 자본 모두 규모가 커서 미(米)시장의 구성에서 중요한 기능을 담당하고 있었다.

미강(米矼)·미선·미객 등은 당시 강남 미업(米業)의 객상(客商)을 말한다. 이들은 대개의 경우 운수업과 겸업하여 부농으로부터 혹은 직접 농민으로부터 쌀을 구입하여 먼 지역의 성시(城市)로 운반하여 미아인(米牙人) 등에게 판매하는 일을 하였다. 이외에도 중개상인인 미아인, 유통의 최종과정에서 소매업을 하는 미포 등이 있었다.

이같은 쌀[米]시장 구조의 형성을 통해 볼 때 쌀이 고도로 상품화되어 객상에 의해 원거리로 판매되었으며 그 유통의 배후에는 전국적인 시장권이 형성되어 있었다는 사실을 확인할 수 있다.

미곡 이외에도 차를 비롯하여 유지(油脂), 소채, 과실, 사탕, 목재 등 허다한 자연적 농산물이 상품화되었다. 특히 차는 일찍이 한대부터 기호품으로 재배되기 시작했으나 화중(華中)·화남(華南)의 작물분포 가운데에서 그 지위를 확립한 것은 당대 이후부터였다.[106] 주산지는 사천·호북·절강이었으나 송대에는 강서·강소·안휘·복건 등지로 산지가 확대되었다. 차는 당·송 이래 중국인뿐만 아니라 주변 유목민족들간에도 일상적인 기호품이 되어 넓은 시장을 갖게 되어 시장성이 극히 높은 상품작물이 되었다. 이러한 차의 상품가치에 착안하여 이미 당대 덕종(德宗) 건중 연간(建中年間; 780 ~783년)부터 차의 전매가 실시되었으며 송조도 국가재정의 확보를 위하여 국초부터 차의 전매를 실시하였다.[107] 그 방법은 일정치 않았으나 대략 상전매(商專賣)라고 할 수 있는 간접 전매방식을 취하여 민간에서 생산한 차를 국가가 전액 수매하여 다교인(茶交引)의 발행을 통해 상인에게 유통과 판매를 위임하는 형태였다. 차전매의 목적은 국가재정의 확보 외에도 차판매권의 이익을 이용하여 상인들로 하여금 군수품을 변경에 입중(入中)시키고 또한 외민족(外民族)의 회유, 다마무역(茶馬貿易)을 통한 군마의 구입 등 다각적이었다. 차전매의 수익은 매우 거대하여 국가세입 중에서도 중요한 비중

---

106) 宋代 茶의 生産과 流通에 관해서는 방대한 論著가 나온 바 있으나 대표적인 것만 들면 松井等, 1917을 비롯하여 佐伯富, 1969-2; 1971; 賈大泉, 1980-4; 程光裕, 1953; 華山, 1957 등의 論考가 있다.
107) 佐伯富, 1969-3, p. 378.

을 차지하여 지도 연간(至道年間; 995~997년)에는 과입(課入)에 대한 다전(茶錢)의 비율이 24%나 차지할 정도였다. 차는 기본적으로 전매품이었기 때문에 그 수익의 대부분은 국가에 돌아갔으나 유통과정 속에서 다수의 상인들이 참여하였으므로 차의 판매를 통해 거리(巨利)를 획득한 상인들도 출현하였다.[108] 차의 전매가 민중의 생활이나 물자의 유통조직에 미친 영향과 다상(茶商)의 구체적 존재형태에 대해서는 아직까지 명확히 밝혀져 있지 않으며 추후의 과제라고 해야 할 것이다.[109]

한편 차와 더불어 소금도 전매가 실시되어 국가재정과 민간경제에서 중요한 비중을 차지했다.[110] 소금은 상홍양(桑弘羊)이 염철전매(塩鐵專賣)를 실시한 한대 이래 당·송을 거쳐 청대에 이르기까지 일관하여 국가전매가 관철됨으로써 단순히 송대에 국한된 사실은 아니나 이후 명·청대에 실시된 제도의 기본 골격이 송대에 이미 형성되었다는 점에서 주의할 필요가 있다.

송대 염전매법(塩專賣法)의 변천을 살펴보면 매우 복잡 다단하나 대략은 차전매와 유사한 과정을 밟아갔음을 알 수 있다. 송초에는 국가가 염리(塩利)를 독점하는 관매법(官賣法)이 실시되었으나 북송 중기부터 염의 유통과 판매에 상인을 이용하는 통상법으로 이행되었다.[111] 소금은 차와 함께 국가재정 수입에서 중요한 비중을 차지하여 이미 당대 대력(大歷; 766~779년) 말년에는 세전수입(歲錢收入)의 대반을 점하였으며 송대 이후에도 이러한 사정은 변치 않았다. 이처럼 염리가 증대하자 사염(私塩)이 횡행하여 정치적·경제적으로 국가에 중대한 위협으로 등장한 것도 주목할 만한 사실이다.[112] 송조는 소금 밀매를 금지하는 세밀·가혹한 형법 즉 염법(塩法)을 수립한 것을 비롯하여 염전매(塩專賣)에 관한 주요 제도를 거의 완성시켰다.[113] 당에서 송·원 시대에 걸친 염법의 발전을 살펴보면 상전매(商專賣)가 철저화된 점

---

108) 佐伯富, 1971, pp. 138~145.
109) 斯波義信, 1968, 〈問題의 基本的 考察〉, pp. 25~26.
110) 宋代 塩專賣에 관한 論考는 매우 많으나 그 일부만 소개하면 戴裔煊, 1981을 비롯하여 林瑞翰, 1964; 錢公博, 1967; 程光裕, 1948 등이 있으며 吉田寅, 幸徹, 河上光一 등 宋代 專賣制 專攻者들의 多數의 論著가 있으나 目錄소개는 생략한다.
111) 通商法과 鈔法에 관한 專論으로는 戴裔煊, 1981이 있다.
112) Worthy, 1975는 兩浙지역의 專賣制운영실태에 관한 검토를 通해 需給조절의 실패와 私塩의 橫行이 塩專賣의 중대한 위협이 되었음을 지적하였다(pp. 114~126 및 p. 136 참조).
113) 斯波義信, 1970, p. 397.

을 가장 먼저 들 수 있다. 이는 간접소비세가 유력한 재원으로 된 한편 상인
층의 독점에의 기대와 국가의 이해가 간접전매방식을 통해 일치점을 찾은
것을 의미한다.

염전매와 관련하여 빠뜨릴 수 없는 사실은 송대 이후 염상(塩商)의 성장이
다. 염상에 대해서는 청대 신안상인(新安商人), 산서상인(山西商人) 등을 위
시한 거상(巨商)의 출현과 상업자본의 형성 등 그 정치적・사회경제적 역할
이 상세히 밝혀진 바 있다.[114] 송대에는 이러한 염상의 역할에 관해서는 아
직 구체적 연구가 나오지 않았으나 염상을 비롯한 부상의 존재와 이들의 중
요한 비중을 말해주는 증거들을 적지 않게 찾아볼 수 있다. 예를 들면 당대
이후 '일양이익(一揚二益)'이라는 속담이 있을 정도로 양주(揚州)는 경제적
으로 번영하였는데 그 발전은 염상의 발전과 중대한 관계가 있었다.[115] 당대
부터 송대에 걸쳐서 양주는 염(塩)집산의 일대 중심지였으며 이후 명・청대
의 유명한 염상들도 대부분 양주를 중심으로 활동하였던 것이다. 또한 송의
인종이 다상(茶商)인 진씨의 여식을 황후로 맞아들인 것도 유명한 사실로 알
려져 있다.[116]

이상 살펴본 농산물 등 자연적 생산물의 상품화와 동시에 송대에는 견직
물, 마직물의 일부가 농촌에서 상품화되었으며 도자기, 제지 등 수공업이
농촌 내부에서 분화 발달하였다.[117] 견직업의 발달은 중국에서 오랜 역사를
갖고 있으나 송 이전은 주로 공납과 자가소비를 위한 생산을 벗어나지 못하
였다. 당송시대에 견직물업의 발전은 생산력 발달의 하나의 귀결로 이해할
수 있다. 송대의 견직물업이 일차적으로 관(官)에 의한 대량의 수요를 충족
시키기 위하여 생산되었으나 중요한 것은 시장의 확대, 상업의 발달이라는
새로운 추세에 대응하여 도시 견직물업이 독자적으로 발전을 이룩하였다는
점이다. 이에 따라 상업자본에 장악되기 시작한 농촌에서는 기업(機業)이
농업으로부터 분화하였으며, 집하(集荷)・중개조직의 발달에 의해 상엽(桑
葉)을 비롯한 양잠・제사・기직(機織)의 각 단계에서 상품화가 진행되었다.
호주(湖州)의 산촌(山村) 의조현(義鳥縣), 강동의 요주(饒州)・신주(信州) 등

---

114) 藤井宏, 1953・1954 ; 寺田隆信, 1972를 참조할 것.
115) 全漢昇, 1972-1, pp. 5~9 ; 佐伯富, 1969-1, p. 141.
116) 佐伯富, 1969-1, p. 141.
117) 斯波義信, 1970, pp. 400~401.

은 농촌으로서 견직업이 발달한 대표적 지역이며 한편 동견(東絹)·촉면(蜀錦)·북견(北絹)·월라(越羅)·북사(北糸) 등은 도시 견직업의 대표적 특산이라고 할 수 있다.

송대 수공업발달을 대표하는 것은 무엇보다도 도자기라고 해야 할 것이다. 송자(宋磁)는 중국내지만이 아니라 고려, 일본 등 동아시아 여러 나라와 서남아시아, 동남아시아 지역으로까지 수출된 중요 무역품이었다. 송대에는 관·민을 합하여 수십처에서 도자기가 생산되었다. 그중 유명한 생산지로서 알려진 곳이 변(汴)의 관요(官窯), 월(越)의 가요(哥窯), 여주(汝州)의 여요(汝窯), 정주(定州)의 정요(定窯) 등이다. 민간의 도자기업 중에는 경영과 공장(工匠)의 분리가 이루어져 이전의 가내공업식의 요업에서 벗어나 분업화현상이 나타나기도 하였다.

제지업은 관용(官用)소비의 증대, 인쇄·출판술의 발달 등에 의해 획기적인 발달을 이룩하였다. 화북의 상피(桑皮), 절강·복건의 죽(竹), 강남의 저(楮), 사천의 마(麻) 등 원료가 개발되었으며 수질이 양호하고 기술·전통이 있는 산촌(山村)에서는 농민의 부업 내지는 전업(專業)으로서 각지에서 성장하였다.

기타 농기구, 제철, 광산, 조선, 칠기 등 다양한 부문에서 수공업적 특산물이 생산·유통되었음도 이미 밝혀진 바 있다.

2) 對外貿易

이러한 농산물 등 자연적 생산물과 수공업·광업적 특산물의 상품화가 비약적으로 진전되면서 전국적 교역권의 형성과 함께 대외무역도 활발히 이루어졌다.[118] 송대의 대외무역은 비단길(Silk Road)을 통한 소규모 교역에 의한 다분히 정치적·문화적 교류의 의의가 컸던 전대의 형태와 차원을 달리하여 수백 명, 심지어는 천 명 이상의 인원을 실을 수 있는 대선(大船)을 이용한 해상무역의 발달이 특징이다. 송대 거선(巨船)의 출현에 관해서는《몽량록(夢梁錄)》,《평주가담(萍洲可談)》등 당시 사료에 상세히 기술되어 있는

---

118) 宋代의 對外貿易은 그 質·量 兩面에서 前代와 劃을 긋는 발달을 보여 일찍부터 이에 관한 多數의 論著가 발표된 바 있다. 藤田豊八, 1932; 桑原隲藏, 1935 등은 南海貿易을 중점적으로 다룬 대표적 論考이며 國內에서도 金庠基, 1948은 高麗와 宋의 經濟的 교류를 고찰한 선구적 연구라고 할 수 있다.

바 선박의 크기뿐만 아니라 조선(造船) 기술도 매우 뛰어났던 것으로 알려져 있다.[119]

송대의 대외무역은 그 규모면에서 이전과는 획을 긋는 발달을 보였을 뿐만 아니라 교역 대상지역도 크게 넓어져 가까이 요(遼), 금(金), 고려, 일본을 위시하여 동남아·서남아지역에까지 확대되었다.[120] 송대 해외교통에 관한 대표적 사료라고 할 수 있는 주거비(周去非)의 《영외대답(嶺外代答)》에 의하면 대식국(大食國), 사파국(闍婆國), 삼불제(三佛齊) 등과의 교류가 언급되어 있는데 이는 각각 오늘날의 아라비아, 자바, 팔렘방에 해당된다. 기타 점성국(占城國;베트남), 포감국(蒲甘國;버마), 발니국(渤泥國;보르네오), 천축(天竺;인도) 등과도 활발한 교역이 이루어져 상인의 빈번한 왕래와 더불어 특히 동남아지역에는 다수의 중국인 이주자도 존재하여 이후 화교의 기원이 되기도 하였다.[121]

송의 대외교역물자를 살펴보면 먼저 수입품으로서 남해의 향료, 상아, 진주, 목면, 금과 북방제족의 주옥(珠玉), 모피, 마(馬), 양(羊), 은, 약재 등이 있었으며, 수출품으로서는 동철, 곡물, 직물, 자기, 서적 등이 있었다.

이처럼 대외무역이 발달하여 그 경제적 비중이 증대되자 송조(宋朝)는 광주(廣州), 천주(泉州), 명주(明州), 온주(溫州), 항주(杭州) 등 주요 해항(海港)에 일종의 세관인 시박사(市舶司)를 설치하기에 이르렀다.[122] 시박사는 이미 당대부터 설치되어 있었으나 당시는 광주 1개소에 불과하였으며 송대에 들어와 총 10개소로 크게 증가되었음을 볼 때 송대 대외무역의 번성을 이에서도 짐작할 수 있다. 또한 시박제도(市舶制度)는 원·명을 거쳐 청대에 성립된 해관제도(海關制度)의 기원이 되었다는 사실도 아울러 지적할 수 있다.

3) 商人과 商業組織

활발한 상품유통, 전국적 교역권의 형성 등 송대 상업의 발달에서 중요한

---

119) 河上光一, 1966, pp. 275~278.
120) Lo Jung-pang. 1969는 宋代의 南海貿易의 실태를 밝힘과 동시에 宋朝의 海軍力의 역할이 의외로 컸음을 지적하고 있다.
121) 河上光一, 1966, pp. 278~282.
122) 市舶司에 관해서는 桑原隲藏, 1935를 참조할 것.

공헌을 한 것으로서 상인의 활동과 상인층의 분화 그리고 상업조직의 발달을 빼어놓을 수 없다. 상인은 전통적으로 상(商)과 고(賈) 즉 객상(客商)과 좌고(坐賈)로 구분되어 있었으나 당·송 이후 상업조직은 한층 복잡해졌다. 생산자와 소비자의 사이에 중개기능을 가진 아행(牙行)·아쾌(牙儈)와 중간 도매업·창고업적 기능을 지닌 점호(店戶)·거정(居停)·정탑(停塌)·저점(邸店)·선행(船行), 그리고 판매담당인 객상·경상(經商), 외국무역상인 박상(舶商), 정주소매상(定住小賣商)인 포호(舖戶), 기타 소경기(小經紀)·보담(步擔)·판부(販夫) 등의 다양한 형태의 상인이 분화·발달하였다.

이러한 상인층의 분화에서 최말단의 상품의 집하(集荷)기능을 담당한 것이 남호(攬戶)이다. 원래 남호는 양세의 납입(納入)과 관련하여 농촌에서 일종의 납세청부인(納稅請負人)의 기능을 담당하고 있었으나 소규모 자본을 이용하여 농촌고리대, 토지에의 투자를 통해 농산물을 매집(買集)하여 지방 중소도시의 상인들에게 넘겨주는 역할을 하였다. 간인, 서리 등도 일부 이와 같은 기능을 하기도 하였다. 상인의 분화 가운데에서 특기할 만한 존재가 아인(牙人)이다.[123] 아인은 상품을 매집하여 도시 등에 가지고 오는 객상과 정주하여 직접 소비자에게 판매하는 좌고의 사이를 연결시켜 주는 중개 상이라고 할 수 있다. 송대에는 아자(牙子)·아쾌(牙儈)·아행·저쾌(駔儈) 등으로 불리어졌다. 아인은 대개 소규모 자본을 갖고 단순히 객상과 좌고간의 중개업에 종사하거나 좌고를 겸하는 자가 많았으나 그중에는 대자본을 이용하여 물자를 매점하고 물가를 천단(擅斷)하는 자도 있었다. 후자의 형태는 수도나 대도시에서 두드러져 왕안석이 시역법(市易法)을 실시할 때 일차적으로 억제대상이 된 것이 바로 이들이었다. 이처럼 생산자와 소비자 내지는 소매상의 사이에 중개 겸 판매대리상을 개재시킨 상업조직은 송대 이후 특히 발달하였다.

송대 상업의 발달을 평가하는 주요 현상의 하나가 교환의 경제거리가 긴 격지간(隔地間) 상품유통 즉 이른바 '원격지상업(遠隔地商業)'의 발달이라고 할 수 있다. '원격지' 혹은 원거리 상업의 주역이 바로 객상이다. 송대 상업

---

123) 斯波義信, 1968-4, pp. 391~406 참조. 宋代 牙人에 관해서는 일찍부터 多數의 論考가 발표되어 그 실체가 밝혀진 바 있으나 최근 宮澤知之, 1980은 牙人의 고찰을 通해 國家의 對商業정책의 변천과 牙人의 기능적 발전을 論하고 있다.

의 꽃이라고까지 평가되는 객상은 물품을 타처에 운반하여 아인을 통해 그 곳의 좌고에게 판매하는 기능을 갖고 있었다. 교통, 운수, 숙박, 창고 등 제 업(諸業)의 발달도 객상의 활동과 긴밀한 관련을 지녔다고 할 수 있다.

또한 지방상업의 중심인 지방도시에는 저점·객점(客店) 등 창고·여관업 을 겸업하는 중간도매상이 있었다.[124] 이러한 중매조직은 정기시의 조직과 결합하여 농촌사회를 상업유통망에 편입시키는 역할을 하였다.

이처럼 송대에 들어와 상업이 발달하고 상인층의 분화가 진전되면서 일종 의 상업경영자가 새로 발생하고 상인자본도 점차 형성되기 시작하였다.[125] 당송시대에 와서 새로 '간운(幹運)', '경기(經紀)' 등의 용어가 나타났는데 이들은 '가계의 운영자', '각종의 생업(生業) 특히 상업을 운영하는 사람'이 라는 뜻이다. 이들 가운데는 자기자본으로 상재(商才)나 근면에 의해 자본 을 집적하는 자도 있었으나 대개는 융자를 통해 타가(他家)에 예속되어 있었 다. 이들의 존재는 출자와 경영이 초보적이나마 분리되는 현상이 나타나기 시작했음을 말해주는 것이다.

송대 상업은 기본적으로 가격조직, 도량형조직 등을 각각 달리하는 고립 분산적(孤立分散的)인 지방제시장(地方諸市場)간의 거래를 매개하는 중개상 업이며 가격의 지역적 차이가 이윤추출의 주된 원천이었다.[126] 당시 부호의 축재수단은 도시에 정주하여 자본을 조작하여 유통과정으로부터 이윤을 추 출하는 것이었다. 이러한 과정을 통해 성장한 상인들은 지점망의 확대나 기 업연합과 유사한 형태를 취하여 개별자본의 경쟁에서의 불리를 극복하기 위 해 단체를 결성하였다. 중국에서 개별자본의 집중을 '합고(合股)·합과(合 夥)'라 불렀는데 그 맹아적 형태가 송대의 '합본(合本)', '연재합본(連財合 本)'이다. 송대에는 상업활동의 집약화, 확대에 따라 상업도 점차 영속적· 정착적으로 되어 상인적 재화의 집중에도 진화한 형태가 발생한 것이다. 그 러나 송대 상인자본의 집중에는 일정한 한계가 있었다. 대개의 경우 자본력 이 있는 여러 계층은 상업경영의 집중, 합리화라는 방향보다도 오히려 자본 의 분산과 은닉투자(隱匿投資), 부업적 영리활동의 추구에 힘썼으며 투자의

---

124) 이에 관한 論著로는 加藤繁, 1952-3·4 등이 있다.
125) 斯波義信, 1968-5, pp. 435~461 및 기타 宮崎市定, 1957-2·3 참조.
126) 斯波義信, 1968-5, pp. 458~461.

주요대상도 전산(田産)이었다. 이러한 현상은 송대에만 국한된 것은 아니나 축적된 상업적 부는 상업자본에 머물거나 비생산적 소비에 이용되어 산업자본으로의 전화 가능성은 근대 이전에는 보이지 않았다고 할 수 있다.

4. 貨 幣

종전 송대 상업의 평가에서 유력한 기준의 하나가 자연경제에서 화폐경제로의 이행에 있었다는 점은 이미 언급한 바 있다. 이러한 의미에서 송대 화폐제도의 발달은 무엇보다 당송변혁의 구체적 실상을 직접적으로 말해주는 증거라고 할 수 있다. 중국에서 화폐의 보급은 오랜 기원을 갖고 있었으나 사회경제적 역할이라는 기준에서 보면 송대 이전과 이후는 확연히 구분되고 있다. 당 중기 이후 화폐제도의 발달은 조세의 전납화(錢納化)라는 획기적 재정책의 전환을 가능케 하여 이후 송대를 거쳐 명대의 일조편법(一條鞭法), 청대의 지정은제(地丁銀制)로 이어지게 되었다. 또한 화폐경제의 발달은 자급자족에서 벗어나 정기적인 교환관계의 독립 및 개인당 부의 증가를 의미하는 것이다.[127] 송대 이후 현저해진 농산물의 상품화, 도시상업의 발달 등 사회구조적 변화의 기초에는 이러한 화폐의 질적·양적 발달이 있었다.

송대 화폐의 발달을 대표하는 사실로서 동전에 의한 통화제도의 통일을 위시하여 지폐의 발생, 유가증권의 보급 등을 들 수 있다. 지폐의 경우 서양에서는 프랑스 혁명정부가 1789년 발행한 아시니야지폐가 가장 오래된 것인데 비해 중국에서는 7백 수십 년이나 이른 송 인종대(仁宋代) 천성 원년(天聖元年; 1023)에 이미 국가에 의해 발행되었다.[128] 또한 서양 최고의 아시니야지폐는 불환지폐였음에 비해 송대 지폐는 동전, 견, 차, 염에 의한 태환을 원칙으로 한 매우 발전된 형태였다. 송대 주종화폐인 동전의 주조액에서도 당대(唐代) 연평균 13~30만 관(貫)에 비해 월등히 증가되어 최대 5백여 만 관, 중기 이후 북송말까지 평균 3백만 관을 유지하였다.[129] 이러한 사실들을 통해 볼 때 송대 화폐의 발달은 중국사상 일대 획기가 되었을 뿐만 아니라 서양과 비교할 때도 훨씬 발전된 단계에 도달해 있었음을 알 수 있다.

---

127) Elvin, M., 1973, p. 146.
128) 河上光一, 1966, pp. 218~219.
129) 宋代 銅錢의 발행을 專論한 論著로는 日野開三郎, 1935가 있다.

먼저 동전의 경우를 살펴보면 이미 한대부터 법정화폐로서 사용되어 일정한 역할을 하였으나 본격적으로 보급된 것은 당 중기 이후부터였다.[130] 송대에 들어와 오대 분열기의 폐제(幣制)의 혼란을 정리하고 통일경제권을 수립하기 위해 국가는 적극적으로 동본위(銅本位)정책을 추진하였다. 이리하여 태조(太祖) 연간 송통원보(宋通元寶), 천복원보(天福元寶) 등의 발행을 거쳐 태종 태평흥국 연간에 일정한 형식을 갖춘 태평통보(太平通寶)가 등장하여 이후 연호에 따라 개주(改鑄)하는 것이 정례화되었다. 송조의 동본위제 추진은 일정한 성공을 거두었으나 사천에서는 철전(鐵錢)이, 섬서(陝西) · 하동(河東)에서는 동(銅) · 철전(鐵錢)의 병용이 계속되기도 하였다.

송조는 동본위제(銅本位制)의 확립을 위하여 국초부터 다액(多額)의 동전을 주조하였다. 초기인 지도 연간(至道年間 ; 995)에 이미 당대의 주조액을 훨씬 능가하는 80만 관을 주조하였으며 이후 매년 100만 관을 상회하였으며 왕안석의 신법(新法)이 실시된 원풍(元豐) 3년(1080)에는 무려 506만 관에 달하였다. 원풍 연간의 주조액은 송대뿐만 아니라 중국사상 최대의 액수를 기록하였다.[131] 그러나 송조는 이러한 주조액의 증가에도 불구하고 만성적인 동전의 부족, 즉 전황(錢荒)에 시달렸다.[132] 전황의 가장 큰 원인은 동전의 대외적 유출에 있었다. 송조는 동전의 유출을 방지하기 위하여 수출금지, 이른바 동금(銅禁)을 실시하였으나 대외무역의 발달과 더불어 좀처럼 시정되지 않아 화폐경제의 발달에 부정적 요인이 되기도 하였다.

당시 이러한 동전부족을 해소하기 위하여 점차 이용되기 시작한 것이 금과 은이다.[133] 금과 은은 아직 화폐적으로 사용되지는 않았으나 세입 · 세출에서도 별도 항목으로 취급되었다. 북송대 은의 세입액은 점차 증가되어 천희 말년(天禧 末年 ; 1021) 약 88만 량(兩) 희녕 연간(熙寧年間 ; 1075년경) 약 290만 량, 북송 말기에는 1,860만 량으로 급격히 늘어났다. 이는 은이 법정화폐(法定貨幣)인 동전에 대신하여 활발히 유통되어 화폐제도가 점차 은본위

130) 宋代 銅錢의 보급과 銅本位制의 추진에 관해서는 宮崎市定, 1943을 대표적인 古典的 연구로 들 수 있으며 日野開三郎도 鑄造, 需給, 行使地 등에 對한 多數의 論著를 발표한 바 있으나 目錄소개는 省略하기로 한다.
131) 斯波義信, 1968, p. 46.
132) 曾我部靜雄, 1936, pp. 326~335.
133) 宋代 金 · 銀의 사용에 관해서는 加藤繁, 1926이 代表的 연구로 꼽히고 있다.

제를 지향하기 시작했음을 의미하는 것이다.[134]

송대 화폐발달 가운데에서도 특기할 만한 것은 지폐를 위시하여 다인(茶引), 염초(塩鈔) 등 일종의 신용화폐가 발달한 사실이다. 지폐는 당시 교자(交子), 회자(會子) 등으로 불리웠는데, 그 기원을 살펴보면 진종(眞宗) 초년(1000년경) 사천의 부호들이 철전사용의 불편을 해소하기 위하여 교자포(交子鋪)를 만들어 일종의 약속어음인 교자를 발행한 것에서 찾을 수 있다.[135] 앞서 언급한 천성(天聖) 원년(1023) 사천 익주(益州)에서 발행된 관영교자(官營交子)는 바로 이러한 민간의 관행을 국가에서 채용한 것이다. 교자는 사천에서뿐만 아니라 인근의 섬서지역에서도 점차 사용되어 왕안석의 서하경략(西夏經略)이 본격화된 신종대(神宗代; 1068~1085)에는 동전 부족을 보충하고 군비를 신속히 조달하기 위하여 널리 이용되기에 이르렀다.[136] 그러나 송대 지폐는 지나친 남발로 인해 가치가 떨어짐으로써 동전을 대체한다는 것은 처음부터 생각할 수 없는 일이었으며 그 발달에도 뚜렷한 한계가 있었다.

송조(宋朝)는 동전부족을 보충하기 위하여 교자 외에도 신용화폐인 교인(交引)을 발행하였다. 교인은 그 종류가 여러 가지였으나 대표적인 것이 다교인(茶交引)과 염초이다.[137] 차와 염이 전매품이라는 점을 이용하여 국가는 상인들에게 변경에 물자를 납입하는 대가로 그 판매증서를 교부하였는데 이것이 다교인, 염초이다. 또한 일종의 유가증권인 현전교인(見錢交引), 양초교인(糧草交引) 등도 널리 이용되었다.

교자는 남송대에 와서 회자(會子)라는 명칭으로 바뀌어 동남회자(東南會子), 호북회자(湖北會子), 양회회자(兩淮會子), 사천회자(四川會子) 등이 널리 사용되었으나 북송대와 마찬가지로 남발의 폐(弊)에 빠져 재정과 물가불안을 초래한 문제점을 드러내었다.

송대 화폐의 발달에 관해서는 종전 그 제도사적 실증을 통해 상세한 내용

---

134) 宮崎市定, 1953, p. 139.
135) 宋代 交子에 관해서는 그 先進性으로 因해 연구자들의 주의가 집중되어 多數의 論考가 발표된 바 있으나 古典的 연구로는 加藤繁, 1952-5·6·7 등을 들 수 있다. 國內에서는 鄭秉學, 1978이 宋代 交子를 專論한 연구이다.
136) 加藤繁, 1952-7, pp. 35~62.
137) 宋代 信用貨幣를 專論한 論著로는 河原由郎, 1980, 第 1 篇을 들 수 있다.

이 밝혀진 바 있으나 가격조직, 물가, 상인, 농민과 관련된 민간의 화폐경제의 여러 현상과 관련해서는 아직 충분히 해명되어 있지 않으며 추후의 과제라고 할 수 있다.[138]

5. 都　市

생산력의 발달과 상업의 번영은 농촌뿐만 아니라 도시의 형태와 성격을 일변시켰다. 중국에서 도시의 발달은 자치권과 경제적 독립의 기반 위에 있던 서양의 도시와 근본적인 차이점을 지니기는 했으나 송대 이후 새로운 질적 변화를 이룩하고 농촌사회의 변화에 일정한 역할을 하였다는 점에서 그 의의는 결코 경시될 수 없다. 송대 도시는 법제적으로 시제(市制)와 방제(坊制)의 붕괴, 사회경제적으로 원거리상업의 발전에 의한 도시 자체의 발달과 농업경제의 발전에 따른 농촌의 도시화에서 그 주된 의의를 찾을 수 있다.[139]

송대 이전까지 중국의 도시는 기본적으로 정치·군사도시였으며 그 경제적 측면은 이를 지원하는 부차적인 성격을 벗어나지 못하였다. 법제상에서 이러한 원칙은 시제와 방제를 통해 관철되고 있었다. 시제는 도시내에 관설(官設)의 상업구역인 '시(市)'를 설치하여 그 내부에서만 상업을 허용하여 국가의 통제하에 두는 제도를 말하며, 방제는 도시 내부를 가로에 의해 구획하여 도시민을 폐쇄적인 방에 의해 규제하는 제도라고 할 수 있다. 이러한 시제와 방제하에서는 전통적인 '성곽(城郭)'과 '향촌(鄕村)'이라는 행정적 영역구분이 결국 그대로 도시와 농촌간의 사회분업의 기본적인 틀이 되었으며 상호 배타적인 분업의 편성하에서 일정한 상품유통이 행해져 왔다.[140]

이러한 시제와 방제는 당 중기 이후부터 서서히 붕괴되어 송대에 들어와서 완전히 자취를 감추게 되었다.[141] 고관에게만 허용되었던 대가(大街)에 면한 방장(坊墻)을 철거하고 문호를 여는 것이 일반화되었으며 거주민은 이전과 같이 출입시 방문(坊門)을 경유하거나 방정(坊正) 등의 감시를 받을 필

---

138) 斯波義信, 1968, p. 47. 宋代 物價에 관해서는 全漢昇, 1972-2·4 등의 論考가 있다.
139) 斯波義信, 1968, p. 47.
140) 斯波義信, 1968-3, p. 309.
141) 市制와 坊制의 철폐경과에 관해서는 加藤繁, 1952-①, pp. 309~333을 참조.

요가 없게 되었다. 또한 상점이나 수공업작업장이 도시 내외의 편리한 장소나 대가(大街)의 양측 등에 자유로이 개설되었다. 그 결과 송대의 도시는 상공업・재정의 중심지로서의 기능이 크게 증대되었으며 군사・경찰 기능은 상대적으로 저하되었다. 도시의 경관도 바뀌어 《청명상하도(淸明上河圖)》, 《동경몽화록(東京夢華錄)》 등에 의하면 수도인 개봉(開封)에는 대로변에 상점이 즐비하게 이어졌으며, 그중에는 기루(妓樓), 주점(酒店), 다방(茶房), 만두를 파는 포자(包子), 어물상, 약국 등 직종의 분화를 말해주는 다종다양한 상점이 착종(錯綜)되어 있었음을 알 수 있다.[142]

이처럼 도시가 발달한 원인의 하나는 원거리상업의 발달에 의해 물자의 집산지, 특산적 수공업의 집중지로서 도시가 생업의 기회를 풍부하게 제공하였다는 점과 상공업에 대한 국가의 보호 우대에서 유래하였다.[143] 농촌의 과잉인구는 생업의 기회를 찾아 도시로 이주하여 가축업, 도살업, 밀매업, 쿨리 등의 일에 종사하였으며 그 가운데는 상공업자, 무역상으로 성장하는 예도 있었다. 한편 농촌의 대지주, 부호들도 생활의 편의를 찾아 도시로 이주하여 부를 토지가옥에 투자하거나 상공・금융・교통업 등에 투신하기도 하였다. 국가는 이러한 도시에 대하여 농촌법을 유추적용하였으나 도시민인 방곽호(坊郭戶)의 조세부담은 농촌에 비해 훨씬 경미하였다.

송대 도시의 인구를 살펴보면 남송대 명주(明州) 근현(勤縣)은 지역인구의 약 14%, 진강부(鎭江府) 단도현(丹徒縣)은 24%, 한양군(漢陽軍) 이현(二縣)은 13% 등으로 나타나 주치(州治)의 경우 대략 지역인구의 10~30% 정도가 도시에 거주한 것으로 추정된다.[144] 거대도시로 알려져 있는 남송의 수도 임안(臨安)은 총 150만 명이나 되었으며 순수 성내 인구 중에 관리・군인・부호가 약 70만여 명, 상인이 16~17만 명이나 되었고 교외에도 다수의 상공인구가 거주하였다.[145]

---

142) 宋代 都市의 景觀에 관한 論著로는 曾我部靜雄, 1940 ; Gernet, J., 1969 등이 있다. '淸明上河圖'는 당시 首都인 開封의 모습과 풍속을 묘사한 그림으로서 귀중한 史料인데 이에 관해서는 木田知生, 1978 등의 論考가 있다. Kracke Jr. 1975는 開封의 城郭구조와 街路의 구획, 行政, 人口 등을 都市史的 측면에서 고찰하고 있다.

143) 斯波義信, 1970, p. 409.

144) 斯波義信, 1968-3, pp. 331~332 ; 加藤繁, 1952-10도 宋代 都市人口에 관해 論하고 있다.

145) Gernet, 1969는 臨安(杭州)을 都市史的 측면에서 生必品의 需給, 도시교통, 都市民의

상업도시의 발달과 더불어 송대에 들어와 '행(行)', '단(團)', '작(作)' 등의 상인과 수공업자 단체가 발생하였다. 일종의 동업조합(同業組合)은 이전에도 존재했으나 낮은 생산성과 시제의 존재에 의해 상공업자는 국가의 통제하에서 다분히 타율적으로 운영되어 왔다. 송대의 동업조합은 이러한 장애에서 벗어나 자율적으로 단체를 결성하여 독자적인 이익추구를 하는 것이 가능하게 되었다. 그러나 자율성에는 한계가 있었다. 즉 당시 최대의 구매자였던 국가의 이해에 따라 현실에서는 관물(官物)을 납품하는 일종의 정상(政商)조합의 성격을 완전히 벗어날 수는 없었다. 그 극단적인 예를 시역법(市易法)에서 찾아볼 수 있는데 국가는 이를 통해 상인조합을 직접 예하(隷下)에 장악하여 물자의 조달과 가격의 형성에 깊숙이 간여했던 것이다.

송대 도시의 발달에서 특기할 만한 것은 상업도시의 발달에 이끌려 농촌 내에서도 자연발생적인 시장지(市場地)나 반농촌(半農村)도시가 무수히 발생하였다는 점이다.[146] 이러한 농촌시장지를 당시 '허(虛)', '회(會)', '단(團)', '집(集)', '장(場)', '촌시(村市)' 등으로 불렀으며 반농촌도시(半農村都市)를 '진(鎭)', '점(店)', '시(市)', '촌방(村坊)', '장무(場務)'라고 하였다. 이러한 시는 발생유래나 호칭, 지리분포 등에서 차이를 보이고 있으나 실질적 기능은 공통되었으므로 일괄하여 '초시(草市)', '촌시'라고 부르기도 한다.

초시는 10일에 1~4회, 농촌의 가로상(街路上)이나 공지(空地)에서 열렸다. 교역된 물자는 주로 미곡, 속(粟), 보리, 땔감, 채소, 물고기, 가축, 과실 등이었으나 농촌가공품이나 수공업원료인 마포, 사(糸), 유(油), 칠(漆) 등도 거래되었다. 초시의 분포밀도를 살펴보면 소주(蘇州) 상숙현(常熟縣)의 경우 전현(全縣) 386개 촌락 가운데에서 초시가 35~40개소였다.

반농촌도시인 '시', '점', '보(步)', '곡(曲)' 등은 이러한 초시와 현성(縣城)의 중간에서 교통의 요충이나 물자의 집산지로서 발전하여 성립된 것이

日常生活, 火災 등에 관하여 상세히 고찰하였으며(pp. 22~55) 순전히 人口면에서만 고찰한 것으로는 加藤繁, 1952-10을 들 수 있다. 梅原郁 編, 1984는 唐代에서 明淸代에 걸쳐 都市연구를 모은 論文集으로서 특히 宋代에 관한 論考가 다수 揭載되어 있다. 杭州와 관련된 것으로는 梅原郁, 〈南宋の臨安〉; 斯波義信, 〈宋都杭州の商業核〉; 衣川強, 〈杭州臨安府と宰相〉; 本田治, 〈宋代杭州及び後背地の水利と水利組織〉 등이 收錄되어 있다.

146) 斯波義信, 1968-3, p. 312.

다. '점(店)'의 경우 20~30호에서 큰 곳은 수백 호가 거주하는 취락을 형성
하여 여관, 창고, 상점, 주방 등을 갖춘 곳도 있었다. '시', '점', '보' 중에
서 중요한 곳은 '진' 혹은 '시'의 명칭으로 관청에 등록되어 주현치(州縣治)
에 대한 재정상의 보조기관의 역할을 담당하였다. '진'은 원래 군대주둔지
를 가리킨 것이었으니 송대에는 점차 소상업도시로 변모하였다. 송대의
'진'은 100~1,000호 정도의 취락으로서 시가지가 형성되어 있었고 염장(塩
場), 주방(酒坊), 상세장(商稅場) 등이 설치되어 있었다. 이러한 '진', '시'
는 농촌의 교환경제에서 중간적 중심지로서 중요한 기능을 하였다. 이외에
도 도시, 농촌의 토지신이나 도교, 불교 등의 제례(祭禮)에 부수하여 개최된
제시(祭市)가 발달하여 상업도시가 된 묘시(廟市), 지방특산물과 관계된 사
천 성도의 약시(藥市), 해남도(海南島)의 향시(香市), 그리고 잠시(蠶市) 등도
다수 발달하였다.

송대뿐만 아니라 전통시대 중국의 지방농촌은 이상에서 살펴보았듯이 지
방적 여러 교환점이 특유의 발달을 이룩하였다. 농민들은 이 정기시(定期市)
를 목표로 생산물이나 상품을 집적함으로써 객상(客商)에 의해 도시나 타지
방으로 이들 물자가 집하되었으며 대신 그들이 생산하지 않는 생활필수품을
역의 과정을 통해 구입하였다. 이러한 의미에서 초시, 진 등 농촌의 정기
시, 반농촌도시는 농촌경제의 동맥정맥(動脈靜脈)으로서 중요한 기능을 하
였으며 이들의 존재가 주목할 만한 것으로 된 시기가 당·송 이후라고 할 수
있다.

맺 음 말

중국 전근대사의 전개과정 속에서 송대가 차지하는 역사적 위치를 이해하
기 위해서는 먼저 송대가 변혁의 시대이면서 동시에 새로운 사회의 성립을
향한 시발점이 되고 있다는 사실을 기본적으로 인식할 필요가 있다. 이른바
'당송변혁(唐宋變革)'의 과정을 거침으로써 송대의 사회와 경제는 크게 변화
하게 되었다. 경제의 중심지는 화북지역으로부터 강남지역으로 이동하였
다. 강남의 개발은 송대의 경제적 발달의 기반이자 이를 추진해 간 주된 원
동력이었다. 인구의 증가와 이주, 전토의 개간, 농업기술의 발달, 신품종의

보급 등을 통해 농업생산력은 비약적으로 발전하였다. 이러한 새로운 상황의 발생은 농촌과 도시의 성격에도 커다란 변화를 초래하였다. 농산물의 상품화와 더불어 토지에 대한 투자는 이전 어느 때보다도 활발하였으며 그 결과 대토지소유의 발달과 지주전호제의 정착이 이루어졌다. 강남지역의 높은 생산성과 선진적인 경제적 환경은 이러한 변화의 주된 원인이 되었다. 지주전호제가 특히 강남지역에서 현저한 발달을 보인 것은 그 증거라고 할 수 있다.

지주전호제는 송대 이후 명청대에도 농촌사회의 기본적 생산관계로서 지속되었다는 점에서 송대에서의 이의 성립과 발달은 역사적으로 중요한 의의를 지녔다고 볼 수 있다. 그러나 지주전호제의 성격에 대한 종래의 평가는 매우 복잡·다기하여 아직까지 명쾌한 결론이 나오고 있지 않은 실정이다. 이미 본론에서 살펴보았듯이 송대 지주전호제에 대해서는 다음의 두 가지 유력한 관점을 둘러싸고 연구자들간에 대립과 논쟁이 계속되어 왔다. 첫째는 송대 중세봉건제론을 배경으로 하여 지주와 전호의 관계를 장원영주와 농노의 관계에 비정(比定)하는 입장을 들 수 있다. 이들은 그 증거로서 대토지소유에 의한 장원의 발달과 '수전전객(隨田佃客)'이라는 말로 집약되는 지주에 대한 전호의 경제외적·법적 예속성을 지적하고 있다. 둘째는, 송대 근세설의 입장에서 제기한 반론을 들 수 있다. 이들은 송대 장원의 실체는 영세하며 분산된 지편(地片)의 집적에 불과하여 서양의 장원에 비정시킬 수 없으며 또한 전호의 지위도 원칙적으로 지주와 자유로운 계약을 체결한 자유인이라고 주장하였다.

송대 지주전호제의 성격에 대한 단정은 아직 이르나 대체로 볼 때 송대의 대토지소유를 장원(莊園; manor)으로서 이해하고 전호를 농노로서 해석하는 방식에는 구체적 실증에서 많은 문제가 뒤따른다는 점을 지적하고 싶다. 송대뿐만 아니라 중국의 전통적 재산상속 관습의 특징은 분할상속이라는 점에 있다. 광대한 토지도 수대가 지나면 분할되어 영세화되고 마는 현상이 순환적으로 되풀이되는 풍토 속에서 서양과 같은 전형적인 장원의 발달을 사료적으로 검증하기란 쉬운 일이 아닐 것이다. 또한 전호의 지위문제와 관련해서도 완전항조(頑佃抗租), 소작권과 일전양주관행(一田兩主慣行) 등이 이미 송대에 나타나고 있는 사실을 볼 때 그 상승의 측면을 무시하고 지주에 대한

184

일방적인 예속성만을 강조하는 것은 잘못이라고 생각된다.

이러한 의미에서 지주전호제에 대한 도식적인 이론적 체계화보다는 그 구체적 실태의 다양함과 독특한 모습을 밝히는 작업이 더욱 요망되며 추후의 과제라고 말하고 싶다. 본론에서 언급한 전작형태(佃作形態)의 분석과 합종제(合種制)의 구체적 실태의 규명을 통해 지주전호제의 일면을 새롭게 밝히려 한 시도는 이같은 맥락에서 볼 때 매우 가치 있는 것이라 할 수 있다.

한편 최근의 지주전호제문제에 대한 접근방식의 특징의 하나로서 지적할 수 있는 것은 국가와 자영농의 존재를 새롭게 평가하려는 태도이다. 이러한 시각은 송대뿐만 아니라 명청사 연구에서도 공통적으로 제기되고 있는데, 송대의 경우는 주로 주객호제(主客戶制)와 관련하여 지주전호제(地主佃戶制)에 대한 국가의 간여와 규제, 그리고 자영농의 육성과 그 객관적 존재가 재검토되고 있다. 일부에서는 종전의 지주전호제에 대신하여 소농경영에서 전근대 농촌사회의 기본적 생산관계를 찾으려는 시도도 행해지고 있다. 이같은 문제의식의 확대는 매우 바람직한 현상이기는 하나 만약 국가와 자영농의 역할이 지나치게 강조될 경우 송대사의 획기로서의 의의는 어디에서 찾아야 할 것인가 하는 의문을 품지 않을 수 없다. 즉 송대의 변혁기로서의 의의는 기본적으로 강남의 생산력 발전과 지주전호제의 확대·보급에 의거하여 이룩된 것으로 이해되어 왔다. 국가와 자영농, 혹은 소농경영의 역할과 비중을 중시하더라도 송대 이후 지주전호제의 발달의 의의를 아울러 평가할 수 있는 이론구성이 이루어지지 않으면 안될 것이다.

송대의 사회와 경제의 변화·발달을 말해주는 현상의 하나로서 또 하나 주목할 만한 것은 상업과 도시의 발달이다. 송대 상업의 발달은 농산·공산물의 상품화와 상인층의 분화, 상업조직과 상업자본의 형성, 화폐경제의 보급과 발달 등 매우 광범위한 분야에 걸쳐 이룩되었다. 도시 역시 시제(市制)와 방제(坊制)의 붕괴로 종전의 정치·행정위주에서 경제위주로 성격이 크게 변화되었으며 정기시, 초시(草市) 등의 발달에 의해 농촌의 도시화라는 새로운 현상이 발생하였다.

이러한 송대 상업과 도시의 발달에서 몇 가지 주목할 만한 것을 들면 첫째, 화폐경제의 발달을 지적할 수 있다. 먼저 그 제도사적 측면에서 보면 송조(宋朝)는 국초부터 폐제(幣制)의 통일을 기하여 사천 등 일부지역을 제외

하고는 동본위제(銅本位制)를 전국적으로 확립하였다. 송대 동전의 발행고
는 당대(唐代)의 십수 배에 이르렀으며 성시(盛時)에는 중국 역대에서도 최
대의 발행액을 기록하였다. 송전(宋錢)은 중국뿐만 아니라 고려, 일본 등 해
외로까지 대량으로 반출되어 사용될 정도였다. 중국에서 지폐가 처음 사용
된 것도 송대였다. 교자, 회자라고 불린 송대 지폐는 사천, 섬서 등지에서
보조화폐로서 국가에 의해 발행되었다. 기타 차·염의 전매를 이용하여 일
종의 신용화폐라고 할 수 있는 교인(交引), 초(鈔) 등도 널리 이용되었다. 이
러한 화폐의 보급과 발달을 배경으로 하여 송조는 세역(稅役)의 전납화를 확
대할 수 있었다. 세역의 전납화와 상업의 발달은 농촌사회에 화폐경제를 보
급하는 데 중요한 기여를 하였다. 중국의 농촌사회가 자급자족적인 자연경
제상태에서 벗어나 화폐경제로 이행되는데서 송대는 중대한 전기(轉期)가
되었던 것이다.

둘째, 초보적인 형태이나 송대부터 상인들에 의한 상업자본이 점차 형성
되기 시작하였음을 지적할 수 있다. 상인의 분화와 상업조직의 발달에 의해
후대의 '합고(合股)'의 맹아형태로서 송대에는 '합본(合本)'이라는 자본의
집중이 발생하였다. 송대뿐만 아니라 전근대사회에서 중국의 상업자본은
고리대와 토지에 대한 투자로 일관하여 산업자본으로의 전화에는 명백한 한
계가 있었음은 주지의 사실이다. 그러나 송대 이후 중국의 상인과 상업자본
은 독자적인 활동이나 혹은 국가의 전매제에 의존하여 일정한 역할을 한 것
만은 부정할 수 없는 사실이다. 청대의 염상의 활동은 이미 상세히 밝혀진
바 있으나 송대의 경우는 그 맹아적 형태가 나타남에도 불구하고 아직 본격
적인 관심은 보이지 않고 있음을 지적할 수 있다.

셋째, 종전 화폐경제의 해방력이 일면적으로 강조되어 왔다는 비판이 학
계 일각에서 제기되고 있음을 중시할 필요가 있다. 이 점은 본론에서도 일
차 언급하였으나 이를 다시 부연 설명한다면 송대의 사회와 경제의 변혁에
서 상업은 '해체적(解體的)', '해방적(解放的)' 역할을 행한 동시에 변화된
새로운 사회구조의 일각을 구성하여 '구성적'이고 '상호규정적(相互規定
的)'인 관계를 형성하게 되었다는 것이다. 이러한 주장을 좀더 확대하여 말
하면 종래까지 전근대 사회에서 상업은 주로 국가체제와 사회구조의 변혁과
'해체(解體)'를 설명하기 위한 한 계기로서 거론됨으로써 그 자체가 이러한

대상의 일부를 구성하고 있는 동시에 새롭게 변화된 사회의 일부가 된 측면에 대해 주의가 두어지지 않은 것에 대한 반성이라고 할 수 있다.

송대 상업사 연구에서 최근 새로운 움직임은 종전의 사실의 실증에 치중한 제도사적 접근 방법을 극복하기 위하여 인구사, 사회사, 역사지리, 지역사, 구조사 등의 방법의 도입이 시도되고 있는 점이다. 이러한 노력은 아직은 이론적 모색의 단계를 크게 벗어나는 것은 아니나 원거리상업의 발달, 농촌의 도시화 그리고 구조사적 접근에 의한 강남지역의 특성 규명 등에서 일부 성과를 거둔 바 있다. 이론적 재구성이 절실히 요청되는 현시점에서 이같은 시도는 앞으로의 연구방향을 제시한 것으로서 주목할 가치가 있다고 생각된다.

참고문헌

閔斗基 編, 《中國史時代區分論》, 創作과批評社, 1984.

鞠清遠, 《唐宋官私工業》, 上海, 1934.

戴裔煊, 《宋代鈔塩制度硏究》, 北京中華書局, 1981.

宋晞, 《宋史硏究論叢》第1·2輯, 臺北, 1962·1980.

王志瑞, 《宋元經濟史》, 上海上務印書館, 1931.

李劍農, 《宋元明經濟史稿》, 北京三聯書店, 1957.

林天蔚, 《宋代香藥貿易史稿》, 中國學社, 1960.

張家駒, 《兩宋經濟重心的南移》, 湖北人民出版社, 1957.

全漢昇, 《唐宋帝國與運河》, 上海上務印書館, 1946.

———, 《中國經濟史論叢》 1·2册, 香港新亞書局, 1972·1976.

鄭壽彭, 《宋代開封府硏究》, 臺北, 1981.

朱瑞熙, 《宋代社會硏究》, 中州書畫社, 1983.

華山, 《宋史論集》, 濟南, 1982.

加藤繁, 《唐宋時代の金銀の硏究》, 東京, 1926.

———, 《支那經濟史考證》 上·下, 東洋文庫, 1952·1953.

岡崎文夫·池田靜夫, 《江南文化開發史》, 弘文堂, 1940.

宮崎市定, 《五代宋初の通貨問題》, 京都, 1943.

———, 《アジア史硏究》 1~5, 東洋史研究會, 1957~1978.

———, 《アジア史論考》 上·中·下, 朝日新聞社, 1976.

寺田隆信, 《山西商人の硏究》, 東京, 1972.

藤田豊八,《東西交涉史の研究》, 南海篇, 岡書院, 1932.

斯波義信,《宋代商業史研究》, 東京, 1968.

———,《宋代江南經濟史の研究》, 東洋文化研究所, 1988.

梅原郁 編,《中國近世の都市と文化》, 京都, 1984.

桑原隲藏,《唐宋時代に於けるアラブ人の支那通商の概況, 殊に宋末の提擧市舶西域人蒲壽庚の事蹟》, 岩波書店, 1935.

玉井是博,《支那社會經濟史研究》, 弘文堂, 1938.

柳田節子,《宋元鄕村制の研究》, 創文社, 1986.

仁井田陞,《中國法制史研究》,〈奴隷農奴法篇〉, 東京, 1962.

長瀨守,《宋元水利史研究》, 國書刊行會, 1983.

佐伯富,《中國史研究》1~3, 東洋史研究會, 1969~1977.

周藤吉之,《宋代官僚制と大土地所有》, 日本評論社, 1950.

———,《中國土地制度史研究》, 東京, 1954.

———,《宋代經濟史研究》, 東京, 1962.

———,《唐宋社會經濟史研究》, 東京, 1965.

———,《宋代史研究》, 東洋文庫, 1969.

中國史研究會 編,《中國史像の再構成――國家と農民》, 京都, 1983.

曾我部靜雄,《開封と杭州》, 冨山房, 1940.

———,《宋代財政史》, 生活社, 1941.

———,《宋代政經史の研究》, 吉川弘文館, 1974.

池田靜夫,《支那水利地理史研究》, 生活社, 1940.

天野元之助,《中國農業史研究》, 御茶の水書房, 1962.

———,《中國古農書考, 中國農學書錄》, 龍溪書舍, 1964.

靑山定雄,《唐宋時代の交通と地誌地圖の研究》, 吉川弘文館, 1963.

草野靖,《中國の地主經濟――分種制》, 創文社, 1986.

河上光一,《宋代の經濟生活》, 吉川弘文館, 1966.

河原由郎,《宋代社會經濟史研究》, 東京, 1980.

Elvin, M., *The Pattern of the Chinese Past*, Stanford Univ. Press, 1973.

Gernet, J., *Daily Life in China on the Eve of Mongol Invasion;1250~1276*, Stanford Univ. Press, 1969.

高奭林,〈宋代의 隨田佃客에 對한 小考〉,《大丘史學》1, 1969.

———,〈宋朝의 對佃戶政策과 憑由制度〉,《大丘史學》2, 1970.

———,〈宋代佃戶의 諸類型과 그 性格〉,《大丘史學》10, 1976.

———,〈宋代의 租佃契約法〉,《大丘史學》12·13合輯, 1977.

金庠基,〈麗宋貿易小考〉,《震檀學報》7, 1937.

188

金永鎭, 〈北宋前期 京師米行商의 入中邊糧活動〉, 《歷史學報》 101, 1984.

金容完, 〈南宋杭州의 人口增加와 外地米穀輸入〉, 《濟州大論文集》(人文學 篇) 15, 1983.

申採湜, 〈北宋時代의 墾田에 관하여〉, 《歷史學報》 75·76合輯, 1977.

──, 〈宋代의 土地制度와 佃戶·主戶·客戶問題〉(第4回 東洋史研究討論會發表要旨), 《東洋史學研究》 第21輯, 1985.

──, 〈北宋初期 農村復興策과 墾田統計〉, 《梨大史苑》 22·23合輯, 1988.

吳金成, 〈日本에 있어서의 中國 明淸代紳士層研究에 對하여〉, 《東亞文化》 第2輯, 1978.

鄭秉學, 〈宋代交子小考〉, 《東洋史學研究》 12·13合輯, 1978.

鄭晶愛, 〈宋代 農業技術에 對하여〉, 《淑大史論》 3, 1968.

──, 〈宋初期의 貨幣政策〉, 《淑大史論》 2, 1965.

趙東元, 〈宋代 戶等制와 土地所有試論〉, 《釜大史學》 11, 1987.

賈大泉, 〈宋代四川地區茶業與茶政〉, 《歷史研究》 1980-4.

關履權, 〈宋代的封建租佃制〉, 《歷史學》 1, 1979-3.

季子涯, 〈宋代手工業簡況〉, 《歷史教學》, 1955-5.

戴裔煊, 〈宋代食鹽生產及統制方法之研究〉, 《中山文化季刊》 1-2, 1943.

方　豪, 〈宋代人口考實〉, 《方豪六十自定稿》, 1969.

傅宗文, 〈宋代的私莊〉, 《中國社會經濟史研究》, 1982-2.

宋　晞, 〈北宋商業中心的考察〉, 《宋史研究論叢》 第1輯, 1979.

──, 〈北宋商人的入中邊糧〉, 同上.

──, 〈北宋稻米的產地分布〉, 同上.

──, 〈宋商在宋麗貿易中的貢獻〉, 《宋史研究論叢》 第2輯, 1980.

楊志玖, 〈北宋的土地兼幷問題〉, 《歷史教學》, 1953-2.

黎沛虹·紀萬松, 〈北宋時期的卞河建設〉, 《史學月刊》, 1982-1.

吳　慧, 〈從商稅看北宋的商品經濟〉, 《中國社會經濟史論叢》 2, 1982.

王方中, 〈宋代民營手工業的社會經濟性質〉, 《歷史研究》, 1959-2.

袁　震, 〈宋代人口〉, 《歷史研究》 3, 1957.

尹敬坊, 〈關于宋代的形勢戶問題〉, 《北京師大學報》, 1980-6.

李景林, 〈對北宋土地占有情況的初步探索〉, 《歷史教學》, 1956-4.

林瑞翰, 〈宋代鹽権〉, 《大陸雜誌》 28-6, 1964.

張家駒, 〈南宋兩浙之鹽政〉, 《食貨》 1-6, 1935.

──, 〈靖康之亂與北方人口的南遷〉, 《文史雜誌》 2-3, 1942.

張景賢, 〈關于宋代的'限田'政策〉, 《河北大學報》, 1981-3.

張邦煒, 〈北宋租佃關係的發展及其影響〉, 《甘肅師大學報》, 1980-3.

錢公博, 〈宋代解鹽生產和運銷制度〉, 《大陸雜誌》 28-5, 1964.

全漢昇, 〈宋代廣州的國內外貿易〉, 《歷史語言研究集刊》 8, 1939.

全漢昇,〈唐宋時代揚州經濟景況的繁榮與衰落〉,《中國經濟史論叢》1册, 1972-1.

────,〈北宋物價的變動〉, 上同-2.

────,〈宋代南方的虛市〉, 上同-3.

────,〈南宋初年物價的大變動〉, 上同-4.

────,〈南宋稻米的生產與運銷〉, 上同-5.

────,〈宋末的通貨膨脹及其對於物價的影響〉, 上同-6.

程光裕,〈宋代川塩之生產與統制〉,《海疆季刊》1, 1948.

────,〈宋代川茶之產銷〉,《學術季刊》2-2, 1953.

趙　靖,〈宋代之專賣制度〉,《燕京社會科學》2, 1949.

陳　振,〈關于唐宋莊園的幾個問題〉,《宋史研究論文集》, 河南人民出版, 1982.

漆　俠,〈宋代學田制中封建租佃關係的發展〉,《社會科學戰線》, 1979-3.

華　山,〈從茶葉經濟看宋代社會〉,《文史哲》, 1957-2·3.

────,〈關于宋代的客戶問題〉,《宋史論集》, 齊魯書社, 1982-1.

────,〈再論宋代客戶的身分問題〉, 上同-2.

加藤繁,〈宋代に於ける都市の發達について〉,《支那經濟史考證》上, 東京, 1952-1.

────,〈唐宋時代の草市及び其の發展〉, 上同-2.

────,〈唐宋時代の倉庫について〉, 上同-3.

────,〈居停と停塌〉, 上同-4.

────,〈交子の起源について〉,《支那經濟史考證》下, 東京, 1952-5.

────,〈官營と爲りたる後の益州交子制度〉, 上同-6.

────,〈陝西交子者〉, 上同-7.

────,〈宋代の主客戶統計〉, 同上-8.

────,〈宋代の人口統計について〉, 上同-9.

────,〈南宋の首府臨安の戶口について〉, 上同-10.

────,〈支那における主要産業の發達について〉, 上同-11.

高橋芳郎,〈宋代主客戶制と戶名〉,《集刊東洋學》32, 1975.

────,〈宋代官田の所謂佃權について〉,《史朋》5, 1977.

────,〈宋代浙西デルタ地帶における水利慣行〉,《北大文學部紀要》29-1, 1981.

────,〈宋代の抗租と公權力〉,《宋代の社會と文化》, 1983.

國方久史,〈大土地所有の展開と宋朝集權國家〉,《史學研究》134, 1977.

宮崎市定,〈五代宋初の通貨問題梗槪〉,《アジア史研究》第2, 京都, 1953-1.

────,〈中國近世における生業資本の貸借について〉,《アジア史研究》第3, 1957-2.

────,〈合本組織の發達〉, 上同-3.

────,〈中國史上の莊園〉,《アジア史研究》第4, 京都, 1957-4.

────,〈宋代以後の土地所有形體〉, 上同-5.

────,〈部曲から佃戶へ〉,《アジア史論考》中卷, 東京, 1976.

190

宮澤知之, 〈宋代の牙人〉, 《東洋史研究》 39-1, 1980.

丹喬二, 〈戶に關する一考察 —— 主客戶制研究の前提〉, 《東洋史研究》 27-1, 1968.

───, 〈宋代の佃戶制をめぐる諸問題〉, 《日大文理學部學叢》 12, 1972.

───, 〈宋代の主客戶制と客戶の稅負擔〉, 《青山古稀紀念宋代史論叢》, 1974.

───, 〈宋代の國家權力と村落〉, 《日大研究紀要》(人文研) 19, 1977.

島居一康, 〈宋代の佃戶と主客戶制〉, 《東洋史研究》 30-4, 1972.

───, 〈宋代における逃棄田對策の變遷過程〉, 《鹿大法文學部紀要》(文) 10, 1975.

───, 〈宋朝專制支配の基礎とその構造〉, 《新しい歷史學のために》 143, 1976-1.

───, 〈'國家的奴隸制', '國家的農奴制'概念の中國前近代史への適用をめぐって〉,
《日本史研究》 163, 1976-2.

───, 〈宋代における戶等の定立とその機能〉, 《宋元代の社會と宗敎の總合研究》,
1980.

───, 〈宋代役法の賦課基準について〉, 《島根大法文研究紀要》 7-1, 1985.

藤井宏, 〈新安商人の研究〉, 《東洋學報》 36-1～4, 1953～1954.

梅原郁, 〈土地制度問題をめぐる宋代研究の動き〉, 《東洋史研究》 19-3, 1960.

───, 〈宋代の戶等制をめぐって〉, 《東方學報》 41, 1970.

木田知生, 〈宋代開封と張擇端'淸明上河圖'〉, 《史林》 61-5, 1978.

北山康夫, 〈宋代の土地所有形態〉, 《東洋史研究》 2-2, 1936.

斯波義信, 〈宋元時代における交通運輸の發達〉, 《宋代商業史研究》, 東京, 1968-1.

───, 〈宋代における全國的市場の形成〉, 上同-2.

───, 〈宋代における都市・市場の發展〉, 上同-3.

───, 〈商業組織の發達〉, 上同-4.

───, 〈商人資本の諸性質〉, 上同-5.

───, 〈商工業と都市の發展〉, 《岩波講座世界歷史》 9, 1970.

桑原隲藏, 〈歷史上より觀たる南北支那〉, 《白鳥博士還曆紀念東洋史論叢》, 1925.

西岡弘晃, 〈唐宋時代における赤山湖水利の管理〉, 《中村學園研究紀要》 10, 1978.

───, 〈宋代蘇州における浦塘管理と圍田構築〉, 《中國水利史論集》, 1981.

松井等, 〈宋代の茶法茶馬〉, 《東亞經濟研究》 1-2, 1917.

友枝龍太郎, 〈格物說と政治的實踐〉, 《朱子の思想形成》, 1969.

柳田節子, 〈宋代鄕村の下等戶について〉, 《東洋學報》 40-2, 1957.

───, 〈宋代の客戶について〉, 《史學雜誌》 68-4, 1959.

───, 〈宋代土地所有制にみられる2つ型〉, 《東洋文化研究紀要》 29, 1963.

───, 〈宋代中央集權的官僚支配の成立をめぐって〉, 《歷史學研究》 288, 1964.

───, 〈宋代國家權力と農村秩序 —— 戶等制支配と客戶〉, 《前近代アジアの法と社
會》, 東京, 1967.

───, 〈宋代形勢戶の構成〉, 《東洋史研究》 27-3, 1968.

柳田節子, 〈宋代佃戶制の再檢討〉, 《歷史學硏究》 395, 1973.
―――, 〈宋代地主制と公權力〉, 《東洋文化》 55, 1975.
―――, 〈宋代の官田と形勢戶〉, 《學習院大硏究年報》(文) 26, 1980.
日野開三郎, 〈北宋時代における銅鐵錢の鑄造額について〉, 《史學雜誌》 46-1, 1935.
佐伯富, 〈塩と中國社會〉, 《中國史硏究》 第 1, 1969-1.
―――, 〈宋初における茶の專賣制度〉, 上同-2.
―――, 〈宋代仁宋朝における茶法について〉, 《中國史硏究》 第 2, 1971.
周藤吉之, 〈唐末五代の莊園制〉, 《中國土地制度史硏究》, 東京, 1954-1.
―――, 〈宋代莊園の管理〉, 上同-2.
―――, 〈宋代の佃戶制〉, 上同-3.
―――, 〈宋代莊園制の發達〉, 上同-4.
―――, 〈宋代官佃の佃權賣買〉, 上同-5.
―――, 〈宋代の佃戶・佃僕・傭人制〉, 上同-6.
―――, 〈宋代の圩田と莊園制〉, 《宋代經濟史硏究》, 東京, 1962.
―――, 〈南宋の田骨・屋骨・園骨〉, 《唐宋社會經濟史硏究》, 東京, 1965.
中川學, 〈唐宋の客戶に關する諸硏究〉, 〈東洋學報》 46-2, 1963.
曾我部靜雄, 〈宋の錢荒〉, 《文化》 3-3, 1936.
草野靖, 〈宋代の主戶・客戶・佃戶〉 上・下, 《東洋學報》 46-1・2, 1963.
―――, 〈唐中期以降における商品經濟の發展と地主制〉, 《歷史學硏究》 292, 1964.
―――, 〈宋代官田の經營類型〉, 《日本女大紀要》(文), 18, 1969-1.
―――, 〈宋代民田の佃作形態〉, 《史艸》 10, 1969-2.
―――, 〈宋代官田の租種管業〉, 《東洋史硏究》 28-1, 1969-3.
―――, 〈宋代の頑佃抗租と佃戶の法身分〉, 《史學雜誌》 78-11, 1969-4.
―――, 〈大土地所有と佃戶制の展開〉, 《岩波世界歷史》 9, 1970-1.
―――, 〈宋代の剗佃〉, 《史艸》 11, 1970-2.
―――, 〈宋元時代の水利田開發と一田兩主慣行の萌芽〉 上・下, 《東洋學報》 53-1・2, 1970-3.
―――, 〈南宋文獻に見える田骨・田根・田祖・田底〉, 《熊本大法文論叢》 28, 1971.
―――, 〈宋代合種制補考〉, 《東洋學報》 55-1, 1972.
Golas, P. J., The Courier-transport system of the Northern Sung, *Papers on China* 20, 1966.
Hartwell, R. M., Markets, Technology, and the Structure of Enterprise in the Development of the Eleventh-century Chinese Iron and Steel Industry. *Journal of Economic History* 26, 1966.
―――, The Evolution of the Early Northern Sung Monetary System, *Journal of American Oriental Society*, 87, 1967.

Hartwell, R. M., Financial Expertise, Examinations, and the Formulation of Economic Policy in Northern Sung China, *J.A.S.*, vol. 30-2, 1971.

―――, Demographic, Political, and Social Transformation of China, 750~1550, *H.J.A.S.* 42, 1982.

Ho, Ping-ti, An Estimate of the Total Population of Sung-Chin China, *Études Song in Memoriam Étienne Balazs*, ser. 1, 1970.

Kracke Jr, E. A., Sung K'ai-feng: Pragmatic Metropolis and Formalistic Capital, *Crisis and Prosperity in Sung China*, ed. by J.W. Haeger, 1975.

Lo, Jung-pang, Maritime Commerce and its Relation to the Sung Navy. *Journal of the Economic and Social History of the Orient, 12*, 1969.

Ma, Laurence J. C.(馬潤潮), Commercial Development and Urban Change in Sung China(960~1279). *Michigan Geographical Pub*, No. 6, 1971.

Worthy, E.H., Regional Control in the Southern Sung Salt Administration, *Crisis and Prosperity in Sung China*, ed. by J. W. Haeger, 1975.

Yang, Lien-sheng, The Form of the Paper Note Hui-tzu(會子) of the Southern Sung Dynasty, *H.J.A.S. 16-3·4*, 1953.

宋代 朱子學의 成立과 發展

李　範　鶴

머 리 말

송대(宋代) 이후의 사회가 '근세(近世)'인가 '중세(中世)'인가 하는 시대 구분상의 논쟁이 있기는 하나, 송 이전의 사회와 이후의 사회가 정치·사회· 경제·문화 등 전반에 걸쳐 뚜렷이 구분되는 이질적인 성격을 지녔음은 학 계 공통으로 인정하는 사실이다. 중국사상사의 분야에서 이러한 차이를 살 펴보면 송대 이전의 사상계는 주로 도교(道敎)·불교(佛敎)에 의해 주도되어 왔으며, 유교(儒敎)의 경우는 겨우 문자(文字)의 이동(異同)에 치중한 훈고(訓 詁)·주소학(注疏學)을 통해 간신히 그 명맥을 유지해 왔다고 해도 과언이 아니다. 그러나 송대 이후에 와서는 유교가 도교·불교의 세력을 압도하여 다시 사상계의 지배적 위치를 확립하였으며, 이후 명(明)·청(淸)대에 와서 도 유교의 정통적 위치는 변함이 없었던 것이다.

송대 이후의 유교는 여러 면에 걸쳐서 전대의 그것과 차이를 보이고 있 다. 이러한 성격상의 차이로 인해 특히 송대 유교를 가리켜 송학(宋學)이라

고 불러 한대(漢代)의 경학(經學), 당대(唐代)의 주소학과 구분하고 있다. 일
반적으로 송학은 주자학과 동일시되어 사용되고 있으나 엄밀히 말하면 주자
학은 송학내의 일학파로서 출발하였다. 즉 《송원학안(宋元學案)》을 살펴보
더라도 알 수 있듯이 주자학 이외에도 다수의 학파가 있었으며, 남송 중기까
지 주자학은 결코 지배적 위치를 차지하지 못하고 있었다.

다양한 학파의 존재에도 불구하고 송학의 저류에는 일정한 공통적인 새로
운 성격이 흐르고 있었다. 송대의 정치·문화가 지니는 새로운 분위기와 왕
성한 의욕을 배경으로, 유교에 대한 자유롭고 비판적인 재해석과 창조의 정
신이 일관하여 사상·학술운동을 관통하고 있었던 것이다. 주자학은 이러
한 새로운 시대정신과 자세를 기반으로 하여 성립할 수 있었다.

주자학은 북송의 여러 학파 중에서 비교적 늦게 학문활동을 시작하였다.
주자학이 출범할 무렵 이미 경력(慶曆)'정학(正學)'운동은 그 절정기를 넘
어선 상태였으며 왕안석(王安石)의 경세적(經世的)인 '신학(新學)'이 새롭게
일시기를 풍미(風靡)하기 시작한 때였다. 이러한 비교적 늦은 출발은 오히
려 주자학으로 하여금 다양한 학파의 사상을 종합·정리할 수 있게 만든 유
리한 기회일 수도 있었다.

주자학은 이처럼 북송의 여러 사상과 접촉·교류를 통한 공통적 기반을
형성하고 있었으나 유교사 속에서는 별개의 학문으로 평가되어 이른바 도학
(道學)·성리학(性理學)·성명학(性命學)·이학(理學)·혹은 신유학(新儒學;
Neo-Confucianism)이라는 용어를 사용하기도 한다. 〈도학전(道學傳)〉을 별도
로 설치한 《송사(宋史)》의 경우 그 대표적 예라고 할 수 있다. 남송대 이후
주자학이 점차 사상계의 지배적 위치를 차지하게 되고 이후의 사상의 발전
이 주자학을 그 계승과 극복의 주된 대상으로 삼게 되자 주자학은 송학 전체
를 대표하는 의미로 사용되기에 이른 것이다.

주자학이 동시대의 유학과 획분되는 주된 이유는 도교와 불교의 일부 사
상이 그 철학체계의 형성에서 무시 못할 일역을 담당한 사실과 관련되어 있
다. 즉 주자학은 도교와 불교의 영향으로 여타 학파에 없는 정미한 인성론
(人性論)과 철학적 사고를 발전시켜 유교를 현저하게 내성화(內省化)시켰던
것이다. 이러한 주자학의 내성화 경향은 이후 사상의 전개에 결정적 의미를
지니게 하였다. 유교는 주자학을 거침으로써 과거에 결여되었던 우주론과

존재론·인성론 등 치밀한 철학적 기초를 마련할 수 있게 된 것이다. 그럼으로써 진정한 의미에서 도교와 불교에 대항할 수 있는 세계관과 실천이념을 수립할 수 있었다. 주자학의 성립 이후 도교와 불교의 세력이 급격히 약화되고 대다수 지식인들이 이를 외면하게 된 사실은 주자학의 역사적 의의를 단적으로 보여주는 증거라고 할 수 있다.

반면에 주자학은 여타의 종합적 이념체계가 흔히 야기할 수 있는 문제점도 아울러 지니고 있었다. 지나친 논리적 정합성(整合性)의 추구는 자유로운 사색과 비판적 정신을 억압하고 사상적 독단과 권위주의, 형식주의의 폐(弊)에 빠질 우려가 있는 법이다. 주자학은 그 사상적 완벽성과 역사적 공헌 못지않게 이후의 중국사상이 뛰어넘어야 할 높은 벽을 아울러 제공하였다고 볼 수 있다. 이러한 사상사적 의의를 지닌 주자학의 성립배경과 성격, 그 이론체계가 지니는 문제점 등에 관해서는 이하 본론에서 살펴보기로 한다.

I. 宋學의 勃興

1. 慶曆 '正學'과 그 影響

중국사상사의 전개과정 속에서 볼 때 송학(宋學)은 한학(漢學)에 대응하는 의미로서 사용되고 있다.[1] 한당(漢唐)의 훈고(訓詁)·주소학(注疏學)에 대한 송대 주자학이라는 것이 일반적 인식이라고 할 수 있다.[2] 청대(淸代) 고증학(考證學)이 그 극복의 대상으로 삼은 송학도 바로 주자학이 그 중심이었다. 그러나 주자학은 엄밀히 말하여 송학 중의 한 학파로 출발하여 이후 송학을 대표하는 사상계의 지배적 위치를 점하기에 이르렀던 것이다. 이러한 주자학이 형성·확립되는 과정 속에서 실로 다종다양한 사상, 학술과 심지어는 배척의 대상이 되었던 도교와 불교의 일부 내용까지 수용되었음을 간과해서는 안된다.

주자학의 선구를 멀리 당대 한유(韓愈)의 '원도(原道)', '원성(原性)' 및 이고(李翶)의 〈복성서(復性書)〉에서 찾는 것은 이미 부동의 정론이라 할 수

---

1) 麓保孝, 1974, p. 19.
2) 麓保孝, 1974, p. 20.

있겠으나 이를 지나치게 평가하여 오히려 북송 제유(諸儒)의 역할을 상대적으로 과소평가해 온 경향이 있었던 것도 사실이다.[3] 주자학의 형성에서 한(韓)·이(李)의 공헌은 주로 도교와 불교의 배척 및 인성론에 국한되어 있다. 실제로 훈고·주소학에 치중함으로써 그 사상성에서 도교와 불교의 적수가 되지 못하게 된 유교에 새로운 사상적 생명을 불어넣는 작업은 이들에게서는 찾아볼 수 없다. 근본적으로 유교의 내용을 일신하여 도교와 불교에 정면 대결을 선언한 것은 북송 제유(諸儒)에서부터 시작되었다고 해도 과언이 아닐 것이다.

한유와 이고가 불교에 대한 유교의 우위확립을 위해 문제를 제기한 이래 당말·오대(五代)를 거치며 오랫동안 순치되어 온 유교의 사상적 변화는 송의 인종(仁宗) 경력(慶曆) 연간(1041~1048)에 이르러 그 새로운 징후를 나타내었다.[4] 이러한 조류를 유도한 것이 범중엄(范仲淹)을 위시한 일군의 유학자들이었다. 이른바 경력'정학(正學)'의 발생에 관하여 《송원학안》의 저자인 전조망(全祖望)은 다음과 같이 지적한 바 있다.

> 송의 진(眞)·인종(仁宗)대는 유림(儒林)의 개벽기였다. 당시 염락지도(濂洛之徒 ; 周敦頤·二程)는 맹아(萌芽)단계로서 (세상에) 나오지 않았던 때였다. 수양(睢陽) 척씨(戚氏 ; 戚同文)가 송(宋)지방, 태산(泰山) 손씨(孫氏 ; 孫復)가 제(齊)지방, 안정(安定) 호씨(胡氏 ; 胡瑗)가 오(吳)지방에서 각기 정학(正學)을 강명(講明)하였다.……마침 조정(朝廷)에는 안양(安陽) 한충헌공(韓忠獻公 ; 韓琦), 고평(高平) 범문정공(范文正公 ; 范仲淹), 악안(樂安) 구양문충공(歐陽文忠公 ; 歐陽修)이 있어서 탁연(卓然)히 도(道)의 대개(大槪)를 보는 안목이 있음에 서로 협력하여 이에 학교(學校)는 사방에 설치되고 사유지도(師儒之道)가 이로써

---

3) 이러한 경향은 순수 철학사의 저술에서 두드러지는데 그 대표적 저술로서 馮友蘭, 1934 와 侯外盧, 1962 를 들 수 있다. 물론 韓愈와 李翺가 《易》, 《中庸》, 《孟子》를 평가하고 《大學》의 '致知', '格物'을 언급하는 등 문헌의 선택 및 사고방식에 朱子學과의 많은 관련이 지적될 수 있으나 道敎 및 佛敎에 대항하기 위한 사상면에서의 유교 자체의 전면적 재해석의 시도는 이들에게는 나타나지 않는다. 그중 이고의 경우는 불교의 인성론을 도입하여 유교 경서인 《易》, 《中庸》 등을 새롭게 해석했다는 면에서는 이후의 주자학자들의 방법과 유사점을 인정할 수 있겠으나 이는 인성론에 국한된 것으로서 宋學의 가장 중요한 과제인 儒敎의 우위 확립이라는 적극적 의의는 찾아볼 수 없다. 오히려 李翺는 魏晉南北朝시대 이후의 儒·佛折衷的 경향을 완전히 탈피하지 못한 면이 보이고 있다. 즉 그의 《中庸》 해석은 天台宗의 止觀해석을 그대로 받아들이고 있음이 지적되고 있다(馮友蘭, 1934, 하권, pp.811~812 및 錢穆, 1977, p.34 참조).

4) 楠本正繼, 1972, p.15.

수립되었다. 이정지(李挺之), 소고수(邵古叟) 등도 경술(經術)로써 이에 더불게
되니 이른바 이들이 염락(濂洛)의 전모(前茅)인 것이다.5)

 범중엄·호원(胡瑗)·손복(孫復)·구양수(歐陽修) 등으로 대표되는 '정학'
운동은 한·당의 훈고·주소학에 대한 비판과 전대의 사상계를 지배해 온
도교와 불교에 대한 배척을 주된 기치로 내걸고 있었다. 당대 주소학은 첫
째 내면적·사상적으로 경의(經義)의 통일이 이루어지지 않았으며 단순히
과거제의 교본과 일종의 사상적 통제수단으로서만 이용되어 왔다.6) 둘째로
는 새로이 사대부(士大夫)층이 지배층으로 등장하게 된 송대 사회의 시대적
요청에 적절히 부응할 수 없었다는 점을 들 수 있다.7) 사대부층에 의해 요
청된 유학은 그 기본적 성격인 통경치용(通經致用)의 학(學), 즉 송대의 현실
사회에 대응할 수 있는 지도원리를 끌어낼 수 있는 새로운 창조적 해석학이
되지 않으면 안되었다.8) 이들이 추구하는 새로운 유교는 송대의 문신관료지
배(文臣官僚支配)의 확립, 비약적으로 성장한 경제규모에 대한 효율적 운영,
서민적인 신문화의 보급 등 이른바 '근세적' 사회에 적합하고 도움이 될 수
있는 이념적 차원에서 방향설정을 제시할 수 있는 것이어야 했다.

 또한 '정학'은 이러한 유교의 내적 쇄신과 병행하여 당시까지도 실질적으
로 지배적 위치를 점해 온 도교와 불교에 대항하기 위해서는 단순한 배불·
로(排佛老)의 자세를 넘어서는 유교 우위의 확고한 주체성의 확립이 필요하
였다. 호원·손복 등의 사상은 아직 정미의 역에 도달해 있지는 않았으나 노
장(老莊)과 불교사상으로부터 이탈하려는 확고부동한 자세가 나타나 있으며,
현실사회에서 최고이념의 체현자로서 성인(聖人)을 상정하여 이것을 목표로
하는 바의 사상과 실천을 중시하고 이러한 의미에서 윤리적 입장의 차각(自
覺)이 싹텄다는 점에서 이들을 송학의 전구(前驅)라 하기에 충분하다.9)

 손복의 경우를 보면 춘추존왕발미(春秋尊王發微)에서 삼전(三傳)에 의거하
지 않고 직접《춘추(春秋)》에 담겨 있는 성인의 미지(微旨)를 자신의 주관에

---

5)《鮚埼亭集》外編, 卷 16.
6) 今井宇三郎, 1974, p. 72.
7) 今井宇三郎, 1974, p. 73.
8) 위와 같음.
9) 楠本正繼, 1962, p. 21.

따라 새로이 해석하려 하였다.[10] 그는 한(漢)·당(唐)의 문장과 의론(議論)
들을 비판하여 "대저 문장(文章)이란 것은 도(道)의 용(用)이며 도는 교화
(敎化)의 근본이다. 그러므로 문장을 작성함에는 반드시 심(心)에서 얻으며
언설(言說)에서 이루어진다"[11]고 주장하여 경서(經書)의 이해와 의론의 작성
에서 무엇보다 '심의(心意)'의 중요성을 말하였다. 손복의 이러한 태도는 이
후 구양수, 유창(劉敞), 왕안석(王安石) 등의 한·당 경학비판과 심의에 의
한 주관적 해석에 영향을 주었으며 주자학의 의리중시 관념 역시 기본적으
로는 그의 방법을 계승·발전시킨 것이라 할 수 있다.

손복은 또한 이학파(異學派)에 대하여 유교의 기치를 높이 내걸었다. 《손
명복선생소집(孫明復先生小集)》〈유욕(儒辱)〉편의 내용을 간략히 살펴보면
불(佛)·노(老)의 도(徒)가 사생(死生), 화복(禍福), 허무(虛無), 보응(報應)
의 설을 내세워 인의(仁義)를 단절하고 예악(禮樂)을 버렸으며 군신(君臣)·
부자(父子)·부부(夫婦)의 인륜(人倫)을 근본으로 하는 유교(儒敎)의 가
(家)·국(國)에 의한 사상과 경쟁하게 된 것을 격렬히 개탄하였다.[12] 그리고
양(楊)·묵(墨)에 대한 맹자(孟子), 신(申)·한(韓)에 대한 양웅(揚雄), 불·
노에 대한 한유의 공을 추상(推賞)하는 동시에 동상서(同上書)〈동중서론(董
仲舒論)〉에서 그의 '의의(義意)'를 중시하여 '의(義)'의 입장은 도(道)의 입
장이며 이는 자기를 끊는 것이고 그럼으로써 진정한 객관적 태도를 취할 수
있다고 말한 것은 주자학의 엄숙한 자세를 이미 보여주는 것이다.[13] 사마광
(司馬光)의 《자치통감(資治通鑑)》과 주자(朱子)의 《자치통감강목(資治通鑑綱
目)》은 손복의 이러한 경학방법을 춘추학을 통하여 직접 계승한 것이라고
할 수 있다.[14]

범중엄은 송대 사대부의 명절(名節)과 천하국가(天下國家)에 대한 책임의
식을 고취한 대표적 인물이다. 그의 "사대부(士大夫)는 마땅히 천하(天下)가
걱정하기 전에 먼저 걱정하고 천하가 즐거워한 이후에 나중에 즐거워해야
한다"[15]라는 말은 송대 사대부의 고양된 현실참여의 자세와 사명감을 극명

---

10) 小島祐馬, 1968, p. 331.
11) 《孫明復小集》卷 2, 〈寄范天章書〉.
12) 楠本正繼, 1962, p. 24.
13) 楠本正繼, 1962, p. 25.
14) 今井宇三郎, 1974, p. 76.
15) 《范文正公集》卷 7, 岳陽樓記.

히 보여주는 예이다. 이는 한유가 도·불에 대한 유교의 우위를 주장하면서
도 그 이면에서는 불교의 성행과 유교의 침체에 대한 일종의 절망적인 동기
가 잠재해 있는 것16)과는 대조적으로 낙관적이며 적극적인 송대 사대부의
기풍을 대변해 주는 것이라 할 수 있다.

주자학이 도교와 불교의 영향을 받았으면서도 궁극적으로는 천하국가(天
下國家)와 인륜적 사회에 대한 긍정과 참여를 전제로 하여 이에 적극적 가치
를 부여하고 있는 것은 '정학'이 수립한 실천주의와 이상주의적 기풍의 영
향이라고 해야 할 것이다.

호원(胡瑗)의 경우는 그의 학문활동뿐만 아니라 교육을 통하여 유교를 널
리 보급시키는 데 중대한 공헌을 하였다. 그는 이른바 '명체달용(明體達用)'
이란 범주를 통해 학문의 체제를 구분·정리하여 '체'에 해당되는 경의(經
義)·도덕(道德)과 '용'에 해당되는 시무(時務)의 겸비(兼備)를 강조한 것으
로 잘 알려져 있다. 호원의 학문은 경학과 도덕뿐만 아니라 시무에까지 걸
친 광범위한 성격을 지녔으며 따라서 이후 주자학과 대립을 보인 경세적 경
향의 사상, 예를 들면 왕안석과 남송의 사공파(事功派)와의 관련성도 인정할
수 있으나17) 그 자신은 어디까지나 '체용(體用)'의 겸비를 말하였을 뿐이다.

특히 호원은 역학(易學)을 통하여 주자학과 직접적인 관계를 지니고 있었
음을 지적할 수 있다. 이에 앞서 송대 역학의 특징을 살펴보면 한(漢)·위
(魏)의 역학이 직접 《역(易)》의 경문(經文)이나 〈십익(十翼)〉을 대상으로 하
여 이것을 훈고·주석(注釋)하였음에 반해 송대의 역학은 이를 대상으로 하

16) 《韓昌黎文集》, 卷 1 〈진학해(進學解)〉의 다음 내용은 韓愈가 당시의 世態을 어떻게
비꼬고 있었는가를 여실히 보여주고 있다.
"……國子先生이 아침에 대학(大學)에 들어가 諸生을 불러 館下에 세우고 가르쳐 말하
였다. 有司가 밝게 시행하지 않는다고 걱정하지 말고 학문을 이룩하지 못할까 걱정해
야 한다. 또한 有司가 불공정하다고 걱정하지 말아야 한다. 말이 끝나기도 전에 열 가
운데서 한사람이 이를 비웃으면서 말하였다. 선생은 우리를 속이고 있다. 제자가 선생
에게 배우기를 몇 년이나 되었는데 선생은 六藝의 文을 줄줄 외우고 百家의 編을 손에
서 놓은 적이 없었으니(中略) 선생의 학업은 가히 근면했으며 異端과 佛老를 배척함에
서도(中略) 儒者로서 큰 공로가 있었다(中略). 그러나 선생은 공적으로는 신임을 얻지
못했고 사적으로는 친구의 도움도 받지 못했다(中略). 겨울이 따뜻해도 자식들은 춥다
고 울고 풍년이 드는 해에도 처는 배고프다고 한다. 머리가 벗겨지고 이빨이 다 빠져
마침내 죽기에 이를 때까지 (학문을 해 보아야) 무슨 도움이 있겠는가? 선생은 이를
깨닫지 못하고 도리어 남을 가르치려 하는가?"
17) 林益勝, 1974, pp. 156~157 및 李範鶴, 1983, pp. 45~46.

지 않고 〈계사전(繫辭傳)〉이나 〈설괘전(說卦傳)〉의 제문(諸文)에 의거하였다는 점을 들 수 있다.[18] 송대 역학은 역학 전개사상 새로운 발전을 이룩하여한·위의 고역(古易)에 대한 신역(新易)으로서의 의의를 지니고 있었다.[19] 이러한 새로운 역학은 이후 주자학의 철학적 체계 속에 흡수되어 태극(太極)·음양설(陰陽說)로 발전되는 중요한 의의를 지녔던 것이다. 이후 주자학에 미친 호원의 역학의 영향은 개개 역설(易說)에서보다는 《역》을 음양의 변역(變易)이라 말한 점에서 의리(義理)설명의 단서가 발견되고 있다는 사실이다.[20] 이러한 태도는 《역》을 상수(象數)가 아닌 유리(儒理)로써 설명하려는것이다. 이는 정이(程頤)의 변역설(變易說)로 계승되어 그의 체용일원(體用一源), 현미무간(顯微無間)의 체계가 이루어지게 되었는데, 정이의 역학의 단적인 특징은 《역》을 복서상수(卜筮象數)가 아닌 의리의 관점에서 해석하는 데있었다.[21]

이상에서 살펴보았듯이 경력'정학'은 도·불에 대한 유교의 정통적 지위의 확립과 한·당의 훈고·주소학에 대한 심의(心意)에 의거한 비판적 경학방법의 수립, 천하국가와 인륜질서에 대한 긍정과 적극적 사명감의 고취, 개개 학문의 경향 등을 통해 이후 주자학 형성의 사상적 기반을 마련하고 사상체계의 전개방향을 제시하였다는 점에 큰 의의가 있었다. 후대의 의론들이 주자학에 미친 '정학'의 영향을 소홀히 하여 이를 직접 한유의 공으로만돌리는 것은 《송사(宋史)》, 〈도학전(道學傳)〉이나 정이의 도통론(道統論)에지나치게 구애받은 것이라는 생각이 든다.

2. 道教·佛教와의 關係

주자학 형성의 원인은 이미 살펴보았듯이 '정학'의 발흥을 외연(外緣)으로 하고 혁신의 기운이 내인을 이루었으나 그 직접적 요인은 오랜 기간에 걸쳐 사상상 그 지배하에 있던 도교와 불교, 그중 특히 불교로부터 유교를 독립시키려 한 데서 찾아볼 수 있다.[22]

---

18) 今井宇三郎, 1974, p. 3.
19) 위와 같음.
20) 今井宇三郎, 1974, p. 104.
21) 今井宇三郎, 1974, p. 106, 109.
22) 常盤大定, 1966, p. 140.

불교는 '정학'의 배척운동이 고조된 북송 중기까지도 아직 그 사상적 우위를 상실하지 않고 있었다. 전통적인 제왕들의 지지라는 이유 외에도 선학(禪學)의 괄목할 만한 발달은 이 시대에 들어와서도 다수의 명승(名僧)을 배출함으로써 오히려 당시의 명현(名賢)이나 유자(儒者)로서 불교에 귀의하는 자가 적지 않았다. 이순보(李純甫)는 바로 이러한 인물로서 유교에 생사(生死)의 설이 없으며 성론(性論)이 불비(不備)하다는 비난을 서슴지 않는 실정이었다.[23] 이에 대한 당시 유자(儒者)들의 배불론(排佛論)을 살펴보면 손복의 〈유욕(儒辱)〉편, 석개(石介)의 〈괴설(怪說)〉, 〈중국론(中國論)〉, 이구(李覯)의 〈배불론(排佛論)〉 등이 있었으나 거의가 군신(君臣), 부자(父子), 부부 관계의 인륜의 입장의 강조나, 불교는 이적(夷狄)의 교(敎)라는 중화사상적 배타주의, 불교도가 공담(空談)으로 국가의 늠속(廩粟)을 축낸다는 경제적 측면에 치중하여[24] 그 철학 자체에 대한 본격적인 분석·비판은 행하지 않았다. 즉 불교와의 사상적 논쟁에서 승리를 거두기 위해서는 이를 능가하여 대체할 수 있는 새로운 철학체계와 이를 기초로 한 유교의 재정립 작업이 필수적인 과제였던 것이다. 이를 위해서는 우선 도교계통의 노장사상과 불교에 정통하여 그 단점을 통찰한 위에서 이를 철학의 근저로부터 비판할 수 있는 능력이 갖추어져 있지 않으면 안 되었다.[25] 주돈이, 정호(程顥), 정이 등 주자학의 선구자들은 이러한 조건에 가장 적합한 학문적 성장배경을 지녔으며 '정학' 이후 유교의 시대적 요청에 때맞추어 나타났다고 할 수 있다.

주자학의 시조라 할 수 있는 주돈이는 노장적 취향이 강했을 뿐만 아니라 《거사분등록(居士分燈錄)》에 의하면 불교계통의 불인(佛印)과 동림(東林)의 총선사(總禪師)에게서 도를 배웠다고 한다.[26] 그 진위야 어떻든 주돈이는 그 수양의 방법이 불교와 상통하는 면이 많았다. 이정(二程) 역시 본전(本傳)에 의하면 "노(老), 석(釋)에 출입"하였다고 하며 특히 불교계통의 서(書)인 《귀원직지집(歸元直指集)》에 의하면 정이의 경우 일찍이 도를 영원선사(靈源禪師)에게 물었으며 그 감화(感化)를 받았기 때문에 그 문장을 작성하고 서책(書冊)을 주석하는 데서 다수 불조(佛祖)의 사의(辭意)를 이용하였다고 한

23) 諸橋轍次, 1975, p. 385.
24) 諸橋轍次, 1975, p. 380.
25) 常盤大定, 1966, p. 140.
26) 諸橋轍次, 1975, p. 385.

다.[27] 이러한 경향은 이정(二程)의 문하에 이르러서 더욱 심하였다. 사량좌 (謝良佐), 양시(楊時), 유작(游酢) 등은 불교에 탐닉하였으며 주자도 "노장과 불교에 출입한 것이 십여 년"이었다[28]고 할 정도로 불교와 깊은 인연을 갖 고 있었다.

그러므로 이들은 불교의 장단에 대하여 지실(知悉)하는 바 가장 많았으며 피차(彼此)를 융합도야(融合陶冶)하여 그 장점만을 취하기에 이른 것이다.[29] 실제로 주자학의 철리(哲理)는 불교로부터 많은 것을 빌려왔다. '체(體)'와 '용(用)'의 논리는 호원이 이미 말한 바 있으나 이를 본질적인 것과 현상 적·파생적(派生的)인 것으로 구분하는 사고방식은 다분히 불교의 인과론에 기인하는 것이며, 주자학의 중심개념인 '이(理)'의 설을 비롯하여 인성론(人性論), 공부의 방법 등 도처에서 불교의 영향을 찾아볼 수 있다.[30]

한편 노장사상 및 도교와의 관계를 살펴보면 주돈이의 《태극도설(太極圖說)》은 그 시원이 도교의 단도(丹道)의 서(書)인 《주역참동계(周易參同契)》에 있었으며[31] 가까이는 진단(陳摶), 충방(种放) 등 송초의 노장계 은일자(隱逸者)들의 역학을 계승하였음을[32] 볼 수 있다. 정호에게서 나타나는 '만물일체(萬物一體)'설과 자연에의 귀의성향도 도가적 기질과 상통하는 것이다.

그러나 주자학자들은 이처럼 불교와 도교의 사상을 다수 받아들였음에도 불구하고 기실(其實)은 도·불의 일부 철리(哲理)를 흡수·수정하여 다시 이를 공격·비판하는 일종의 이론적 무기로서 사용하였다. 다시 말하면 유교의 철학적 기초를 확고히 하여 이를 가지고 불교의 사상체계 속에 뛰어들어 안으로부터 불교를 무너뜨리려 한 것이다. 이러한 의미에서 주자학은 '정학'의 도·불 배척운동을 더욱 철저히 계승한 것이라고 할 수 있다. 주자학이 인성론을 중시하고 내면화의 경향을 지니고 있었으나 이는 궁극적으로 가(家)·국(國)의 윤상(倫常)과 질서를 전제로 한 것이었다. 이 점은 주자학의 내면화 경향을 더욱 발전시킨 양명학(陽明學)에서도 다를 바 없었다.

27) 諸橋轍次, 1975, p. 386.
28) 《朱文公文集》卷 38, 〈答江元適〉.
29) 諸橋轍次, 1975, p. 387.
30) 島田虔次, 1967, pp. 2~4.
31) 島田虔次, 1967, p. 12.
32) 楠本正繼, 1962, p. 14.

또한 주자학은 도·불의 심오한 철학체계를 수용함으로써 종전의 유교에 결여되었던 정미한 이론과 풍부한 사상체계를 형성할 수 있었다. 주자학의 이같은 장점은 결국 송학의 흐름을 수렴하여 지배적인 사상으로 확립되게 한 결정적 요인이 되었다고 생각된다.

3. 四書의 重視

정이(程頤)는 형인 정호(程顥)의 묘표(墓表)에서 다음과 같은 말을 하였다.

주공(周公)이 몰(沒)한 후에 성인(聖人)의 도(道)가 시행되지 못했고 맹자(孟子)가 죽은 다음에 성인의 학(學)이 전(傳)해지지 않았다. 도(道)가 행해지지 않음으로써 백세(百世)에 걸쳐 훌륭한 치적(治績)이 없었으며 학문이 전해지지 않음으로써 천재(千載)에 걸쳐 진정한 유자(儒者)가 없었다. ……선생[程顥]은 천사백년 이후에 태어나 부전(不傳)의 학문을 유경(遺經) 속에서 얻어 장차 이 도(道)로써 이 민(民)을 깨우치는 것에 뜻을 두셨다.33)

이른바 주자학의 도통론(道統論)의 내용이 여기에 집약되어 있다. 한유의 도통론이 도·불에 대항하여 유교의 우위를 주장하기 위하여 제출되었다면 정이의 도통론은 이와는 약간 성격이 다름을 지적할 수 있다. 정이는 여기에서 한걸음 더 나아가 유교내에서의 '진유(眞儒)'인가 아닌가 하는 것까지 문제로 삼고 있다. 즉 주자학은 한대의 경학을 뛰어넘어 주공에서 공자로, 공자에서 맹자로 이어지는 유교의 정통을 직접 계승하였다는 자각의식과 당·송 이래의 새로운 유학과도 획을 긋고 있음을 명백히 보여주는 것이다. 《송사》에 〈유림전(儒林傳)〉과 별도로 〈도학전(道學傳)〉이 설치되어 있는 것도 바로 도통론의 사고를 계승한 것이라고 볼 수 있다.

그렇다면 주자학이 한대의 경학과 종전의 '정학' 등 여타 송대 유학과 준별(峻別)되는 근거는 어디에 있는가? 사상 내용면에서 살펴보면 주자학이 수용한 도·불의 요소를 들 수 있겠으나 이러한 새로운 성격을 뒷받침해 주는 유교의 경전적 근거가 마련되지 않으면 안될 것이다. 주자학자들이 사서(四書)를 표창한 것은 이같은 맥락 속에서 이해될 수 있다.

사서는 주지하듯이 《논어(論語)》, 《맹자(孟子)》, 《중용(中庸)》, 《대학(大

---

33)《二程全書》附錄,〈墓表〉.

學)》을 가리키는 것이나 당대 이전까지 유가는 항상 주공(周公), 공자(孔子)를 칭양(稱揚)하여 태학(太學)에서는 반드시 오경(五經)을 교재로 하고 《논어》는 이와 동등시되지 못하였으며 《맹자》에 이르러서는 제자(諸子)의 서에 편입시킬 정도로 이단시하여 왔다. [34] 《대학》과 《중용》은 모두 《예기(禮記)》의 한 편에 불과하여 한유와 이고가 인정할 때까지 유자들의 별다른 관심을 끌지 못하였다. 이러한 사서가 모두 존숭되기 시작한 것은 송대부터였으며 주자에 이르러 체계적으로 그 사상 내용이 정리되기에 이르렀다.

주자학자들은 사서를 오경 못지않게 중시하였으며 주자의 경우는 오히려 사서에 더욱 큰 비중을 둘 정도였다. 《주자어류(朱子語類)》 권 19 에서 주자는 "《논어》, 《맹자》의 학습은 그 양은 적으나 효과가 크고 육경(六經)의 학습은 그 양은 많으나 효과는 적다"고 말하고 있다. 주자가 주자학을 경학에 융합시키는 한편 주자학의 독자성을 명확히 한 단서는 사서에 대한 '집주(集注)'와 '장구(章句)'를 제정한 데서 찾을 수 있다. [35]

사서 가운데에서도 주자학이 이전의 유학과 준별되는 사상적 기초를 제공한 것이 《대학》과 《중용》이다. 먼저 《대학》 표창의 배경을 살펴보면 일찍이 한유가 도·불에 대항하는 유교의 인륜적 입장에서 《대학》을 중시한 이후 이에 적극 호응하여 본격적으로 《대학》을 표창하여 《예기》로부터 독립시킨 것은 송대 유자들이었다. 증공(曾鞏)은 〈홍범전(洪範傳)〉의 일론(一論)을 초(草)하는 가운데 고(古)의 교(敎)에 관하여 말하며 《대학》의 의의를 중시하였으며, 사마광(司馬光)에 이르러서는 《대학》을 처음으로 《예기》 가운데서 추출하여 주해(注解)를 실시하였다. [36] 주자학들과 정치적 입장을 같이 한 사마광은 〈논치신치국소선(論治身治國所先)〉[37] 〈진수심치국지요차자장(進修心治國之要箚子狀)〉[38] 등의 문장을 통해 《대학》의 내용을 고취시킨 한편 《중용대학광의(中庸大學廣義)》 일권을 저술하여 《대학》을 별서(別書)로 독립시키는 데 큰 공헌을 하였다. [39] 장재(張載)는 《예기》 가운데서 《대학》과 《중용》을 발탁

---

34) 錢穆, 1974, p. 159.
35) 錢穆, 1974, p. 208.
36) 麓保孝, 1976, pp. 23~25.
37) 《宋文鑑》 卷 49.
38) 《溫國文正司馬公集》 卷 46.
39) 麓保孝, 1976, p. 25.

하여 《논어》, 《맹자》 및 《시(詩)》, 《서(書)》와 대오를 같이 하도록 하였고[40] 그의 〈역설대축(易說大畜)〉,[41] 〈경학이굴기질제이(經學理窟氣質第二)〉[42] 등의 글에서 《대학》의 문을 인용하고 〈정몽건칭(正蒙乾稱)〉편 제 15 에서는 《대학》의 설을 이용하여 배불론(排佛論)을 전개하였다.[43]

이리하여 송학이 주자학으로서의 연찬(硏鑽)의 보(步)를 진전시키면서 《대학》에 관한 견해도 더욱 심화되고 정미하게 되어 정호는 "《대학》은 공자의 유서이다. 반드시 이 서에 따라 학문을 해야지 어긋남이 없이 밝게 된다"[44]라고 하였으며, 정이는 "입덕(入德)의 문은 《대학》만한 것이 없다. 오늘날의 배우는 사람은 이 일편 《대학》에 의거해야 한다. 이외에는 《논어》와 《맹자》만한 것이 없다"[45]라고 하여 주자학의 입문서로서 확립시키기에 이른 것이다. 양정자(兩程子)의 《대학》 해설은 한유의 '수제치평(修齊治平)'의 관점에서 진일보하여 '격물치지(格物致知)'에 역점을 두어 상해(詳解)한 것이 특징이며, 이 점 주자학의 성립에 공헌이 컸다고 할 수 있다. 양정자의 뒤를 이어 주자는 《대학》의 삼강령 팔조목(三綱領八條目)을 확립하고 경문의 착간(錯簡)의 교정, 유궐(遺闕)의 보충을 실시하는 한편, 처음으로 경전과의 구별을 정하여 경일장 전십장(經一章傳十章)으로 정본(定本)을 만들었던 것이다.[46] 《대학》이 존신(尊信)·표창(表彰)의 극(極)에 달한 것은 바로 이같은 주자학자들에게서 비롯된 것이며 또한 이들은 《대학》을 통하여 가(家)·국(國)의 윤상, 질서와 심성의 내면사색간의 연결·조화를 꾀했다고 볼 수 있다.

한편 송대 유가의 《중용》 제창은 유대불로(儒對佛老)의 교섭에서 특수한 의의를 지니고 있었다.[47] 양(梁) 무제(武帝)의 강소(講疏)에서 발단한 《중용》의 의의는 이고의 〈복성서(復性書)〉에서 상론(詳論)되어 유가(儒家)의 경서로서 성명(性命)을 논한 것으로 존숭되었으나 이는 거의가 불교의 설을 답습한

---

40) 《張子全書》 卷 6, 〈經學理窟〉 '義理' 第3.
41) 위의 책, 卷 9.
42) 위의 책, 卷 5, 下.
43) 위의 책, 卷 3, 下.
44) 《二程全書》 卷 2, 〈遺書〉 第2.
45) 위의 책 卷 24, '伊川先生語' 八, 上.
46) 麓保孝, 1976, p. 33.
47) 諸橋轍次, 1962, p. 394.

것에 지나지 않았다. 48) 《중용》은 자못 선학(禪學)의 현리묘지(玄理妙旨)와 상
통하는 내용이 있어서 송대에 들어와서도 불교의 설로 이를 해석하려는 자
가 적지 않았다. 49) 주자학자들도 이러한 《중용》 해석에서 완전히 탈피했다
고는 할 수 없겠으나 정이의 경우 '중(中)'을 '불편(不編)'으로 '용(庸)'을
'불역(不易)'으로 해석하는 등 유자로서의 해석상의 독자성이 엿보이며, 주
자는 이를 노장사상에 대항하는 의미에서 적극 표창하였다. 50) 《중용》에는
'미발이발(未發已發)'의 설과 '존덕성(尊德性)', '도문학(道問學)'의 설이 있
어서 주자학자들이 이 설을 해석함에 비록 불교적 사고의 일부를 원용한 것
은 사실이나 유교적 심성론의 기초로서 그 의의는 매우 크다고 해야 할 것
이다.

《맹자》 역시 《중용》과 마찬가지로 그 성선설(性善說)을 통해 유가의 심성
론의 기초로서 주자학자들에게 받아들여졌다. 《맹자》에 관해서는 송대 유자
들 사이에 찬·반의 논란이 치열하여 예학(禮學)에 경도한 이구, 사마광 등
의 《맹자》 비판과 왕안석(王安石)의 존맹(尊孟)주장이 대립을 보였는데, 왕안
석의 《맹자》 존숭은 주자학자들과는 취지가 다른 경세적(經世的) 관점을 동
기로 한 바 있다.

주자학자들의 사서(四書) 중시의 의의는 유교의 철학화·내면화 및 이러
한 새로운 성격을 유교 본래의 가, 국의 윤상·질서와 연결·조화시키려 한
데서 찾을 수 있다. 이러한 의미에서 주자학은 이른바 '사서학(四書學)'의
수립을 통해 한·당의 경학과 구별되는 새로운 사상의 경전적 기초를 확립
할 수 있었다.

II. 朱子學의 成立

1. 《太極圖說》과 聖人學

주자학의 입문서이자 그 기본 골격을 제시하는 서(書)라면 《사서집주(四書
集注)》와 더불어 《근사록(近思錄)》을 들 수 있을 것이다. 《근사록》 권 1 의 서

---

48) 위와 같음.
49) 위와 같음.
50) 위의 책, pp. 399~400.

두는 주돈이의 다음과 같은 말로써 시작되고 있다.

　무극(無極)은 태극(太極)이다. 태극이 동(動)하여 양(陽)을 발생시키고 동(動)
이 극(極)에 달하면 정(靜)하여진다. 정(靜)하게 되면 음(陰)이 발생한다. 정(靜)
이 극에 달하면 다시 동하게 된다. 동(動)하고 정하는 것은 서로가 그 뿌리가 되며
음으로 나누어지고 양으로 나누어지는 것은 서로가 짝을 이루는 것이다. 양이 변
하고 음이 합하여 수(水)·화(水)·금(金)·목(木)·토(土)를 발생케 하며 이 오
기(五氣)가 순포(順布)하여 사시(四時)가 행(行)해지는 것이다.[51]

　이는 주돈이의 《태극도설(太極圖說)》에 나오는 말인데 주자학의 철학체계
는 여기에서 출발하고 있다고 해도 과언이 아닐 것이다. 《태극도설》은 이를
도식화한 〈태극도〉와 더불어 '태극'에서 '음양(陰陽)'으로, '음양'에서
'수·화·금·목·토'의 오행으로, 오행에서 사물로 이어지는 주자학의 우
주론과 존재론의 기초를 세운 중요한 의미를 지니고 있다. 원래 태극도는
북송의 진단(陳搏)계통의 노·장계 은자(隱者)들의 손에 의해 만들어진 것이
나 주돈이는 이를 개수(改修)하여 그 의의를 새롭게 하였다.

　주돈이의 〈태극도〉와 《태극도설》에 의하면 우주의 본체는 그 절대성으로
인하여 '무극(無極)'이라는 말로 부른다. 그러나 그것은 도가(道家)에서처럼
허무(虛無)를 의미하는 것이 아니기 때문에 '태극'이라고 병칭한다.[52] 주자
의 해석에 따르면 '무극'에서 '태극'이 발생하는 것이 아니라 "무극이자 태
극"[53]이 된다. 이러한 '태극'의 활동이 양(陽)이 되며 이 활동이 멈추는 것
이 음(陰)이 된다. 이때에 '태극'은 음양을 떠난 것이 아니라 이에 즉(即)하
여 그 본체를 의미하는 것이다. 음양은 변동·응합하여 수·화·금·목·
토의 오행을 생성하며 오행이 다시 확산·응축하여 사시(四時)가 운행되고
사물(事物)이 형성된다.

　주자는 무극이면서 태극이라는 말로 표시된 우주의 절대적 경지를 '이
(理)'라는 말로 해석하고 있다.[54] 태극도에 대한 주자학자들의 해석이 노장
계통과 본질적으로 다른 점은 존재의 궁극적 근거를 '무'에서 찾지 않고 탐

51) 本文 內容은 《周子全集》 卷 1에도 실려 있다.
52) 楠本正繼, 1962, pp. 50~51.
53) 《近思錄集注》 卷 1 朱子注.
54) '태극(太極)'과 '이(理)'의 관계는 이후 본문 Ⅱ장 2절 3) 朱子의 理氣二元論을 참조
　　할 것.

구하여 획득가능한 '이(理)'에 두고 있다는 사실일 것이다. 이러한 논리를 통해 주자학은 노장사상의 신비주의에 대항하여 유교 본래의 합리주의를 발전시킬 수 있는 철학적 기초를 수립할 수 있었다. 주돈이의 《태극도설》은 이같은 주자학의 새로운 우주론과 존재론의 수립을 위한 기초를 마련하였다는 데에서 커다란 의의가 있다.

또한 주돈이는 《중용》과 《역》의 영향을 받아 저술한 《통서(通書)》에서 '성(誠)'의 개념을 새롭게 전개시켰다. '성(誠)'은 일찍이 《중용》에서 노장사상의 '무(無)'에 대신하여 사용함으로써 유교의 '천인합일(天人合一)'사상과 가족사회의 윤리사상의 기초를 제공한 바 있다.[55] 주돈이에 의하면 '성(誠)'은 우주의 본체인 건원(乾元)에 근거를 두었으나 내재하여 물(物)의 성명(性命)으로 된다.[56] 만물이 그 부여된 바의 성명을 바르게 해 감으로써 성은 각 일물(一物)의 주(主)가 된다. '성(誠)'이 순수하게 되어 지선(至善)의 경지에 이르는 것이 '성(聖)'이다. 인간의 심성에서 '성(誠)'이 정묘(精妙)·혼일(渾一)의 경지에 도달하면 성인이 된다. 그는 성인이 되기 위한 공부로서 '사(思)'를 중시하였는 바 여기서의 '사(思)'는 인간 심성의 내면에 대한 사색과 성찰을 의미하고 있다. 《통서》 '이성명(理性命)'장(章)에서는 인심(人心)의 지령(至靈)한 움직임에 의해 '이(理)'가 명백해지며 만물 가운데에 태극이 있음을 말하고 이를 위해서는 인간성은 '강유선악(剛柔善惡)'하면서도 '중(中)'에 자리잡아야 한다고 하여 절대적 경지인 '태극'의 내재성을 주장하였다.

또한 '성학(聖學)'장(章)에서 성인(聖人)은 학문을 하여 누구나 도달할 수 있으며 그 방법으로써 '무욕(無慾)'을 말하였다. 이어 '지학(志學)'장(章)에서는 "이윤(伊尹)이 마음 먹은 바를 마음 먹고 안자(顏子)가 공부한 바를 공부해야 한다"라고 하여 성인의 궁극 목표가 심성의 도덕적 완성과 정사(政事)에서의 공업(功業)의 달성에 있음을 말하였다. 정이가 국자감(國子監)에서 호원을 경탄케 한 〈안자호학론(顏子好學論)〉을 초(草)하여 학문의 목적이 세속(世俗)의 학문과 다르며 공리성(功利性)에서 벗어난 순수한 성학(聖學)을 이룩하는 데 있다고 말한 것도 주돈이의 사고를 계승한 것이라 할 수 있

---

55) 楠本正繼, 1962, p. 58.
56) 이하 설명은 《周子通書》에 의거하여 정리한 것임.

다. 이는 유교의 내면화와 주자학의 내외겸비(內外兼備) 주장이 주돈이에서
그 단을 발하고 있음을 여실히 보여주는 것이다.

2. 理氣論

1) 張載의 '氣'

이기론(理氣論)은 주자학의 우주론과 존재론(存在論)을 형성하고 있으며
전체 사상체계를 지탱하는 철학적 기초가 되고 있다. 그러므로 이기론은 단
순한 철학상의 이론적인 논의의 역(域)을 넘어서서 정치와 사회경제, 문화
등에 걸친 주자학의 기본적 사고와 접근방법 및 구체적인 정치적·사회적
관점의 형성에 거의 결정적 영향을 주고 있다고 말할 수 있다. 역사상으로
볼 때 '이(理)'와 '기(氣)'를 어떻게 해석하고 양자(兩者)의 관계를 어떻게
설정하느냐에 따라 정치·사회적으로 개혁적 입장을 취할 것인가 아니면 수
구적 입장을 취할 것인가가 결정되었으며, 역으로 정치적 견해 여하에 따라
이를 뒷받침하기 위한 기초작업으로서 항상 이기론이 새롭게 운위(云謂)되
어 왔던 것이다. 그 대표적인 것으로 이기이원론(理氣二元論)과 이기일원론
(理氣一元論)의 대립을 들 수 있다. 이기이원론은 주지하다시피 도덕적 이상
주의의 경향을 강하게 지니고 있으며, 정이에서 시작되어 주자에 의해 그 체
계가 완성되어 이후 주자학의 정통적 관점으로 확립되었다. 이기일원론은
장재에서 출발하여 육구연(陸九淵), 왕수인(王守仁) 등 심학(心學)계통의 학
자들과 명말 청초(明末淸初)의 왕부지(王夫之), 그리고 청대의 대진(戴震) 등
기(氣)의 철학자들에 의해 계승·발전되어 주자학내에서 혹은 반주자학적
입장에서 이기이원론에 대한 비판적 기능을 수행해 왔던 것이다. 다음에 말
할 '성즉리(性卽理)'와 '심즉리(心卽理)'의 대립도 궁극적으로는 '기(氣)'에
해당되는 인간의 '심(心)'을 이기이원적 관점에서 보는가 이기일원적 관점
에서 이해하는가 하는 관점의 차이와 관련되고 있다. 종합적 이념체계를 형
성하고 있는 주자학은 그 속성상 사상적 비판·발전의 전개과정을 통해 항
상 새롭게 전체 이론구조의 내적 완결성을 유지해 나가지 않을 수 없었으
며, 이에 따라 그 철학적 기초에 해당되는 이기론을 우선적으로 문제삼지
않을 수 없었던 것이다.

이기론은 장재의 '기(氣)'에 대한 새로운 해석에서부터 출발하였다. '기'라는 개념 자체는 송대 이전부터 존재한 것으로 물(物)을 구성하는 물질적 근원, 생명력, 활동력의 근원 등의 의미로 이해되어 왔다.[57] 맹자의 '호연지기(浩然之氣)'라는 말도 바로 이같은 의미로 사용되었을 뿐 '기'의 개념에 특정한 철학적 의의를 부여하지는 않았다. '기'를 물질의 근원이라는 형태로서 존재론 속에 편입한 것은 도교(道敎)의 '기'에 대한 사색에 힘입은 송대 이후부터였다. 이러한 '기'의 의의에 주목하여 이를 생성론 내지는 존재론적 차원에까지 높인 것이 장재의 공헌이다.[58]

장재의 '기'론이 상세히 기술된 《정몽(正蒙)》, 〈태화편(太和篇)〉에서는 '기'의 궁극적 개념이요 우주의 본체, 도덕의 연원인 '태허(太虛)'에 대하여 대략 다음과 같이 설명하고 있다.[59]

'태허'는 무형(無形)이며 청(淸)하기 때문에 거리낌 없이 무애(無礙)하여 신묘한 활동을 하고 있다. '기'는 '태허'에서 한없이 넓다. 공간 속에서 상승, 하강하고 떠다니며 멈추지 않는다. '기'가 '태허'에서 모였다 흩어졌다 하는 것이 얼음이 물이 되었다가 다시 어는 것과 같다. '태허'는 바로 '기'이며 무(無)가 아니다.

장재가 여기서 말한 '태허'는 '기'를 본체적 방면에서 설명한 것이다. 그에 의하면 우주의 변화는 '기'의 변화로서 '기'가 모이면 만물이 되고 흩어지면 '태허'가 되며, 이 존재의 근원이라고 할 수 있는 '태허'는 어디까지나 '기'이지 노장사상에서 말하는 '무'가 아니라는 것이다.

또한 그는 '기'와 '음양'의 관계에 대하여 《어록(語錄)》에서 '기'에는 '음양'이단(二端)이 있어서 변화하는 것은 모두 '음양'이단의 변화라고 말하고[60] "일물(一物)이며 양체(兩體)인 것이 기(氣)이다. ……양체라는 것은 동(動)과 정(靜), 허(虛)와 실(實), 취(聚)와 산(散), 청(淸)과 탁(濁)(의 상대적 관계)을 말하는 것이며 궁극에는 하나이다. 양자(兩者)가 있으므로 일자(一者)가 있는 바 이것이 태극이다"[61]라고 설명하였다. 이상의 설명과 《역설(易

---

57) 山井湧, 1978, p. 356.
58) 위의 논문. p. 358.
59) 이하 《張子全書》卷 2 《正蒙》의 내용을 요약함.
60) 《張子全書》卷 13.
61) 《張子全書》卷 11, 繫辭下, '參天兩地而倚數觀變於陰陽而立卦'章.

說)》하(下)편의 "일음일양(一陰一陽)이 도(道)"[62]라는 말을 종합해 보면 그
가 정연(整然)한 기일원론(氣一元論)의 생성론(존재론)을 수립하고 있음을 알
수 있다. 즉 장재는 만물의 근원을 '태허'에 두고 '태허'상태의 분산된 '기'
가 '음양'의 상대적 관계에 따른 '동(動)·정(靜)'의 활동을 통해 응집되어
사물을 형성하게 된다는 이후 주자학의 우주론과 생성론(존재론)의 기본 골
격을 기일원론(氣一元論)에 한하여 거의 완벽하게 말하고 있다.

이상에서 살펴본 장재의 '기'론은 무의 철학을 말한 노장사상의 존재론을
극복하고 주돈이의 《태극도설》을 발전적으로 계승하여 이를 체계화시켰으
며 이후 주자의 이기이원론의 일각(一角)을 형성하기에 이르렀다고 할 수
있다.

2) 程頤의 '理'

주자의 이기이원론 형성에 거의 결정적 영향을 준 것이 정이의 '이(理)'중
심의 이론이다. 흔히 이천선생(伊川先生)이라 불리고 있는 정이는 그의 '이'
론뿐만 아니라 주자학자의 도덕지상주의적 성격과 금욕적 엄숙성, 고고(孤
高)한 자세 등 매우 특이하며 긍지높은 이른바 '도학자(道學者)'적 언동(言
動)의 원형과 같은 인물이라고 할 수 있다. 정이의 이러한 자세는 이후 주자
학의 성격을 엿보게 해주는 상징적 의미도 아울러 지니고 있다고 생각된다.

'이(理)'라는 개념은 원래 이치(理致), 조리(條理) 정도의 의미로 사용되어
왔으나 이것이 새롭게 학문·사상체계의 중심개념으로 발전·확립된 것은
거의가 정이의 공로라고 할 수 있을 것이다. '이'에 관한 그의 설명을 살펴
보면 다음과 같다.

> 적연히 부동하며 감응(感應)된 바가 있어 마침내 소통되는 것은 인정(人情)상
> 의 일을 가리킨 것이다. 도(道)라는 것은 만리(萬理)가 구비되어 감응되고 않고를
> 따질 필요가 없다.[63]

> 천하(天下)의 사물은 모두 이(理)와 맞대어 있다. 사물마다 반드시 원칙이 있어
> 서 일물(一物)에는 반드시 일리(一理)가 있는 법이다.[64]

---

62) 《張子全書》卷 11.
63) 《二程全書》책 1, 〈遺書〉第 15.
64) 《二程全書》책 1, 〈遺書〉第 18.

정이의 '이(理)' 개념은 장재의 '기(氣)'가 구체적인 성격을 지닌 데 대하여 매우 추상적인 성격을 지녔다고 할 수 있다. [65] '이'는 '기'에 해당되는 물(物)의 가운데서 발현하는 관념에 지나지 않으며 실재성은 전혀 없는 개념이다. [66] 그는 《주역》〈계사전(繫辭傳)〉의 "일음일양(一陰一陽)을 일컬어 도(道)라 한다"는 구절에 대하여

일음일양(一陰一陽)을 일컬어 도(道)라고 하는 것은 도가 음양(陰陽)이 아니라 일음일양(一陰一陽)하는 소이(所以)를 도(道)라 하는 것이다. [67]

라고 하고 또한

음양(陰陽)을 떠나서는 도(道)는 존재하지 않는다. 음양하는 소이(所以)가 도이다. 음양은 기이다. 기(氣)는 형이하자(形而下者)요 도는 형이상자(形而上者)이다. [68]

라고 해석하고 있다.

이상의 인용문들은 정이의 '이'론을 대표하는 내용을 지닌 것이다. 그에게서 '도(道)'와 '이(理)'는 거의 동일한 의미로 사용되고 있으며[69] 단지 '이'가 개별적인 성격을 지닌 데 대하여 '도'는 종합적이며, '이'가 지적(知的)인 데 대하여 '도'는 실천적인 관점에서 말해지고 있을 뿐이다. [70] 정이의 이러한 주장은 그가 장재의 기일원론(氣一元論)에서 탈피하여 사물(事物)의 궁극적인 존재의 원인과 그 당위성을 찾으려는 방향으로 사색을 발전시키고 있음을 보여준다. 즉 장재가 존재의 궁극적 경지를 '기'인 '태허'에 두고 이것을 '태극'과 동일시하여 '태극'을 '기'로 이해하는 단계에 멈추었는 데 대해 정이는 이러한 '기'와는 존재와 인식의 차원이 다른 '이'와 '도'의 개념을 새롭게 설정하여 '형이하(形而下)'와 구별되는 '형이상(形而上)'의 영역에 두고 있다. 장재가 현상을 설명하는 데 그쳤다면 정이는 그러한 현상

---

65) 市川安司, 1964, p. 12.
66) 위의 책. pp. 15~16.
67) 《二程全書》 책 1, 〈遺書〉 第 3.
68) 《二程全書》 책 1, 〈遺書〉 第 15.
69) 市川安司, 1964, p. 33.
70) 위의 논문, p. 34.

의 존재원인을 밝혀내려는 매우 실천적인 동기가 바탕에 깔려 있다. 예를 들면 하늘이 높고 땅이 깊다는 사실 자체를 어떻게 이해·설명할까 하는 것에 그치지 말고 그 '고심(高深)한 소이(所以)' 즉 왜 하늘이 높고 땅이 깊은 가 하는 법칙적 원인을 탐구의 주제로 해야 한다는 것이다. 우주론과 존재론에서 사물의 인(因)과 과(果)를 준별하는 그의 태도는 인성론과 인류질서에 대한 관점에서는 선과 악, 시(是)와 비(非)를 엄격히 구분하는 극단적 도덕주의로 나타날 것은 충분히 예상할 수 있는 일이다.

정이의 '이'중심사상에는 이후 주자에게서 체계화된 '이'와 '기'의 준별과 '형이하자(形而下者)'인 '기'에 대하여 '형이상자(形而上者)'인 '이'의 우월성의 논리가 제출되는 중요한 단서가 이미 나타나 있다고 할 수 있다.

3) 朱子의 理氣二元論

주돈이에 의해 도가(道家)의 허무사상을 극복한 주자학의 우주론과 존재론은 장재의 '기'의 논리를 거치면서 현상적 세계에 대한 정연한 이론을 수립할 수 있었으며, 정이의 관념적이고 초월적인 '이'의 논리를 매개로 하여 주자에 이르러 도·불의 신비적이며 종교적인 세계에서 완전히 벗어난 새로운 체계를 수립하게 되었다. 주자는 성리학뿐만 아니라 송대 전체 유학의 집대성자라고 할 수 있다. 즉 성명학과 이기설에 국한하지 않고 사학(史學)에서의 《자치통감강목(資治通鑑綱目)》, 예학(禮學)에서의 《주자가례(朱子家禮)》 등의 저술을 비롯하여 정치적 실천에서 사창법(社倉法)의 실시 등 다양한 관심과 행적을 통해 일대(一大)체계를 이룩하였던 것이다. 그러나 주자의 이러한 광범위한 사상·학술 및 행동을 지도하는 근본이념은 그의 이기론으로 집약되어 나타나고 있다. 이기이원론이 근간이 되어 있는 그의 우주론과 존재론은 이후 유교의 방향을 전환시키는 획기적 의의를 지니고 있다. 앞에서도 언급한 바 있듯이 이기이원론에 바탕을 둔 주자의 '신유학(新儒學)'은 이전의 유교에 결여되었던 철학적 기반을 새로이 형성하고 도·불에 대항하기 위해 내성화(內省化) 경향을 발전시켜 이른바 내·외겸비(內外兼備)의 확고부동한 종합적 이념체계를 성립시켰던 것이다.

주자의 이기이원론은 기본적으로 정이의 '이'중심의 사고를 계승·발전시켜 '이'의 관점에서 장재의 '기'의 논리를 새롭게 해석하여 적용한 것이다. 먼저 '이'에 대한 그의 설명을 살펴보면 "이(理)는 형체가 없다",[71]"이는 정결(淨潔)·공활(空闊)한 세계이며 형적(形迹)이 없다"[72]라고 하여 '이'가 가시적(可視的) 존재가 아닌 관념적 존재임을 말하고 있다. 그는 주돈이의 《태극도설》을 해석하여 "태극은 이(理)"[73]이며 또한 "태극은 오행과 음양의 이(理)"[74]라고 하여 장재의 '기'주장에서 벗어나 우주론과 존재론의 출발점을 '이'에 두고 있다. 이를 구체적으로 말하면 "사물마다 극(極)이 있는데(극이란 것은) 도리가 지극함을 의미한다. ……전체 천지만물의 이(理)가 바로 태극"[75]이라고 하여 사물에 내재하고 있는 궁극적 경지와 원리를 다름아닌 '태극'이라 해석하였다. 이를 총괄적으로 보면 "태극은 별도의 일물(一物)이 아니라 음양에 즉(卽)하여서는 음양 가운데에 있고 오행에 즉하여서는 오행의 가운데에 있다. 그것은 하나의 이(理)이다. 그 궁극적인 것이라는 점에서 태극이라고 이름붙인다"[76]는 것이다.

---

71) 《朱子語類》 卷 1, '理氣' 淳錄.
72) 《朱子語類》 卷 1, '理氣' 僩錄.
73) 《朱子文集》 卷 56, '答鄭子上'
74) 《朱子語類》 卷 94, '周子書' 僩錄.
75) 《朱子語類》 卷 94, '周子書' 蓋卿錄.
76) 《朱子語類》 卷 94, '周子書' 輔廣錄. '太極'을 '이'로 해석한 것은 周敦頤에게서는 나타나지 않는 朱子의 독특한 관점이다. '太極'을 '理'로 볼 때는 '動靜'에 관해서는 《太極圖說》의 본문 사이에 논리적 모순이 발생할 수 있다. 즉 '太極'이 '氣'로 해석될 여지가 남아 있는 것이다(市川安司, 1964, p.365). 周敦頤가 《太極圖說》에서 말한 것은 物의 생성과정이며 따라서 '太極'에도 일종의 '氣'로서의 성격이 암시적으로 전제되어 있는 데 對해 주자의 경우는 太極圖를 物의 시간적 경과에 의한 발생과정으로 설명하지 않고 논리적 분석에 의해 설명하려 하였다(市川安司, 1964, p.365). 한편 朱子의 《太極圖說》 해석과 그의 宇宙論·存在論에 대하여 종전 학계에 두 가지 입장이 대립을 보이고 있다. 安田二郎은, 1948-②에서 순전히 생성론적 관점에서 설명한 태극(太極)→음양(陰陽)→오행(五行)→물(物)의 과정을 비판하여 "陰陽은 五行에 대하여 형이상학적인 基體인 것이 아니라 생성론적 前存在임과 동시에 오행과 같이 움직이는 동시적 존재이다"(p.16), "陰陽에서 五行이 생긴다는 것은 陰陽이라는 一全體가 五行이라는 一全體로 변화하는 것이 아니라 단순히 전자의 일부분이 후자로 변화하는 것을 의미한다"(p.17)라고 보고 陰陽을 단순한 '一氣'의 수축과 膨張이라는 '動靜'의 관점에 국한시켜 이해하였다. 安田의 주장대로라면 物의 발생은 새롭게 생성되는 것이 아니라 '動靜'의 운동에 의한 형태의 변화에 불과한 것이 된다. 여기에 대하여 자연학적 생성론의 관점에서 安田說을 비판한 것이 山田慶兒, 1966 이다. 山田은 "氣는 物을 생성하는 운동의 상태에 있는 한 일(一)이며 실체를 형성하는데 이르러서 이(二)로서 인식된다. 事物의 생성이라는 움직임에 관련되는 개념으로서 비로소 음양이기(二氣)의 개념이 인식자에게 불가결한 것으로 요청된다"(p.73)라고 말하고 "오행에서 기(氣)와 질(質)은 존재의 차원을 달리한다"(p.83)라고 하여 '動靜'의 관점과는 다른 물(物)의 관점의 도입과 "유기적 과정"(p.91)에 의한 물(物)의 生成論이 있었음을 주장하였다. 山田에

이상의 말을 종합해 보면 '태극'은 물(物)로서는 무(無)이나 '이'로서는 유(有)이다.[77] 그러나 이(理)의 유(有)는 그것만으로는 존재할 수 없고 물(物)의 유(有)를 전제로 한다.[78] 주자는 정이에 비해 '이'를 논할 때 물(物)의 존재양식을 문제로 하는 경향이 강하였다.[79] 그는 '이'와 '기'의 관계에 대하여 다음과 같이 말하였다.

이른바 이(理)와 기(氣)는 (서로 다른) 별개의 것이다. 단 물(物)의 관점에서 보았을 때는 이 두 개의 것이 섞여 있어서 구분시킬 수 없으며 같은 곳에 있다. 그러므로 이 두 가지 것을 하나로 보아도 된다. 그러나 이(理)의 관점에서 보면 비록 물(物)이 없어도 물의 이(理)는 존재한다. 이때는 그 이(理)가 있을 뿐 실제로 (물체로서의) 물(物)이 있는 것이 아니다.[80]

또한 "이(理)가 있으므로 '기(氣)'가 있다. 이(理)가 근본이다."[81] "천하에 이(理)가 없는 기란 없으며 역시 기가 없는 이(理)란 없다."[82] "(이(理)와 기는) 본래 선후를 둘 수는 없으나 그 소종래(所從來)를 따지면 먼저 이(理)가 있다고 해야 한다. 그러나 이(理) 또한 별개의 것이 아니므로 기의 가운데에 있다"라고 말하였다.

이와 같은 말을 정리하면 첫째 '이(理)'와 '기'는 물(物) 가운데에 불가분의 관계로 공재(共在)하며, 둘째 '이'와 '기'는 속성상 엄연히 구별되는 존재이며, 셋째 '이'는 기 가운데에 있으나 가치면에서는 '기'에 선행하는 것이라고 볼 수 있다.

의하면 주자의 음양이해는 물에 존재하는 음양을 전제로 하여 사고가 출발되었으며 一氣로부터 물의 陰陽에 이르는 과정 가운데에 존재의 차원과 형태가 다른 새로운 生成현상이 발생하였다는 것이다. 그러나 주자의 사고의 밑바탕에는 뿌리깊은 '기'와 물의 연속관이 존재했음을 간과해서는 안될 것이다. 주자의 심성론을 살펴보아도 '체용(體用)'과 '동정(動靜)'이 주된 분석의 범주로 사용되고 있다. 또한 주자의 태극도설 이해가 궁극적으로는 그의 이기이원론에 의해 해석되었다는 사실을 생각할 때 비록 생성론적 성격을 지니고는 있었으나 이보다는 이론의 통일적 체계화를 기하기 위해 '음양', '동정'에 의한 논리적 분석의 방향으로 사고가 전개되었다는 점을 중시할 필요가 있다.

77) 安田二郎, 1948-1, p. 67.
78) 위와 같음.
79) 市川安司, 1964, p. 349.
80) 《朱子文集》卷 46, '答劉叔文第一書'.
81) 《朱子語類》卷 1, '理氣' 夔孫錄.
82) 《朱子語類》卷 1 '理氣' 銖錄.

주자의 '이'는 얼핏보면 플라톤의 이데아와 유사한 성격을 지녔음을 알
수 있다. 이데아의 세계는 사유에서만 포착될 수 있는 것으로서 현상적·감
각적 세계에 대립되는 것이다.[83] 형이상자인 '이'는 '형상(形相)'에 대응하
고 형이하자인 '기'는 '질료(質料)'에 대응하는 의미도 일면 인정할 수 있
다. 그러나 엄밀히 살펴보면 이데아는 원래 "보이는 것", "보아서 생각되는
것"이나 '이'에는 이러한 의미가 존재하지 않는다.[84] 주자의 사유에서는 일
반적으로 형(形)이 기피되고 있다.[85] 또한 '질료'는 그 자신 무한정·무성질
적인 것으로서, '형상'을 집어넣음으로써 비로소 한정된 존재로 된다. 주자
의 '기'는 이보다는 훨씬 구체적인 형태와 성질을 지니고 있다. 존재론적
차원에서 볼 때 '이'는 이데아보다 훨씬 소극적 의미를 지녔으며 '기'는 '질
료'보다 적극적 의미를 지니고 있다.

주자의 '이'에 대한 설명 가운데서도 가장 기본적이며 본질적인 속성을
보여주는 구절은 다음과 같은 말이라고 생각된다.

> 천하(天下)의 물(物)에는 반드시 각기 소이연지고(所以然之故)와 소당연지칙
> (所當然之則)이 있다. 이것이 이른바 이(理)이다.[86]

'소이연지고(所以然之故)'는 물(物)의 내부에 있는 기본적 원리이며 '소당
연지칙(所當然之則)'은 표면에 나타난 법칙이다.[87] 존재론적 입장에서 보면
'이'는 결정론적인 법칙성을 가리키고 있으나 거기에 어떠한 구체성을 부여
하고 있지는 않다. 그러나 구체성은 없으나 항상 객관성이 추구되고 있다.
주자의 이기이원론(理氣二元論)의 특징이 '이'와 '기'를 준별하여 '이'에 본
질적 가치를 두면서도 '기'와 결합되어서만 진정한 존재성을 획득하게 되는
구조는 '이'가 '기'에 대한 객관 타당한 의미[88]와 존재 근거라는 사고에 기
인하는 것이다. 이러한 '이'와 '기'의 구조를 인간의 심성(心性)과 사회윤리
의 분야에 적용하였을 경우에는 '기'의 존재가 전제된 '이'는 다시 '기', 구
체적으로는 심성과 사회윤리를 객관 타당한 의미와 규범성을 지니고 지도

83) 安田二郎, 1948-1, p. 64.
84) 위의 논문, p. 69.
85) 위와 같음.
86) 《大學或問》.
87) 市川安司, 1974, p. 549.
88) 安田二郎, 1948-1, pp. 81~82.

혹은 구속하는 기능을 하게 된다. 이에 관해서는 이후 장을 달리하여 상론 (詳論)하겠지만 이기이원론은 '이'와 '기'의 구분이 강조될 경우 일단 '기' 에 대해 객관 타당성의 의미를 지닌 '이'는 '기'와 분리되어 유일성과 절대 성을 지니는 논리구조를 형성하고 있음을 지적할 수 있다. 주자학 이후의 이기이원론과 이기일원론의 대립은 다름아닌 이기이원론이 지닌 '이'의 유 일성·절대성과 관련되었던 것이다.

3. '性即理'

주자의 이기이원론은 그 자체만 놓고 볼 때는 단순한 우주론이며 존재론 이라고 할 수 있으나, 실제 주자학자들이 주된 관심을 보였던 대상은 우주와 자연계가 아니라 인간의 심성(心性)과 사회, 정치의 인륜과 질서였다. 만약 주자학자들이 이기의 철학을 우주와 자연계를 주된 대상으로 하여 적용·발 전시켰더라면 이른바 과학적 사고와 방법론의 형성도 예상할 수 있는 일이 었다.[89] 그랬다면 이후 중국사상사의 방향은 크게 달랐을 것이다. 불완전한 것이기는 하나 도교의 경우 초보적인 형태의 자연과학적 기술에 대한 관심 과 사색이 싹텄으며, 주자학자들과 동시대의 사람이었던 심괄(沈括)은 화석 (化石)과 광물(礦物), 조석(潮汐) 등 자연현상에 남다른 관심을 보인 사실도 있었다.[90] 그러나 주자학은 인간의 도덕과 사회, 정치의 윤상질서를 무엇보 다도 중시한 유교 본래의 전통을 충실히 계승하여 오히려 이러한 입장을 강 화시키는 데 이기철학을 이용하였다. 또한 불교의 내성적 경향의 강한 영향 하에서 주자학의 존재론은 결국 사회질서의 출발점인 인간의 심성을 주된 사색과 성찰의 대상으로 삼게 되었던 것이다. 주자학을 성리학 혹은 성명학 (性命學) 등으로 부르는 소이도 바로 이와 관련하여 생각할 수 있다.

주자학이 종전의 유교와 크게 다른 점을 든다면 사회, 정치윤리의 기초로

---

89) 朱子學과 科學과의 관계에 관해서는 朴星來 編著, 1978에 수록된 馮友蘭, 〈中國에는 왜 科學이 없었던가?〉 및 胡適, 〈中國思想 속의 科學精神과 科學方法〉 참조. 宋代의 科學을 개관한 것으로는 藪內淸, 《宋元時代의 科學技術史》 및 根本誠, 1970이 있다.
90) 沈括은 당시 주자학과는 반대진영인 왕안석의 經世學的 學風에 가까운 인물이며 특 히 자연과학적 여러 현상에 관한 관심으로 유명하다. 저서에는 《夢溪筆談》이 있다. 그 에 관한 연구로는 張家駒, 1962 및 藪內淸, 〈沈括とその業績〉; 坂野祥神, 1970 등이 있 다.

서 인간의 심성을 중시하고 이에 대한 정미한 이론을 발전시켰다는 사실이다. 주돈이가 "안회(顏回)가 배운 바를 배워야 한다"고 선언하여 학문의 목적을 심성의 도덕적 완성에 둔 것은 유교의 도덕주의에 새로운 장을 여는 의미를 갖는 것이었다. 이후 주자학의 심성론이 본격적으로 논의된 것은 장재에서부터였다. 주자학의 심성론의 발전에서 장재의 공헌을 들라면 먼저 "심(心)은 성(性)과 정(情)을 통합하는 것"[91]이라는 말에서 찾을 수 있다. 주자에 의해 상찬(賞贊)된 이 말은 인간의 심성이 지닌 양면성을 간파하여 심성 자체를 예리하게 분석한 것으로서 이후 '성'과 '정'을 구분하는 범주를 수립하는 중요한 단서가 되었다.

이와 동시에 장재는 '성(性)' 자체에 대하여도 다음과 같이 분석하였다.

> 형태를 갖춘 후에는 기질(氣質)의 성(性)이 있게 된다. 이것을 잘 되돌이키면 천지(天地)의 성(性)이 있게 된다. 그러므로 기질(氣質)의 성(性)은 군자(君子)의 성(性)이라 할 수 없는 것이 있다. [92]

장재가 말한 '천지(天地)의 성(性)'은 본체로서의 인간의 '성'이며 '기질의 성'은 현실의 구체적인 인간성을 가리킨 것이다.

유교의 전통적 인성론에는 순자(荀子)의 성악설(性惡說)과 맹자의 성선설(性善說)이 있는데 전자는 도덕의 보편성, 영겁성을 말하기에 곤란하고 후자는 현실의 구체적인 문제로부터 유리될 위험성이 있다. 양설(兩說)의 단점을 지양하고 그 장점들을 절충한 것이 장재의 인성론이라고 할 수 있다. 그의 인성론은 '심(心)'의 단적인 작용을 존중하는 선학(禪學)이나 육왕학파(陸王學派)와는 다른 인성(人性)의 객관적 성질을 특히 존중하였다는 데 특징이 있다. '기질(氣質)의 성(性)'을 변화시켜 '천지(天地)의 성(性)'으로 돌아가게 해야 한다는 그의 입장은 이후 주자에게 직접 계승되어 '성(性)'의 객관성의 확립에 커다란 영향을 주었다.

주자의 '성즉리(性即理)'는 이기설과 마찬가지로 그 기본 구조는 정이에서 발원하였다. 정이는 '심(心)'을 신(身)의 주재로 보아 여기에 '성(性)'이 내재하는 것으로 생각하였다. [93] 그는 '심'을 형기(形氣)에서 발(發)한 '인심

---

91) 《張子全書》卷 14 '性理拾遺'
92) 《張子全書》卷 2 '誠明篇'
93) 《二程全書》〈遺書〉第 18.

(人心)'과 의리(義理)에서 발한 '도심(道心)'과를 구별하여 '인심'은 사욕이
기 때문에 위태한 것이라고 하여 이를 멸해야 한다는 점을 특히 강조하였
다.[94] 그의 논리에 따르면 '도심(道心)'이야말로 '성(性)'에 해당되는 것이
된다. 정이는 "성의 선(善)을 도(道)라고 부른다. 도(道)와 성(性)은 하나이
다. ……성(性)의 본(本)을 명(命)이라 한다. 성의 자연적인 것을 천(天)이라
한다. 성이 형체를 이룬 것을 심(心)이라 한다. 성이 동(動)하는 것을 정(情)
이라 한다"[95]라고 하여 '성'은 선한 것이며 이는 즉 도(道)라고 말하였다.
그는 또한 '성즉시리(性即是理)',[96] '성즉리(性即理)'[97]라는 표현도 사용하고
있다. 이러한 말들을 정리해 보면 그는 인간의 심성 안에는 선한 것이 있는
데 바로 이것이 도(道), '이(理)'와 합치되는 것이며 그 합치되는 한에서 '성
(性)'이라 부른다는 것이다. 표현은 다르지만 이같은 정이의 사고는 기본적
으로 장재의 '천지의 성'의 관념과 상통하는 것이라고 볼 수 있다.

　주자는 장재의 '천지의 성', '기질의 성'의 구별과 정이의 '성즉리' 주장
을 종합하여 정연한 인성론의 체계를 수립하였다. 주자에 의하면 신(身)의
주재자가 '심(心)'이며, '심'의 본체가 '성', 그 용(用)이 '정(情)'이므로
'심'은 '성(性)'과 '정(情)'을 통일한 것이라고 한다.[98] '성(性)'은 발하여
'정(情)'으로 되는데 이른바 '희(喜)·로(怒)·애(哀)·락(樂)·애(愛)·오
(惡)·욕(欲)'의 칠정(七情)이 그 대표적인 것이다.[99] 유교의 전통적인 덕목
인 '효제(孝悌)'는 주자에 의하면 '성(性)'에 해당되는 인(仁)의 근본이 아니
라 인을 이루기 위한 본(本)이다.[100] 여기에서 주자의 인성론의 특징이 잘
나타나고 있다. 그의 인성론은 궁극적으로 이기설에 연결되어 있기 때문에
이미 구체적 형태를 취한 '효제'는 곧바로 '이'가 될 수는 없는 것이다.

　그러나 주자의 인성론은 사회윤상과 정치질서에 관한 규범의 수립을 전제
로 하여 형성된 특징을 지니고 있다. 《중용》의 오달도(五達道; 군신(君臣), 부
자(父子), 부부(夫婦), 곤제(昆弟), 붕우(朋友)) 및 《맹자》의 인륜(부자지친(父子

94) 위의 책, 〈遺書〉第 27.
95) 위의 책, 〈遺書〉第 25.
96) 위의 책, 〈遺書〉第 18.
97) 위의 책, 〈遺書〉第 24.
98) 《朱子語類》卷 126, '釋氏'.
99) 위의 책, 卷 5, '性理'.
100) 《四書集注》, 《論語》學而篇注.

之親), 군신지의(君臣之義), 부부지별(夫婦之別), 장유지서(長幼之序)) 등이 주자
가 생각한 인도(人道) 중에서도 가장 중요한 것이었다. [101] 그의 의도는 명백
히 인의예지(仁義禮智)의 '사성(四性)'을 확립하여 그 전개에 의해 사회의 관
습과 법칙이 성립된다는 점에 있었다.

주자는 장재의 '천지의 성'이라는 말 대신에 '본연의 성'이란 말을 사용
하고 있다. '본연의 성'은 기에 내재하는 범위에서 제한을 받는데 이것을
'기질의 성'이라 부르고 있다. 주자는 '성'을 밝은 구슬에 비유하여 이것이
물속에 잠겨 있을 때 그 물의 청(淸)·탁(濁)에 의해 빛날 수도 있고 않을 수
도 있다는[102] 표현을 사용하고 있다. 이러한 '기질의 성'에 의해 개성의 상
위(相違)가 나타나며 '심'의 분열이 존재하게 된다는 것이다. 그러므로 '본
연의 성'에 돌아가기 위하여 수양의 공부가 필요하게 되는 것이다.

주자의 인성론은 이상에서 살펴보았듯이 이기이원론을 바탕으로 하고 있
으나 그 실천성으로 인해 '성(性)'인 '이'에 절대적 가치를 두는 이일원론
(理一元論)의 경향을 띠고 있다. 또한 주자의 인성론은 전술하였듯이 사회의
인륜과 질서를 전제로 하여 그 객관 타당한 '소이연(所以然)'이 바로 '성
(性)'이라는 논리적 구조를 지니고 있다. 주자가 예학에 큰 관심을 갖고 《주
자가례(朱子家禮)》 등을 저술한 사실은 이러한 맥락에서 이해할 수 있다. 주
자의 인성론에서 '성즉리(性即理)'는 사회윤리의 실천이 개인심성의 도덕성
의 기초 위에서 행하여져야 한다는 점에 한에서는 내면성을 중시하였다고
볼 수 있으나, 이러한 도덕적 심성을 수립해 나가기 위한 전제이자 기준을 심
성 자체에서가 아니라 사회윤리에 두었다는 점에서 이후 육·왕학(陸·王
學)의 '심즉리(心即理)'와 큰 차이를 보이고 있다. 이러한 성격을 지닌 주자
의 인성론이 현실의 실천에서 사회규범과 인륜질서의 확립을 위한 예학(禮
學)의 발전을 초래할 것은 매우 자연스러운 과정이라고 할 수 있다. 따라서
주자학의 강한 실천주의와 도덕주의는 현실에서는 극단적인 규범의 강조와
엄격한 명분론으로 쉽게 발전할 소지를 다분히 갖고 있었다고 생각된다.

---

101) 楠本正繼, 1962, p. 228.
102) 《朱子語類》 卷 4, '性理'.

4. '居敬'과 '窮理'

주자학은 단순히 우주와 존재에 관한 지적(知的) 인식의 단계에 머무르지 않고 이러한 인식을 바탕으로 하여 궁극적으로는 개인의 도덕과 사회질서의 수립을 목표로 하는 강한 실천성을 지니고 있다. 오히려 이러한 실천성이 전제가 되어 우주론과 존재론이 형성되었다고 해도 지나친 말은 아닐 것이다. 그만큼 도덕적 실천주의는 주자학 체계내에서도 핵심적 위치를 차지하였다. 따라서 주자학 이후의 중국사상사는 주로 도덕적 실천의 방법과 그 기초로서의 철학적 범주를 문제삼았던 것이다. 이른바 '내(內)'와 '외(外)'의 대립이 바로 그것이다. 즉 개인의 도덕과 사회질서의 출발점을 인간의 심성 그 자체가 지닌 주관성에서 찾는가 아니면 사회의 인륜질서를 의식한 객관성을 우선시키느냐 하는 것이 주자학과 육·왕학의 주된 논쟁대상이었던 것이다.

주자학의 실천을 위한 공부방법은 '거경(居敬)'과 '궁리(窮理)'로 요약된다. '거경'이 심성 자체의 내적 함양을 뜻한다면 '궁리'는 '격물치지(格物致知)'로 대표되는 객체화시킨 심성을 포함한 외적 대상의 원리와 법칙에 대한 탐구를 의미한다. 주자학의 공부론은 처음에는 이른바 '존덕성(尊德性)', '도문학(道問學)'이라는 말로 표현되는 '내'와 '외'의 겸비를 주장하였으며 특별히 한편만을 강조하지는 않았다.

장재는 '기질의 성'을 개변(改變)시켜 '천지의 성'으로 돌아가게 해야 한다고 말하여 강한 실천주의의 경향을 나타낸 바 있다. 그 방법으로서 "궁리진성(窮理盡性)하면 성(性)은 천덕(天德), 명(命)은 천리(天理)가 된다"[103]라고 하여 '궁리'와 함께 '진성(盡性)'을 말하였다. 그는 이를 뒷받침하는 태도로서 '성(誠)'과 '장(莊)'을 들고,[104] 또한 "경(敬)은 예(禮)의 수레",[105] "경(敬)하지 않으면 예(禮)가 행해지지 않는다"[106]라고 하여 사회윤리의 내적 도덕성으로서 '경'이라는 개념을 사용하였다. 장재가 예학의 대가임은

---

103) 《張子全書》卷 2, 《正蒙》誠明篇.
104) 위와 같음.
105) 위의 책, 卷 3, 《正蒙》至當篇.
106) 위와 같음.

주지의 사실이나 그는 예학의 기초로서 이미 '궁리'와 '경'을 말하였던 것이다.

그러나 '경'과 '궁리'를 공부의 양대방법으로 확고히 하고 그 세부적 사항에까지 상세한 설명을 가하여 이론화시킨 것은 정이였다. 그의 형인 정호 역시 '경'과 '격물치지'에 관해 언급한 바 있으나 정이의 설이 한층 주도·철저하였고 그 해석에서도 차이를 보였다. 정이는 "함양(涵養)은 반드시 경(敬)을 이용해야 하고 진학(進學)은 치지(致知)에 있다"[107]라고 말하여 심성 자체의 수양을 위한 공부가 '경'임을 밝혔다. 그에 의하면 함양은 '정(靜)'의 공부이면서도 '정(靜)'은 아니다.[108] 정이는 이 말의 뜻을 설명하여 심성을 함양할 때는 "희로애락 이발(已發)의 제(際)에 이것을 본다"[109]라고 하여 '동(動)'의 입장에서 할 것을 말하였다. 즉 심성의 함양은 미발(未發)의 상태, 다시 말하면 감정의 활동이 없는 상태에서보다는 감정이 활동하는 이발(已發)의 상태일 때 그 장단점을 명확히 구체적으로 살펴볼 수 있으므로 단순한 '정(靜)'만으로는 불가능하며 '동(動)'의 관점이 필요하다는 것이다. 그의 이 말은 호굉(胡宏)을 거쳐 주자에게 계승되었다. 주자는 '중화구설(中和舊說)'에서 학자는 먼저 심(心)이 발동하는 단서를 찰식(察識)하여 그런 연후에 존양(存養)의 공부를 가해야 한다고 말한 바 있는데[110] 이는 바로 정이의 동적(動的) 입장을 계승한 것이다. 동적 입장을 중시한 정이의 함양론은 심성의 부정적 측면이라고 할 수 있는 '정(情)'을 주된 대상으로 하고 있다는 점에서 궁극적으로는 심성의 절제와 금욕을 강조하는 성격을 띠게 된다. 이는 '심'에 어떠한 구체적 가치판단을 실시하지 않는 육·왕학의 함양론이 심의 긍정적 측면인 '양지(良知)'의 계발과 확충을 중시한 것과는 대조적인 태도이다. 양자 동일하게 도덕의 내면성을 말했으나 그 과정에서 육·왕학이 긍정의 논리를 취했다면 정이는 부정의 논리를 택했다고 할 수 있다.

정이는 '경'을 '주일(主一)",[111] "무적(無適)"[112]이라고 해석하였다. 이 말

---

107) 《二程全書》,〈遺書〉第 18.
108) 위와 같음.
109) 위와 같음.
110) 《朱文公文集》卷 32, '答張欽夫書' 참조.
111) 《二程全書》,〈遺書〉第 16.
112) 위와 같음.

은 체용일관(體用一貫)하여 활발히 움직이는 생명력에 가득찬 심의 진정한 도덕적 주체성이 확립되는 것을 의미한다.[113] 이를 위해서는 갈등에 가득찬 마음을 강한 의지로 극복하지 않으면 안된다. 감정의 부정적 측면을 강한 의지로 억제·극복하여 이를 초월하는 것이다.

'경'의 공부를 실천하는 구체적 방법으로서 정이는 정제엄숙(整齊嚴肅)을 강조하였다.[114] 이는 다름 아닌 용모를 단정·엄숙하게 하고 사려를 정제하는 외적 행위를 가리킨 것이다.[115] 주자학의 강한 예절과 명교중시 경향은 여기에서 유래한다고 볼 수 있다.

한편 정이는 '궁리'에 대해서도 지적(知的) 공부로서 이를 매우 중시하였다. 그는 '격물치지(格物致知)'를 해석하여 '격'은 '지(至)'이며 "치지는 물(物)에 이르는 것"[116]이라고 말하였다. '격물'은 물(物)에 즉(即)하여 그 이(理)를 '궁치(窮致)'하는 것이다.[117] 이러한 의미에서 '궁리'는 '격물'로 된다. 정이는 '궁리'의 예를 들어 "혹은 책을 읽어 의리를 강명하고 혹은 고금의 인물을 논하여 그 시비를 분별하고 혹은 사(事)에 응하고 물(物)에 접하여 그 타당한 곳에 처하도록 하는 것"[118]이라고 말하였다. 그러면 '궁리'는 어떻게 하는가? 정이는 이에 대해 '사(思)'를 강조하여[119] 그 과정을 우물을 파는 데 비유하였다. 우물을 팔 때 처음에는 탁(濁)한 물이 나오다가 마침내 맑은 물이 나오고 만다.[120] 사색과 성찰도 이와 마찬가지이다. 정이의 '사(思)' 중시는 그의 지적 입장을 말해 주고 있다. 이 점은 직관을 중시하여 '사'에 적극적 의미를 인정하지 않는 육·왕학과는 대조적이다.

'격물'이 직관적인 것이 아니라 지적인 것임을 보여주는 예로서 정이는 일물(一物)에 '격(格)'하여 '중리(衆理)'에 통하는 것이 아니라 "오늘 일건(一件)을 격하고 내일 또한 일건(一件)을 격하여 적습(積習)이 많아진 연후에 탈연히 스스로 관통의 처가 있다"[121]라고 말하였다. 즉 '격물치지'는 각각

---

113) 楠本正繼, 1962, p. 142.
114) 楠本正繼, 1962, p. 145.
115) 《二程全書》, 〈遺書〉 第 18.
116) 《二程全書》, 〈遺書〉 第 18.
117) 위와 같음.
118) 위와 같음.
119) 《二程全書》, 〈遺書〉 第 7.
120) 《二程全書》, 〈遺書〉 第 18.
121) 위와 같음.

의 사물에 응하여 그곳에 내재된 '이(理)'를 지적인 방법 즉 사색과 성찰을 통하여 밝혀내는 것이며, 이같은 개개 사물에 내재한 '이(理)'가 하나 하나 밝혀진 후에 비로소 일반적인 보편성을 지닌 '이(理)'가 밝혀질 수 있다는 것이다.

주자의 공부론은 정이의 입장을 전적으로 계승한 것이나 출발점에서는 정문(程門)에 속한 양시(楊時), 이연평(李延平)의 주정(主靜)의 사상의 영향하에 있었다. 그러나 주자는 점차 주정(主靜) 일변도에서 벗어나 정이의 '경' 설을 받아들여 동·정(動靜)을 모두 공부할 것을 말하게 되었다. 처음 주자는 사량좌(謝良佐)의 '상성성(常惺惺; 항상 心을 어리석은 데서 벗어나 깨어 있게 하는 상태)'의 법을 받아들였다.[122] 여기에서 '경'의 공부는 적극적인 진심(眞心)의 배양을 목적으로 하는 것이다.[123] 이 점은 육·왕학과 상통하는 일면을 지녔다고 볼 수 있다. 반면에 주자는 정이의 '정제엄숙(整齊嚴肅)'이라는 수단을 받아들여 점차 외형의 공부로 이를 전개시켜 갔다.[124]

주자의 공부론의 특색은 '거경'과 '궁리'가 이단(二端)이며 하나이고, '궁리' 중에 존양(存養)의 공부가 있다고 하는 점이다.[125] 이는 그의 공부론이 미발(未發)의 심(心)에 대한 주정(主靜)의 공부에서 '격물'을 통한 외형의 공부를 중시하는 방향으로 발전된 당연한 귀결이라 생각된다.

주자의 '격물치지'설은 선유(先儒)의 불비점(不備點)을 수정·보충하는 의미만이 아니라 당시 유행하던 선학(禪學)의 수양론을 비판하는 의의도 아울러 지니고 있었다.[126] 원래 궁리는 반성분별지(反省分別知)의 소행(所行)이며 일사일사(一事一事)의 행위의 방법과 수단이 불선명(不鮮明)하여 막힘없이 행해지지 않는 바에서 생긴 것이며 오히려 의문과 정체를 그 특색으로 한다.[127] 그러므로 '격물치지'에 의해 의문과 정체가 규명되고 해소된다는 것이다. 이러한 논리는 선학(禪學) 일반을 통하여 나타나지 않는 반성지(反省知) 존중의 입장이다. 주자는 "이(理)는 무형이므로 상(象)에 인하여 이(理)

---

122) 《朱子語類》卷 17, '大學四'.
123) 楠本正繼, 1962, p. 240.
124) 위의 책, p. 241.
125) 위의 책, p. 243.
126) 友枝龍太郎, 1969, p. 322.
127) 위의 책, p. 329.

를 밝혀야 한다"[128]는 정이의 말을 받아들여 물(物)에 인하여 그 '이(理)'를 구할 것을 주장하였다. 이같은 방법은 선학(禪學) 일반의 방법과는 전혀 다른 이질적인 것이었다. 그는 여본중(呂本中; 字 居仁)이 〈대학해(大學解)〉에서 지(知)를 '양지(良知)'로 보아 이 '양지'가 홀연히 스스로 나타나는 것을 묵식하는 것이 '치지(致知)'라고 말한 데 대해, 이는 "일문천오(一聞千悟)", "일초직입(一超直入)"의 돈오설(頓悟說)이라고 비판하여[129] 이른바 반성지(反省知)에 의한 '소당연(所當然)의 이(理)'의 궁명(窮明)에서 '격물치지'의 의미를 찾을 것을 주장하였다. 그는 이발미발설(已發未發說)의 수립을 통해 의식이 활동하지 않는 미발의 정(靜)에서는 '거경함양(居敬涵養)'해야 하며, 의식이 활동하는 이발(已發)의 동(動)에서는 찰식성찰(察識省察)해야 한다고 말하였다. 주자의 경우 미발존양(未發存養; 直接知)은 이발궁리성찰(已發窮理省察; 反省知)을 경과하여 탈연관통(脫然貫通)으로 나가게 된다는 것이다. 다시 말하면 '성경(誠敬)'에 의해 심의 영(靈)을 존양묵식(存養默識)하는 것은 미발(未發)의 세계에서의 공부이며, 여기에서 존양된 영묘한 심은 이발(已發)의 세계에서 인간의 심(心) 일반을 대상화함과 동시에 타인의 심(心), 사물(事物)까지도 모두 대상화하여 지적 반성을 가하여 '격물치지'의 '궁리'가 행해진다는 것이다.[130]

한편 주자는 '거경'과 '궁리'의 어느 한편에 우선적인 가치를 부여하지는 않았으나 선학(禪學)과의 대립이라는 관점에서 볼 때 반성지에 해당되는 '격물치지'에 의한 '궁리'와 성찰을 중시하는 경향을 띠었다고 볼 수 있다. 주자의 공부론은 현실에서는 예의 정신과 일치하는 방향으로 논리를 전개시켰다.[131] 이는 예의 힘을 신뢰하여 외부적 완성에 의해 내부적 완성을 기하는 유교 본래의 전통에서 유래하는 것이라고 생각된다. 주자에 의하면 심의 공부가 미발(未發)의 상태에서는 외면에 아직 일사(一事)도 없을 때 이면에는 "삼두양서(三頭兩緖)"가 생겨 혼란과 급박으로 흐를 우려가 있다고 한다.[132] 그러나 예에 의한 '경'은 이와 달라 심은 대립의 상태에서 벗어나 그

---

128) 《二程全書》, 《伊川文集》 第 5, '答張宏中'.
129) 《朱文公文集》 卷 72, '雜學辨'.
130) 友枝龍本郞, 1969, p. 336.
131) 楠本正繼, 1962, p. 241.
132) 《朱文公文集》 卷 31, '答張敬夫書'.

본성인 인륜의 입장을 배양할 수 있다는 것이다.[133] 주자는 사물 가운데 인
륜이 가장 잘 표현되어 있는 것이 예라고 보아 점차 '이(理)'보다는 예를 자
주 말하는 경향을 나타냈다.[134] '이(理)'는 무형(無形)인데 비해 예는 품절
(品節)·문장이 있기 때문에 살펴보기가 용이한 이점이 있다. 주자는 만년
에 예서인《의례경전통해(儀禮經傳通解)》를 편집하였는 바, 그 의의는 '격물'
에 의한 '궁리'의 대규모적인 시도라고 할 수 있다.[135] 무형이며 궁극적 원
리인 '이(理)'의 탐구와 획득을 목표로 하여 출발한 주자학은 현실에서는 점
차 형태를 갖춘 예의 탐구와 실천에서 그 도덕주의의 기초를 찾게 되었다.
이리하여 주자학의 예학화(禮學化) 경향은 결국 형식주의, 명분중시의 폐해
를 낳는 단서가 되기도 하였다.

Ⅲ. 朱子學과 事功派

송학의 흐름 속에는 심성을 중시한 내면적·철학적 경향을 대표하는 주자
학, 육학(陸學) 등과는 이질적인 경세(經世)와 사공(事功)을 중시하는 일파가
북송대부터 무시할 수 없을 정도의 세력을 지니고 있었다. 경력'정학'의 일
원인 호원, 이구 등으로부터 시작하여 신법의 실시자인 왕안석을 거쳐 남송
대 영가(永嘉)·영강학파(永康學派)에 이르는 일단의 경세·경륜적(經綸的)
사상가들이 바로 그들인데, 이들은 심성의 수양보다는 국가정책, 국방, 재
정, 민생의 안정 등 사회·정치적 문제를 주된 관심의 대상으로 삼고 있었
다. 그중에서도 진량(陳亮), 설계선(薛季宣), 진부량(陳傅良), 섭적(葉適) 등
이른바 남송대 사공파(事功派 ; 功利派)는 주자와 동시대인으로서 주자의 정
치·경제관은 이들과의 대립과 영향을 통해 형성되었다고 볼 수 있다. '전
체대용(全體大用)'이라는 말로도 표현되는 주자의 도덕과 경세의 겸비 주장
은 한편으로는 사공파의 공리적 경향을 비판하면서 다른 한편으로는 이들의
경륜적 성격을 일면 받아들이지 않을 수 없었다고 보인다.[136]

---

133)《朱文公文集》卷 31, '答呂子約書'.
134) 楠本正繼, 1962, p. 235.
135) 위와 같음.
136) 주자의 '全體大用'의 사상은 道·佛의 영향을 거쳐 직접적으로는 胡瑗의 "明體達用

　남송대 사공파는 북송대의 왕안석이 주자학의 선구인 정이 등과 격심한 대립을 보인 것과는 달리, 표면적으로는 이들에 대한 존중의 태도를 취하고 있었으며 정계에서도 주자를 옹호하는 입장을 지니고 있었다.[137] 그러나 장식(張栻), 여조겸(呂祖謙) 등 절충적 인물들이 죽은 이후부터 학계의 추세가 강서(江西)에서의 육학의 영향력을 제외하면 사공파에 의해 석권되어 간다는 인식하에 주자의 사공파 비판은 특히 첨예화되었으며,[138] 사공파측에서도 섭적에 이르러서는 주자학에 대해 정면으로 비판을 가하게 되었다.

　사공파 중에서도 영강학파의 대표라 할 수 있는 진량은 주자를 사숙하는 등 일면 영향을 받았으면서도 특히 그의 정치·역사관에 대해 노골적인 비판을 서슴지 않았다. 진량은 "도(道)는 형기(形氣)의 거죽에서 나오는 것이 아니라 항상 사물의 사이에서 행해지는 것"[139]이라고 하여 철학적 기초를 주자의 이기이원론과 대립되는 도기일원적(道器一元的) 논리 위에 수립하고 있었다. 그는 주자가 요순(堯舜)의 삼대(三代)는 '천리(天理)'의 세(世)이고 한(漢)·당(唐)은 인욕(人欲)의 세(世)라고 말한 것에 격하게 반발하여 한의 고조(高祖)와 당의 태종(太宗)은 애민이물(愛民利物)의 정치를 실행하였다고[140] 하여 《자치통감강목(資治通鑑綱目)》으로 대표되는 주자학의 도덕주의적 역사관과 팽팽히 맞섰다. 진량에게서는 '도'는 주자학에서와 같은 도덕적 원리·이상(理想)이 아니라 각 시대 위정자들에 의한 국력의 충실, 민생안정 등의 정치적 성과를 의미하며 이것이 바로 '사공(事功)'이었다. 그는 역사는 위정자 즉 인군(人君)의 '공업(功業)'의 역사라고 보았다. 인군(人君)이 '공업(功業)'을 이루기 위한 지침서가 바로 《주례(周禮)》이며, 경서 일반도 '공업'의 관점에서 그 가치를 인정할 수 있다는 것이 진량의 입장이었다.[141]

　한편 영가학파(永嘉學派)는 예학을 존중한다는 점에서 주자학과 공통점을 보였다. 이때 영가학파는 《주례》가 중심이며, 주자학은 《의례(儀禮)》가 중심

의 學", 周敦頤의 《太極圖說》, 程頤의 '體用顯微' 등에서 유래하였다. 楠本 書, p. 246, 323 참조.
137) 庄司莊一, 1974, p. 465.
138) 위의 논문, p. 470.
139) 《龍川集》 卷 9, '勉強行道大有功'.
140) 《龍川集》 卷 20, '甲辰答朱元敏秘書書'.
141) 庄司莊一, 1974, pp. 473~475.

228

이 된 차이는 있으나 양자간에 예학상의 교섭이 있었음은[142] 부인할 수 없는 사실이다. 그 대표적 학자인 설계선은 박학(博學)을 중시하고 '성(誠)'의 공부는 단순히 심성의 수양에 그칠 것이 아니라 외적인 것의 적극적인 실천을 통해야 한다고 주장하였다. 이러한 기본 입장 위에서 그는 《주례》를 표창하고 군정, 영전(營田), 둔전(屯田)의 이해를 적극적으로 논하였다.[143] 영가학의 사공주의는 일면에 고학부흥(古學復興)의 기치가 있어서 주자 역시 장순(張淳)의 《의례교정(儀禮校定)》 등의 성과를 인정하였다.[144] 사공파는 철학적 기초에서 도기일치(道器一致)의 일원론적 경향을 공통적으로 지니고 있었다. 설계선도 진량과 마찬가지로 의·리일치(義·利一致)를 주장하고 "도와 기(器)는 분리된 것이 아니라 도는 항상 형기(形器)의 내에 존재한다"[145]라고 하였는바, 이는 이후 이기일원론자들의 주자학 비판의 선구적 의의를 지닌 것이라고 할 수 있다.[146]

영가학파는 섭적에 이르러 주자학파와의 사상적 결렬을 드러내었다. 그는 《태극도설》을 "불분명하고 비현실적인 주장"이라고 비난하고 주돈이와 정이의 역학 이해를 도·불의 영향을 받은 것이라고 혹평하였다.[147] 그에게는 설·진 등에게 보이는 고학(古學)의 발굴이라는 의식보다도 여하히 국가의 제도, 정책에 도움이 될 수 있을까 하는 순전히 경세적 입장에서 경서를 해석하는 경향이 현저하였다. 특히 그는 재정술인 '이재(理財)'의 중요성을 강조하여, 이는 정당한 국가행위이며 단순한 조세의 증가를 목적으로 하는 '취렴(聚斂)'과는 다른 것임을 천명하였다.

영강(永康)·영가학파(永嘉學派)의 이같은 사상활동은 예학을 통해 주자에게 영향을 미쳤을 뿐만 아니라 유교의 주요 특성의 하나인 경세의 의의와 관련하여 그에게 커다란 과제를 던져 주었다. 주자로서는 권모술수와 유속(流俗)의 비근(卑近)에 빠질 위험성이 있는 사공파의 경세론에 대항하는 한편 경세가 지닌 실천적 의의를 손상시키지 않고 이를 주자학의 도덕주의와 여

---

142) 楠本正繼, 1962, p. 210.
143) 庄司莊一, 1974, p. 480.
144) 위의 논문, pp. 481～482.
145) 《浪語集》 卷 23 '答陳同父'.
146) 《習學記言》 卷 4.
147) 《葉水心集》 '總述講學大旨'.

하히 조화시킬 것인가 하는 문제를 해결하지 않으면 안되었다. 이른바 '전체대용'의 사상의 수립과 사창법(社倉法)의 실시 등 주자의 일련의 사상적·실천적 활동은 바로 이와 관련되어 이루어진 것이다. '전체대용(全體大用)'의 범주는 전적(全的)인 인심의 본체, 즉 '이(理)'에 의해 수립된 도덕적 원칙인 '체(體)'와 이에 입각하여 만사에 적응하는 넓은 입장, 다시 말하면 외적이며 경세적인 관심과 기술인 '용(用)'의 겸비를 가리킨 것이다.[148] 이에 의해 주자는 도·불의 무적(無的)·절대적 입장의 가치를 암암리에 인정하여 이의 개조에 의해 당시의 공리사상의 '비속성(卑俗性)'을 공격하는 한편 공리사상이 지닌 사회적 관점의 가치를 일면 인정하여 이의 수정을 통해 도·불을 공격하려 하였다.[149] 주자의 '전체대용'의 성과가 사창법을 비롯한 경계법(經界法), 황정(荒政)의 실시 등 일련의 정치, 사회활동 및 예학의 연구이다.

사창법은 송 건도(乾道) 4년(1168) 당시 건령부(建寧府) 숭안현(崇安縣)에서 가거(家居)하고 있던 주자가 지역의 기근구제(飢饉救濟)의 목적으로 호가(豪家)에게 권하여 소장미(所藏米)를 방출시키도록 한 것에서 시작하였다.[150] 당시 상평의창(常平義倉)이 있었으나 이는 주현(州縣)에 미(米)를 저장하는 데 그쳐 민간에는 아무런 도움도 되지 않았다. 이러한 상평의창의 결함을 수정하여 향촌의 기민(飢民)과 빈민의 구제를 목적으로 주자는 사창설립과 함께 상세한 사창 사목(事目)을 작성하여 주상(奏上), 이를 반포토록 하였다. 주자가 작성한 사창의 규정은 매우 치밀하여 보(保)의 편성 형태부터 미(米)의 지급·납입에 이르기까지 상세를 극하고 있으며 현관(縣官), 향관(鄕官), 기타 담당 향민(鄕民)이 공동으로 이를 운영하여 상호규제하도록 하여 사기(詐欺)의 여지가 없을 정도로 세밀하게 정해져 있었다.[151] 심지어는 사용하는 승목(枡目)의 형태까지 정했을 정도였다.

주자사창(朱子社倉)은 순수 민간운영방식은 아니나 그 운영의 주체는 관(官)이 아닌 민에 있었다. 주자는 왕안석의 청묘법(靑苗法)의 잘못의 하나로

---

148) 楠本正繼, 1962, p. 246.
149) 위와 같음.
150) 朱子의 社倉法에 관해서는 앞에 나온 楠本書 제 4 장 5 節의 5, 〈社倉法の設立と禮制の硏究〉 및 앞에 나온 友枝書 제 3 장 2 절 〈格物說と政治的實踐〉을 참조할 것.
151) 友枝龍太郎, 1969, p. 383.

주관자가 민이 아닌 관이었다는 점을 지적하여 이를 비판하였다.

또한 주자는 지방관을 역임하는 동안 〈게시고령선생권유문(揭示古靈先生勸諭文)〉(문집, 100), 〈증손여씨향약(增損呂氏鄕約)〉(문집, 74) 및 기타 권농문(勸農文) 등을 통해 농민교화사업을 시행하여 향촌공동체가 지닌 동류적(同類的)·인륜적(人倫的) 의의를 강조하고 향촌공동체의 기반을 공고히 할 것을 말하였다.[152] 이러한 농민구제, 교화의 입장과 맥을 같이 하여 주자는 토지구획을 새로이 할 것을 내용으로 하는 경계안(經界案)을 제출하였다. 당시 호가부호(豪家富戶)의 토지겸병이 현저히 증가하였으며 전주(田主)는 관료와 결탁하여 불법적인 침전(侵田)과 점전(占田)을 자행하는 실정이었다. 종래 관의 장부에 등기되어 있던 전토(田土)도 어느 사이엔가 소유자 불명의 은닉전(隱匿田)으로 변해 버리고, 신개간지는 토지대장에 기재되지 않아 납세 대상에서 빠지는 문제점이 왕왕 발생하였다. 한편 정전(正田)의 소재가 불분명할 경우 관사(官司)는 조미(租米)의 손실을 우려하여 인근의 인호(人戶)에게 '표기(俵寄)'하여 납송(納送)시키는 사례가 있어 빈민이 입는 폐가 적지 않았다.

이러한 사회·경제적 문제점을 시정하기 위해 주자는 경계법의 실시를 주장한 것이다. 그는 경계의 "이(利)가 관부(官府)와 세민(細民)에게 있으며 호가(豪家), 대성(大姓), 활리(猾吏), 간민(姦民)은 모두 불편(不便)하다"[153]라고 말하여 빈민의 입장에서 그 의의를 찾고 있다. 주자는 장재, 정이 등이 정전법(井田法)의 부활을 주장한 데 대하여 매우 회의적이었으나 이는 그 실현이 불가능하다는 현실적인 관점에서 나온 것이었다. 그의 경계법 주장은 이러한 정전법의 이념을 현실에 적합하게 계승·실천한 것이라고 할 수 있다.[154]

한편 주자는 《의례경전통해(儀禮經傳通解)》를 저술하여 인륜과 전고(典故)에 걸친 방대한 예학체계를 구상하였다.[155] 송대 예학은 희녕(熙寧) 이래 왕안석의 정책에 의해 《의례》가 폐지되고 오직 《예기》의 과(科)만이 존속되었다. 그러나 주자에 의하면 《의례》야말로 본경(本經)이고 《예기》는 그 의설

---

152) 위의 책, pp. 394~395.
153) 《朱文公文集》 卷 19 '條奏經界狀'.
154) 友枝龍太郞, 1969, p. 414.
155) 楠本正繼, 1962, p. 269.

(義說)에 불과하다는 것이다. 그는 《의례》를 경(經)으로 하고 《예기》 및 여러 경사(經史), 잡서(雜書)의 자료를 취하여 본경(本經)의 아래에 첨부하며, 제유(諸儒)의 설을 갖추어 가(家), 향(鄕), 학(學), 방국(邦國), 왕조(王朝), 상제(喪祭)에 걸친 목록을 작성하였다. 그의 《의례경전통해(儀禮經傳通解)》는 가례(家禮)에서 시작하여 왕조례(王朝禮)에 이르는 체계를 이루었는데, 이는 《대학》의 제가(齊家)에서 평천하(平天下)에 이르는 순서를 따른 것이다. 주자의 이같은 예학은 이후 주자학내의 한 흐름을 형성하여 진덕수(眞德秀)의 《대학연의(大學衍義)》, 구준(丘濬)의 《대학연의보(大學衍義補)》 등이 저술되었으며 간접적으로 청조고증학(淸朝考證學)과의 관련도 지적되고 있다. [156]

이상에서 살펴보았듯이 주자학은 사공파와의 대립·교섭을 통해 경세적 관심과 예학중시의 한 경향을 수립하였다. 그러나 사공파가 《주례》를 중시하고 인군(人君)의 공업(功業)과 국가의 역할을 중시한 데 반해 주자학은 《의례(儀禮)》를 중시하고 국가보다는 향촌공동체의 인륜에 입각한 자율성으로 기우는 경향을 지니고 있었다. 여기에서 주자학의 경세관(經世觀)이 궁극적으로 사공파와는 그 사상적 기반과 현실적 목표를 달리하고 있었음을 알 수 있다.

Ⅳ. 朱子學과 陸學

주자학 이후의 사상사의 흐름을 한마디로 '내(內)'와 '외(外)'의 대립·투쟁사라고 본다면 이러한 의미에서 '내'를 중시하고 '내'의 입장에서 '외'를 비판한 학술·사상활동의 출발점으로서 육구연(陸九淵)의 심학(心學)을 들 수 있다. 육구연의 심학은 '외'에 대한 '내'의 우위를 철저·확고하게 주장하였다는 점에서 이후 주자학과 대항하여 독자적인 심학의 사상체계를 수립한 양명학의 효시가 되었다. 양명학의 주된 이론인 '심즉리(心卽理)', '양지(良知)'설 등은 이미 육구연에 의해 그 기본 관념이 제기되었다고 해도 과언이 아니다. 특히 송학의 발달에서 육구연의 의의는 주자학의 이론체계가 지닌 문제점을 예리하게 간파하여 현실적으로 주자학이 야기시킬 수 있는 논리적 모순을 예견하였다는 사실이다.

---

156) 위의 책, p. 273, 323.

주자학의 이기이원론과 '성즉리'는 예학으로의 발달과 더불어 그 '성'과
'이'가 현저하게 형식화되는 경향을 보이기 시작했다. [157] 이리하여 그 형식
은 유교의 전통적 덕목과 결합하여 현실을 지도하는 규범으로서의 엄격함을
더욱 강조하게 되었다. 주자의 《자치통감강목》에서 보여준 철저한 명분론적
도덕주의는 그 전형적 예라고 할 수 있다. 주자학은 이론의 출발에서는 《맹
자》의 성선설을 기초로 하여 인륜의 기초를 심성의 고유한 도덕성에 두어
'외'의 기초로서의 '내'를 오히려 중시하였다. '이'는 결코 구체적이며 형
식을 갖춘 예(禮)와는 차원이 다른 의미를 지녔던 것이다. 그러나 주자학의
이론적 체계화와 현실적 실천과정을 통하여 '이'와 '성'은 객관 타당성을
갖지 않으면 안되었고, 그 객관 타당성의 추구 속에서 예학의 발달과 사회적
규범의 확립이 필연적으로 뒤따르게 되었던 것이다. 그 결과 새로이 확립된
예와 규범이 '이'에 대신하여 그 유일성(唯一性)과 절대성을 지니게 되는 우
려할 만한 문제점이 생기게 된 것이다.

육구연이 우려한 것은 바로 이 점이었다. 그의 사상은 주자학의 궁극적
도달점에서 출발하고 있다. [158] 육구연은 주자학의 '성즉리'에 대한 '심즉
리'를 주장하여 주자학에 정면으로 도전하였다. 주자학의 '성'의 개념에 대
신하는 육학(陸學)의 중심개념은 실로 '심(心)'이다. 육구연 이전에도 정호,
사량좌, 장구성 등 '심'을 중시하는 경향이 있었으며 이러한 송학의 한 흐
름이 그에 이르러 '심즉리'의 설을 성립케 한 배경이 되었다. [159] 그중에서도
정호는 생의 철학과 심의 중시, 혼일적 경향 등을 통해 육구연에게 영향을
주었다. 육학의 기원은 정호의 직관적 철학에서 찾아볼 수 있는데, 이러한
의미에서 육학은 아직 예학화되지 않은 주자학 성립기의 성격과 관련된 일
면도 지니고 있다고 생각된다.

또한 육구연의 '심'의 설은 《맹자》의 경문(經文) 및 사상과 직접 관련되
어 있다. [160] 《맹자》에는 '측은지심(惻隱之心)', '양심(良心)' 등을 비롯하여
'양지(良知)', '양능(良能)' 등 '심'에 관련된 구절이 많이 나오고 있다. 육
구연의 '심즉리'는 이러한 《맹자》적인 '심'의 이해를 더욱 철저화·체계화

---

157) 위의 책, p. 329.
158) 友枝龍太郎, 1969, p. 466.
159) 友枝龍太郎, 1969, p. 332.
160) 위의 책, pp. 341~342.

시키는 방향 위에서 형성되었다. 그는 '심'을 혼일적·구체적·현실적인 것으로 파악하였다.[161] 그에 의하면 '심'은 현실에서 살아서 움직이는 것이며 그것은 단순히 개인에 국한된 것이 아니라 인간 전체에 통하며 또한 우주 전체에 가득 차 있다.[162] 이같은 관점에서 육구연은 주자학에서 '인심(人心)'을 '인욕(人欲)'이라 하고 '도심(道心)'을 '천리(天理)'라 하는 것은 잘못이라 하였다.[163] 육구연의 이러한 '심'의 이해에 따르면 '심'과 '이'는 당연히 하나가 되지 않으면 안된다. 즉 그는 "대저 심은 일심(一心)이며 이는 일리(一理)이다. 지극히 당연한 것은 결국 일(一)이며 정의(精義)는 둘이 될 수 없다. 이 '심'과 이 '이(理)'는 둘이 될 수가 없다"[164]라고 하여 '심'과 '이'의 동일성의 결론에 도달한 것이다.

주자학에서는 인간의 '심'에는 약점이 많으므로 이에 가리워진 '심'에 반성을 강하여 '성(性)'만이 '이'라고 하였다. 육구연도 '심'의 모순과 약점을 인정하지 않는 것은 아니었다. 그러나 그것은 '심'의 비본래적(非本來的)인 요소이며 우연적인 것일 뿐이라는 것이 그의 생각이었다.[165]

그러면 어떠한 방법으로 그 약점을 제거하고 '심'의 본래의 모습을 되찾을 것인가? 이와 관련하여 주자학에서는 '격물치지'의 궁리를 통해 '외'에 의해 '내'를 교정·보충할 것을 주장한 바 있다. 육학과 주자학과는 이러한 '심'의 공부와 관련하여 분명한 차이점을 보여준다. 육구연은 주자학의 이러한 방법을 단연 배격하고 '심'에 내재하는 '양지'의 자각·체인(體認)을 주장하였다.[166] '양지'란 인간의 '심'에 고유한 일종의 도덕적 충동, 선한 의지라고 할 수 있다. 육구연이 말하고자 한 것은 이러한 도덕적 충동이 일단 적극적으로 활동하기 시작하면 우연적이고 비본래적인 '심'의 부정적 측면은 저절로 사라지게 되며 '심'은 예(禮)의 아무런 도움 없이 스스로 도덕성으로 가득 차게 될 수 있다는 것이다. 즉 '내'는 '외'의 아무런 도움이나 구속 없이 스스로 도덕적 기초로서 작용하며 오히려 이러한 '내'의 외연적 확

---

161) 위의 책, p. 343.
162) 友枝龍太郎, 1969, p. 463.
163) 《象山先生全集》 卷 33 行狀.
164) 《象山先生全集》 卷 1, '與曾宅之'.
165) 友枝龍太郎, 1969, p. 465.
166) 友枝龍太郎, 1969, p. 447.

대에 의해 '외'의 도덕성이 가능하게 된다는 논리이다. 육구연의 공부론은 주자학과 정반대의 방향을 택하고 있음을 알 수 있다. 그의 이러한 '양지', '양심'의 설은 이후 양명학의 '치량지(致良知)'설로 발전하여 주자학의 '격물'설을 완전히 새롭게 해석하게 만든 발단이 되었던 것이다.[167]

육학에서 출발한 심학은 도·불을 배격하고 사회의 윤상을 인정한다는 점에서는 주자학과 그 기반을 같이 하고 있다. 그 도덕주의와 내성화 경향 역시 양자 공통이었다. 그러나 주자학은 실천에서 '외'의 공부를 중시하는 방향을 택하면서 예학의 완성과 새로운 규범의 확립을 지향하게 되었다. 이런 경우 이기이원론과 '성즉리'의 설은 활발하고 자유로운 '심'을 자칫 규범과 관습에 의해 다시 구속하고 그 객관 타당성을 정당화시키는 보수주의의 도구로 전락될 위험성을 갖게 되는 것이다. 심학의 주자학 비판의 동기는 여기에 있었다. 주자학이 당면한 이론적·실천적 문제점을 극복하기 위해서는 먼저 규범과 형식의 객관 타당성의 이론적 기초가 되는 '성(性)'의 유일절대성을 붕괴시키지 않으면 안되었다. 즉 '이'를 규범과 형식의 '외'로부터 뺏어와 본래의 위치인 무형(無形)·무적(無迹)의 의미와 원리의 영역인 '심'의 '내'에 안치시키려는 것이 '심즉리'인 것이다. 결과적으로 볼 때 '심즉리'는 '성즉리'의 객관지향적 성격에 대하여 주관지향적이라고 할 수 있으며 이때의 주관주의의 의의는 '이'의 절대성을 부인하고 상대성의 길을 열어 놓았다는 점에서 찾을 수 있다.

맺 음 말

중국철학사를 서술하면서 흔히 주자학의 연원을 당대의 한유와 이고에 두고 있는 것이 일반적이다. 실제로 주자학의 성립에 기여한 한·이의 공헌이 적지 않았음은 부인할 수 없는 사실이다. 그러나 주자학은 기본적으로 송대라는 특수한 시대적 배경 속에서 배태되어 성립·발전된 것이라고 생각된다. 만약 그렇지 않다면 한·이 이후 왜 이백 수십 년이라는 역사적 거리가 존재한 것인가 하는 의문을 던지지 않을 수 없다.

송대는 집권관료제(集權官僚制)의 수립, 지주층(地主層)의 형성, 사대부층

---

167) 楠本正繼, 1962, p. 354.

(士大夫層)의 지배층으로서의 확립 등 정치, 사회, 경제의 다방면에 걸쳐 이 전과는 차원이 다른 시대였다. 송학이 종전의 유학 특히 당대의 그것과 크게 차이나는 배경의 하나로서 정치, 사회적 지배층과 사상, 학술의 주체가 일치되고 있다는 사실을 들 수 있다. 송대 사대부층의 의식 속에는 한유의 글에 노골적으로 표출되어 있는 절망감과 냉소적인 현실비판과는 사뭇 다른 정치와 사회에 대한 책임감, 사명의식이 짙게 깔려 있다. 현실의 정치와 사회에 대한 낙관주의적 자신감은 곧바로 인간과 사물(事物)에 대한 낙관주의적 관점으로 연결될 수 있는 것이다.

주자학은 송학의 이러한 낙관주의와 이상주의적 사조를 관통함으로써 비로소 성립될 수 있었다. 《태극도설》에서 출발한 주자학의 우주론과 존재론이 과거의 도교, 불교의 관점과 본질적으로 다른 점은 종교적 체념과 신비주의에서 벗어나 현실의 인간과 사회질서의 합리성과 윤리성을 정당화시켜 주기 위한 철학적 근거가 되고 있다는 사실이다. 일체의 종교적 도피나 현실부정적 자기위안을 배격하고 현실의 인간사회와 사물 그 자체에 즉하여 문화의 기초를 수립하려 한 것이 주자학의 입각점(立脚點)이라고 할 수 있다. 장재의 '기'의 논리는 바로 이러한 인간사회와 사물의 존재가 자연계의 질서와 합리성을 바탕으로 하여 형성되어 있음을 말하려 한 것이다. 과거 도·불에 의해 내버려졌던 현상적 세계는 지고한 영역에 속해 있는 '태극(太極)'과 근본에서 연속된 존재이며 단지 외형상의 변화에 불과한 것이 됨으로써 새로운 의의를 부여받을 수 있었다.

주자학자들에게 이같은 인간사회와 사물의 궁극적인 합리성과 질서, 윤리성을 의미하는 것이 '이'의 세계이다. 주자학의 존재론은 기본적으로 현상적 세계에 대한 긍정과 이를 전제로 한 실천주의에서 출발하고 있다. '기'가 없는 '이'란 없다는 논리는 이리하여 나온 것이다. 그러나 주자학에 의하면 현상적 세계는 궁극적인 원리, 의미인 '이'와 일치함으로써만 그 존재의의가 인정될 수 있다. 주자학의 강한 실천주의는 이기이원론의 성립을 통해 현실적으로 가치와 현상의 분리라는 심각한 자기모순의 위험성을 아울러 내포하게 된 것이다. 주자학 이후의 이기이원론과 이기일원론의 대립은 이러한 맥락 속에서 이해할 수 있다. 이기일원론의 골자는 다름 아닌 분리된 가치와 현상, 이상과 현실의 재결합에 있었다.

주자학은 전대의 유학과 획을 긋는 새로운 사상이었다. 인간의 도덕성을 사상의 기초로 삼고 있는 유교는 주자학을 거침으로써 현저하게 내성화 경향을 띠게 되었다. 이는 주자학이 단순히 유교 전통에 안주하지 않고 오랫동안 연마된 도·불의 철학이론을 수용한 데 힘입은 것이다. 주자학의 목표는 한마디로 '내성외왕(內聖外王)'에 있었으며 이는 심성의.수양을 의미하는 '내'와 사물에 대한 '궁리'를 의미하는 '외'의 겸비와 상호보충에 의해 이루어질 수 있다. 주자학의 '내외겸비' 주장의 도달점이 '성즉리(性即理)'이다. '성즉리(性即理)'설에 의하면 사회윤리의 도덕적 기초는 인간의 심성에 있는 한편 심성의 도덕성은 사회윤리로서의 객관성을 부여받을 수 있는 전제하에서만 인정된다는 것이다. '성즉리'설은 일종의 안이한 절충주의의 약점을 갖고 있는 것으로 보인다. '성즉리'설의 절충적 경향은 그 실천을 위한 공부론에서 더욱 뚜렷하게 나타난다. '거경'과 '궁리', '존덕성'과 '도문학'의 겸용을 말한 주자학의 공부방법은 그 절충성과 '내'와 '외'의 도식적 구분으로 인해 원래 '외'와 동등한 의의가 부여된 '내'가 현실적으로는 주자학의 예학화 경향에 따라 더욱 중시된 '외'를 정당화시켜 주는 부차적 위치로 떨어지는 논리적 모순이 야기된 것이다. 이러한 문제점을 간파하여 주자학의 윤리설과 공부론에 정면으로 비판을 강한 것이 육구연에서 출발한 심학이었다.

육구연은 '성즉리'설을 비판하여 '심즉리'를 주장하였다. '성즉리'의 논리대로라면 '성'의 객관성의 근거가 된 사회윤리와 질서는 아울러 '이'의 절대성과 보편성의 구체적 근거가 될 수 있다. 이러한 논리적인 함정에서 벗어나려면 '외'인 사회규범과 질서가 절대성과 보편성을 주장할 수 있는 논리적 근거를 먼저 제거하지 않으면 안된다. '심즉리'의 설은 심성의 도덕성을 사회규범과 형식적 질서를 의식한 객관성에서 찾지 않고, 이를 심성 자체에 내재하는 주관적이며 상대적인 영역에 안치시킴으로써 '이'를 '외'로부터 다시 '내'로 옮기려 한 데에 의의가 있다. '성즉리'에 의해 절대화된 '이'는 '심즉리'에 의해 상대화되는 결과가 되고 만 것이다.

주자학은 명실상부하게 전대의 유학과 다른 신경지를 열었으며 이후의 중국사상의 발달은 주자학이 새롭게 제기한 여러 문제를 사색의 출발점으로 삼고 있었다고 할 수 있다. 주자학은 이후의 여러 사상이 극복해야 할 대상이자 그것이 성립·발전하는 모태이기도 했던 것이다.

참고문헌

《近思錄集注》, 臺灣中華書局, 四部備要本.

《大學或問》, 臺灣商務印書館 四庫全書本.

范仲淹, 《范文正公集》, 上海商務印書館, 四部叢刊初編本.

司馬光, 《溫國文正司馬公集》, 上海商務印書館 四部叢刊初編本.

薛季宣, 《浪語集》, 臺灣商務印書館 四庫全書本.

葉　適, 《葉水心集》, 上海商務印書館 四部叢刊初編本.

───, 《習學記言》, 臺灣商務印書館 四部叢刊初編本.

孫　復, 《孫明復小集》, 臺灣商務印書館 四部叢刊初編本.

《宋文鑑》, 上海商務印書館 四部叢刊初編本.

陸九淵, 《象山先生全集》, 上海商務印書館 四部叢刊初編本.

《二程全書》, 臺灣中華書局 四部備要本.

張　載, 《張子全書》, 臺灣中華書局 四部備要本.

全祖望, 《鮚埼亭集》, 臺北 國學基本叢書本.

周敦頤, 《周子通書》, 臺灣中華書局 四部備要本.

《朱子語類》, 萬曆 三年 六月 成均館春秋事 柳希春校 朝鮮刊本(1978 影印本).

朱　熹, 《四書集注》, 臺灣中華書局 四部備要本.

───, 《朱文公文集》, 上海商務印書館 四部叢刊初編本.

陳　亮, 《龍川集》, 臺灣中華書局 四部備要本.

韓　愈, 《韓昌黎文集》, 臺北 世界書局本.

朴星來 編著, 《中國科學의 思想》, 現代科學新書 101, 1978.

蕭公權, 《中國政治思想史》, 臺北, 1971, (再版).

林益勝, 《胡瑗的義理易學》, 臺北, 1974.

張家駒, 《沈括》, 上海人民出版社, 1962.

張立文, 《朱熹思想研究》, 中國社會科學出版社, 1982.

錢　穆, 《朱子新學案》, 臺北, 1971.

───, 《宋明理學概述》, 臺北, 1977.

陳榮捷, 《朱子論集》, 臺北, 1982.

───, 《朱子門人》, 臺北, 1982.

───, 《朱子新探索》, 臺北, 1988.

陳鐘凡, 《兩宋思想述評》, 臺北, 1971(初版은 1933 年).

馮友蘭, 《中國哲學史》上·下, 上海商務印書館, 1934.

238

侯外盧,《中國思想通史》5卷, 人民出版社, 1962~1963.

楠本正繼,《宋明時代儒學思想の研究》, 東京, 1962.

麓保孝,《北宋における儒學の展開》, 東京, 1967.

───,《宋元明清近世儒學變遷史論》, 東京, 1976.

大濱皓,《朱子の哲學》, 東京, 1983.

島田虔次,《朱子學と陽明學》, 東京, 1967.

武內義雄,《支那思想史》, 東京, 1936.

山田慶兒,《朱子の自然學》, 東京, 1977.

常盤大定,《支那における佛教と儒教道教》, 東京, 1966.

西順藏,《中國思想論集》, 東京, 1969.

小島祐馬,《中國思想史》, 東京, 1968.

小野澤精一 等 編著,《氣の思想》, 東京, 1978.

藪內清,《宋元時代の科學技術史》, 京大人文研究所, 1967.

守本順一郎,《東洋政治思想史研究》, 未來社, 1967.

狩野直喜,《中國哲學史》, 東京, 1953.

市川安司,《程伊川哲學の研究》, 東京, 1964.

───,《朱子哲學論考》, 東京, 1985.

阿部吉雄,《日本朱子學と朝鮮》, 東京, 1967.

安田二郎,《中國近世思想研究》, 東京, 1948.

宇野精一 等 編著,《講座東洋思想》, 東京, 1967.

友枝龍太郎,《朱子の思想形成》, 東京, 1969.

諸橋轍次・安岡正篤 監修,《朱子學入門》, 東京, 1974.

諸橋轍次,《儒學の目的と宋儒の活動》, 諸橋轍次著作集 第1卷, 東京, 1975.

Chan, Wing-tsit, *Chu Hsi and Neo-Cofucianism*, Univ. of Hawaii Press, 1986.

Chang, Carsun, *The Development of Neo-Confucian Thought*, Vision Press, 1958.

李範鶴,〈王安石 改革論의 形成과 性格〉,《東洋史學研究》제 18 집, 1983.

根本誠,〈宋元時代における科學の發達とその影響〉,《東洋學術研究》9-2, 1970.

今井宇三郎,〈朱子學の先駒〉,《朱子學入門》, 東京, 1974.

麓保孝,〈宋學について〉,《朱子學入門》, 東京, 1974.

山田慶兒,〈朱子の宇宙論〉,《東方學報》37, 1966.

山井湧,〈理氣哲學における氣の概念〉,《氣の思想》, 東京, 1978.

藪內清,〈沈括とその業績〉,《科學史研究》27-1, 1967.

市川安司,〈朱子の宇宙論〉,《朱子學入門》, 東京, 1974.

安田二郎 ①,〈朱子の存在論における'理'の性質について〉,《中國近世思想研究》, 東京,
　　1948.

安田二郎 ②, 〈朱子の氣について〉,《中國近世思想研究》, 東京, 1948.
庄司莊一, 〈朱子と事功派〉,《朱子學入門》, 東京, 1974.
錢　穆, 〈朱子の四書學〉,《朱子學入門》, 東京, 1974.
坂野祥神, 〈沈括の自然觀について〉,《東方學》 39, 1970.

蒙古帝國의 形成과 展開

金　浩　東

머 리 말

13세기초 몽고고원을 통일한 몽고족은 원래 몽고 동북방의 미약한 부족에 불과하였지만, 불세출의 영웅 칭기스한의 등장과 함께 주변의 정주국가들을 차례로 정복하고 유라시아 전역에 걸친 거대한 제국을 형성하였다. 몽고 군의 말발굽은 동으로는 일본열도에서 서로는 비엔나의 문턱까지, 남으로는 서북인도와 자바섬에 이르기까지 미치지 않은 곳이 없었다. 몽고제국의 출현이라는 미증유의 역사적 사건이 당시인들에게 가져다 준 충격은 아마 우리들의 상상을 초월할 정도였을 것이다. 당시 유럽사람들이 몽고인을 일컬어 타타르(Tatar)라는 말 대신 라틴어로 '지옥'을 의미하는 타르타루스(Tartarus)라는 말에서 비롯된 타르타르(Tartar)라는 표기를 사용한 것만 보아도 몽고인에 대한 공포를 확인할 수 있다.[1]

---

1) Lattimore, 1963, p. 55.

몽고제국의 출현은 당시인들에게 단지 이러한 심리적 충격을 주었을 뿐
아니라, 직접·간접적인 피해와 지배를 받은 여러 지역의 역사발전에도 커
다란 영향을 끼쳤다. 아직 몽고제국이 남긴 역사적 유산에 대해 학자들의
의견이 일치된 것은 아니지만,[2] 모스크바공국이나 오스만제국의 출현 혹은
티무르제국과 무갈제국의 형성을 이해하는 데 몽고인의 지배시대를 빼놓을
수 없다는 것은 모두 인정하는 바이다.[3] 원(元)이 무너진 뒤 등장한 명조에
도 몽고지배의 그림자가 짙게 남아 있었다는 것 역시 사실이다.[4] 몽고제국
의 흥기는 비단 다른 민족에 대해서뿐만 아니라 그들 자신의 역사에도 영향
을 남겨 '황금씨족'이라 일컬어지게 된 칭기스한 일족의 권위는 도전을 불
허하였고 '한(khan)'이라는 칭호는 그들의 전유물이 되다시피 하였다.

몽고제국의 출현이라는 것이 이처럼 여러 지역과 민족의 역사와 긴밀하게
얽혀 있는 세계사적 사건인 만큼 한 개인의 능력으로는 도저히 감당하기 힘
들 정도로 다양한 언어로 기록된 많은 자료들이 있고, 이에 대한 연구 또한
모두 열거하기 어려운 현실이다. 따라서 한정된 지면에서 몽고제국의 성립
과 발전 및 해체를 다각적이고 심층적으로 분석한다는 것은 거의 불가능에
가까운 일이라 해도 지나치지 않을 것이다. 필자는 단지 여기서 그동안 구
득해서 읽을 수 있었던 자료와 연구를 토대로 하고 나름대로 생각했던 점들
을 정리해서, 칭기스한의 몽고제국이 도대체 어떠한 과정을 거쳐 만들어졌
기에 그토록 강력한 정복국가로 변신할 수 있었는가, 또 그러한 세계정복을
가능케 하였던 제국구조는 무엇인가, 정복전쟁은 어떻게 수행되었기에 그
어느 유목국가의 경우보다도 성공적이고 또한 파괴적이었는가, 그리고 마
지막으로 몽고제국의 분열 원인은 무엇인가 하는 몇 가지 중요한 문제점들
을 중심으로 논의를 전개해 보고자 한다.

---

2) 칭기스한과 몽고제국의 역사적 유산에 대한 엇갈린 평가에 대해서는 Tikhvinskii,
1977, pp. 3~22; Farquhar, 1968, pp. 175~188.
3) Fletcher, 1979~1980, pp. 236~251; Schurmann, 1956, pp. 388~389; Hodgson, 1974
(vol. 2), pp. 400~410; Vernadsky, 1953, 333ff. 이들 연구는 모두 몽고제국 지배기에
성립한 투르코-몽고적인 정치제도와 관행이 몽고인의 '멍에'를 벗어던진 뒤 건설된
정주지대의 국가들에게 얼마나 심대한 영향을 미쳤는가에 대해 공통된 의견을 보여주
고 있다.
4) 宮崎市定, 1976, pp. 131~140; Mote, 1961, 18ff.

Ⅰ. 遼의 成立과 中世征服國家의 出現

중국사에서 흔히 '정복왕조(Conquest Dynasties)'라고 할 때 그 효시를 이루는 것으로 거란족이 건설한 요를 꼽을 수 있을 것이다. 이 용어를 보편화시킨 위트포겔은 한민족이 아니면서도 중국의 일부를 정복하고 지배하였던 오호제국과 북위는 일시적인 정복이 아니라 오랜 기간에 걸쳐 서서히 화북지역으로 내려와 살다가 그 곳에서 국가를 건설한 것이기 때문에 요·금·원·청과 같은 전형적인 정복왕조와 구별하여 '잠입왕조(潛入王朝; Infiltration Dynasties)'라는 이름을 부여하였다. 그는 중국사 전체를 '전형적인 중국왕조'의 시기와 '정복왕조'의 시기로 구분하였는데, 그렇다고 이를 통해 시대구분을 하려는 것이 그의 의도는 아니었다. 그는 단지 종래 중국을 지배한 이민족들이 중국 문화에 동화돼 버렸다는 소위 '흡수론(吸收論)·한화론(漢化論)'을 부정하고, 정복왕조의 시대에는 중국의 문화와 이민족의 문화가 서로 만나 '문화접변(文化接變; Acculturation)'을 통해 제 3 의 문화를 이룩한다고 주장하였고, 이것이 소위 그의 '정복왕조론'의 요체인 셈이다.[5]

그런 점에서 문화내용에 초점이 두어진 그의 이론을 시대구분론으로 발전시킨 것은 일본학계의 성과라고 할 수 있다.[6] 그러나 아직 북아시아사상 유목국가로 대표되는 고대에서 정복국가로 대표되는 중세로의 이행에 어떠한 역사적 필연성이 존재하며 시대적 성격의 근본적인 차이점은 무엇인가 하는 문제에 대해서는 아직 명확한 설명이 주어지지 않고 있다. 따라서 정복국가가 어떻게 해서 출현하게 되었으며 거란족이 세운 요의 정복국가적 특징이 무엇이었는가 하는 점이 밝혀지지 않고는 또 다른 정복국가인 몽고제국에 대한 올바른 이해를 기대할 수 없으리라고 본다.

야율아보기(耶律阿保機)가 916년 신책(神册)이라는 연호를 세우고 요라고 국호를 정할 때까지, 장성 이북에서 국가를 건설한 어떠한 유목민들도 중국식 연호와 국호를 정한 사례가 없었다. 흉노의 선우가 한의 황제에게 보낸

---

5) Wittfogel, 1949, p. 24.
6) 본《講座 中國史》에 실린 필자의〈고대 유목국가의 구조〉참조.

정식 서한에는 '흉노'라는 명칭을 썼고, 유연은 '여여(茹茹)',[7] 돌궐은 'Türk' 혹은 'Kök Türk'라고 하였으며, 위구르는 'Uyghur'라고 하였다. 물론 오호북위(五胡北魏)의 경우는 그 수도가 모두 장성 이남에 두어졌고, 영토의 대부분이 중원 밖으로는 미치지 않았기 때문에 여기서는 고려의 대상이 되지 않았다. 이렇게 볼 때 아보기가 황하(潢河)와 라오허하[老哈河] 근처의 송막지방(松漠地方)에 도읍을 두고 흉노·유연·돌궐·위구르 등과는 대조적으로 처음부터 국호를 중국식으로 정했다는 사실은 아마 그가 건국초부터 이미 중국적인 왕조로의 지향, 즉 중국의 영토와 인민에 대한 지배를 기도하는 정복국가로의 지향을 갖고 있었음을 시사하는 것이 아닐까. 그렇다면 왜 거란족은 흉노·돌궐·위구르와 같은 유목민이면서도 그들과는 처음부터 다른 출발을 하게 된 것일까. 이 문제에 대한 해답은 당의 기미지배의 영향, 남몽고 초원지대의 생태적 특이성, 그리고 아보기의 건국과정에 담겨 있는 것으로 보인다.

이미 앞의 글에서도 밝혔듯이 당의 기미지배의 특징은 부족내 혹은 부족간의 대표를 통해 유목집단들을 통제하되, 그 대표가 누리는 권력의 기반이 자생적인 것이 아니라 당의 지지와 원조에 바탕을 두게 함으로써, 당에 대한 의존을 불가피하게 하고 아울러 초부족적인 통합에 의한 강력한 유목국가의 형성을 방지하는 데 있었다. 기미지배를 받았던 거란족의 경우도 사정은 마찬가지였다. '거란(契丹)'이라는 자면(字面)은 모용연(慕容燕)에 의해 격파된 선비족이 우문(宇文)·해(奚)·거란으로 나뉘어 송막지방으로 피신한 4세기 전반부터 비로소 사서에 나타나기 시작하는데, 당시 그들은 '부락의 대인(大人)들만 있고', '대군장(大君長)이 없이' "십부(十部)로 나뉘어 (그 가운데) 병사가 많은 것이 삼천 명 정도이고 적은 것이 천여 명이었다. 추위와 더위에 따라 수초를 찾아다니며 목축을 하였다. 정벌할 일이 있으면 수령들이 모여 서로 상의해 병사를 일으켰으며"(《北史》), 그러면서도 "부족들이 서로 싸워 오랜 동안 (그러한 싸움이) 그치지 않았다"(《隋書》). 즉, 이들은 주변 집단에 대한 약탈과 방어의 필요가 있을 때만 서로 잠정적으로 동맹하되, 내부적으로는 끊임없이 갈등과 충돌을 일으키는 '분절적 대항'을 보

---

7) 周偉洲, 1983, pp. 81~86.

이며 초부족적인 군주를 정점으로 하는 정치질서를 형성하지 못했던, 그러나 스스로를 남과 구별하여 '키탄(Qitan)'[8]이라고 부른 데에서도 알 수 있듯이 느슨한 형태의 연맹의식 혹은 부족의식은 갖고 있었던 것으로 보인다.

이러한 상황에 전환의 계기를 마련해 준 것이 바로 당의 기미지배였다. 돌궐에 대한 철륵제부의 반란을 틈타 628년 거란족의 한 수령인 마회(摩會)가 당에 귀부하였고, 648년에는 거란 8부의 수령들이 모두 부중을 이끌고 내속해 왔다. 당은 이들을 10주로 나눈 뒤 마회에게 고기(鼓旗)를 주고 도독(都督)으로 임명하여 8부를 통할케 하였다. 그 뒤 730년 소고(邵固)가 피살될 때까지 그가 속한 대하씨(大賀氏)가 도독의 지위를 독점하였고, 이 시기를 대하씨 8부시대라고 부르는 이유도 여기에 있다. 물론 대하씨 군장들의 권력은 대외적으로 당에 대한 의존성과 대내적으로 종래 합의체적인 관습으로 인해 엄연한 한계를 갖고 있었다. 부족대인들이 모여 3년에 한번씩 군장을 교체하였다든가, 큰 재난이나 가축의 피해가 있을 경우에는 8부가 모여 다른 사람에게 북과 깃발을 넘겨 주었다는 기록을 문자 그대로 믿을 필요는 없겠지만, 당시 거란족의 지위가 어떠하였는지를 보여주는 한 예라고 할 수 있다. 그러나 거란족이 부족적인 길항상태를 극복하고 8부의 결속력을 강화함으로써 초부족적인 유목군장의 출현을 보게 된 중요한 요인은 당의 기미지배에서 찾아야 할 것이다.[9]

730년대부터 10세기초에 이르는 동안 거란군장의 지위는 대하씨에서 요련씨(遙輦氏)로 넘어갔고, 이 시기에 그들 가운데 일부는 카간을 칭하기도 하고 그 지위를 서서히 강화시켜 나갔던 것으로 보인다. 즉, 종래 세선제(世選制)의 외양을 보존하면서 군주권에 정통성을 부여하는 시책의(柴册儀)라고 불리운 즉위식[10]이 처음으로 도입되고, 아울러 종래 3년 1선의 교대지배제도 폐지되었다. 또한 청우백마신앙(靑牛白馬信仰)을 중심으로 하는 팔부동원설화(八部同源說話)가 보여주듯이 모두 동일한 시조에서 비롯되었다고 하는

---

8) 愛宕松男, 1959, pp. 161~195. 그는 'Qitan'이라는 말이 奚族을 나타내는 Qi와 '~과 함께 하는'의 의미를 갖는 몽고어 어미 -tan이 결합한 것으로 보았으나, 이에 대해서는 護雅夫(1965/1967)의 비판이 있었다.
9) 張正明, 1979, pp. 9~16; 楊樹森, 1984, pp. 6~10.
10) 島田正郎, 1979, pp. 329~337.

246

의사혈연적 관계를 기초로 한 부족적 결속력도 강화되었던 시기이다.[11]

그러나 요련씨의 카간 독점을 타파하고 카간이 된 야율아보기는 종래 8부족연합체를 붕괴시킴으로써 정복국가 군주에게 특유한 전제적 권력을 장악하게 되었다. 그가 어떻게 이를 성취할 수 있었는가 하는 문제는 그의 집권과정을 살펴보면 이해할 수 있다. 즉, 요련씨의 마지막 카간인 흔덕근(痕德菫)의 시기에 그는 이리근(夷離菫; irkin)으로서 병마권을 장악하고 해(奚)·실위(室韋)·우궐(于厥) 등 주변의 유목부족은 물론 여진인과 한인 등 정주민들에 대한 원정을 감행하여 많은 수의 부로를 송막지방으로 이주시켰다. 뿐만 아니라 변경지역에 거주하던 다수 한인들이 거란 영내로 도망해 오기도 하여, 이들 정주한인들이 중심이 되어 성곽이 건설되고 아보기의 경제적 근거지가 형성되었다. 그는 자신의 군사적·경제적 실력을 바탕으로 907년 카간에 즉위하였다.

그는 즉위 후 911년과 912년 그리고 913년 등 모두 세 차례에 걸쳐 자신이 속한 질랄부(迭剌部)의 부족민은 물론 형제들로부터의 무력 반발에 부딪혔고, 915년에는 8부대인들로부터 "오래 되었는데도 (카간의 자리를) 물려주지 않으니 모두 그를 질책하자, 아보기도 어쩔 수 없어 그 고기(鼓旗)를 건네주면서 말하기를 '내가 즉위한 지 9년 동안 (빼앗아) 얻은 한인이 많다. 나 스스로 1부(部)를 만들어 한성(漢城)을 다스리고 싶은데 괜찮은가?'"라고 제의하였다. 그러나 그는 곧 8부대인을 연회에 초대하여 모두 살해한 뒤 916년 요를 건국하고 스스로 '천황제(天皇帝)'라고 칭하게 된 것이다.

그의 이러한 건국과정에서 우리가 주목할 만한 것은 그의 정치적·경제적 힘의 기반이 그 전의 거란군주들 혹은 과거의 유목국가의 군주들과는 달랐다는 사실이다. 즉, 그의 경제력의 기반은 각종 수공업과 농경의 중심지였던 '한성'이었고, 거기서 생산되는 소금을 다른 부족들에게 공급하였기 때문에 8부도 경제적으로 이에 상당히 의존하였던 상황이었다.[12] 그리고 이러한 비유목적 경제력을 창조할 수 있었던 것은 거란족이 살던 송막지방이 바로 동남몽고의 중초원지대에 속했고, 부분적으로 농경도 가능한 농목복합지대였다는 사실을 염두에 두면 이해할 수 있을 것이다.

---

11) 愛宕松男, 1959, pp. 294~314.
12) 요건국에서 한성 및 한인의 역할에 대해서는 田村實造, 1964, pp. 124~136을 참조.

뿐만 아니라 그가 일찍이 "여러 부족에서 뽑은 호건(豪健)한 자 2천 여"로 '복심부(腹心部)'를 만들고 이를 보강하기 위해 한인·발해인과 비거란계 군사로 구성한 수만 명의 '속산군(屬珊軍)'을 두었다는 사실[13]은 그의 군사적 기반이 유목적인 부족군대, 즉 군사들의 일차적인 충성이 자신이 속한 부족과 부족장에게 있는 그러한 군대가 아니라, 탈(脫)부족적인 성격을 갖는 군대였다는 것을 말해준다. 이러한 군대의 지휘관으로 임명된 야율갈로(耶律葛魯)·소적로(蕭敵魯)·아고지(阿古只)·고로(古老)·파덕(頗德)·야율욕온(耶律欲穩) 등은 어려서부터 '항상 칼을 차고 따라다니거나', '매일 좌우에서 근시(近侍)하고', '일찍이 태조의 천막에 속하게 된' 사람이거나, 아니면 아보기와 전혀 혈연관계가 없는 타부족 사람들이었다. 이들과 아보기를 맺어주던 끈은 부족적 연대감이 아니라 개인적인 후원과 충성이었다는 점에서, 후일 칭기스한과 그의 '친위대(親衛隊 ; keshig)'를 지휘하던 '막우(幕友 ; nökör)'와의 관계와 흡사하다고 하겠다.

거란족은 오랜 기간에 걸친 당 기미지배의 경험과 중국과의 밀접한 접촉을 통해 중국적인 정치이념에 익숙해 있었을 뿐 아니라, 특히 아보기의 경우는 한연휘(韓延徽)·강묵기(康默記)·노문진(盧文進)·한지고(韓知古) 등과 같은 한인지식층들의 자문을 통해 중국적인 전제왕조로의 지향이 일찍부터 싹틀 수 있었을 것이다. 그가 다른 유목국가의 경우와는 달리 건국 당시부터 중국식 연호와 국호를 선포할 수 있었던 까닭은 그의 집권과정에 나타난 이러한 경제적·군사적·이념적 특이성에 기인하였다고 보아야 할 것이다. 뿐만 아니라 그는 건국 직후 부족제 개편을 단행하였다. 그것은 8부를 남원부(南院府)와 북원부(北院府)로 나누고, 북원부의 대표격인 질랄부를 견제하기 위해 이를 오원부(五院部)와 육원부(六院部) 둘로 다시 분할한 뒤, 북원부를 통할하는 북재상은 비질랄부 출신을 임명하고 남원부를 통할하는 남재상은 황족 일인을 임명하는 것이었다. 그리고 전쟁에서 포로가 되어 사민된 유목민들을 8개의 부족으로 편성하여 각각 남북원부에 귀속시키고, 각 부족의 유목지를 분명히 확정하였다.[14] 즉 '부족해산(部族解散)'과 분토정거(分土定居)'를 단행한 셈이었다.

---

13) Wittfogel & Feng, 1949, p. 509, 521.
14) 島田正郎, 1978, pp. 9~56.

서로는 토욕혼(吐谷渾), 당항(黨項), 저복(阻卜)을 경략하고 동으로는 발해를 멸망시킨 태조의 뒤를 이어, 태종이 장성 이남의 연운십육주를 점령함으로써 정복왕조로 변신하게 된 점을 이해하기 위해서는 이와 같은 과거 전통적인 유목국가의 체제를 근본적으로 개혁한 과정을 알지 않으면 안될 것이다. 즉, 부족연합적 유목국가에서 군주의 권력은 핵심집단과 연맹집단의 지지를 그 기반으로 하였고, 이를 유지하기 위해서는 그들이 필요로 하는 재화를 분배함으로써 가능했던 것인데 반해, 정복왕조 요의 군주의 존립 근거는 비유목적인 방법에 의해 축적된 경제력과 이를 바탕으로 유지할 수 있었던 탈부족적인 군대가 제공하는 군사력에 있었기 때문에 군주권을 견제하는 부족체제를 분해시킬 수 있었다.

여기서 두 가지 형태의 국가의 군주가 갖는 성격의 가장 중요한 차이가 나타나는데, 유목군주는 재화의 '분배자'로서 자신의 지위를 유지하는 반면 정복군주는 재화의 '축적자'로서 그 지위를 보장할 수 있다는 사실이다. 고대 유목국가가 일시적이나마 중국의 영토를 정복할 기회가 있었음에도 불구하고 그러하지 못했던 까닭은, 중국의 점령이 여러 부족에게 분배하는 데 필요한 것 이상의 많은 물자를 군주에게 가져다 줄 것이고 그것은 결국 군주권의 강화를 초래하리라는 사실을 부족측에서 잘 알고 있었기 때문이 아닐까. 요의 태종이 946년 후진(後晉)을 멸하고 수도 대량(大梁)을 점령한 뒤 "비록 덥기는 하지만 일년 정도만 지나면 거란인들도 적응하여 태평세가 도래할 것"이라는 낙관론이 부족측의 반발에 의해 무산되어 북으로 다시 발길을 돌린 예는 정주지대의 직접지배를 반대한 것이 유목군주라기보다는 유목부족측이었음을 방증해 주는 동시에, 정복왕조 요의 군주권의 한계를 보여주는 자료이기도 하다.

이상에서 비록 장황하기는 하지만 거란족의 흥기과정과 요 건국 초기상황을 살펴본 이유는 또 다른 정복왕조 몽고제국을 올바로 이해하기 위해서였다. 여기서 같은 정복왕조인 금(金)을 언급하지 않은 까닭은 금을 건국한 여진족을 진정한 의미의 유목민으로 볼 수 없고, 따라서 몽고제국의 흥기를 이해하는 데에 거란족의 경우처럼 비교의 필요성이 절실하지 않기 때문이다. 중국사상의 정복왕조들이 동일한 특징과 양상을 갖는 것은 아니지만, 나름대로의 공통점도 보여주고 있고 그것이 때로는 정복왕조라는 흥미로운 역

사현상을 파악하는 데 매우 중요할 수 있다. 몽고제국을 건설한 몽고족의
홍기사정과 칭기스한의 집권과정을 분석하는 데서 거란족과 야율아보기의
경우는 우리가 충분히 활용해야 할 유효한 비교의 잣대라고 생각한다.

Ⅱ. 蒙古帝國의 形成

1. 칭기스한 登場 이전의 蒙古高原

몽고족은 《당서(唐書)》에 '몽올실위(蒙兀室韋)'라고 하여 실위족의 일부로
처음 언급되기 시작한 이래 '맹고(萌古)', '맹골자(盲骨子)' 등 여러 가지로
표기되다가 '몽고(蒙古)'라는 형태로 정착되었는데, 그 정확한 원음이 무엇
이었는지 단언하기는 힘드나 모두 '몽골(mongghol)'에 가까운 음을 옮긴 것
으로 보면 크게 틀리지 않을 것이다.[15] 당시 이들은 흑룡강 상류의 남쪽과
에르귀네강 중하류의 동쪽, 즉 홍안령산맥의 북쪽에 거주하고 있었으며,
"조, 보리, 기장 등의 곡식이 많고 주민들은 오로지 돼지고기만을 먹었다.
소와 말은 길렀으나 양은 없었다. 여름에는 성거(城居)하지만 겨울이 되면
수초를 따라 다녔고, 초피(貂皮)를 많이 갖고 있었다"는 기록이 시사하듯이
수렵을 주로 하고 원시적인 농업을 병행하는 생활을 했던 것으로 보인다.
양이 없고 돼지고기를 먹었다는 것으로 보아 당시의 이들을 유목민이라고
부르기는 힘들 것이다.

실위족에 대한 기록에 당시 그들은 몇 개의 집단으로 나뉘어져 서로 대립
하고 있었으며, '대군장'이 없이 각각의 집단은 단지 '바가투르(baghatur)' 즉
용사라는 칭호를 갖는 수령들의 지배를 받았다고 묘사되어 있는 데에서, 정
치적으로도 아직 초부족적인 군주권의 출현을 보지 못한 미분화된 상태에
있었음을 알 수 있다. 이런 면에서는 당의 지배를 받기 이전의 거란족과 매
우 흡사하지만, 경제적으로 유목생활이 아니라 여름에만 이동하는 반정주
적인 생활과 수렵 위주의 혼합경제를 영위했다는 점에서는 거란족과 상이하
였다.

---

15) 亦隣眞, 1979, p. 68.

이와 같은 몽고족의 정치경제적 상황에 커다란 변화가 일어난 것은 9세기 중반 위구르제국의 붕괴와 함께 시작된 몽고고원에서의 정치적 격변 때문이었다. 필자가 이미 다른 곳에서 밝혔듯이 7세기 전반부터 북방의 초원과 삼림 연변지대의 주민들은 돌궐제국의 지배를 받으며 정치적으로 꾸준한 성장을 보여 당 기미지배 시기를 거치며 내적인 사회분화를 보였고, 몽고초원에 건립된 돌궐·위구르와 같은 유목국가를 끊임없이 압박하였다. 840년 위구르를 무너뜨린 것도 그 가운데 하나인 키르기즈족이었고, 이들을 막고 있던 방파제가 일거에 무너지자 대규모 민족이동이 시작되었다. 이때 동북방에서 몽고초원으로 내려온 것이 바로 구족달단(九族韃靼 ; Toquz Tatar)이었으며 그 대열에 이어 소위 '몽고'라고 불리웠던 집단도 이동하였다는 사실은 송의 사신 왕연덕(王延德)의 여정을 조사한 연구에 의해 밝혀진 바이다. 이에 의하면 이미 9세기 후반에는 키르기즈족이 위구르의 성지인 외튀캔지역으로부터 밀려나 있었고 대신 그 곳을 차지하고 있었던 것은 구족달단이었다는 것이다. 16)

몽고족이 홍안령지대에서 부르한 할둔산이 있는 오논·케룰렌·톨라 등 삼하(三河)의 상류지역으로 이주한 그들의 역사적 체험은 조상설화 속에 혼입된 형태로 상징적으로 표현되어 있다. 예를 들어 라시드 웃 딘의 《집사(集史)》17)는 몽고족이 투르크족과의 전쟁에서 전멸하고 유일하게 생존한 나쿠즈(Nakuz)와 키얀(Kiyan)이라는 두 명의 남녀가 에르게네 쿤(Ergene Qun)이라는 협곡에 들어가 살다가 그 후손들이 철산(鐵山)을 녹여 협곡을 탈출하였다는 설화를 전하고 있는데, 여기서 에르게네 쿤이라는 협곡이 몽고족의 원

---

16) 前田直典, 1945, pp. 75~78. 소위 '蒙兀室韋'의 이주년대에 관한 제설에 대해서는 孫秀仁 等, 1985, pp. 145~147. Cf. 姚家積, 1982.

17) 일한국의 재상이었던 파들 울라 라시드 웃 딘(Fadl Allah Rashīd al-Dīn)의 《集史》(Jamī al-tawārīkh)는 인류 최초의 세계사로서도 이름이 높지만 몽고족의 역사에 관해서는 《蒙古秘史》와 함께 일급의 사료로서 평가받고 있다. 현재 저자 자신의 친필원본은 없지만 그의 생전에 필사된 것으로 보이는 古本이 이스탄불과 타쉬켄트에 소장되어 있다. 그의 저작을 번역하기 위해서는 적어도 이 두 사본 중의 하나는 참고해야 하리라고 생각한다. 《集史》는 현재까지 여러 나라에서 부분적으로 번역이 되고 있기는 하지만, 몽고제국사와 밀접한 관련을 갖은 제1책의 완역은 러시아어로만 되어 있는 형편이다. 소련에서는 1946년 이래 여러 종의 사본을 비교하여 輯校本을 출판하는 동시에 자세한 주석이 달린 번역본도 출간하여 연구에 많은 도움을 주고 있다. 최근 중국에서 《史集》이라는 이름으로 간행된 것도 실은 露譯本의 重譯에 불과하기 때문에 이용자의 유의가 요청된다.

주지인 에르귀네지역이라는 것을 가리키고 있음은 쉽게 추측할 수 있다.[18]

9세기 후반에서 10세기 전반에 걸쳐 이주한 몽고족은 풍부한 목장지대가 있는 새로운 자연환경 속에서 경제적으로도 커다란 변화를 겪게 되었다. 《거란국지(契丹國志)》에 "정북(正北)으로 가면 몽고리국(蒙古里國)에 이르게 되는데, 그 나라에는 관할하는 군장이 없을 뿐 아니라 농사도 짓지 않는다. 수렵으로 생활을 하고 그 거처가 일정치 않아 사계절마다 나가서 오로지 수초를 따라 다닌다. 먹는 것이라고는 오직 육락(肉酪)뿐이고, 거란과는 싸우지 않고 단지 소·양·낙타·말의 가죽과 털로 만든 물건을 가지고 와 거란인과 교역한다"고 한 것으로 보아, 이미 11세기 전반기가 되면 수렵의 잔재를 강하게 남기고 있었으나 본격적인 유목으로의 전환이 이루어진 것으로 보인다.

간단한 수렵에 비해 보다 많은 경제적 잉여를 가져다 주는 유목으로의 전환과 함께 사회구성에서도 변화가 보이기 시작하였다. 《몽고비사(蒙古秘史)》[19]에 의하면 당시 가장 기본적인 친족집단은 '아일(ayil)'이라고 불리운 개별 유목가호였고, 아일들에 의해 구성되고 동일한 조상을 갖는다고 믿는 '오복(oboq)' 즉 씨족이 존재했었다. 그러나 반드시 이 오복이 유목이동의 단위를 구성하는 것은 아니었고, '퀴리엔(küriyen)'이라고 불리운 대규모 유목집단이 보통 이동의 단위가 되었다. '바퀴'를 의미하는 이 말은 보통 수백에서 천여 개의 유목가구가 한 단위가 되어 야영시에는 바퀴모양으로 커다란 원형의 진을 쳤기 때문에 그렇게 불리운 것이다. 당시 '아일' 단위의 이동보다는 '퀴리엔' 단위의 이동이 더 보편적이었으며, 퀴리엔 속에는 동족(同族; uruq)이 아닌 이족(異族; jad)도 포함되어 있었으니, 이는 약탈과 전쟁이 일상화되었던 당시의 불안한 사회상을 반영하는 것이라고 할 수 있다.[20]

사회구성의 가장 큰 단위는 '울루스(ulus)' 혹은 '이르겐(irgen)'이라 불리

---

18) 田村實造, 1963, pp. 359~386; 村上正二, 1965, pp. 118~147.
19) 이것은 몽고민족의 위대한 민간문학이자 몽고사연구에서 가장 중요한 사료로 평가받고 있는 만큼 여러 나라 말로 번역되어 있는데, 그 가운데 신뢰할 만하고 이용하기에 용이한 것으로는 Cleaves, 1982; 村上正二, 1970~1976 등을 들 수 있다. 기타 이 자료에 관한 연구는 문헌목록을 참고하시오.
20) Vladimortsov, 1934, pp. 3~59; 岩村忍, 1968, pp. 61~93.

운 부족(연합체)이었다. 11~12세기 몽고초원에서 대표적인 울루스로는 알타이산맥과 이르티쉬하반의 나이만(Nayiman), 그 동쪽에 항가이산지의 가장 풍부한 목지이자 몽고초원의 중심부에 케레이트(Kereyid), 그 북쪽에는 예니세이강 상류의 오이라트(Oyirad), 그 동쪽으로 바이칼호 이남과 셀렝게하 상류지역에 메르키트(Merkid), 그 동남쪽으로 삼하(三河)의 상류지역에 몽고(Mongghol), 그 동쪽의 부유르호 부근에 타타르(Tatar), 마지막으로 남몽고의 음산지역에 있는 옹구트(Ongghud)를 들 수 있다. 이들이 모두 몽고어를 말하는 민족은 아니었고 나이만과 같이 위구르족의 후손임이 분명한 경우도 있고, 케레이트나 옹구트처럼 그 소속에 이설이 많은 경우도 있다.[21]

유목으로 전이한 뒤 사회적인 분화도 진행되어 빈목(貧牧)과 부목(富牧)의 차등이 생겨나게 되고 아울러 이같은 경제적 차이를 바탕으로 정치군사적 우위를 점하는 '노얀(noyan)'과 일반 유목민으로 구성된 '하라추(qarachu)'라는 계층의 출현도 보게 되었다.[22] 각각의 울루스는 때로 부족국가를 형성하여 '한' 혹은 '하안(하한)'이라는 칭호를 갖는 군장의 출현을 보기도 하였지만,[23] 몽고초원의 모든 유목집단을 통합한 강력한 유목제국을 건설하지는 못하였다. 그 이유의 일단은 아마 9세기 중반 위구르제국의 붕괴 이래 계속된 새로운 이주와 그로 인한 무정부적인 혼란에도 있겠지만, 무엇보다도 정복왕조인 요와 금이 중국 북방을 장악하였기 때문에 전통적인 한인왕조에 대한 유목민들의 약탈─화친이라는 방식이 효과를 거두지 못했을 뿐 아니라 그들의 군사적인 원정과 적극적인 이이제이(以夷制夷)의 전략이 주효했기 때문인 것으로 보인다. 몽고부(部)에서도 11세기 전반부터는 하불(Qabul), 암바가이(Ambaghai), 후툴라(Qutula)와 같은 하안이 등장하고 부족국가의 출현을 보게 되었으나, 금과 타타르의 연합군에 의해 붕괴되고 말았다.

그 결과 몽고초원의 여러 부족은 약육강식의 치열한 부족전쟁을 일상적으

21) 《元朝史》(上), pp. 15~35.
22) 몽고제국 성립 이전 몽고족의 사회경제적 발전에 대해서는 高文德, 1980; 李玠奭, 1986 참조.
23) 북아시아 역사상 최고의 유목군주를 지칭하는 용어로 '카간'(혹은 '하안')이 언제 '선우'를 대체하였는지, 또한 그 기원이 무엇인지에 대해서는 이설이 많아 여기서 구체적인 설명은 생략한다. 단, 고대 튀르크인들이 '카간'이라고 발음하던 것이 13세기경 몽고인들 사이에서는 '하안'으로 바뀌었기 때문에, 여기서 몽고인의 군주를 지칭할 경우 그에 따라 '한' 혹은 '하안'이라고 표기하기로 한다.

로 치르지 않으면 안되었고, 씨족과 부족의 이합집산도 무상하게 반복될 수
밖에 없었다. 패배하고 분산된 집단은 보다 강력한 집단에 자기들의 생명과
재산을 의탁할 수밖에 없었다. 이들은 '노예(boghol)'라고 불리우기도 했지
만, 완전히 자유를 상실한 문자 그대로의 노예라기보다는 퀴리엔 안에서 일
종의 부용집단을 형성하며 독자적인 가정을 이루고 가축을 사유하되 후원집
단에 대해 일정한 의무를 지는 존재로 이해해야 할 것이다.[24)

　이러한 상황에서 씨족이나 부족은 그 구성원에 대한 방어와 보호의 기능을
제대로 수행할 수 없게 되었고, 그러한 필요를 충족시켜 줄 만한 새로운
사회·인간관계가 요청되었으니, 그것이 바로 '의형제(anda)'와 '맹우(nökör)'
였다. 즉, 상호혈연적인 관계를 갖지 않은 쌍방이 의사혈연관계를 설정하거
나 아니면 개인적인 신의관계(信義關係)를 맺음으로써 외부의 위협에 대한
보호망을 만드는 것인데, 전자는 흔히 노얀들 사이에 보였던 반면, 후자는
그러한 계층구분과는 무관하였다는 점에서 약간의 차이가 있지만, 모두 동
년배들로 이루어졌다는 점에서 일종의 '연령결사(年齡結社)'의 특징을 보여
주고 있다고 할 수 있다. 이같은 탈부족적인 관계를 가장 잘 이용한 것이 테
뮈진이었고, 젊은 시절 그의 체험이 그로 하여금 그러한 관계에 더욱 의존
하지 않을 수밖에 없도록 만들었다는 사실에서, 우리는 이미 그가 전통적인
유목군주와는 다른 정복군주로 나아가게 된 까닭을 예기할 수 있는 것이다.

2. 칭기스한과 蒙古帝國의 建設

　칭기스한은 1162년[25)] 몽고족의 보르지기드씨(Borjigid Obog)에 속한 예쉬
게이(Yesügei)의 맏아들로 태어났다. 보르지기드씨란 보돈차르(Bodonchar)를
공동의 조상으로 하는 친족집단이며, 그 가운데에서 예쉬게이는 키야드
(Kiyad)라는 '뼈(yasun)'에 속했다. 아버지 예쉬게이는 '전몽고(全蒙古;

24) 최근 亦隣眞(1986, pp. 23~30)의 연구는 유목사회에서 노얀층의 수탈을 받은 '농노'
　적 지위의 불완전한 신분에 있던 boghol 과 신흥귀족층을 지칭하는 ötögü boghol 을 구
　별하고, 종래 unaghan boghol 혹은 ötele boghol 등의 표현은 ötögü boghol 의 잘못이라
　는 점을 지적하였다.
25) 사료에 따라 그의 생년을 1155년 혹은 1167년으로 보는 경우도 있으나, 아직 정설이
　없기 때문에 몽고인민공화국에서 공식적으로 인정하는 1162년설을 그대로 따르기로
　한다. Pelliot, pp. 281~288 참조.

Qamugh Mongghol)'의 하안이던 하불의 손자였으나, 몽고부족국가가 금과 타타르의 공격으로 무너진 뒤 그 자신은 단지 '용맹한 전사(baghatur)'에 불과하였다. 그가 선조들의 원한을 갚기 위해 타타르를 습격하여 그 수령인 테뮈진 위게(Temüjin Üge)를 생포하고 돌아왔을 때 마침 아들이 태어나 '테뮈진'이라는 이름을 지어 주었다. 그가 바로 희대의 정복자로 알려진 칭기스한이었다. 여기서 파란만장한 그의 생애를 다 설명할 수는 없기 때문에 몽고제국의 건설을 이해하는 데 꼭 필요한 몇 가지 사건들을 중심으로 간략하게만 소개함으로써, 그의 등장과정이 다른 유목군주들과 어떻게 다르고 거대한 정복국가를 건설하게 된 배경이 어디에 있는지를 살펴보기로 한다.[26]

그가 9살 되던 해 아버지 예쉬게이가 옹기라트부로 가서 테뮈진의 신부를 정하고 돌아오다가 타타르족에 의해 독살된 1170년부터 몽고 전역을 통일하고 칭기스한으로 즉위한 1206년까지의 36년 동안 그는 자신의 생명을 보지하기에 급급하였거나 주변의 유목부족들과 투쟁하는 데에 거의 모든 시간을 보냈다고 할 수 있다. 이런 점에서 그는 묵특(冒頓)이나 토문(土門) 혹은 쿠틀룩 보일라(骨力裵羅)와 같이 스스로 부족의 수령이거나 그 아들이었던 흉노·돌궐·위구르의 건국자들과는 달랐다. 그는 아버지가 죽은 뒤 타이치우트씨족과 같이 추종하던 무리들이 그의 가족을 버리고 모두 떠나갔을 뿐 아니라, 도리어 그를 죽이려는 집요한 추적을 피하지 않으면 안되었던 상황이었다. 배고픔 때문에 먹이를 두고 싸우다 이복동생 벡테르를 죽인 것도 그의 처지를 잘 말해주고 있다.

일족으로부터 소외받으며 부르한 할둔산에서 들쥐를 잡아먹으며 연명하던 그가 거의 전재산에 가까운 말 여덟 마리를 약탈당했을 때 그를 도와준 사람은 아무런 혈연관계도 없던 보오르추(Bo'orchu)였다. 그리고 그는 테뮈진의 최초의 '맹우'가 되었다. 그가 겪은 두번째의 시련, 즉 메르키트부가 그의 가축을 빼앗고 처 뵈르테를 납치해 갔을 때, 그가 찾아간 곳 역시 그의 일족이 아니라 케레이트부의 수령 토오릴(To'oril)과 자다란씨의 자무가 (Jamugha)였다. 전자는 그의 아버지 예쉬게이와, 그리고 후자는 자기 자신

26) 칭기스한의 생애에 관해서는 Vladimirtsov, 1930; Grousset, 1966; Hambis, 1973이 가장 요령있게 정리하였다.

과 '의형제'의 관계를 맺은 바 있었다. 그는 이들에게 그같은 관계를 상기
시키며 구원을 요청하였고, 그들의 도움으로 메르키트부를 격파하고 뵈르
테를 찾아올 수 있었다.

여기서 우리는 '의형제'와 '맹우'의 관계가 그의 성장에 얼마나 중요한
역할을 하였는지 짐작할 수 있는데, 몽고 여러 부족 사이에서 그의 명성이
높아가고 아울러 그의 세력도 급격히 강화됨에 따라 이러한 관계 역시 변화
하게 되었다. 즉, 그와 유목을 같이하던 자무가와 의견충돌이 벌어져 결별
하고 난 뒤, 1189년 자신을 따르던 무리들에 의해 칭기스한(Chinggis Qan)으
로 추대(제 1 차 즉위)되자, 자무가와의 관계가 더욱 악화되어 타이치우트씨
와 연합한 3만 명의 군사를 지휘하는 자무가와 달란 발주스라는 평원에서
유명한 '13익(翼)의 전투'를 치루지 않으면 안되었다. 여기서 결정적인 승
부가 난 것은 아니었지만, 테뮈진이 그 뒤 금, 케레이트와 연합하여 타타르
를 격멸한 뒤 금조로부터 '자우트 후리(Ja'ut Quri)', '초토사(招討司)' 등의
칭호를 받게 되자, 자무가 역시 자신의 추종자들과 후릴타이를 열어 '귀르
한(Gür Qan)', 즉 '사해의 군주(四海의 君主)'로 칭하였다. 그는 결국 칭기스
한이 몽고초원 통일을 위해 나이만부와 마지막 전투를 벌일 때 적과 연합하
였고, 여기서 패배하여 죽음을 당하게 되었다. 처음에 칭기스한과 연맹하였
던 케레이트의 토오릴도 마찬가지였다. 토오릴이 금조로부터 '옹한(Ong
Qan ; 汪汗)'이라는 칭호를 받으며 몽고고원의 맹주를 꿈꾸게 되자 칭기스한
과의 격돌은 불가피하였고, 자무가와 연합하여 그에 대항하다가 역시 패주
하여 사망하였다. 자신과 '의형제'였던 자무가, 그리고 아버지 예쉬게이와
역시 '의형제'였던 토오릴과의 대결과 패배는 결국 칭기스한 즉위 후 몽고
사회에서 그러한 관계의 소멸을 가져왔다. [27]

뿐만 아니라 '맹우'관계도 변화하였다. 12~13세기 몽고사회에서 뇌쾨르
(nökör)라는 것이 과연 수평적인 관계인가 아니면 수직적인 관계인가에 대해
논란이 있지만, 필자가 보기에는 처음에 테뮈진-보오르추의 관계에서 보

---

27) 磯野富士子(1986, pp. 57~80)는 anda에 관한 흥미있는 연구를 통해 상호 의형제관계
를 맺고 있던 칭기스한과 자무가와의 충돌은 칭기스한의 세력강화로 인한 양자간의 관
계의 변화에 기인한 것이기 때문에, 두 사람은 'anda 임에도 불구하고' 싸운 것이 아니
라 'anda 였기 때문에' 충돌한 것이며, 자무가의 사망으로 anda관계는 최종적으로 소
멸하였다는 사실을 지적하였다.

듯이 수평적인 관계가 후일 테뮈진의 세력강화와 즉위라는 과정을 거치면서 수직적인 관계로 바뀌지 않았는가 생각된다.[28] 이들은 달란 발주스의 칭기스한 휘하의 군대 13익 가운데에서 그가 직접 지휘한 제2익의 주요 구성원이었고, 그들이 몽고제국 건설 후에 중요한 직책을 거의 담당하였다는 사실도 밝혀졌다.[29] 그리하여 칭기스한의 '맹우'들은 주요 군지휘관을 맡았을 뿐 아니라, 케식(Keshig)이라고 불리운 친위대를 구성하기도 하였다. 그런 의미에서 당시 몽고사회에서 뇌쾨르(nökör)라는 말의 의미는 칭기스한의 지위의 변화와 함께 '맹우(盟友)'에서 '막우(幕友)'로 변천해 갔다고 할 수 있을 것이다.

나이만부의 격파로 몽고고원을 통일하고 1206년 오난하 상류에서 후릴타이를 열어 명실상부한 '한'으로 제2차 즉위하게 됨으로써 '대몽고제국(Yeke Mongghol Ulus)'이 탄생하였다. 그는 "나와 함께 나라를 건설한 사람들을 천 명씩 나누고 천호장을 임명"했는데, 모두 95개의 천호(千戶)를 구성했다. 《비사(秘史)》에 의하면 천호장 가운데 모두 88명의 이름이 거명되었고, 이외에 천호장의 이름이 빠진 것으로 3천호의 옹기라트(Onggirad)와 2천호의 이키레스(Ikires), 그리고 5천호의 욍귀트(Önggüd)가 있고, '삼림민(森林民; hoi-yin irgen)'은 여기서 제외되어 있다. 천호는 물론 그 하위조직으로 백호와 십호를, 그리고 그 상위조직으로 만호를 가졌기 때문에 유목국가의 전형적인 십진제적인 사회구성인 것처럼 보이지만, 사실 그것과 칭기스한의 천호제와는 중대한 차이가 있음을 잊어서는 안될 것이다.

그것은 첫째, 천호장과 만호장을 칭기스한 자신이 직접 임명하였다는 점이다. 아직 우리는 사료상으로 고대 유목국가의 군주가 부족장과 씨족장들을 직접 임명하였다는 기사를 확인할 수 없지만, 설혹 그러했다고 하더라도 부족연합적인 구조에서는 부족·씨족의 실력자를 추인하는 정도의 명목적인 것에 불과했을 것이다. 그러나 칭기스한의 천호제는 달랐다. 그가 임명

---

28) Cf. 護雅夫, 1953, pp. 56~68; Hsiao, 1978, p. 148, note. 14.
29) 本田實信, 1952, pp. 1~12. 그는 칭기스한이 1206년 천호제를 건설했을 때 《비사》에 등록된 88명의 천호장의 명단 가운데 28명이 이미 1189년 경에 '親兵' 즉 nökör 이었고, 同族 키야드씨 수령들 가운데서는 Changsi'ud 의 두 아들을 제외하고는 아무도 여기에 포함되지 않았다는 중요한 사실을 밝혀내고, 1206년 성립된 몽고제국의 원형은 날란 발주스의 전투를 벌인 13익 가운데 제2익에서 찾을 수 있다고 지적하였다.

한 천호장들의 배경을 분석해 보면, 그와 생사고락을 같이한 '막우'출신이
거나 아니면 혼인·입양으로 그와 관계를 맺었던 사람들이 다수를 차지하였
다. 또한 그는 95개의 천호를 모두 셋으로 나누어 3개의 만호로 편성하고,
좌수만호장에 무할리(Muqali), 우수만호장에 보오르추, 중군만호장에 나야
아(Naya'a)를 각각 임명하였는데, 이 세 명은 모두 그가 가장 신뢰하던 '막
우'였다는 점이 주목할 만하다.

　다음으로 지적할 수 있는 것은 95개의 천호들 가운데는 동일한 친족집단
으로 구성된 것도 있었지만, 다수는 오랜 부족전쟁과 칭기스한의 통일전쟁
의 결과 포로가 되거나 흩어진 타타르·타이치우트·케레이트·나이만 등
의 여러 부족민에 의해 인위적으로 재구성된 것이었다. 다수가 동족집단이
아닌 천호의 수령이 반드시 씨족장이나 부족장이 임명되어야 할 필요가 없
었고, 칭기스한의 일족과 근신이 임명된 것도 이해할 만하다.

　천호제를 기초로 그가 조직한 것이 '친위대'였다. 이것은 원래 칭기스한
이 1189년 일차로 즉위했을 때 자신의 막우들 가운데 일부를 호르친
(qorchin ; 箭筒士), 바우르친(ba'urchin ; 料理士), 윌뒤친(üldüchin ; 執刀者), 아
그타친(aghtachin ; 牧馬者), 아드구친(adghuchin ; 牧驅者) 등의 직책을 주어 근
시(近侍)토록 한 데에서 비롯된 것으로, 1203년에는 이를 확장하여 80명의
케브테위드(kebte'üd ; 宿衛)와 70명의 투르가우드(turgha'ud ; 晝衛)를 두고,
전시에 한(汗)을 주위에서 지키고 평시에는 그를 위해 주위(晝衛)로 봉사하
는 천 명의 또 다른 바아투드(ba'atud ; 勇士)를 두었다. 1206년 그는 천호제
를 편성하면서 천호장·백호장·십호장의 자제들로 구성된 1만 명의 친위
대(Keshig)를 구성하였다. 이것은 1천 명의 숙위와 1천 명의 주위, 그리고 8
천 명의 용사로 구성되었고, 이는 모두 4반(四班)으로 나뉘어 교대 근무하
였기 때문에 '되르벤 케식(Dörben keshig ; 四怯薛)'이라고도 불리웠다. '케식
(keshig)'이라는 말이 '은총, 은혜'를 의미하고 그의 친위대가 '케식텐
(keshigten)', 즉 '은총을 받은 사람들'이라고도 불리웠듯이, 그는 이들에게
천호장보다도 높은 지위를 부여하였고 지휘관이 이들을 처벌할 때에는 반드
시 그의 사전승인을 얻도록 하였다. 이러한 형태로 건설된 친위대가 칭기스
한에게 무엇을 의미했는지는 명확하다. 질자군(質子軍)으로서 천호장 이하
각 수령들을 견제할 수 있었을 뿐 아니라, 친위병들에게 특별한 지위와 의

미를 부여해 줌으로써 군주에 대한 개인적인 충성을 강화시켰던 것이다.[30]

이렇게 볼 때 1206년 천호제와 친위대를 골간으로 하여 '대몽고제국'의 기본구조는 고대 유목국가와는 근본적으로 다르다는 것이 분명히 드러난다. 즉, 천호제는 기존 부족구조의 해체·재편 위에서 세워진 것이고 칭기스한 개인과 밀접한 관계를 맺던 막우들이 주요한 직책을 담당하였고, 친위대는 그에게 그러한 조치가 유발할지도 모를 반발을 억압할 수 있는 군사력을 부여해 준 것이다. 그러나 이 때까지도 몽고제국의 경제적 기반은 여전히 유목적이었고, 우리가 야율아보기의 건국시기에 보았던 것과 같은 비유목적·농경적인 기반은 결여되어 있었다. 농경세계에 대한 칭기스한의 이해가 그와 같을 리도 없었을 것이다. 그런 점에서 칭기스한은 어디까지나 유목세계의 군주였고 그가 평생 수행한 전쟁 역시 기본적으로 유목적인 약탈전의 양상을 벗어나지 못하였다. 그러나 그의 권력기반은 재편된 부족구조와 탈부족적인 군사력에 뿌리내리고 있었기 때문에 고대 유목국가의 군주와는 같지 않았고, 그의 후계자들이 보여주듯이 그 속에 정복국가의 맹아를 안고 있었다고 할 수 있다. 그런 의미에서 칭기스한은 유목군주에서 정복군주로 이행하는 과도적인 선상에 위치해 있었던 것으로 파악하여도 좋으리라 생각한다.

III. 世界征服戰

13세기 몽고족의 세계정복전쟁은 우선 그 규모의 면에서 역사상 유례를 찾아보기 힘들 정도였다는 점에서 주목할 만하지만, 그것이 수 세대에 걸쳐 지속적이며 또한 성공적으로 수행되었다는 점에서도 흥미있는 연구의 대상이 될 수 있다. 주변 민족에 비해 문화적으로 결코 월등할 것이 없는, 아니 차라리 열등했다고 하는 것이 옳을 몽고유목민들[31]이 어떻게 해서 그처럼 놀라운 결과를 창출해 낼 수 있었을까. 기후의 변화와 같은 자연조건과는

---

30) Hsiao, 1978, pp. 34~38.
31) Grousset, 1970, p. 231은 몽고제국의 정복전이 다른 어느 유목민의 경우보다도 더 파괴적일 수 있었던 까닭이 바로 그들이 '훨씬 더 야만적'이었기 때문이었다고 단정했다.

아무 관련이 없는 것일까.[32] 혹은 전쟁지도자로서의 칭기스한의 천재적인
탁월함이나 기마유목군단의 군사적인 우위 때문이었을까.[33] 아니면 당시 주
변에 그들을 저지할 만한 강력한 국가가 없었기 때문일까.[34] 알렉산더나 티
무르 혹은 나폴레옹과 히틀러와 같은 정복자들이 건설한 제국은 그들의 죽
음과 함께 무너지거나 위축되고 말았는데, 어떻게 해서 몽고제국은 칭기스
한의 사후에도 존속하는 정도로 그친 것이 아니라 더욱 팽창할 수 있었을
까. 이러한 의문들에 대한 해답의 실마리는 결국 몽고족의 정복전쟁 과정을
검토한 뒤에야 얻을 수 있을 것이다.

1. 掠奪的 戰爭

주변지역에 대한 전쟁이 영토의 장악과 인민의 직접지배를 목적으로 하지
않았던 몽고제국 초기의 대외원정, 주로 칭기스한 생전에 행해진 원정은 기
본적으로 약탈전쟁으로 일관되었다. 약탈적 전쟁은 그 기본 목적이 무력에
의해 필요한 물자를 획득하고 상대방을 군사적으로 굴복시켜 자신들의 요구
에 순종하도록 하는 데에 있었기 때문에, 도시의 파괴와 인명의 살상의 규
모는 클 수밖에 없었고, 조직이나 규율의 면에서 과거 어느 유목군대보다도
뛰어났던 몽고군에 의해서 자행된 파괴는 극대화될 수밖에 없었다. 비록 그
를 계승한 외괴데이의 치세부터는 단순한 약탈전에서 영토지배를 위한 정복
전으로 양상이 바뀌면서 무절제한 파괴는 많이 줄어들었으나, 정주지대에
대한 유목민의 공격은 여전히 적지 않은 피해를 가져다 주었다.

몽고고원을 통일한 칭기스한의 기마군대로부터 최초의 공격을 받은 것이
탕구트인들이 건설한 서하(西夏)였다. 이미 1205년과 1207년 몽고족의 부분
적인 공격은 있었으나 본격적인 원정이 감행된 것은 1209년이었고, 그것은
칭기스한이 금에 대한 공격을 시작하기 전에 측면으로부터의 위협을 제거할
목적으로 수행되었다. 그 결과 서하측의 항복을 얻어내는 데 성공하였다.

---

32) 기후변화→초목지의 부족→외부로의 팽창이라는 관점에 선 연구로는 Jenkins(1974)
   ; Brentjes(1986) 등이 있다.
33) 이러한 측면에 대한 강조는 Saunders, 1971, pp. 63~68 ; Martin, 1950/1977, pp. 1~
   47, 309~325에 잘 보이고 있다.
34) 예를 들어 Bartol'd, 1968, p. 127.

1226년에 감행된 칭기스한의 마지막 원정 역시 서하에 대한 것이었는데, 그 목적은 몽고족의 서방원정시 물자와 병력의 조달을 거부한 데 대해 응징하기 위해서였다. 결국 그는 이 원정을 마치지 못하고 1227년 도중에 병사하였으나 그 해 몽고군은 서하의 수도 중흥부(中興府)를 함락하고 황제를 처형함으로써 200년 이상 존속했던 서하왕조에 종지부를 찍었다. 그가 이처럼 스스로 군대를 직접 지휘하거나 혹은 원정군을 보내 서하를 굴복시키려 한 것은 전략적인 계산이나 정치적인 보복 이외에도 동서교통로의 요지인 서하지역을 자신의 영향권 안에 두기 위한 고려도 있었던 것으로 보인다.[35]

이처럼 칭기스한의 대외원정은 서하에서 시작하여 서하로 끝났지만, 그의 가장 중요한 상대는 금조였고 금에 대한 원정은 선조인 후툴라한 이래 몽고족에게 숙원의 명제였다. 그는 일단 서하를 제압한 뒤 1211년 몽고군을 삼분하여 좌익군은 무할리와 동생들에게 지휘를 맡기고 우익군은 보오르추와 아들들에게 위임하고, 중군은 자신과 막내아들 톨루이 그리고 명장 제베와 쉬베데이가 맡았다. 이렇게 해서 좌익은 산동을, 우익은 하북을, 그리고 중군은 산서를 거쳐 금국으로 쇄도해 들어갔다. 중도(中都)에서 고립무원에 빠진 금의 황제는 무조건 항복하고, 칭기스한은 물자와 공주를 보내겠다는 약속을 받은 뒤 1214년 귀환하였다. 그러나 몽고군이 철수한 뒤 안위에 위협을 느낀 금 조정은 그 해에 황하 이남의 변경(汴京)으로 수도를 옮겼고(貞祐의 南遷), 이를 배신행위라고 간주한 칭기스한은 다음 해 다시 군사를 몰아 1215년 중도를 함락하고 황하 이남지역에 대한 공격을 감행하였다.[36]

바로 이때 중앙아시아의 조그만 도시 오트라르에서 터진 불의의 사건으로 몽고군의 예봉은 서방으로 돌려지게 되었다. 당시 중앙아시아와 이란지역은 호레즘(Khorezm < Khwārazm)이라는 왕조의 지배하에 있었고, 칭기스한은 서방과의 교역을 위해 사신단을 파견했었는데, 그들이 귀환하던 도중 시르 다리야 하반의 오트라르에서 몰살된 것이다. 현재 이들을 살해한 것이 국왕이던 호레즘 샤였는지 아니면 오트라르의 성장이었는지 분명치 않고 왜 그런 행동을 했는지도 알 수는 없지만, 칭기스한의 분노를 사기에는 충분하였다. 그는 즉시 무할리에게 2만 여 명의 군사만 주어 벌금작전을 계속하도

---

35) Kuchera, 1977, pp. 265~266.
36) 칭기스한의 伐金작전에 대한 가장 상세한 연구로는 Martin, 1950, 1977이 있다.

록 하는 한편, 다른 모든 군사를 모아 서방원정을 결행하게 된 것이다. [37)

1219년에 시작되어 1223년에 끝난 이 서방원정은 유목전술의 극치를 이룬 것으로 평가받고 있다. 파미르고원에서부터 서투르키스탄, 이란, 서북인도, 아제르바이잔, 남러시아에 걸친 광범위한 지역을 전장으로 하면서도 군대의 분할과 합류가 한치의 오차도 없이 수행될 수 있었던 것은 당시의 지리지식으로는 매우 놀라운 것이라 아니 할 수 없다. 그는 오트라르에 도착한 뒤 우익군은 분할하여, 장자 조치가 이끄는 군대는 시르 다리야를 따라 내려가 호레즘의 심장인 우르겐치를 공략케 하고, 차가다이와 외괴데이는 오트라르에 남겨두어 포위를 계속토록 하였다. 자신이 지휘하는 중군은 부하라·사마르칸드 등 주요 도시들을 하나씩 함락하면서 내려갔다. 그리고 그는 다시 중군을 나누어 제베와 쉬베데이로 하여금 도망간 호레즘 샤 무함마드를 추격토록 하였고, 자신은 아무 다리야를 건너 메르브·니샤푸르·발흐·헤라트·티르미드 등의 도시를 점령한 뒤 샤의 아들인 잘랄 웃 딘을 쫓아 인더스강까지 왔으나 놓치고 말았다. [38) 그러나 제베의 추격을 받던 호레즘 샤는 카스피해의 작은 섬에서 죽음을 당하고 말았고, 몽고군은 코카사스산맥을 넘어 남러시아 초원으로 들어가서 칼카하반에서 러시아군을 격파하였다. 전 몽고원정군은 1233년 다시 오트라르에 집결하여 몽고로 귀환하였다. [39)

이처럼 서하·북중국·중앙아시아·이란 등지에서 행해진 칭기스한의 약탈전은 어떠한 결과를 가져왔는가. 무엇보다도 먼저 도시의 파괴와 인구의 감소를 들 수 있다. 몽고군들이 도시를 점령한 뒤 했던 행위에서 일정한 패턴을 발견할 수 있는데, 그것은 우선 약탈을 하고 주민들을 모두 성 밖으로 끌어내 자기들이 필요로 하는 사람들, 예를 들어 기술을 갖고 있는 수공업자나 다른 도시를 공격할 때 이용할 청년들 혹은 젊은 여자들을 제외하고는 모두 죽여 버리고, 성 안에 있는 집들을 불지르고 성벽은 허물어뜨리는 것이었다.

《세계정복자의 역사》를 저술한 당시의 무슬림사가 주베이니(Juvaynī)는

---

37) Bartol'd, 1968, p. 129 ; Barthold, 1928/1977, pp. 393~400.
38) D'ohsson/佐口透, vol. 1(1834~5/1968), pp. 189~280.
39) Cherepin, 1977, pp. 186~190.

262

부하라가 몽고군에 의해 점령되어 그 주민이 몰살되었음을 전하면서 다음과 같은 일화를 기록하고 있다. "그때 부하라가 점령된 뒤 한 사람이 도망쳐 나와 후라산으로 왔다. 그 도시의 운명에 대해 질문을 받고 그는 '그들은 와서 공격하고 불지르고 도륙하고 약탈한 뒤 떠나갔다'고 대답하였다. 이 설명을 들은 사람들 가운데 문자속이 있는 이들은 이 말보다 더 간명한 말이 페르시아어에는 없다는 데 공감하였다. 사실 이 장에서 기록된 모든 것들은 이 몇 마디 말로 요약될 수 있다."[40]

우리는 이와 같은 예를 칭기스한의 공격을 받은 어느 지역에서도 쉽게 발견할 수 있다. 1213년 가을 북중국을 침입한 그의 몽고군은 양하(兩河)·산동(山東)지역의 수천 리에서 인민을 살육하여 거의 없애고 금백(金帛)과 자녀(子女)·우양마축(牛羊馬畜)을 모두 거두어 돌아갔다. 가옥은 모두 불타버리고 성곽은 폐허가 되어버렸다. 1207년 금조 치하에 있던 인구가 약 768만 호이던 것이 1230년대 외괴데이시대에 행해진 호구조사 결과 100여 만 호로 격감하였다.[41]

이러한 현상은 중앙아시아에서도 마찬가지였다. 그는 부하라를 점령한 뒤 성내의 가옥을 모두 불지르고 성벽을 무너뜨렸으며, 사마르칸드에서는 밤중에도 "횃불을 밝히면서 작업을 계속하여 성벽을 완전히 허물어 땅과 같이 만들어서 마행(馬行)이건 보행(步行)이건 어디에서나 걸리지 않도록 하였다."[42] 우르겐치 함락시에는 수공(水攻)으로 도시 전체가 물에 잠기고 아랄해로 들어가던 아무 다리야의 하도가 바뀌어 카스피해로 주입되게 되었다.[43] 인명의 살상도 그 극에 달해 무슬림사가들의 추산에 의하면 메르브가 함락된 뒤 70~130만 명이 도륙되었으며, 니샤푸르에서는 170만, 헤라트에서는 160~240만 명이 죽었다고 한다. 물론 이러한 수치는 파괴의 정도를 강조하기 위해 생겨난 과장이기 때문에 우리가 그대로 믿어야 할 필요는 없지만, 엄청난 살육이 자행된 것만은 사실이다.[44]

그러면 몽고군은 왜 이렇게 잔인한 방법을 사용했을까. 직접적으로 지배

---

40) Juvayni/Boyle, 1958, vol. 1, p. 107.
41) 《元朝史》上, 1986, pp. 234~235.
42) Juvayni/Boyle, 1958, vol. 1, p. 120.
43) Le Strange, 1903.
44) Petrushevskii, 1968, p. 485.

해야 할 필요가 없기 때문이라는 점은 이미 위에서도 언급한 바이지만, 그
외에도 문화적·전략적인 측면도 고려해야 할 것이다. 즉, 그들은 지력(地
力)에만 의존하여 토지에 얽매어 사는 농민들을 풀을 뜯어먹고 사는 가축이
나 다를 바 없는 존재로 보았기 때문에, 대량의 인명을 살상하는 행위에 대
해 하등 마음의 갈등을 느끼지 않았을는지도 모른다. "(몽고)군대는 마치 매
들이 비둘기떼를 덮치듯, 혹은 한 무리의 사슴을 쫓는 사람들처럼 그들을
뒤에서부터 공격하였다"는 한 사가의 표현이 반드시 의미 없는 비유만은 아
니었던 것이다. 정주지역의 인간생명이나 문화에 대한 무관심과 경멸을 전
제하지 않는다면 그같은 대규모적인 파괴와 살상을 저지를 수는 없었겠지
만, 뒷날 저항과 보복의 근원을 제거하기 위한 전략적인 계산도 그러한 파
괴의 중요한 원인이 되었다. 칭기스한이 타타르부를 정복한 뒤 수레바퀴보
다 키가 큰 사람은 모두 몰살시켰다는 기록이 말해주듯이, 정주민의 몰살은
저항세력이 재집결되는 것을 막기 위한 것이었다. 그런 점에서 유목군대가
도시를 점령하는 데 커다란 장애가 되었던 성곽을 파괴하는 것은 필수적이
었다고 할 수 있다. 이외에도 살육과 파괴가 아직 정복되지 않은 인근 도시
주민들에게 공포를 불러일으켜 자발적으로 항복하도록 하는 일종의 심리전
의 효과도 노렸던 것으로 보인다.[45]

2. 征服戰으로의 轉換

칭기스한 사후 그의 뒤를 이어 1229년 한이 된 외괴데이, 그리고 그를 계
승한 귀육과 뭉케의 치세에도 대외원정은 계속되었으나, 그 양상은 종래 단
순한 약탈적 성격에서 정복지에 대한 직접적인 지배와 적극적인 관리를 목
적으로 한 정복전으로 바뀌어갔고, 그에 따라 무절제한 파괴와 약탈은 현저
하게 감소되었다. 그러나 그것은 파괴의 정도가 완화되었음을 의미하는 것
이지 결코 정주지대에 대한 피해가 완전히 사라진 것은 아니었다. 이러한
변화는 칭기스한의 치세에도 부분적으로 나타났었다. 즉, 1214년 금실이 남
천한 뒤 중도(中都)를 점령한 그는 정치적 권력의 공백이 생긴 황하 이북지
역을 어떠한 형태로든가 관리하지 않으면 안되었고, 중앙아시아 출신의 무

---

45) Saunders, 1971, p. 65 ; Hodgson, vol. 2, 1974, pp. 288~291.

슬림인 차파르 호자를 "황하이북철문이남천하도달로화적(黃河以北鐵門以南天下都達魯花赤)"으로 임명하였던 것이다. 이것이 사료상 '다루가치(darugha-chi)'에 대한 최초의 기록으로서 칭기스한시대의 다루가치는 군정과 민정을 모두 통할하며 정복지의 질서유지와 반란의 방지를 그 기본적인 직무로 하였던 것으로 보인다.[46] 1217년 칭기스한이 서방원정을 떠나면서 북중국 경략을 위임했던 '국왕(國王; Gui Ong)' 무할리의 군사작전도 종전과는 달리 파괴보다는 초무에 보다 많은 관심을 보여주었다. 당시 금 조정은 몽고군들이 "과거에 추래춘거(秋來春去)하였는데, 지금은 한여름인데도 돌아가지 않고 있을 뿐만 아니라 살육하는 것도 즐기지 않고 백성들이 농사짓는 것을 돕고 있다"는 보고를 접하였다고 한다.

칭기스한 말기에 부분적으로 보이기 시작한 정복전적인 양상은 외괴데이와 뭉케의 시대가 되면 더욱 분명해지게 되었다. 우선 이들에 의해 추진된 정복전을 간단히 살펴보도록 하자.[47] 외괴데이는 1231년 금국에 대한 원정을 결의하고 섬서와 하남 등지를 공략한 뒤, 1233년에는 개봉을 함락함으로써 금조를 무너뜨리고 뒤이어 남송과도 전쟁을 시작하였다. 동시에 그는 3만 명의 군대를 서아시아로 보내 호레즘의 샤 무함마드의 아들로서 중앙아시아에서 반몽고세력을 다시 규합하여 이란·이라크·아제르바이잔 등지를 장악한 잘랄 웃 딘을 제거하고 그 지역에 대한 지배권을 확립하였다. 주지하다시피 고려에 대한 침공도 바로 그의 치세에 시작되었다.

그러나 외괴데이 치세에서 최대의 원정은 역시 1236년부터 시작된 러시아원정을 꼽아야 할 것이다. 조치의 아들 바투를 총사령관으로 하고 역전의 노장 쉐베데이도 동참한 15만 명의 몽고군은 볼가강가의 불가르족을 격파하고 남러시아 초원의 유목민인 킵착크족을 항복시킨 뒤 1240년에는 당시 러시아 최대의 도시인 키에브를 잿더미로 만들었다. 러시아의 다른 도시들을 하나씩 점령한 몽고군은 1241년초 얼어 붙은 비스툴라강을 건너 폴란드군을 격파한 뒤 크라코우시로 진격하였고 폴란드왕은 도주해 버렸다. 그 해 4월 왈쉬타트(Wahlstatt)의 전투에서 3만 명의 튜톤기사단을 전멸시켜 버리고 헝

46) Endicott-West, 1989, pp. 26~29.
47) 이에 대해서는 Vernadsky, 1953, pp. 45~58; Kwanten/宋基中, 1979/1984, pp. 209~224를 참조하시오.

가리로 밀려 들어갔다. 헝가리의 왕 벨라 4세는 군사를 규합하여 저항을 시도했지만 참패를 면치 못하고 그 역시 도망하지 않으면 안되었다. 이처럼 동유럽 각지를 유린하던 몽고군은 외괴데이의 사망과 함께 작전을 중단하고 킵착크초원으로 철수하였는데, 1236~1242년의 원정으로 러시아는 몽고제국의 지배 안에 편입되게 되었다.

외괴데이의 뒤를 이은 그의 아들 귀육의 치세는 매우 짧았기 때문에 대외원정에서 이렇다 할 성과가 없었지만, 그 다음의 뭉케는 제국 영토를 최대로 확장하는 데 성공하였다. 그의 즉위로 군주의 자리는 외괴데이 가문에서 톨루이 가문으로 옮겨오게 되었는데, 그는 톨루이가의 영향력을 확대시키기 위해 그의 동생들을 최고 책임자로 하는 대외원정을 지시하였다. 즉, 1253년 오난강가에서 열린 후릴타이에서 동생 후빌라이를 막남한지대총독(漠南漢地大總督)으로 임명하여 남송과의 전투를 계속시키는 한편, 또 다른 동생 휠레귀에게는 서아시아의 완전한 병합을 위한 원정을 하도록 결정하였다. 휠레귀는 엘부르즈산맥에 근거를 둔 시어파에 속하는 이스마일리, 즉 '암살자단'을 소탕하고 1258년에는 바그다드를 함락하여 칼리프조에 종지부를 찍었다. 몽고군은 계속 서진하여 레반트지역을 유린하였으나, 1260년 나자렛 근처의 아인 잘루트 전투에서 마믈룩 군대에게 패하였다. 이는 몽고군이 경험한 최초의 패배로서, 전투의 결과가 반드시 양측의 군사적 우열에 기인했던 것은 아니지만, 1259년 뭉케의 죽음과 함께 몽고제국의 분열과 팽창의 중지라는 중요한 의미를 갖는 사건이었다.[48] 물론 후빌라이 때에 남송을 멸하고 동남아로의 정복이 계속된 것은 사실이지만, 그것은 다른 지역에 있는 몽고제국의 계승국가들과의 긴밀한 협조 아래 수행된 것이 아니라 원조의 독자적인 전쟁이라는 성격이 강하므로 여기서 언급할 성질은 아니다.

외괴데이와 뭉케 치세의 정복전쟁이 갖는 가장 중요한 특징은 기존 정주국가와 왕조의 붕괴나 속령화를 결과케 하였다는 점이다. 칭기스한의 대외원정의 대상이 된 서하와 금조는 몽고군에 대해 항복한 것일 뿐 왕조 자체가 무너진 것은 아니었다. 호레즘의 국왕 샤 무함마드에 대해서는 오트라르 사건에 대한 보복으로 끝까지 추격하여 그 종말을 보게 하였지만, 정복지에

---

48) Smith, 1984.

대한 적극적인 지배의지가 없었기 때문에 죽은 왕의 아들 잘랄 웃 딘에 의해 국가가 재건되었던 것이다. 그것은 북중국에 대해서도 마찬가지였다. 칭기스한이 중도를 점령한 뒤 차파르 호자를 '도달로화적(都達魯花赤; yeke darughachi)'으로 임명한 것도 역시 남천한 금조를 굴복시키는 데 후방의 안무가 필요하였기 때문에 취했던 조치였지 점령지에 대한 직접적이고 적극적인 지배의지의 표현은 아니었다고 본다.

그러나 외괴데이가 보낸 원정군은 금을 멸망시켰고 곧 이어 남송에 대해서도 개전하였으며, 잘랄 웃 딘의 호레즘조에 마지막 종지부를 찍었고, 러시아의 키에프공국을 그 속령으로 만들었다. 뭉케는 휠레귀를 서아시아로 보내 악명 높은 '암살자단'을 소탕한 뒤, 칼리프조를 무너뜨리고 그루지아·아르메니아·모술 등지의 군소왕국 그리고 아나톨리아의 셀죽크조를 속령화하였다. 이는 종래 정주국가를 군사적으로 공격·위협하여 필요한 물자를 획득하는 것과는 전혀 다른 양상이고, 따라서 파괴와 살육 그 자체가 목적을 성취하기 위한 중요 수단이 되었던 약탈전과는 달리, 적의 근거지는 철저히 파괴하되 폭력의 무분별한 사용은 절제하는 형태로 바뀔 수밖에 없었다.

예를 들어 라시드 웃 딘에 의하면 외괴데이는 "방방곡곡에 사자들을 보내 어느 누구도 다른 사람을 괴롭혀서는 안되고 강한 자는 그의 힘을 약한 자를 괴롭히는 데 사용하거나 마땅히 받아야 할 공납 이상의 것을 요구해서도 안되며 가학하게 행동해서도 안된다는 명령을 전달하였다"고 한다.[49] 또한 뭉케가 원정을 떠나는 휠레귀를 불러서 "농경민을 보호하고 그들이 부당한 학대나 괴롭힘을 당하지 않도록 하고 황폐화된 지방을 사람이 살 만한 상태로 복구하는 데 각별히 신경을 쓰라"고 당부한 것이나, 하북의 형주를 복구하고 재건하기 위한 조치를 건의한 후빌라이와 유병충(劉秉忠)의 제안을 받아들여 작업을 추진할 관료를 임명한 사례들은 그 좋은 증거라고 할 수 있다. 이러한 상황은 중앙아시아에서도 마찬가지였다. 칭기스한의 원정으로 커다란 타격을 받았던 부하라와 사마르칸드에 대한 복구작업이 꾸준히 이루어져 13세기 중반경이면 이 도시들의 번영과 안정이 몽고침입 이전의 수준을 어

---

49) Rashid/Boyle, 1971, p. 56.

느 정도 회복하고 있음을 보여주는 사료들을 쉽게 찾을 수 있다.[50]

이러한 재건의 노력들은 결국 직접적 지배를 지향했기 때문에 비롯된 것이고, 이를 위해 구체적으로 어떠한 정책을 실시하였고 어떠한 지배체제를 건설하였는가 하는 문제는 다음 장에서 설명하겠지만, 여기서 우리가 한 가지 짚고 넘어가야 할 문제는 이같은 변화가 일어나게 된 요인은 어디에 있는가 하는 점인데, 이는 두 가지 각도에서 이해될 수 있으리라고 본다. 하나는 종래 약탈과 화친이라는 정주국가에 대한 유목국가의 대응방식이 적용될 수 없는 정치적 상황의 발생이고, 다른 하나는 정복전쟁으로의 전환을 부추기고 그 이념을 제공하여 준 '문화적 중개자들(cultural middlemen)'[51]의 역할이다.

여진족이 건설한 금조는 전통적인 한인왕조와는 달리 유목민들의 생태와 유목국가의 강점·약점을 잘 알고 있었기 때문에 몽고초원의 여러 부족에 대한 적극적인 초무책과 이이제이의 외교책을 병용하여 오랫동안 유목민을 분열시키고 강력한 유목국가의 출현을 저지하였고, 변방의 약탈에도 불구하고 유목민들의 요구에 응하지 않았다. 칭기스한의 거센 공격에 굴복하여 1214년 중도의 성하에서 맹약을 맺기는 하였지만 금 조정은 이를 이행하기는커녕 황하 이남으로 수도를 옮겨 본격적인 전쟁준비에 돌입한 것이다. 그결과 황하 이북은 일부 잔류한 금측 군지휘관의 저항과 한인세후(漢人世侯)들의 무장자위 집단의 노력에도 불구하고 거의 무정부 상태에 빠지게 되었고, 이 지역에서 곧 군사적인 우위를 점하게 된 몽고군은 어떠한 형태로든 자신들의 손으로 수탈체제를 건설하지 않으면 안되었다.[52]

이는 중앙아시아와 서아시아에서도 마찬가지였다. 호레즘은 샤 무함마드의 죽음과 함께 일단 붕괴되었으나, 그의 아들 잘랄 웃 딘이 다시 무리를 규합하고 지배권을 회복한 뒤에도 몽고제국에 대해 복속하지 않고 집요한 항전을 계속하였다. 그러나 몽고원정군이 그를 제거하고 나자 이 지역에는 정주민들로부터 조세를 받아 몽고측이 필요로 하는 물자를 공급해 줄 만한 국가가 존재하지 않게 되었기 때문에 자신들이 직접 나서 물자를 받아낼 수밖

---

50) Allsen, 1987, p. 82, pp. 88~90.
51) Rachewiltz, 1973, p. 31.
52) Barfield, 1989.

에 없는 상황이 된 것이다.

그러나 초원생활에만 익숙해 있던 몽고인들이 복잡한 조세체계에 의해 운영되던 물자수취를 직접 담당한다는 것은 현실적으로 불가능에 가까운 일이었고, 이를 대행해 주는 '중개자들'을 이용할 수밖에 없었던 것이다. 이들 가운데 가장 대표적인 것이 일찍부터 몽고인들과 손을 잡고 국제무역에 큰 역할을 했던 중앙아시아의 투르크인들과 무슬림들이었다. 이들은 이미 칭기스한 통일 이전부터 몽고초원에서 활동하였고, 위에서도 언급하였듯이 그가 북중국에서 최초의 다루가치로 임명한 차파르 호자도 그 이름이 말해 주듯 중앙아시아 출신의 무슬림인 것으로 보인다.[53] 이들의 활동은 외괴데이 치세부터 더욱 활발해져 중앙아시아의 정복지 관리에 위임된 마흐무드 얄라바치와 그의 아들 마수드 벡, 북중국에서의 재정을 총괄하였던 압둘 라흐만 등이 그러했다.[54] 이외에 야율초재(耶律楚材)와 같은 금조 치하의 거란인[55]이나 서하인들[56]도 많은 역할을 하였다. 이들은 모두 몽고인들에게 정주지대에 대한 정복과 지배가 가능한 것일 뿐만 아니라 그것이 단순한 약탈보다 훨씬 더 많은 대가를 가져다 주는 것임을 인식시켜 주었다.

몽고인의 지배영역이 이처럼 초원세계에서 정주세계로 확대되면서 이같은 현실적인 변화와 상응하는 이념적인 변화가 수반되었으니, 그것이 바로 사해(四海)를 지배하는 보편군주의 이념이 확립되게 된 것이다. 칭기스한 역시 '영원한 하늘(möngke tenggri)'의 축복과 소명을 의식했으며 이념적으로 그 자신의 지배에 지리적인 제한을 두었다고 볼 만한 자료는 보이지 않는다. 그리고 유목군주의 지배에 이러한 방식으로 정통성을 부여했던 것은 과거의 유목세계에서도 흔히 보아왔던 일이다. 그러나 처음에 호레즘과 접촉을 시도했을 때 그가 중앙아시아를 정복하고 군림하는 군주로서보다는 평화

---

53) 순수한 몽고인명에도 '두드리다' 혹은 '말을 달리다'를 의미하는 chap-라는 말에서 나온 Chapar 라는 것이 있기는 하지만, 여기서는 아랍식 이름으로 이를 정식으로 표기하면 Ja'far Khwaja 가 된다. Cf. Pelliot, 1949, pp. 183~184. 몽고제국과 元代에서 이슬람교도들의 活動에 대해서는 高柄翊(1949/1970)의 선구적인 연구가 있다.

54) Rossabi, 1981 ; Rachewiltz, 1983 참조.

55) Rachewiltz, 1962 ; 余大鈞, 1984.

56) Franke, 1981. 비록 뒷시기이기는 하지만 이러한 非漢非蒙의 이민족 출신자들이 원조의 관인으로 기용되어 중국통치에 어떠한 역할을 하였는가에 관해서는 우리나라에서도 주채혁(1986)의 상세한 연구가 있다.

적인 교역과 외교를 희망했었다는 바르똘드의 지적[57]처럼, 그는 초원세계의
군주라는 한계를 기본적으로 벗어나지 못하였다. '하안(qa'an)'이라는 칭호
로 불리웠던 그의 후계자들과는 달리 그는 군주의 정식 칭호로서 '한(qan)'
이상을 취하지 않았다는 사실도 이를 방증한다. 즉 한은 유목세계의 군주로
서 복수형(qad)이 있을 수 있지만, 하안은 유일무이한 최고의 지배자를 지칭
하며 따라서 단지 단수형으로만 존재할 뿐이라는 지적[58]도 음미할 만하다.

칭기스한의 계승자들이 교황이라든가 프랑스의 왕과 같은 서방의 지도자
들에게 보낸 외교문서들은 몽고제국의 군주들이 더 이상 자신들과 '동등한
지위'의 군주를 인정하지 않고 있음을 잘 보여주고 있다. 이 문서들을 면밀
하게 분석한 한 학자는 "몽고제국은 그들 자신의 관점에 의하면 이 세상에
서 다른 국가들 가운데 하나가 아니라 '태동하고 있는 세계제국(imperium
mundi in statu nascendi)'이었고, (여러 다른) 지역과 군주들 그리고 민족들이
비록 '실질적으로(de facto)' 몽고인들의 군사적·재정적 행정의 영향권 바
깥에 있을지는 모르지만, 그들은 '법적으로(de jure)' 그리고 잠재적으로 태
동하고 있는 제국의 일원이었던 것이다"라고 결론짓고 있다.[59]

이상에서 몽고초원을 통일한 칭기스한이 수행한 대부분의 대외원정은 과
거 유목국가의 전통이 보여주듯이 약탈적 성격을 강하게 띠었으나, 정치적
상황의 변화와 중앙아시아를 비롯한 기타정주민들의 영향을 통해 그의 계승
자들은 정주국가의 붕괴를 지향하고 세계지배를 꿈꾸는 정복전쟁으로 전환
하게 되었고, 이와 함께 군주권의 이념도 변화되었음을 설명하였다. 이러한
변화는 정복지에 대한 통치정책에서도 반영되고 있으니, 이제 이 문제에 대
해 간단히 살펴보도록 하자.

Ⅳ. 蒙古帝國의 統治構造

몽고제국은 기본적으로 초원지대와 농경지대라는 두 가지 상이한 지역으

---

57) Barthold, 1928/1977, pp. 395~398.
58) Krader, 1955, pp. 30~31.
59) Voegelin, 1940~1941, p. 404. 이외에 몽고군주들의 칙령에 관한 분석으로는 Kot-
    wicz, 1934 ; Cleaves, 1979 ; Grigor'ev, 1978 참조.

로 구성되어 있었고, 후자에는 북중국을 비롯하여 중앙아시아의 오아시스 지대와 서아시아·코카사스·러시아 등지가 포함되어 있었다. 우리가 이러한 몽고제국의 통치구조를 균형 있게 파악하기 위해서는 제국을 구성하는 두 지역을 모두 대상으로 해야 하겠지만, 초원지역 특히 몽고고원의 유목민들은 어떠한 생활을 하고 있었고 이들에 대한 제국의 통치구조는 어떠하였는가 하는 측면에 대한 연구가 현재 전무한 실정이기 때문에,[60] 이 문제에 대해서는 구체적인 언급을 하기 힘든 실정이다.

그러나 농경지대에 대한 지배구조에 대해서는 문헌자료도 많이 남아 있거니와 이미 상당한 연구도 축적되어 있어 어느 정도 그 윤곽을 파악할 수 있다. 여기서는 주로 북중국에 대한 수탈체제를 살펴보되 다른 지역에 대해서도 간단히 언급하고자 한다. 그것은 서아시아·중앙아시아·러시아 등지에서 몽고제국의 지배구조가 서로 다른 점도 보여주지만, 동일한 집단에 의해 건설된 것인 만큼 상당한 유사성이 있을 뿐만 아니라, 어떻게 보면 전체적인 이해를 전제하지 않고 개별적인 특수성만을 강조하는 것이 몽고제국사 연구의 경우에서는 무의미할지도 모르기 때문이다.[61]

몽고제국이 정주지대를 지배하는 데 가장 기본적인 특징은 수탈구조에서 찾을 수 있는데, 그 까닭은 몽고제국이 정복국가였기 때문이었다. 그런데 이미 앞에서도 언급하였다시피, 칭기스한 생전에는 정주지역을 직접 정복·지배하려는 적극적인 기도가 없었기 때문에 그 곳으로부터의 인력과 물자의 수탈도 자의적인 성격이 강하였다. 그러나 약탈전쟁이 정복전쟁으로 전환되는 외괴데이 치세부터 이러한 양상은 바뀌기 시작하였고, 뭉케시대에는 수탈체제의 완성을 보게 되었다. 여기서는 후빌라이의 즉위에서 비롯된 제국의 분열 이전 시기에 완성된 수탈체제의 특징을 살펴보기로 하겠다.

1. 征服地 收奪體制의 整備

외괴데이는 즉위 직후 칭기스한이 내린 모든 칙령(jasaq)에 어떠한 수정도 가하지 않도록 하여 자기 아버지의 충실한 계승자임을 자임하였으나, 실제

60) 원대의 몽고에 관해서는 약간의 연구가 있다. Dalai, 1983 ; Munkuev, 1977 참조.
61) 최근 Allsen(1987)은 바로 이러한 입장에서 뭉케시대의 몽고제국사를 연구하여 훌륭한 성과를 거두었다.

로 그가 취한 제반 정책은 칭기스한의 경우와는 상당한 거리를 나타내었다. 카라코룸[和林] 주위에 성을 쌓아 몽고제국의 수도이자 거대한 초원도시를 건설한 것이라든가,[62] 그 주변에 농작물을 심도록 하여 추운 기후로 인해 시행착오가 있기는 하였으나 결국 많은 수확을 거둔 것과 같은 사례는 분명히 전에 없던 새로운 현상이었다.[63] 이같은 변화는 정주지역에 대한 그의 정책에서 가장 두드러지게 나타났다.

"태종 원년(太宗元年) 기축(己丑) 추팔월(秋八月), 하북한민(河北漢民)에게 명하여 호(戶)를 단위로 계산하여 부조(賦調)를 납부하되 이를 야율초재(耶律楚材)가 주관토록 하고, 서역인(西域人)은 정(丁)을 단위로 계산하여 부조를 납부하되 마흐무드 호라즈미(麻合沒的滑剌西迷<Mahmūd Khwārazmī)가 주관토록 하였다"는 《원사》 〈태종기〉의 기사가 말해주듯, 외괴데이는 즉위 즉시 북중국에 대해 호세(戶稅)를 원칙으로 하는 세제를 확립하였다. 이때 야율초재가 한인들로부터 수취하여 몽고군주에게 교부한 '부조'는 은(銀) 50만 량, 견(絹) 8만 필, 조(粟) 40만 석이었다. 그리고 징수를 체계적으로 하기 위해 1230년에는 연경(燕京) 등지에 십로징수과세소(十路徵收課稅所)를 설치하고, 각로(各路)에 징수를 담당하는 관리를 중앙에서 직접 파견하고 지방에 주둔하는 몽고왕공들의 통제를 받지 않도록 하였다. 이 조치는 종래 자의적으로 인력과 물자를 착취하던 방식을 지양하고 보다 정비된 수탈체제를 건설하여 양적인 극대화를 꾀하는 것인 동시에, 정복지에 주둔하고 있던 유목귀족들의 독자적인 물적 기반을 약화시켜 중앙집권화를 도모하려는 의지의 표현이기도 하였다.

그러나 효율적인 징수를 위해서는 결국 호구파악을 실시하지 않으면 안되었고, 1233년 중원지역에 대한 호구조사를 지시하여 72만여 호를 확인하고(癸巳年籍), 1234년에 금이 멸망하고 남천했던 많은 사람들이 다시 하북으로 귀환하자 이에 대한 재조사를 실시하여 신호(新戶) 111만여 호를 파악하였다(乙未年籍).[64] 외괴데이는 이러한 호구조사와 야율초재의 제의에 기초하여

---

62) Grousset, 1970, p. 256 ; 佐口透, 1970, pp. 296~314.
63) Rashid/Boyle, 1971, p. 82, 89.
64) 여기서 '新戶'라는 것이 1233에 조사된 72만호를 포함하는 것인지 아니면 그와는 별도로 새로이 파악된 인구인지에 대해서는 논란이 있다. 愛宕松男, 1974 ; 池內功, 1982 ; 松田孝一, 1985 참조.

병신년(丙申年 ; 1236) 신세제를 실행에 옮기기로 결정하여, 한지의 민호들은 기본적으로 세량(稅糧)과 과차(科差) 그리고 잡세(雜稅)의 세 가지를 부담하도록 되었다. 우선 여태까지 아무런 구분이 없던 세량(과거의 粟 40만 석분)을 정세(丁稅)와 지세(地稅)로 양분하여 둘 가운데 많은 것 하나를 택일하여 물도록 되었고, 과차 역시 사료(絲料 ; 과거의 견 8만 필분)와 포은(包銀 ; 과거의 은 50만 량분)으로 나뉘어졌지만 이 경우는 두 가지 모두 납부하도록 되었다. 이렇게 해서 확립된 신세제의 특징의 한 가지는 종래 빈호와 부호를 묶어서 하나의 담세호(擔稅戶)로 하였던 병신년 이전의 소위 '합호제(合戶制)'에서 이를 분리시켜 개별호를 납세의 단위로 한 '단호제(單戶制)'로의 이행이었고, 또 한 가지는 재산상의 차이를 무시한 '균등세(均等稅)'에서 토지의 우열을 고려에 넣은 '차등세(差等稅)'로의 전환이었다.[65]

이렇게 해서 외괴데이 치세에 야율초재의 노력에 의해 정비된 세제가 상당히 중국적인 외형을 보이게 되기는 하였지만, 그 이면에 역시 유목적인 이념이 강하게 흐르고 있음을 외면할 수 없다. 그 가장 현저한 예가 오호사제(五戶絲制)의 실시이다. 외괴데이는 2차에 걸친 호구조사 결과 파악된 한인호 가운데 76만여 호를 몽고귀족들에게 투하호(投下戶)로 분봉해 주었다. '투하(投下)'란 일종의 식읍(食邑)으로서 "공로에 대한 보상을 해주다"라는 것을 의미하는 '토키아(tokiya-)'라는 몽고어에서 비롯되었다는 주장이 있는데, 이는 제왕(諸王) · 공주(公主) · 부마(駙馬) · 공신(功臣)들에게 토지와 인민을 사여하는 행위를 가리키는 것으로,[66] 최근의 연구는 1236년의 분토분민이 본질적으로 몽고지배층이 보유한민에 대해 체계적인 재정리를 단행한 것이며, 분민의 숫자가 제후들이 당시 보유하고 있던 군사의 숫자와 비례한다는 사실을 밝힌 바 있다.[67] 여기에 속한 투하호는 5호가 한 단위(즉 五戶絲戶)가 되어 사(絲) 1근(斤)을 투하영주에게 납부하여야 했다. 물론 황제의 대관(代官)이 징세업무를 관장하였고 투하호 역시 2호가 한 단위가 되어 황제에게도 사 1근을 내도록 된 것은 이들에 대한 지배권을 군주가 방기하지

65) 愛宕松男, 1965, pp. 1~38.
66) 安部健夫, 1938/1972, pp. 233~251. 이외에도 투하에 관한 연구로 小林高四郎, 1939/1983 ; 周良宵, 1983 ; 岩村忍, 1968, pp. 401~470 참조.
67) 松田孝一, 1978, pp. 33~54.

않음을 보여주는 증거이기는 하지만, 후비(qubi) 혹은 소유르갈(soyurghal) 등으로 알려진 몽고사회 특유의 분봉제도가 여기에 투영되어 있고 또한 정복의 수확을 같이 향유해야 한다는 몽고지배층의 의지가 관철된 것임은 부인할 수 없다.

몽고제국시기의 점령지 통치가 갖는 특징 가운데 하나는 이처럼 유목민들의 욕구가 그대로 분출된 자의적 착취와 그러한 욕구를 억제하고 정주지대의 관행을 존중하는 체계적 징수라는 두 가지 상충하는 경향의 대립과 균형에서 찾아볼 수 있다. 즉, 한인들을 모두 몽고로 끌어가고 화북평원의 농경지를 모두 유목지로 만들어야 한다는 일부 몽고인의 주장이 받아들여지지는 않았다. 그러나 분토분민의 실시나 세제상의 특이성에서 유목적인 성격이 상당한 정도로 유지되었을 뿐 아니라, 몽고왕공들이 무슬림 상인들과 손을 잡고 고리대를 추구하는 알탈전(斡脫錢)이라든가 혹은 농민들의 담세능력을 고려하지 않고 조세수입만을 증대시키는 것으로 만족하는 일종의 징세청부제도인 박매(撲買)와 같은 사례[68]는 몽고제국의 정복지정책이 기본적으로 수탈적 성격을 강하게 보지하고 있음을 입증해 준다.

호구조사와 세제정비 이외에 외괴데이 치세에 북중국 통치상 나타난 또 한 가지 변화는 한인세후들의 세력을 삭감한 것이라고 할 수 있다. 한인세후란 금조의 남천으로 하북지역에서의 정치·사회적 질서가 무너지자 향촌의 자위를 위해 만들어진 소규모 무장집단이 서로 횡적으로 연결되면서 지방의 지휘권을 장악한 한인 유력자들로서, 북중국 방어를 위한 금조의 정책과 정복지 통치를 위한 동맹세력과의 제휴를 필요로 했던 몽고측의 입장에 의해 그들의 지위는 더욱 강화되어 갔다. 몽고군의 전쟁양상이 약탈적 성격에서 정복전으로 바뀌고 북중국에서 몽고의 우위가 확립되면서 그들은 자기 휘하의 군대와 민호를 이끌고 몽고군에 집단으로 투항하였고, 아직 이 지역에 대한 직접지배의 준비가 되어 있지 않았던 몽고인들은 이들 한인지도층과 손을 잡고 그들에게 군정·민정·재정에 관한 권한을 위임함으로써 간접지배를 도모하게 되었다. 이들 가운데 대표적인 예로는 소위 사제후(四諸候)로 알려진 진정(眞定)의 사천택(史天澤), 동평(東平)의 엄실(嚴實), 순천(順

---

68)《元朝史》上, 1986, pp. 226~229.

天)의 장유(張柔), 제남(濟南)의 장영(張榮)과, 이외에도 서경(西京)의 유흑마(劉黑馬), 익도(益都)의 이단(李璮) 등을 들 수 있다.[69]

외괴데이의 호구조사와 세제개혁은 이들 한인세후가 갖고 있던 민정과 재정권을 현격히 제한하는 결과를 가져올 수밖에 없었다. 즉, 2차에 걸쳐 파악된 호구에 대한 징세권이 세후의 손에서 떠나 몽고인 군주와 투하영주에게로 이양되게 되었음은 물론, 민정에 관한 사항도 군주가 파견한 다루가치가 감독하게 되었다. 뿐만 아니라 외괴데이는 즉위 원년에 한인세후들의 지휘하에 있던 군대를 기초로 한군만호를 만들고 세후들을 만호로 임명하였는데, 그의 치세에 한군만호의 숫자는 7만호에 이르게 되었다. 그리고 1236년에는 이키레스(Ikires) · 옹기라트(Onggirad) · 우루우트(Uru'ud) · 망우트(Mangud) · 잘라이르(Jalayir)의 다섯 부족으로 구성된 소위 오부 탐마적군(五部探馬赤軍)[70]을 화북에 주둔시킴으로써 한인세후들이 향유하던 군정권에 대한 통제도 가능케 되었다.[71]

이상에서 외괴데이시대에 북중국에 대한 수탈구조가 호구조사 · 세제정비 및 한인세후의 세력삭감 등을 통해 어떻게 체계화되어 갔는가 하는 점을 살펴보았는데, 이러한 현상은 비단 중국에만 국한된 것은 아니었다. 당시 러시아초원은 바투의 지휘하에 작전중이었기 때문에 아직 제국행정의 체계가 잡히지 않은 상태이었으나, 중앙아시아와 서아시아에서는 하안의 대관이 임명되어 징세와 치안을 담당하였다. 중앙아시아에서 이 직책을 처음 담당한 인물은 위에서 인용한 태종 원년의 기사에 서역인들에 대한 징세를 책임진 마흐무드 호레즈미, 즉 호레즘 출신의 상인 마흐무드 얄라바치였다. 그런데 이 지역을 영지로 갖고 있던 차가다이가 그를 못마땅하게 여겨 자신의 심복을 대신 임명하고 그를 쫓아내자, 이러한 처사에 불만을 느낀 외괴데이가 형에게 해명을 강력하게 요구하였다. 이에 차가다이가 자신의 과오를 인정하고 사과함으로써 외괴데이는 일단 취해진 조치를 기정 사실로 인정하여 사건이 일단락되기는 하였지만, 얄라바치 소환을 둘러싸고 일어난 이 사건

---

69) 한인세후들에 대한 가장 상세한 분석으로는 刘何之, 1984를 참조하시오.
70) 探馬赤(tammachi)軍의 실체에 관해서는 학자들간에 많은 논란이 있는데, 護雅夫, 1944; 萩原淳平, 1977; 黃時鑒, 1982; 賈敬顔, 1983; 楊志玖, 1984 등을 참조하시오.
71) 한인세후들에 대해 몽고측이 취한 삭감책에 대해서는 愛宕松男, 1943/1988, pp. 36~48, 57~62를 참조.

은 몽고왕공의 소령지(所領地)에서의 군주권과 영주권의 미묘한 갈등관계를
잘 보여주고 있다. 외꾀데이는 치세 말년에 다시 얄라바치의 아들인 마
수드벡(Mas'ūd Beg)을 대관으로 다시 임명하여 중앙아시아로 보냈다.[72]

훨레귀의 원정이 있기 전 서아시아 지역에는 후라산과 마잔다란을 관할하
는 관리를 외꾀데이가 임명하여 파견하였다. 이 직책에 최초로 임명된 것이
친 테뮈르(Chin Temür)이었고 그의 뒤를 이은 인물이 몽고인 노살(Nosal)이
었다. 이들 두 사람은 모두 무장(武將)이었으나, 그 뒤를 계승한 쾨르귀즈
(Körgüz)는 위구르인으로 친 테뮈르의 서기(書記; bichigchi)였다. 그는 외꾀
데이로부터 직접 후라산과 마잔다란 지역에서 '조세의 징수와 주민의 호구
조사'를 실시할 권한을 위임받고 돌아와, 누구라도 그의 업무수행을 방해하
는 사람이 있으면 하안의 칙령을 내보이며 "행정을 조직"하고 "많은 군소
폭군들의 부당한 징세를 억제"하였다고 한다.[73]

위에서 설명한 외꾀데이시대의 제반 정책이 피지배자들의 안녕과 번영을
그 궁극적인 목적으로 한 것은 아니었다. 그에게 중요한 것은 아버지가 건
설한 나라를 유지하고 그 과실을 향유하는 것이었고, 그것은 단순한 약탈적
착취가 아니라 체계적 수탈이 되어야 했다. 그러기 위해서는 농민을 보호하
는 동시에 몽고귀족들의 자의적인 지배를 제한하고 군주권을 강화시키지 않
으면 안되었고, 그들의 경제적 기반을 축소시키고 자신의 수중에 이를 장악
할 필요가 있었던 것이다. 재화의 축적이 없는 군주권의 강화란 불가능한
것이었기 때문이다. 그는 제국 각지에 자신의 대관을 파견하고 징세의 임무
를 부여하였다. 그가 자신의 세 가지 치적으로 꼽았다는 진수군(鎭戍軍)의
설치, 창고(倉庫)의 설립, 역참(驛站)의 건설도 모두 이를 위해서 이루어진
것들이다. 즉, 정복지의 진무와 군주의 의지를 관철시킬 수 있는 군사적 시
위가 필요하였고, 또한 징수된 물자를 수집·보관키 위해서는 창고가 요구
되었으며, 군주의 의사를 신속하게 전달하고 집적된 재화를 중앙으로 운송
하는 데에는 역참이 필요하였던 것이다. 결국 그는 이렇게 해서 몽고제국

72) Barthold, 1928/1977, pp. 472~473; 何高濟·陸峻嶺, 1983, pp. 225~231 참조. 외꾀
　　데이 치세에 중앙아시아에서의 징세체계의 구체적인 면에 대해서는 거의 알려진 바가
　　없는 실정이다.
73) D'ohsson/佐口透(vol.4), 1834~5/1973, pp. 115~116.

전체를 카라코룸을 정점으로 하는 거대한 수탈기구로 변화시키려고 하였고, 이러한 노력은 묑케의 치세에서도 계속되었다.

2. 묑케의 改革과 帝國行政

1241년 외괴데이가 사망하고 난 뒤 계승을 둘러싸고 벌어진 몽고지배층 내부의 갈등과 뒤이어 즉위한 귀육과 킵착크초원의 바투와의 군사적 충돌의 위기, 그리고 1248년 귀육이 죽고 나서부터 3년 동안 누가 대권을 장악하느냐를 둘러싸고 일어난 치열한 암투는 몽고제국의 행정을 마비시켰고 대외적인 팽창도 중지되었다. 1251년 즉위한 묑케는 산적한 문제들을 해결하지 않으면 안되었고, 즉위 직후 자신의 추대에 공을 세운 사람들에게 논공행상을 한 뒤, 곧바로 제국행정체계의 정비를 위한 개혁에 착수하였다. 개혁의 기본목표는 정치적 혼란의 와중에서 각지에서 발호하게 된 몽고제왕들의 영지와 영민에 대한 군주권을 재확립하는 것이었고, 이를 위해서는 행정체계를 정비할 필요가 있었다.

그는 즉위년인 1251년 먼저 당시 제국의 지배하에 들어와 있던 정주지대를 북중국과 투르키스탄 그리고 동북부 이란이라는 세 개의 행정구역으로 나누고 여기에 자신이 임명한 관리들을 임명하여 파견하였다. 우선 북중국에는 연경등처행상서성(燕京等處行尙書省)을 설치하고 얄라바치를 장관으로 임명하였고, 투르키스탄에는 별실팔리등처행상서성(別失八里等處行尙書省)을 두고 얄라바치의 아들인 마수드 벡을 보냈고, 동북부 이란에는 아모하등처행상서성(阿母河等處行尙書省)을 세워 아르군(Arghun)을 장관으로 파견하였다. 여기서 러시아가 제외된 것은 아마 묑케의 즉위에 결정적인 역할을 한 바투의 독자적 통치권을 인정해 주었기 때문이 아닌가 생각된다. 그러나 1255년경 바투가 사망하자 그는 바투의 아들 사르탁크(Sartaq)를 그 후계로 임명하고 키타이(Kitai)라는 인물을 다루가치로 임명하여 금장한국으로 파견하여 자신의 지배권을 회복하려 시도하였다.

이들 각 지역에 파견된 지방장관의 기본적인 임무는 관할지역에서의 조세징수였고 이를 위해서는 호구조사가 불가피하였다. 그 까닭은 러시아나 중앙아시아와 같은 곳에서는 그 전에 이와 같은 조사가 실시된 바가 없었을 뿐 아니라, 북중국과 이란처럼 이미 조사가 된 지역에서도 정치경제적 혼란으로 도호(逃戶)의 발생 등 인구상황에 상당한 변화가 있었기 때문이었다. 1252년 얄라바치의 부관인 부지르(Bujir)의 주도하에 화북지역에서 실시된 괄호[壬子年籍]는 호구조사의 목적과 성과를 잘 말해주고 있다. 즉, 몽고제왕들의 발호로 인해 황제직속의 호수는 격감하고 반대로 투하호는 증가한 현상에 제동을 걸기 위해 실시되었으며, 그 결과 황제직할의 호구수가 110만호로 등록되었다. 1235~36년 을미년적(乙未年籍)에서 파악된 직속호구 80여만호 가운데 상당수가 도망하거나 투하영지로 넘어간 상황을 생각해보면, 이 숫자는 놀랄 만큼 증가된 것이라고 보아야 할 것이다. 이같은 결과는 투하호를 과감히 삭감한 때문이었고, 후일까지 분쟁을 일으키는 소지가 되었다.[74] 1252년 괄호 이후에도 은닉호를 색출하고 호구변동을 파악하기 위한 조사가 1255, 1257, 1258년에도 실시되었는데, 이는 이 문제에 대한 뭉케의 의지를 단적으로 보여주는 사례라고 할 수 있다. 그러나 뭉케는 1252년 괄호 후에 약 34,000호를 분여해 주었고, 1255년 조사 뒤에도 다시 6만 호가 분봉되고, 1257년에는 무려 8만여 호가 몽고귀족층에게 나누어 준 사실은 정복의 열매를 황제 일인이 아니라 제왕들이 모두 향유할 권리를 갖는 공동의 재산이라는 관념이 얼마나 뿌리 깊었는가 하는 점을 잘 보여준다.

서아시아에서도 1253년부터 아르군의 총지휘하에 서부이라크, 후라산과 마잔다란, 아제르바이잔, 아르메니아 등지에서 슈마라(shumārah·'숫자')라고 불리운 인구조사가 실시되었고, 중앙아시아에서도 1252년경 조사가 실시된 것으로 보인다. 금장한국에서는 마찬가지로 '숫자'를 의미하는 치슬로(chislo)라고 불리운 호구조사가 1253년 서기(書記) 베르케(別兒哥<Berke)가 파견됨으로써 추진되어, 그 다음 해부터 북부 코카사스지역에서 시작하여 1259년 노브고로드시를 마지막으로 완료되었다.[75]

이같은 호구조사와 함께 세제상의 수정이 이루어진 것도 자연스런 결과였다. 뭉케시대의 세제개혁의 중요한 내용은 우선 종래 지방세적 성격이 강하여 호당 5량씩 징세하되 그 반은 지방의 경비나 역참유지에 충당하고 나머지 반만을 중앙으로 상공(上供)하던 포은세(包銀稅)를 1251년 얄라바치의 건

---

74) 愛宕松男, 1950/1988, pp. 232~241.
75) 이들 지역에 대한 호구조사에 관해서는 Allsen, 1986, pp. 130~143을 참조.

278

의를 받아들여 호당 6량(뒤에 4량으로 감액)으로 증액하였을 뿐만 아니라 그 전액을 중앙으로 보내게 한 것이다.[76] 그리고 또 한 가지는 종래 매호 11량 2전(황제에게 가는 2호당 絲 1근과 영주에게로 가는 5호당 絲 1근)이던 사료를 배증시켜 22량 4전으로 만든 것이다. 이렇게 해서 북중국의 한인들이 부담해야 하는 부세의 주요 항목은 1) 지세나 정세 가운데 하나를 물어야 하는 세량, 2) 사료와 포은을 다 포함하는 과차로 정착되었다. 그런데 흥미있는 현상은 여기서 1)은 중국의 전통적인 부세의 연장 내지 수정이고, 2)는 몽고인 특유의 부정기적 공납에서 연유된 것이며, 이러한 유목적 징세항목과 정복지의 전통적 징세항목이 결합된 형태가 중국뿐 아니라 다른 지역에서도 동시에 나타났다는 점이다.

칭기스한에 의한 통일 이전 몽고유목사회에서의 징세는 물론 가축이 그 대상이었지만 필요에 따라 요구되는 부정기적 성격이 강하였고, 이러한 부정기 공납은 훕치리(qubchiri)라고 불리웠다. 그러나 몽고제국의 통치체제가 정비되면서 유목민들로부터 정기적인 공납을 요구하게 되었고 이를 위해 알반 훕치리(alban qubchiri), 즉 '공적(公的)인 공납'이라는 용어가 생겨났다.[77] 몽고인들이 정주지대를 정복하게 되자 복속의 표시로 자신들의 고유한 세목인 알반 훕치리(alban qubchiri)를 요구하고, 여기에다가 정복지에서 전통적으로 행해지던 세목을 추가한 것이다. 후자에 해당하는 것이 중국의 경우는 세량이었고, 서아시아에서는 수확의 1/10을 내는 깔란(qalan; 혹은 māl, kharaj), 러시아에서도 역시 1/10세인 뽀쉴리나(poshlina)였다. 그리고 전자에 해당하는 것이 중국의 과차였고, 서아시아에서는 빈부 차이를 고려하여 금화(金貨; dīnar)로 납부하는 꿉추르(qubchūr), 러시아에서는 단(dan')이라고 불리웠다.

이처럼 몽고제국의 세제는 유목적인 것과 정주적인 것의 혼효를 그 가장

---

76) 愛宕松男, 1965, pp. 27~29.
77) Schurmann(1956)은 alban 과 qubchiri 를 각각 별개의 세목으로 보고 논지를 전개시킨 바 있으나, Smith(1970)의 비판을 받았다. 필자는 후자의 견해가 타당한 것으로 보고 그에 따랐다. Allsen(1987) 역시 Smith 의 입장을 추종하고 있음에도 불구하고, p. 154 에 alban 을 'Traditional taxes and levies'의 항목에 독립시켜 넣은 것은 잘못일 것이다. 岩村忍(1968, pp. 116~128) 역시 alba(n) qubchiri 를 '公課'의 의미를 갖는 二語同義로 본 점에서는 일치하지만, qalan qubchūr 까지 이와 동일한 형식으로 파악하려는 것은 수긍할 수 없다.

큰 특징으로 하지만, 세목은 위에서 지적한 두 가지 항목에만 그친 것이 아
니라 상세(商稅)를 비롯한 여러 가지 잡세를 물지 않으면 안되었기 때문에
세제의 정착이 곧 피지배민들의 경제적 고통의 완화를 의미하는 것은 아니
었다. 물론 기독교·이슬람·유교·도교·불교 등의 종교인들은 이러한 조
세부담으로부터 면제되어 있었지만, 이는 정복지 통치를 원활하게 하기 위
한 정책의 일환으로 이해해야 할 것이다.[78]

이렇게 해서 외괴데이와 뭉케의 시대를 거쳐 정비된 몽고제국의 정복지
통치체제는 원조의 건국이 초래한 제국의 분열로 인해 통일성을 상실할 수
밖에 없었고, 실질적으로 독립하게 된 각 계승국가들은 그 지역의 특성에
맞는 체제로 적응해 갔다. 중국에서는 세조 후빌라이에 의해 그 윤곽이 잡
혀졌고, 일한국에서는 가잔한(1271~1304)의 개혁에 의해 쇄신되었다. 그러
나 그같은 수정과 차이에도 불구하고 기본적으로는 이미 제국시대에 짜여진
틀에서 크게 벗어나지 못하였기 때문에, 이에 대한 이해는 계승국가의 지배
체제를 올바로 파악하는 데 선결조건이 된다고 하겠다.

V. 蒙古帝國의 分裂

1259년 뭉케가 남송작전 중 지금의 사천성 합천(合川) 부근에서 병사하였
다. 이에 그의 말제 아릭 뵈케(Ariq Böke)가 몽고 본지의 카라코룸에 주둔하
는 이점을 이용하여 계승에서 기선을 장악하기 위한 조치들을 취하자, 현재
의 호북성 무창(武昌) 근처에 있던 후빌라이(Qubilai)는 남송과 일시 화전한
뒤 군대를 끌고 북상하여 1260년 봄에 개평(開平)에서 후릴타이를 열어 황제
에 즉위하였고, 이에 대응하기 위해 아릭 뵈케도 그 직후 카라코룸에서 독
자적인 후릴타이를 개최하여 하안으로 추대됨으로써 몽고제국의 최종적인
분열을 가져온 내전이 시작되었다.

물론 후빌라이의 승리 이후에도 원조의 황제는 표면상으로 몽고제국 전체
의 군주로서 간주되었으며 그러한 외형적인 제국의 연대성을 보존하기 위한
노력들도 없었던 것은 아니다. 예를 들어 일한국의 군주들이 원조로부터 임

---

78) Kwanten/宋基中, 1979/1984, pp. 335~344.

명받는 것이 아님에도 불구하고 계속해서 '일 한(Il Qan)', 즉 '(중앙의 하안에게) 복속한 한'이라는 칭호를 사용한 것이라든가, 한국(汗國) 상호간의 빈번한 사신교환, 혹은 서방 3한국의 왕공들이 중국에 갖고 있던 봉읍(封邑), 즉 투하령(投下領)을 그대로 유지시켜 주고 황제의 대관을 통해 세수를 받아가도록 한 것은 원조가 실질적으로 분열된 몽고제국에 상징적인 연대성을 부여하고 원의 황제가 제국질서의 정점에 위치해 있음을 보여주기 위한 조치들이라고 볼 수 있다.[79]

1260년대를 기점으로 하여 몽고제국이 분열되었다는 것은 대부분의 학자들이 인정하는 바인데, 그렇다면 우리가 '분열'이라는 표현을 사용할 때 이는 무엇을 의미하는가. 그것은 개별군주들이 중앙으로부터의 지배력의 침투를 배제함으로써 정치적 독립성을 확보하고 상호간의 사회경제적인 이질성도 현저하게 심화되어, 제국 전체가 더 이상 통합적이고 유기적인 정치조직으로서 기능하지 못 하게 된 상태를 지칭하는 것이다. 여기서는 수 세대에 걸쳐 성공적인 대외정복전을 통해 거대한 제국을 건설하고 또 유지하였던 몽고제국이 무슨 이유로 분열을 맞게 되었는가 하는 문제를 검토해 보고자 한다. 이 문제를 분석하는 과정에서 분열에 이르는 구체적인 사건들에 관한 언급도 부분적으로 될 것이다. 필자는 분열의 원인을 크게 다음 두 가지 측면에서 접근하려고 한다. 즉 분봉과 계승분쟁이 그것이다. 그러나 이 양자가 서로 무관한 것이 아니라 상호 밀접하게 연관되어 있음은 아래의 서술에서 밝혀질 것이다.

1. 分封의 特徵과 帝國의 肥大化

몽고통일 후 칭기스한이 자신의 자제들에게 분봉을 행하였다는 사실은 주지하는 바이지만, 그 구체적인 내용에 들어가면 논란의 여지가 있다. 그 까닭은 분봉에 관한 기록을 담고 있는 《비사》와 《집사》가 피분봉자의 명단과 분봉민의 숫자에서 서로 일치하지 않고 있기 때문이다. 즉, 《비사》에 의하면 칭기스한은 모(母) 회엘륀(Hö'elün)과 말제(末弟) 옷치긴(Otchigin)에게 10,000명(irge), 제(弟) 하사르(Qasar)에게 4,000(뒤에 1,400으로 삭감), 제

---

79) 佐口透, 1942; 杉山正明, 1982.

(弟) 알치다이(Alchidai)에게 2,000, 이모제(異母弟) 벨귀테이(Belgütei)에게 1,500, 장자 조치(Jochi)에게 9,000, 차자 차아다이(Cha'adai)에게 8,000, 삼자 외괴데이(Ögödei)에게 5,000, 그리고 말자 톨루이(Tolui)에게 5,000, 이렇게 해서 도합 44,500명을 나누어 주었다고 한 반면, 《집사》는 회엘륀에게 5,000명의 병사, 옷치긴에게 3,000, 하사르의 세 아들에게 1,000, 알치다이에게 3,000, 그리고 조치·차아다이·외괴데이에게 각각 4,000, 마지막으로 양자 쾰겐(Kölgen)에게 4,000, 이래서 모두 28,000명의 병사를 주었다고 기록하고 있다.

이러한 차이는 《비사》가 칭기스한이 즉위 직후 분봉한 사실을 말하고 있는 데 반해 《집사》는 그의 만년의 재분봉을 전하고 있기 때문에 생긴 것으로 것으로 보인다. 최근의 한 연구는 《비사》의 분봉기사에 후일 '어떤 종류의 작위'가 가해진 것으로 보고 《집사》의 기록에 더 신빙성을 두어, 칭기스한이 처음 분봉한 것은 1207~1211년 사이였고 이때 말자 톨루이를 제외한 세 아들에게는 공히 4,000명을 나누어 주어 서방의 알타이산맥에 연한 지역에 분봉하였고, 옷치긴(5,000), 회엘륀(3,000), 알치다이(3,000), 하사르의 세 아들(1,000)은 동방의 흥안령산맥에 연한 지역에 분봉해 주었다고 밝히고, 중앙에 칭기스한 자신과 톨루이, 좌익에는 동생들, 우익에는 아들들이 배치된 형태가 '몽고제국의 원상(原像)'이었다고 분석한 바 있다.[80]

대체로 수긍할 말한 결론이지만 한 가지 주의해야 할 점은 칭기스한이 분봉할 때에 '분지·분민을 동시에' 하였기 때문에 '초봉지(初封地)'를 확정지을 수 있다는 생각이다.[81] '부족·나라'를 의미하는 울루스(ulus)라는 말이 '사람(irgen)'과 '목지(nuntuq)'의 두 개념을 모두 포함하고 있듯이 초목지가 없는 유목민은 생각할 수 없고, '분민' 그 자체가 이미 '분지'의 개념까지 포함하는 것은 사실이다. 그러나 분봉을 전하는 두 사료가 모두 지역적 경계에 대해서는 일체의 언급도 없이 사여된 천호의 수령의 이름과 그 천호가 속한 부족명만을 들고 있는 까닭은 무엇이겠는가. 그것은 유목사회에서 토지보다는 인민이 일차적인 중요성을 갖기 때문이었다. 즉, 칭기스한이 분봉

---

80) 杉山正明, 1978, pp.1~34.
81) 위와 같은 글, p.6. 예를 들어 《元朝史》上, 1986, pp.190~193이라든가 周良霄, 1983, p.55 등도 이러한 입장을 취하고 있다.

할 때 몽고인들에게 중요하게 인식된 점은 얼마만한 수의 유목민 (혹은 몇 개의 천호)을 받았느냐 하는 것이었기 때문에 지역에 관한 언급이 없었던 것이다. 유목집단은 상황에 따라 다른 지역으로 이주하여 유목할 수도 있기 때문에, 목지를 정하여 분봉한다는 것이 별다른 의미가 없었기 때문이기도 하였다. 따라서 칭기스한의 분봉은 기본적으로 '분지'가 아닌 '분민'이었으며, 현재 학자들이 말하는 '분봉지'란 그들이 유목하던 장소에 불과하였고 그렇기 때문에 정확하게 그 위치를 규명하는 데 논란이 생기는 것이다.

칭기스한의 자제들에게 행한 분민을 당시 몽고사료는 '후비(qubi)'라고 표현하였다. 이는 '나누다'라는 의미를 갖는 몽고어 후비아(qubiya-)에서 나온 말로서 "친족 내지 평등자간의 재산분배"를 가리키는 말이었다고 한다. 그런데 칭기스한이 몽고고원을 통일하고 유목민들을 모두 그의 지배하에 복속시키게 되자, '노획물(olja)'을 분배하는 전통적인 "가산분배의 습관에 따라 (유목민들을) 자기의 친족(urugh)에게" 나누어 준 것이다. 《비사》에 "칭기스한이 성지(聖旨)를 내려 어머니와 아들들 그리고 동생들에게 사람들을 나누어 주겠다(irge qubiyaju ögüye)고 말했다"고 한 것이 이를 방증한다. 이와 대조적으로 훈공이 있는 공신들에게 '은사(恩賜)'를 내리는 것은 '소유르갈(soyurghal)'이라 불리웠는데, 이것은 감형의 특권과 봉록의 혜택을 주거나, 혹은 천호장이나 만호장과 같은 직책에 임명하여 소속 유목민들을 '돌보는 (mede-)' 권한을 부여하는 것이었다. 따라서 칭기스한은 자신의 일족들에게는 유목민에 대한 소유권을 부여하였고(ög-), 공신들에 대해서는 단지 이들에 대한 관할권만을 준(mede-) 것이다. 그렇지만 공신들에게 '주는' 소유르갈이 유목민을 대상으로 하지는 않았지만 비유목민이나 정주민은 포함하였다.[82] 그렇다면 유목민을 나누어 가질 수 있는 권리는 칭기스 일족만이 독점하였다는 사실을 알 수 있고, 이것이야말로 몽고제국의 '가산제적(家産制的)' 성격을 보여주는 핵심적인 요소라고 생각한다. 다른 말로 하자면 몽고제국은 칭기스 일가의 '재산'이었던 것이다.

그러나 정복지가 급격하게 증대되고 그 지역으로부터 거두어 들이는 물자도 늘어나게 되면서 '후비'의 대상이 유목민에게만 국한될 수는 없게 되었

---

82) 村上正二, 1961, pp. 11~13, 24~31.

고, 칭기스 일가는 이제 정복된 정주지역까지도 자신들의 소유의 대상으로 확대시키게 되었다. 이미 위에서 언급한 것처럼 외괴데이와 뭉케의 시대에 북중국에서 인구조사를 실시한 뒤 행한 '분토분민'이 바로 그 실례이다. 여기서 한 가지 흥미있는 현상은 중국에서의 이권을 분할하는 데 있어 단지 토지를 나누어 주는 것으로 그치지 않고 사람을 나누어 주는 데에는 몽고인들의 분민의 전통이 투영되어 있다는 사실이다. 이렇게 해서 초원지역에서의 '후비'는 정주지역에서는 '투하'라는 새로운 개념으로 전화되게 되었고, 그 대상은 칭기스 일족은 물론이지만 종래 소유르갈로서 정주지역을 분봉받던 인척, 부마, 공신까지도 포함하게 된 것이다.

이렇게 볼 때 대외정복전은 자신들의 재산을 증식시키기 위한 칭기스 일가의 공동의 사업이었고, 그렇기 때문에 새로운 군주가 즉위하면 반드시 후릴타이를 열어 새로운 정복사업을 결정하였던 것이다. 필자는 바로 여기에 다른 유목국가와 달리 몽고제국이 지속적인 팽창에 성공할 수 있었던 비밀이 숨겨져 있다고 본다.

분봉이 이처럼 정복전을 지속적인 성공으로 이끌었던 원동력을 제공하였던 반면, 배타적인 소유권을 전제로 하는 것이기도 하였기 때문에 그것은 분권적인 경향을 촉진하고 중앙과의 마찰을 필연적으로 야기할 수밖에 없었다. 이미 칭기스한 생전에 우르겐치를 공략할 때 무슨 수를 써서라도 함락시켜야 한다는 차가다이와, 그 곳이 장차 자기 영역으로 포함되리라고 생각하여 가능하면 지나친 파괴를 하지 않고 함락시키려는 조치와의 사이에 분쟁이 일어난 것[83]도 바로 그 때문이었다고 할 수 있다. 뿐만 아니라 하안이 된 외괴데이가 중앙아시아로 파견한 얄라바치를 못마땅히 여겨 해고시킨 뒤 자기가 신임하는 사람으로 임명한 차가다이 역시 자신의 분봉지에 대한 배타적인 권리를 의식하였던 것이다.

개별 울루스의 한과 제국의 하안과의 사이에 일어난 갈등이 단지 이렇게 사소한 분쟁으로 그친 것은 아니었다. 중앙의 지배권을 관철시키려는 하안이 개별 한국의 지배층내에서 일어나는 분쟁을 이용할 때 문제는 한층 더 심각하게 나타났다. 예를 들어 1242년 차가다이가 죽은 뒤 그의 장손인 하라

---

83) Barthold, 1928/1977, p. 435.

휠레귀(Qara Hülegü)가 뒤를 이었으나 1246년 하안이 된 귀육이 자신이 쉽게 다룰 수 있고 또 친분도 있는 예쉬 뭉케(Yesü Möngke)로 대체하였고, 뭉케 는 자신의 즉위에 반대한 그를 제거하고 다시 하라 휠레귀를 앉히려고 하였 다. 하라 휠레귀는 중앙아시아로 가는 도중에 사망했으나 그의 미망인이 뭉 케의 지시에 따라 예쉬 뭉케를 처형하였다.[84] 조치 울루스에서도 이와 유사 한 일이 일어났다. 귀육과 바투와의 충돌은 만약 귀육이 일찍 죽지만 않았 다면 몽고제국을 내전으로 몰고갈 수 있었으며, 바투가 죽은 뒤 뭉케가 한 으로 임명한 사르탁크가 얼마 안되 바투의 동생인 베르케에 의해 살해된 사 건이 그것이다.

이처럼 제국 전체를 자신들의 '가산(家産)'으로 보는 관념에 바탕을 둔 칭 기스 일가의 분봉은 비록 지속적인 정복전을 가능케 하였으며 제국의 판도 를 극대화시키는데 결정적인 역할을 하였으나, 반대로 제국의 비대화는 중 앙으로부터의 통제를 점점 어렵게 만들고 분권적인 독자성을 조장하는 결과 를 낳았다.[85] 실제로 당시 몽고제국의 개별 울루스의 중심지를 이루던 도시 와 카라코룸과의 거리를 생각해 보면 정치·경제적으로 효과적인 통합이 불 가능했음을 알 수 있다. 중앙아시아의 사마르칸드에서 카라코룸까지는 1,800마일, 볼가강 하류의 사라이에서부터는 2,500마일, 이란의 알라무트 에서부터는 2,800마일이 되었기 때문에, 당시 대상(隊商)들이 여행하던 속 도로 계산한다면(하루 약 30마일), 적어도 2달에서 3달이 걸렸을 것이다. 물 론 칙령의 전달이나 공물의 상납과 같은 공적인 사무일 경우에는 역참을 이 용할 수 있었기 때문에 소요 기간이 보다 적었겠지만, 당시의 교통수단으로 볼 때 이같은 제국 규모의 비대화가 효율적인 통치에 상당한 부담이 되었을 것임은 의심할 나위가 없다. 이런 상황에 후빌라이가 원을 건국하고 수도를 카라코룸에서 연경으로 옮기게 되자, 그 거리는 더욱 더 멀어지게 되었고 결국 몽고고원과 중국을 제외하고는 다른 지역에 대한 지배력을 사실상 포 기할 수밖에 없었던 것이다.[86]

---

84) Grousset, 1970, p. 329.
85) Bartol'd, 1897/1968, p. 265.
86) Dardess, 1972~1973, pp. 125~126, p. 132.

2. 繼承紛爭의 激化

이미 〈고대유목국가의 구조〉에서 이 문제에 관한 기본적인 설명을 하였기 때문에 여기서는 몽고제국에 국한해서 이것이 어떻게 제국을 분열시키는 요인으로 작용하였는가 하는 점만 언급하기로 하겠다. 고대유목국가에서 보이는 계승의 특징인 적임자 계승제, 즉 전임군주와 혈연적으로 가까운 사람이라면 누구나 계승의 권리를 주장할 수 있는 이러한 관행의 밑바닥에는 무엇이 있는 것일까. 필자는 그것이 바로 군주의 일족이 군주의 지위에 대해 갖고 있는 일종의 공유관념(共有觀念)의 발로라고 생각한다. 즉, 군주위가 어느 일개인에 의해 사유되는 대상이라면 전임군주가 지명한 사람에게 승계되어야 마땅하고 그에 불복하는 것은 불법적인 행위로 간주될 것이다. 그러나 그같은 지명에 도전하고 다른 사람이 실력으로 자리를 차지하는 예는 유목국가의 역사상 수없이 찾아볼 수 있다. 이것은 결국 자신도 자격이 있다는 생각이 없이는 불가능했을 것이다.

이러한 공유관념은 정복국가의 시대에 들어와서도 결코 불식되지 않았다. 군주권이 강화되었음에도 불구하고 유목사회의 전통적인 관념을 극복할 수는 없었고, 그 대신 집중된 권력의 상징인 군주위를 차지하고자 하는 욕망은 그만큼 더 커졌다. 요나 몽고제국과 같은 정복국가에서 계승분쟁이 더 치열하고 빈발한 이유도 바로 여기에 있다고 할 수 있다.

청대의 조익(趙翼)은 요대의 관리선발제도를 일러 '세선제(世選制)'라고 하였는데, 이는 다음 세대 가운데에서 "능력과 재주가 있는 사람을 골라 물려주는 것"으로서, 적임자 계승제가 가져올 수 있는 파괴적인 효과, 즉 계승을 둘러싼 분쟁의 가능성을 제거하되 그 이념은 그대로 구현한 것이기 때문에 '세습(世襲)'과는 엄격히 구별되어야 할 것이다. 이처럼 세선제의 뿌리가 되는 적임자 계승제는 이미 건국 이전의 거란족 사회에서부터 발견된다. 예를 들어 야율아보기가 속했던 질랄부(迭剌部)에서는 부족장의 자리를 누가 차지하느냐의 문제를 두고 그의 조부인 균덕실(勻德實)이 동생 첩랄(帖剌)에게 살해되었고, 그는 다시 동족인 포고지(浦古只)에 의해 죽임을 당하였다.

이러한 계승분쟁은 비단 부족 내부에서만 일어난 것이 아니라 초부족적인 차원에서도 일어났다. 이미 언급한 바이지만 아보기에 대한 동생들과 일족의 반란이 그 예이다. 요대 황제의 즉위에도 세선제의 이념이 보이는데, 그것은 시책의(柴册儀)라고 불리운 즉위의례에서 신임군주 예정자가 귀족들의 권유를 받고는 "선제(先帝)가 승하하였으나 백숙부형(伯叔父兄)이 있으니 마땅히 현자(賢者)를 뽑아야 할 것입니다. 나이 어리고 부덕한 내가 어찌 그런 생각을 하겠습니까"라고 형식적인 고사(固謝)를 하였다고 한다. 그런 의미에서 "관리의 세선(世選)과 대한(大汗)의 추선(推選)은 일치하였고 전자는 후자의 축도(縮圖)"라고 한 지적은 정확하다고 하겠다.[87]

거란족과 생활습관이나 언어·문화 등 여러 면에서 공통점을 보인 몽고족의 경우에도 유사한 양상을 보여준다. 이미 제국건설 이전 시기에 보르지기드씨내의 주도권을 두고 키야드계와 타이치우드계가 치열한 경쟁을 벌였다. 즉, 키야드계의 하불 하안이 죽은 뒤 타이치우드계의 암바가이 하안이 뒤를 이었고, 그 뒤에는 다시 키야드계의 후툴라 하안이 계승한 것이 그러하고, 키야드계의 예쉬게이가 죽자 그를 따르던 타이치우드계의 부민들이 테뮈진 일가를 방기하였을 뿐 아니라 후일 성장한 그를 죽이려고까지 한 것이 모두 그러하다. 이러한 부족 내부의 주도권 쟁탈은 비단 보르지기드씨가 속한 몽고족에게만 국한된 것이 아니었다. 예를 들어 케레이트부의 토오릴은 아버지 후르자후즈(Qurjaquz)가 죽은 뒤 자신의 형제들, 숙부와 치열한 계승전쟁을 치룬 뒤 부족장의 자리에 올랐고, 이러한 현상은 나이만·옹구트 등의 부족에서도 발견된다. 이렇게 볼 때 몽고제국이 성립되고 칭기스한이 죽은 뒤 계속해서 일어난 계승분쟁도 바로 이러한 오랜 전통의 재현이었다고 할 수 있다.

《비사》는 계승을 둘러싼 분쟁이 이미 칭기스한의 생존시부터 일어났음을 보여주고 있다. 즉, 서방원정을 떠나기 전에 그는 네 아들을 불러놓고 자기 사후의 계승자를 정하려고 할 때, 차가다이는 맏형 조치를 메르키드족의 '사생아(chül ulja'ur)'라고 부르며 그의 지명을 반대하였다. 칭기스한이 셋째 아들 외괴데이를 지명한 것도 형제간의 이러한 반목을 의식하여 제국의 분

---

87) 陳述, 1985, p. 65.

열을 막기 위한 배려였던 것으로 보인다. 그러나 그가 죽은 뒤 말자로서 몽고본지의 대부분의 군대를 위임받고 새로운 군주의 선출시까지 감국(監國)의 역할을 맡았던 톨루이가 후릴타이를 개최하지 않고 지체하다가 주위의 압력에 못이겨 결국 외괴데이를 하안으로 인정하게 되었다.[88]

칭기스한의 죽음에서부터 외괴데이의 즉위에 이르는 사정에 대해 《비사》와 《집사》와 《세계정복자의 역사》는 톨루이를 옹호하는 입장을 취하고 있음은 흥미롭다. 즉, 《비사》는 "만약 외괴데이의 씨(즉 자손들)가 (용기 없는 것이) 태어난다면……나의 씨 가운데 좋은 것이 하나도 없겠는가"라는 칭기스한의 말을 넣어 마치 한위가 장차 외괴데이가(家)에서 다른 집안으로 넘어갈 것 같은 예측을 하고 있고,[89] 《집사》는 몽고인들의 전통적인 관습에 따라 막내 아들인 톨루이가 마땅히 계승했어야 하지만 그가 외괴데이에게 영예롭게 양보한 것처럼 묘사하고 있다.[90] 《비사》의 작성 연대에 관해서는 많은 논란이 있지만[91] 후일 톨루이가에 의해 부분적으로 수정된 흔적이 있고, 《집사》나 《세계정복자의 역사》는 톨루이의 손자인 휠레귀의 후손들이 지배하던 일한국의 입장에서 쓰여졌기 때문에 분명히 톨루이가에 대한 편향성을 보여주고 있다.[92] 따라서 외괴데이의 계승에 관한 두 사료의 기록은 조심스럽게 받아들여야 하겠지만, 몽고제국의 건설자인 칭기스한의 지명조차 아무런 잡음없이 받아들여진 것이 아니라는 점은 추측할 수 있다.

외괴데이의 사망은 더욱 더 복잡한 문제를 불러일으켰다. 그는 생전에 자신의 아들을 후계로 지명했으나 일찍 죽었기 때문에 손자 시레뮌(Shiremün)을 후계로 정하였다. 그러나 칭기스한과 같은 카리스마를 갖지 못한 그의 지명이 그대로 받아들여질 리는 만무였다. 공위기(空位期)에 섭정을 맡은 그의 처 퇴레게네(Töregene)는 자신의 아들인 귀육을 즉위시키기 위해 노력을

88) 《元史》, 〈耶律楚材傳〉에 의하면 톨루이를 설득시킨 것이 바로 耶律楚材였다고 한다. 아마 외괴데이 치세에 그가 하안의 신임을 받고 중요한 정책을 결정했던 까닭도 이러한 배경이 있었기 때문일 것이다. 그러나 한위계승과 같이 중요한 문제에 거란 출신인 그가 결정적인 역할을 했으리라고는 생각되지 않으며, 그의 역할을 과대평가해서도 안되리라고 본다.
89) Cleaves, 1982, pp. 196~197.
90) Rashid/Boyle, 1971, pp. 17~18, 30~31.
91) 이에 관해서는 Rachewiltz, 1965 참조.
92) Ayalon, 1971(B), pp. 153~155, p. 161.

경주하였다. 계보상 가장 연장인 칭기스한의 말제 옷치긴도 자신의 자격을 주장하며 무력으로 자리를 차지하려고 하였으나, 퇴레게네의 술책에 빠져 죽음을 당하고 말았다. 문제는 여기서 끝난 것이 아니었다. 조치의 아들 바투가 있었기 때문인데, 그는 칭기스한의 자손 가운데에는 가장 연장이고 '아하(aqa; 大兄)'라는 존칭으로 불리웠으며 동시에 러시아원정군의 총사령 관으로 군사적으로도 무시할 수 없는 존재였다. 그러나 귀육이 원정 도중 그의 아버지 조치의 출생을 문제삼으며 그의 지휘권에 도전하다 심한 말다 툼 끝에 몽고로 귀환해 버린 일이 있었기 때문에, 바투로서는 그의 즉위에 반대할 만한 이유가 충분했다. 결국 외괴데이가 사망한 지 무려 5년이 경과 한 1246년 바투가 불참한 가운데 후릴타이가 열려 귀육을 정식으로 선출하 게 되었다. 그러나 귀육은 1248년 바투를 응징하러 군사를 끌고 서방으로 가 다가 중앙아시아의 베쉬발럭크(Beshbaliq) 근처에서 사망하고 말았다.

이번에도 여러 명의 후보가 난립하였다. 우선 앞에서 언급한 외괴데이의 손자 시레뮌, 그리고 귀육의 아들인 나후(Naqu)가 외괴데이가에서 나왔고, 톨루이가에서는 뭉케를 밀었다. 싸움은 두 집안으로 그친 것이 아니라, 차 가다이가가 외괴데이가와 연합하고 조치가가 톨루이가와 연합함으로써 더 욱 확대되었다. 결국은 톨루이의 부인이자 자신의 생모인 소르학타니 (Sorqaqtani)의 노력과 러시아에 주둔하던 바투의 군사적 지원에 힘입어 1251 년 뭉케가 하안으로 추대되었고, 뒤이어 외괴데이와 차가다이 두 가문에 대 한 피의 숙청이 단행되었다. 그러나 뭉케는 자신을 지지한 바투에게 속령에 대한 독립적인 지배권을 인정하지 않을 수 없었고, 제국 전체에 세 개의 행 상서성을 설치하는 데 킾착크초원과 러시아는 제외하였다. 당시 바투와 뭉 케를 만난 카르피니가 양인을 몽고제국의 두 군주로 묘사한 것도 당연하였 으니, 바투의 독립은 사실상 제국의 동서분열을 의미하는 것이라고도 할 수 있다.

몽고제국의 분열은 뭉케의 죽음과 함께 최종적인 것이 되고 말았다. 그가 죽자 계승을 두고 벌어진 후빌라이와 아릭 뵈케간의 분쟁은 역시 전과 마찬 가지로 제국 전체로 확대되었다. 서아시아로 파견된 휠레귀는 형 후빌라이 를 지지하는 대신 그 지역에서의 독자적인 권한을 인정받았고, 서아시아에 대한 종주권을 주장하면서 휠레귀와 전투를 벌이고 있던 조치가의 베르케는 양인의 연합에 대항하기 위해 아릭 뵈케와 연합하였다.[93] 중앙아시아의 차가다이 울루스는 뭉케의 지지를 받던 오르가나(하라 휠레귀의 미망인)가 지배하고 있었는데, 아릭 뵈케가 그녀를 밀어내고 대신 알루구(Alughu)를 보내한위에 앉혔으나 알루구는 다시 후빌라이와 연합을 하여 자신의 독자적인 지배권을 보장받으려 하였다. 이렇게 해서 결국 아릭 뵈케는 북중국과 중앙아시아로부터의 물자공급을 차단당한 채 후빌라이와의 싸움에서 패배하여 1264년 항복하고 말았다.

그러나 후빌라이 역시 승리의 대가를 치르지 않으면 안되었다. 즉, 휠레귀의 실질적 독립을 인정해 주지 않을 수 없었고, 지리적으로 가까운 차가다이 울루스에 대해서는 바락크(Baraq)를 한으로 지명해 종주권을 유지하려하였으나 바락크 역시 그에 대해 정면으로 도전하고 나섬으로써 그의 기도는 실패로 돌아갔다. 더구나 톨루이가의 집권에 대해 불만을 품은 외괴데이가문의 하이두(Qaidu)가 1269년 탈라스하반에서 후릴타이를 열어 킵차크초원의 조치가와 중앙아시아의 차가다이가의 지지를 받고 한위에 추대되면서 톨루이가 타도를 목적으로 하는 세 울루스의 연합을 결성하였다.

하이두의 세력을 꺾기 위한 후빌라이의 군사작전은 순조롭게 진행되지 않았고, 적의 보급로를 차단하기 위해 중앙아시아에 주둔시켰던 군대도 1280년대말부터는 서서히 철수하기 시작하였다. 당시 하이두의 군대로부터 직접적인 위협을 받고 있던 몽고본지에 대한 우위를 보지하기 위해서 그는 중앙아시아를 희생시킬 수밖에 없었다.[94] 하이두와의 전쟁은 1294년 후빌라이가 사망할 때까지도 종식되지 않았고, 하이두가 죽은 뒤 그를 계승한 차파르(Chapar)에 의해 계속되다가 1303년에 가서야 휴전이 성립함으로써 30여년간이나 지속된 전쟁이 비로소 끝났다. 그러나 원조는 전쟁과정에서 중앙아시아는 물론이지만, 위구리스탄과 예니세이지역을 모두 희생시키고 몽고와 중국만을 차지하게 됨으로써 몽고제국의 분열은 완성되었다.[95]

---

93) 휠레귀와 베르케의 충돌, 그리고 후빌라이의 계승을 둘러싼 복잡한 외교관계에 대해서는 Jackson(1978)의 최근 연구가 참신한 관점을 보여주고 있다.

94) Dardess, 1972~1973 p. 142, 152.

95) Dardess, 1972~1973, p. 160.

맺 음 말

　몽고제국은 칭기스한에 의해 건설되었지만 그것이 역사상 유례가 없을 정
도로 거대한 세계제국으로 팽창하게 된 이유가 그의 '야만적 천재성'에 기
인하는 것만은 아니었다. 때문에 그 개인에 대한 지나친 강조는 차라리 우
리의 이해의 초점을 흐리게 할 위험이 있다. 어떤 의미에서 그는 역사의 바
퀴를 움직여 가는 '보이지 않는 손'에 의해 고용된 한 도구에 불과하였을지
도 모른다. 그 '손'은 다름 아닌 12~13세기 치열한 부족전쟁에 휘말려 있던
몽고초원의 유목민들 사이에 존재하던 사회관계의 특징, 거기서 배태되어
나오는 에너지, 그리고 하나의 질서를 희구하던 그들의 갈망이었다. 그리고
그같은 상황은 9세기 당 제국의 적극적인 기미지배와 그 뒤를 이은 정복국
가 요·금의 막북교란정책의 결과, 북아시아 여러 민족 사이의 세력균형이
변화하고 중국적인 문물의 압박으로 새로운 민족적 각성이 싹트면서 비롯된
것이었다.

　그 결과 몽고고원의 유목민들 사이에서 씨족적인 연대감이 약해지고 씨족
이나 부족은 그 구성원들에게 마땅히 수행해야 할 보호기능을 하지 못하게
되자, 혈연적인 관계를 보강·대체하는 새로운 사회관계가 등장하였으니
그것이 '의형제'와 '맹우'라는 관계였다. 칭기스한 역시 어린 시절의 경험
에서 동족에 대한 철저한 불신을 배웠기 때문에 그가 몽고를 통일하는 과정
에서 그리고 제국의 지배구조를 형성하는 과정에서 자신의 '맹우'들을 가장
신임하였던 것도 당연하였다. 즉, 그의 권력을 받쳐주던 힘은 부족에 대해
우선적인 충성을 갖는 부족군대가 아니라 그와 개인적인 후원과 충성의 관
계를 갖고 있던 탈부족적인 군대였고, 바로 이것이 칭기스한에게 전제적인
군주권을 부여하였다.

　그는 이런 점에서 요를 건국한 야율아보기와 유사할지도 모르겠으나, 한
가지 중대한 차이점은 그들이 가졌던 세계관에 있었다. 야율아보기는 중국
과 매우 근접한 지역에서 성장하였고 그의 국가도 동몽고에서 흥기하였다.
그가 정복군주로 도약하게 된 경제적 기반의 중요 부분이 농경적이었고 그

를 자문해 준 사람들 역시 한인출신이 많았다. 따라서 그의 눈은 기본적으로 '중국으로' 향해 있었다. 그러나 칭기스한의 경우에는 농경적 기반이 거의 없었으며 한인 정치고문도 갖지 못했다. 물론 그가 중국에 대해서 전혀 무지했던 것은 아니지만 당시 몽고초원에서 주로 활약하던 정주민들은 중앙아시아 출신의 무슬림상인들이었고, 이들이 그에게 중국 이외에도 다른 넓은 정주세계가 있음을 알려주었다. 그의 세계관은 이러한 분위기 속에서 형성되었기 때문에 중국이 아니라 '세계로' 향해 있었던 것이다. 그의 정복전의 대상이 된 지역이 중국에만 국한되지 않은 이유의 일단도 여기에 있다고 생각한다.

그러나 그는 어디까지나 초원 유목세계의 군주였다. 단지 권력을 장악하는 과정과 그 기반이 종래의 유목군주와는 달리 그에게 전제적인 힘을 부여해 주었고, 이것이 그의 계승자들로 하여금 정복군주로 탈바꿈하게 하는 요인이 되었다. 그의 뒤를 이은 외괴데이, 뭉케 등이 단순한 약탈전이 아니라 정주지역에 대한 정복과 지배를 목적으로 하는 전쟁으로 전환한 것도 이러한 배경 때문이었다.

정복전쟁을 수행하고 정복된 지역을 경영하는 과정에서 몽고인들은 놀랄만한 적응력을 보여주었다. 몽고제국의 정복전이 유례없이 성공적일 수 있던 이유는 높은 기동성을 갖는 유목군대의 강점을 그대로 유지하면서도 강화된 군주권을 바탕으로 주입된 엄격한 규율, 그리고 주변 정주국가들의 약체성 등에서 찾을 수도 있겠지만, 그것만은 아니었다. 몽고족의 세계정복은 뛰어난 기마술과 궁술만으로 이루어진 것이 아니라 차라리 피정복민의 기술과 인력을 동원하여 이를 전쟁에 투입시킬 수 있는 그들의 능력에 의한 것이라고 보아야 할 것이다. 정주지역의 성곽은 공성전에 필요한 여러 가지 기계의 제작에 의해서, 그리고 강남지역과 남지나해에서의 전쟁은 대규모 선단을 이용하여 성공할 수 있었다. 그러나 무엇보다도 몽고인들을 움직였던 가장 커다란 힘은 정복전이 그들의 재산을 증식시키는 공동의 사업이라는 인식이었다. 특히 칭기스 일가는 제국 전체를 자신의 소유로 간주하는 관념을 갖고 있었고 이것이 몽고제국에게 '가산제적' 성격을 부여해 주었다. 그런 의미에서 몽고제국은 피정복지에 대한 거대한 수탈기구였다고 할 수 있다.

그러나 칭기스 일가가 제국에 대해 갖고 있던 이같은 공유관념은 도리어 제국의 분열을 초래하였다. 비록 군주권이 강화되긴 하였으나 그것이 '하안'의 자리는 칭기스한의 후손이라면 누구라도 차지할 자격이 있다는 계승관념을 변화시키지는 못했다. 다시 말해 공유의 대상에는 정복전에서 획득한 것뿐 아니라 제국 전체의 최고 향유자인 군주도 포함되었던 것이다. 이로 인해 격화된 계승분쟁 과정에서 각 지역에 있던 분국(分國)들은 실질적인 독립을 획득하게 된 것이다. 물론 몽고제국 분열의 요인에는 이외에도 제국의 규모 자체가 지나치게 비대해지고 각 지역의 문화적 특수성에 적용되면서 하나의 국가로는 유기적으로 통합될 수 없게 되었다는 지리적·문화적 요인도 빼놓을 수는 없다.

혹자는 서구세력이 근대에 흥기할 수 있었던 한 가지 요인으로 그들이 몽고제국의 겁난을 피할 수 있었기 때문이라고도 한다. 즉, 호레즘인과 키에브인들이 흘린 피가 서구를 몽고인들의 말발굽으로부터 유럽을 보호해 주었고, 그렇지 않았던들 지금의 유럽은 존재할 수 없다는 것이다. 물론 이러한 평가는 그대로 받아들이기에 지나친 감이 있기는 하지만, 몽고제국의 흥망이 인류역사에 미친 영향이 심대한 것만은 사실이다. 내륙아시아의 유목민과 밀접한 관련을 맺어왔고 특히 몽고인들의 지배를 받아 적지 않은 영향을 받은 우리나라에서도 앞으로 몽고제국사에 관해 많은 연구자들이 배출되어 그 역사적 의의에 대해 보다 정확한 평가가 이루어지기를 기대한다.

참고문헌

高柄翊, 《東亞交涉史의 研究》, 1949 ; 서울, 서울대출판부, 1970.
周彩赫, 《元朝官人層研究》, 서울, 正音社, 1986.
高文德, 《蒙古奴隷制研究》, 呼和浩特, 內蒙古人民出版社, 1980.
楊樹森, 《遼史簡編》, 沈陽, 遼寧人民, 1984.
王國維, 《蒙古史料四種校注》(淸華學校 研究院刊行 叢書 第一種), 臺北, 正中書局, 1962.
《元史論集》, 南京, 人民出版社, 1984.
張正明, 《契丹史略》, 北京, 中華書局, 1979.
周偉洲, 《勅勒與柔然》, 上海, 人民出版社, 1983.

陳　述,《契丹政治史稿》, 北京, 人民, 1986.

《中國蒙古史學會成立大會紀念集刊》, 中國蒙古史學會, 1979.

韓儒林,《元朝史》上・下, 北京, 人民出版社, 1986.

島田正郎,《遼代社會史研究》, 東京, 巌南堂, 1978.

─────,《遼朝史の研究》, 東京, 創文社, 1979.

白鳥庫吉,《音譯蒙文元朝秘史》, 東京, 東洋文庫, 1942.

小林高四郎,《蒙古の秘史》, 東京, 生活社, 1941.

安部建夫,《元代史の研究》, 東京, 創文社, 1972.

愛宕松男,《契丹古代史の研究》, 京都, 東洋史研究會, 1959.

─────,《愛宕松男著作集》卷4(《元朝史》), 東京, 三一書房, 1988.

箭內瓦,《蒙古史研究》, 東京, 刀江書院, 1930.

田村實造,《中國正服王朝史の研究》中, 京都, 東洋史研究會, 1971.

佐口透,《モンゴル帝國と西洋》(《東西文明の交流》4), 東京, 平凡社, 1970.

岩村仁,《モンゴル社會經濟史の研究》, 京都, 京都大學人文科學研究所, 1968.

村上正二,《モンゴル秘史》3卷, 東京, 平凡社, 1970~1976.

Allsen, Thomas T., *Mongol Imperialism: The Policies of the Grand Qan Möngke in China, Russia, and the Islamic Lands, 1251~1259*, Berkeley, University of California Press, 1987.

Barfield, T. J., *The Perilous Frontier: Nomadic Empires & China*, Blackwell(1989 출간 예정).

Bartol'd(Barthold), V.V. *Turkestan down to the Mongol Invasion*, 1928; Philadelphia, Porcupine, 1977.

─────, *Dvenadtsat' lektsii po istorii turetskikh narodov Srednei Azii, Akademik V.V. Bartol'd Sochineniia*, vol. 5(Moskva: Izd. Nauka, 1968), pp.17~192 所收.

Boyle, J.A., *The History of the World-Conqueror by Ala-ad-Din Ata-Malik Juvaini*, Tr. from the text of Mirza Muhammad Qazvini, 2 vols, Manchester, 1958.

─────, ed., *The Cambridge History of Iran*(Vol. 5; *The Saljuq and Mongol Period*), Cambridge, Cambridge University Press, 1968.

─────, tr., *The Successors of Genghis Khan*. New York, Columbia University Press, 1971.

Cleaves, Francis W., tr., *The Secret History of the Mongols*, Vol. 1 (translation), Cambridge, Harvard University Press, 1982.

Dalay, Chulun, *Mongoliia v XIII-XIV vekakh*. Moskva, Izd. Nauka, 1983.

Dawson, Chrostopher, *Mission to Asia*, 1955; Toronto, University of Toronto Press, 1980.

D'Ohsson, *Histoire des Mongols, depuis Tchinguiz-Khan jusqu'à Timour Bey ou Tamerlan*, 4 vols, La Haye et Amsterdam, 1834~35. 佐口透 譯,《モンゴル帝國史》6

294

卷, 東京, 平凡社, 1968~1979.

Endicott-West, Elizabeth, *Mongolian Rule in China: Local Administra... .1 in the Yuan Dynasty,* Cambridge, Mass., Harvard University Press, 1989.

Grekov, B. D. & Iakubovskii, A. Iu., *Zolotaia orda i ee padenie.* Moskva, 1950. 播磨楢吉 譯, 《金帳汗國史》(東京, 生活社, 1942).

Grousset, R., *Conqueror of the World: The Life of Chingis-Khan,* Tr. by M. McKellar and D. Sinor. New York, 1966.

Grigor'ev, A. P., *Mongol'skaia Diplomatika XIII-XV vv,* Leningrad, 1978.

Haenisch, Eric., *Manghol un Niuca Tobca'an(Yüan-ch'ao pi-shi): Die geheime Geschichte der Mongolen,* Leipzig, 1937.

————, *Wörterbuch zu Manghol un Niuca Tobca'an (Yüan-ch'ao pi-shi),* Leipzig, 1939.

————, *Die Geheime Geschichte der Mongolen,* Leipzig, 1981.

Halperin, Charles J., *Russia and the Golden Horde,* Bloomington, Indiana University Press, 1985.

Hambis, L., *Le chapitre CVII du Yuan che,* Leiden, 1945.

————, *Le chapitre CVIII du Yuan che,* Leiden, 1954.

————, *Gengis-Khan,* Paris, Presses Universitaires de France, 1973(Que sais-je?, No. 1524).

Hammer-Purgstall, J. F von., *Geschichte Wassâf's,* Persische herausgegeben und deutsch übersetzt, 2 vols, Wien, Kaiserlich-Königlichen Hof- und Staatsdruckerei, 1856.

Henthorn, W. E., *Korea: The Mongol Invasions,* Leiden, E. J. Brill, 1963.

Hodgson, M., *The Venture of Islam,* Vol. 2, Chicago, University of Chicago Press, 1974.

Horworth, H. H., *History of the Mongols from the 9th to the 19th Century,* 4 parts, London, 1987 : Taipei repr., 1970.

Houdas, O., *Histoire du Sultan Djelal ed-din Mankobirti prince du Kharezm,* Vol. 1 (Arabic text; Paris, Ernest Leroux, 1891) & vol. 2(tr.; Paris, 1892).

Hsiao, Ch'i-ch'ing, *The Military Establishment of the Yuan Dynasty,* Cambridge, Mass., Harvard University Press, 1978.

Kozin, S. A., *Mongol'skaia khronika 1240 g.,* vol 1. Moskva, Izd. Nauka, 1941.

Kwanten, Luc., *Imperial Nomads,* Philadelphia, University of Pennsylvania Press, 1979; 宋基中 譯, 《遊牧民族帝國史》, 서울, 民音社, 1984.

Langlois, John D. ed., *China under Mongol Rule,* Princeton, Princeton University Press, 1981.

Le Strange, G. *The Lands of Eastern Caliphate,* Cambridge, 1903.

Lech, Klaus, *Das mongolische Weltreich,* Wiesbaden, 1968.

Ligeti, Louis, *Histoire secrète des Mongols,* Budapest, Akademiai Kiado, 1971.

Ligeti, Louis, *Histoire secréte des Mongols, Texte en écriture ouigoure incorporé dans la Chronique Altan Tobči de Blo-bzan bstan-'jin*, Budapest, Akademiai Kiado, 1974.

Martin, H. D., *The Rise of Chingis Khan and His Conquest of North China*, 1950; New York, Octagon Press, 1977.

Moule, A. C. & Pelliot, P., *Marco Polo: The Description of the World*, 2 vols, London, 1938.

Munkuev, N. Ts., *Kitaiskii istochnik o pervykh mongol'skikh khanakh: Nadgrobnaia nadpis' na mogile Eliui Chu-Tsaia*, Moskva, 1965.

Nasonov, A. N., *Mongoly i Rus'*, Moskva, 1940.

Pao, Kuo-yi, *Studies on the Secret History of the Mongols*, The Hague, 1965.

Pelliot, Paul, *Histoire secréte des Mongols, Restitution du texte mongol et traduction française des chapitres I á VI*, Paris, 1949.

————, *Notes sur l'histoire de la Horde d'Or*, Paris, 1950.

————, *Notes on Marco Polo*. 3 vols, Paris, Librairie Adrien-Maisonneuve, 1959~1973.

Pelliot, P. & Hambis, L., *Histoire des Campagnes de Gengis Khan (Cheng-wou Ts'in-tcheng Lou)*, Vol. 1, Leiden, E. J. Brill, 1951.

Rachewiltz, Igor de, *Index to the Secret History of the Mongols*, Bloomington, Indiana University Press, 1972.

Rashid al-Din, *Sbornik letopisei*, Vol. 1, part 1(Moskva, 1952) by L.A. Khetagurov et al; vol. 1, part 2(Moskva, 1952) by O. I. Smirnov et al; vol. 2(Moskva, 1960) by Iu. P. Verkhovskii et al; vol. 3(Moskva, 1946) by A. K. Arends et al.

Raverty, H. G., *Tabakat-i-Nasiri*, 2 vols, London, 1881.

Rockhill, W. W. tr., *The Journey of William of Rubruck to the Eastern Parts of the World*, London, 1900.

Ratchnevsky, P., *Un code des Yuan*, Paris, 1937.

Saunders, J. J., *The History of the Mongol Conquest*, London, Routledge & Kegan Paul, 1971.

Schurmann, H. F., *Economic Structure of the Yüan Dynasty: Translation of Chapters 93 and 94 of the Yüan shih*, Cambridge, Mass., Harvard University Press, 1956.

Tataro-Mongoly v Azii i Evrope, Moskva, Izd. Nauka, 1977.

Vernadsky, G., *The Mongols and Russia*. New Haven, Yale University Press, 1953.

Vladimirtsov, B. Ia., *The Life of Chinggis Khan*, Tr. by D.S. Mirsky, London, George Routledge & Sons, 1930.

————, *Obshchestvennyi stroi mongolov: Mongol'skii kochevoi feodalizm*, Moskva, Izd. AN SSSR, 1934. 日本外務省 調査部 譯, 《蒙古社會制度史》(東京, 生活社, 1941) 및 劉榮焌 譯, 《蒙古社會制度史》(北京, 人民出版社, 1980); 주채혁 역, 《몽골社會制度

史》(근간 예정) 참조.

Waley, Arthur, *The Travels of an Alchemist: The Journey of the Taoist Ch'ang-ch'un*, London, 1931.

Wittfogel, K. & Feng Chia-shêng, *History of Chinese Society. Liao*(907~1125), Philadelphia, The American Philosophical Society, 1949.

Yule, Henry & Cordier, Henri, *The Book of Ser Marco Polo*, 2 vols, London, John Murray, 1926.

Blake, R. P. & Frye, R. N., "History of the Nation of the Archers by Grigor of Akanc," *Harvard Journal of Asiatic Studies* 12(1949).

高柄翊, 〈이슬람敎徒와 元代社會〉, 《歷史學報》 1, 1961;《東亞交涉史의 硏究》, 서울, 서울대출판부, 1970, pp. 348~406 再收.

─────, 〈蒙古·高麗의 兄弟盟的의 性格〉, 《白山學報》 6, 1969; 같은 책, pp. 136~186.

李玠奭, 〈蒙古帝國 成立期 商業에 대한 一考〉, 《慶北史學》 9, 1986, pp. 93~124.

賈敬顏, 〈探馬赤軍考〉, 《元史論叢》 1 北京, 中華書局, 1983, pp. 23~42.

那木云, 〈關于11~13世紀蒙古族社會的性質〉, 《中國蒙古史學會成立大會紀念集刊》, 1979, 中國蒙古史學會, pp. 93~101.

剳何之, 〈關于金末元初的漢人地主武裝問題〉, 《元史論集》, 1984, pp. 164~199.

楊志玖, 〈元代的探馬赤軍〉, 《元史論集》, pp. 200~225.

余大鈞, 〈論耶律楚材對中原門下回復發展的貢獻〉, 《元史論集》, 南京, 人民出版社, 1984, pp. 63~81.

亦隣眞, 〈中國北方民族與蒙古族源〉, 《中國蒙古史學會紀念集刊》, pp. 51~74.

─────, 〈關于十一十二世紀的孛斡勒〉, 《元史論叢》 3, 北京, 中華書局, 1986, pp. 23~30.

姚家積, 〈蒙古人是何時到達三河之源的〉, 《元史論叢》 1, 1982, pp. 12~29.

劉迎勝, 〈元朝與察合台汗國的關係〉, 《元史論叢》 3, 1986, pp. 56~81.

何高濟·陸峻嶺, 〈元代回敎人物牙老瓦赤和賽典赤〉, 《元史論叢》 2, pp. 30~46.

周良宵, 〈元代投下分封制度初探〉, 《元史論叢》 2, 1983, pp. 53~76.

─────, 〈蒙古選汗儀制與元朝皇位繼承問題〉, 《元史論叢》 3, 1986, pp. 31~46.

黃時鑒, 〈木華黎國王麾下諸軍考〉, 《元史論叢》 1, pp. 57~71.

岡田英弘, 〈元朝秘史の成立〉, 《東洋學報》 66, 1985, pp. 157~177.

宮崎市定, 〈洪武から永樂へ〉, 《宮崎市定アジア史論考》 下, 東京, 朝日新聞社, 1976, pp. 127~151(《東洋史研究》 27-4, 1969 原收).

磯野富士子, 〈アンダ考〉, 《東洋學報》 67-1, 1986, pp. 57~80.

本田實信, 〈成吉思汗の十三翼について〉, 《東方學》 4, 1952, pp. 61~72.

杉山正明, 〈モンゴル帝國の原像〉, 《東洋史研究》 37-1, 1978, pp. 1~34.

小林高四郎, 〈元朝投下考〉, 《日吉論叢》 1, 1939;《モンゴル史論考》, 東京, 雄山閣,

1983, pp. 25~58 再收.

松田孝一,〈フラグ家の東方領〉,《東洋史研究》39-1, 1980, pp. 35~62.

――――,〈モンゴル帝國領漢地の戶口統計〉,《待兼山論叢》3-1, 1985, pp. 24~45.

愛宕松男,〈元朝の對漢人政策〉,《東亞研究所報》23, 1943;《愛宕松男著作集》제 4 권,
1988, pp. 31~132.

〈遼王朝の成立とその國家構造〉,《岩波講座世界歷史》9, 東京, 岩波, 1970, pp. 19~40.

――――,〈斡脫錢とその背景〉上・下,《東洋史研究》32-1, 1973, pp. 1~27;32-2, 1973,
pp. 23~61.

――――,〈モンゴル帝國の屬領支配時代〉,《中國の歷史》6권, 東京, 講談社, 1974, pp. 41
~74.

前田直典,〈10世紀時代の九族達靼〉,《東洋學報》32-1, 1948, pp. 62~91.

田村實造,〈モンゴル族の始祖說話と移住の問題〉,《東洋史研究》23-1, 1963;《中國征服
王朝史の研究》中, pp. 359~378 再收.

佐口透,〈チャガタイーハンとその時代〉,《東洋學報》29-1・2, 1942.

――――,〈モンゴル人支配時代のウイグリスタン〉,《史學雜誌》54-8・9, 1943.

池內功,〈オゴタイ朝の漢地における戶口調査とその意義〉,《歷史における民衆と文化》
（酒井忠夫先生古稀紀念論集）, 東京, 國書刊行會, 1982, pp. 383~400 所收.

村上正二,〈チンギス汗帝國成立の過程〉,《歷史學研究》154, 1951, pp. 12~26.

――――,〈モンゴル朝治下の封邑制の起源〉,《東洋學報》44-3, 1961, pp. 1~35.

――――,〈モンゴル部族の族祖傳承〉1-2,《史學雜誌》73-7, 1964, pp. 1~34;73-8, 1964,
pp. 36~64.

――――,〈モンゴル帝國成立以前における遊牧民諸部族について〉,《東洋史研究》23-4,
1965, pp. 118~147.

――――,〈モンゴル帝國の成立と分裂〉,《岩波講座世界歷史》9권, 東京, 岩波書店, 1970,
pp. 87~120.

萩原淳平,〈木華黎王國下の探馬赤軍について〉,《東洋史研究》36-2, 1977.

護雅夫,〈Nökör考序說〉,《東方學》5, 1952, pp. 56~68.

――――,〈Nökür考〉,《史學雜誌》61-8, 1952, pp. 1~27.

――――,〈契丹の語源について〉,《ユーラシア文化研究》1, 1965;《古代トルコ民族史研
究》1, 1967, pp. 494~514 再收.

Ayalon, David, "The Great Yasa of Chingiz Khan: A Reexamination" (A.B. C1. C2),
Studia Islamica 31, 1971, pp. 97~140;34, 1971, pp. 151~180;36, 1972, pp. 113~
158;38, 1973, pp. 107~156.

Bartol'd, V. V., "Obrazovanie imperii Chingiz-khana," *Zapiski Vostochnogo otdeleniia
Russkogo arkheologicheskogo Obshchestva*, 10, 1897, pp. 105~119; *Akademik V. V.
Bartol'd*, vol. 5, 1968, pp. 253~265 再收.

Boyle, J. A., "Dynastic and Political History of the Īl-khāns," *The Cambridge History of Iran*, vol. 5, 1968, pp. 303~421.

Brentjes, B., "Nomadenwanderungen und Klimaschwankungen", *Central Asiatic Journal* 30-1 · 2, pp. 7~21.

Cherepin, L. V., "Mongolo-tatary na Rusi (XIII v.)," *Tataro-mongoly*, 1977, pp. 186~209.

Cleaves, F. W., "The Initial Formulae in a Communication of Mongolian Viceroy to the King of Korea," *Journal of Turkish Studies* 3, 1979, pp. 65~88.

Dardess, J. W., "From Mongol Empire to Yuan Dynasty," *Monumeta Serica* 30, 1972~1973, pp. 117~165.

Fletcher, Joseph, "Turco-Mongolian Monarchic Tradition in the Ottoman Empire," *Harvard Ukranian Studies* 3~4, pt. 1(1979~1980), pp. 236~251.

————, "The Mongols: Ecological and Social Perspectives," *Harvard Journal of Asiatic Studies* 46-1, 1986, pp. 11~50.

Franke, Herbert, "From Tribal Chieftain to Uniersal Emperor and God," *Byerische Akademie der Wissenschaften*, phil.-hist. klass, 1978-2, pp. 1~85.

————, "Tibetans in Yüan China," *China under the Mongol Rule*, 1981, pp. 296~328.

Hung, William, "The Transmission of the Book Known as *The Secret History of the Mongols*," *Harvard Journal of Asiatic Studies* 14-3 · 4, 1951, pp. 433~492.

Jackson, Peter, "The Dissolution of the Mongol Empire," *Central Asiatic Journal* 22-3 · 4, 1978, pp. 186~244.

Jenkins, Gareth, "A Note on Climatic Cycle and the Rise of Chinggis Khan," *Central Asiatic Journal* 18-4, 1974, pp. 217~226.

Kotwicz, W., "Formules initiales des documents mongols aux XIIIᵉ et XIVᵉ ss," *Rocznik Orientalistyczny* 10, 1934, pp. 131~157.

Krader, Lawrence, "Qan-Qaghan and the Beginnings of the Mongol Kingship," *Central Asiatic Journal* 1, 1955, pp. 17~35.

Kuchera, S., "Zavoevanie mongolami Tibeta," *Tataro-mongoly*, 1977, pp. 260~281.

Lattimore, Owen, "Chingis Khan and the Mongol Conquest," *Scientific America* 208-2, 1963, pp. 55~68.

Mote, F.W., "The Growth of Chinese Despotism," *Oriens Extremus* 8-1, 1961, pp. 1~41.

Munkuev, N. Ts., "Novye materialy o polozhenii mongol'skikh aratov v XIII~XIV vv," *Tataro-mongoly*, 1977, pp. 409~446.

Petrushevskii, I. P., "The Socio-economic Condition of Iran under the Īl-khāns," *The Cambridge History of Iran*, vol. 5, 1968, pp. 483~537.

Rachewiltz, Igor de., "Yeh-lü Ch'u-ts'ai(1189~1243) : Buddhist Idealist and Confucian Statesman," *Confucian Personalities*, ed., by A.W. Wright & D. Twitchett(Stanford:

Stanford University Press, 1962), pp. 189~216.

――――, "Some Remarks on the Dating of the Secret History of the Mongols," *Monumenta Serica* 24, 1965, pp. 185~206.

――――, "Some Remarks on the Ideological Foundations of Chingis Khan's Empire," *Papers on Far Eastern History* 7, 1973, pp. 21~36.

――――, "Turks in China under the Mongols," *China among Equals*, ed. by M. Rossabi (Berkeley, University of California, 1983), pp. 281~312.

Ratchnevsky, Paul, "Die Rechtsverhältnisse bei den Mongolen im 12.-13. Jahrhundert," *Central Asiatic Journal* 31-1 · 2, 1981, pp. 64~110.

Rossabi, Morris, "The Muslims in the Early Yüan China," *China under the Mongol Rule*, 1981, pp. 257~295.

Schurmann, H. F., "Mongolian Tributary Practice of the Thirteenth Century," *Harvard Journal of Asiatic Studies* 19, 1956, pp. 304~389.

Smith, J. M., "Mongol and Nomadic Taxation," *Harvard Journal of Asiatic Studies* 30, 1970, pp. 46~85.

――――, "Ayn Jalut: Mamluk Success or Mongol Failure," *Harvard Journal of Asiatic Studies* 44-2, 1984, pp. 307~345.

Tikhvinskii, S.L., "Tataro-mongol'skoe zavoevaniia v Azii i Evrope," *Tataro-mongoly*, 1977, pp. 3~22.

Voegelin, Eric, "The Mongol Order of Submission to European Powers, 1245~1255," *Byzantion* 15(Boston, 1940~41), pp. 378~413.

찾 아 보 기

302

310

그는 누구인가
蘇東坡評傳

林語堂 지음 / 陳英姬 옮김
신국판 / 반양장 551쪽 / 값 8,000원

진리에 충실했던 인물은 시간·공간적 제한을 벗어나, 어느 시대 어느 나라에서나 공감되기 마련이다. 이 책은 전제군주체제하에서 살았으나 '민주적' 사상을 갖고 이를 일생 동안 실천해 보고자 했던 소동파의 파란만장한 삶을 마치 지금 우리 눈앞에서 살아 움직이는 것처럼 생생하게 그려냄으로써, 가치 있는 삶을 추구하는 우리 모두에게 하나의 지향을 보여주고 있다.

왕안석과 개혁정책

제임스 류 지음／이
국판／반양장 176쪽／

이른바 北宋代의 '新法'이라 불리는 개혁정책에 관한 이 연
안자인 왕안석과, 같은 시대를 살았던 중국 관료들의 사상과
국가권력의 중앙집권화와 관련된 문제를 주요내용으로 삼고
안석은 도덕과 인치를 중시한 유교사상의 전통 속에서 볼 때
한 위치를 차지한 사상가이자 정치가이지만, 단지 급진적인
가일 뿐이며, 그의 정책은 특정계층의 이익에 두기 보다는 ㄷ
을 우선시킨 개혁가라고 저자는 결론 내리고 있다.

서울大學校東洋史學講義叢書 XIV

7 칭기스한
―그 생애와 업적

라츠네프스키 저/김호동 역
신국판/ 반양장 · 304쪽/6,000원

'오랫동안 기다려진 칭기스한 전기의 결정'이라는 평가를 받을 만
큼, 종래의 연구가 갖는 문제점들을 극복하고 12,13세기라는 역사적
맥락 속에서 칭기스한의 생애와 활동을 엄격한 사료비판적 태도로써
담담하게 묘사한 책으로, 몽고족과 칭기스한의 계보, 칭기스한 원정도
를 비롯한 각종 도판 등이 부록으로 실려 있다.

遊牧社會의 構造

하자노프 지음 김
신국판 / 484쪽 /

이 책은 지구상에 존재했던 유목민에 대해서 거의 망라적
고 있어 인류학적인 현지조사의 편협성을 보이지 않으면서
남긴 풍부한 고고자료와 문헌자료를 종횡으로 구사하여 여
태도도 견지하고 있다는 장점을 가지고 있다. 또한 우리로서
힘든 러시아측의 문헌들을 넓게 참고하고 서방측 연구까지
게 포괄하고 있다는 점도 이 책이 갖는 특징이다. 유목이란
유목민과 유목사회 그리고 유목국가란 도대체 무엇인가에 ㄷ
사하고 있다.